사회과학을 위한 통계와 분석

SPSS와 R을 중심으로

김준호 · 노성호 공저

도서출판 그린

서문

사회과학을 전공하는 사람에게 통계는 애증의 대상이다. 현실적으로 수많은 사회과학 학술논문이 다양한 통계기법을 사용해서 작성되는데 통계를 모르면 논문을 작성하는 것뿐만 아니라 다른 논문을 읽는데도 어려움을 겪는 등 여러 가지 제약을 받게 된다. 그런데 사회과학을 전공하는 사람은 통계의 근본인 수학에 익숙하지 않기 때문에 통계를 제대로 이해하는데 어려움이 있는데 작심하고 통계책을 읽어도 공식이 계속되는 내용을 이해할 수 없어 중도에 포기하는 경우가 많다. 만일 사회과학 데이터 분석을 위해 통계적 방법을 익히고 적용하기 위해서 수학적인 지식을 공부하는데 많은 시간과 노력을 들여야 한다면, 사회과학을 하는 대부분의 사람들에게 통계는 현실적으로 무용지물이 될 수밖에 없을 것이다. 그렇다고 통계적 방법을 제대로 이해하지 못한 상태에서 양적 통계방법을 사용하는 것은 마치 어린아이가 위험한 칼을 갖고 장난을 하는 것과 다를 바 없다. 이처럼 통계적 방법을 제대로 이해하기 위해서는 너무 많은 시간이 필요해서 현실적으로 불가능하고, 양적 통계 방법을 충분히 이해하지 않고 함부로 사용하기도 어려운 자가당착적인 상황을 극복할 수는 없을까?

이런 어려움을 타개하기 위해서는 두 가지 전제 조건이 필요하다고 생각한다. 첫째, 공식 위주가 아닌 개념 위주로 통계에 접근해야 한다. 최근 컴퓨터와 통계 프로그램의 발달로 시간이 걸리고 복잡한 계산은 컴퓨터가 다 해준다. 그러나 통계 공식을 개념적으로 이해하지 못하면 컴퓨터가 계산해 준 결과를 이해하기도 어려우며 그 결과를 사회과학적으로 해석하기도 힘들다. 사회과학 분야에서 통계적 방법은 인간과 사회현상을 연구하기 위한 수단에 불과하기 때문에 통계적인 결과를 질적으로 재해석하려면 통계적 개념을 정확히 이해해야 한다. 둘째, 사회과학 자료를 통계적 방법, 즉 양적 방법으로 분석하기 위한 다양한 전제를 이해해야 한다. 넓게는 사회과학 방법론에 대한 이해가 필요하며, 좁게는 양적 조사방법에 대한 기초적인 이해가 없으면 통계분석을 하는 것도 어렵고 분석 결과를 해석하기도 힘들기 때문이다.

이 책은 필자 나름대로 이러한 모순을 극복하는 과정에서 터득한 방법을 사회과학을 시작하는 후학들과 공유하기 위한 것으로 통계에 대한 기초지식이 부족하여 통계

공식을 수학적으로 이해하기 어려운 사회과학도에게 도움이 되고자 하는 마음에서 시작되었다.

사회과학 논문을 작성하는 것과 같이 사회현상을 설명 또는 예측하기 위한 목적으로 데이터를 양적으로 분석하기 위해서는 통계의 원리를 이해하는 것이 선행되어야 한다. 기본적인 통계의 원리를 이해하는 것은 가장 첫 번째의 기초적인 단계이며, 이 단계가 이루어지지 않으면 더 이상 발전할 수 없다. 이 책의 제 1부가 이러한 내용을 다루고 있다. 제 1부는 수학적 지식이 많지 않은 사회과학도들을 위한 통계교과서로 통계 공식 위주가 아니라 그 공식의 개념을 쉽게 이해할 수 있도록 원리를 중심으로 설명하였다. 즉 사회통계를 처음 시작하는 사람들에게 통계의 기본적인 원리와 개념을 중심으로 복잡한 공식이나 수식의 제시는 가능한 한 피하고 원리를 이해하기 쉽게 전달하는 방식으로 기술하려고 노력하였다.

그렇지만 통계의 원리만 이해한다고 해서 통계프로그램을 사용해서 데이터를 분석하고 논문을 쓰는데 충분하다고 할 수 없다. 통계패키지의 사용법을 익히고, 실제적으로 데이터를 분석하는 방법을 배우고 익히는 과정이 추가로 필요하다. 통계분석의 과정은 특별히 정해진 정답과 같은 하나의 방법이 있는 것이라기보다는 최적의 결과를 찾아내는 탐색의 과정이라고 볼 수 있다. 통계분석이란 한 번의 분석으로 끝나는 것이 아니라 최적의 결과를 찾을 때까지 끊임없이 수정하고 반복해서 분석하는 과정이 필요한 것이다. 통계분석 과정을 학습하는 것은 통계책이나 강의를 통한 한 번의 학습으로 되는 것이 아니며, 개인의 연습과 반복을 통한 익힘의 과정이 필요하다.

그동안 사회과학도를 대상으로 통계의 기본 내용을 설명하거나, 통계패키지를 사용하는 방법에 대해서 소개한 서적은 있지만 특정 데이터를 중심으로 분석과정을 보여주고 설명한 것은 없었다. 따라서 이 책의 제 2부에서는 제 1부에서 설명한 통계의 기본적인 원리를 적용해서 실제 데이터를 분석하는 과정을 보여주고자 하였다. 이 책에서 분석과정을 보여주고자 하는 이유는 여기서 제시하는 분석방법이 유일한 최선의 방법이라고 할 수는 없지만 데이터를 분석하는 기본적인 과정과 다양한 방법을 제시하고 그에 대해서 설명함으로써 분석을 처음 배우고자 하는 이들에게 의미 있는 가이드라인을 제시해 줄 수 있을 것으로 생각하였기 때문이다. 저자들이 청소년 비행 및 범죄 분야에서 오랜 기간 연구해왔기 때문에 제 2부에서는 청소년 비행 자료를 중심으로 경험적 가설을 세우고, 복합척도를 구성하고, 적절한 통계방법을 적용해서 분석하고, 그 결과를 해석하는 방법까지 제시한다.

청소년 비행 데이터를 분석함에 있어서 사용한 통계패키지는 SPSS와 R이다. SPSS는 우리나라에서 사회과학을 하는 사람들에게 가장 널리 사용되고 있는 통계패키지이기 때문에 선택하였다. R은 아직 우리나라에서 사회과학을 하는 사람들에게 잘 알려져 있지는 않지만 오픈소스를 사용한 통계분석 패키지로서 무료라는 장점과 더불어 상용 통계패키지 못지않은 내용과 강점을 지니고 있어서 앞으로 사용이 확대될 가능성이 높기 때문에 이를 소개한다는 측면에서 선택하였다. 분석과정을 제시함에 있어서 먼저 SPSS를 사용해서 분석한 내용을 소개하고, 동일한 과정을 R을 통해서 분석해서 제시한다. 여기에서 언급해두어야 할 부분은 각 통계패키지의 기초적인 사용방법에 대해서는 이 책에서 자세하게 설명하지 않는다는 점이다. 통계패키지의 사용방법의 자세한 내용에 대해서는 다른 서적을 참고하기 바란다.

본서가 나오기까지 다양한 도움을 주신 분들께 감사하지 않을 수 없다. 원고를 읽고 내용을 수정하고 필요한 그림을 그려주는 수고를 아끼지 않은 박현수 박사, 함께 R을 공부하며 조언해준 신종화 교수, 장안식 박사, 이철희 씨, 원고를 꼼꼼하게 읽고 코멘트해준 김연수 교수, 원고의 교정 등에 도움을 준 신희승 씨, 박소희 조교에게 깊은 감사의 말을 전한다. 끝으로 이 책을 출판될 수 있도록 노력해준 도서출판 그린 임직원 여러분들에게 감사를 드린다.

2012년

김준호, 노성호

목 차

제1부 사회과학을 위한 통계의 기본 원리

제2부 비행관련 조사데이터의 통계분석과정 : SPSS와 R을 사용한 분석

제 1 부

사회과학을 위한 통계의 기본 원리

제1장

사회과학을 위한 통계

CHAPTER 01

사회과학을 위한 통계

1. 기술통계와 추리통계

사회과학을 위한 통계는 크게 기술통계(descriptive statistics)와 추리통계(inferential statistics)로 나뉜다. 기술통계란 문자 그대로 사회현상을 통계적인 방법을 통해 기술 혹은 서술한다는 의미이다. 한편 추리통계란 하나의 자료로부터 도출된 사실을 기초로 조사하지 않은 현상을 추론한다는 말인데, 구체적으로는 표본 자료를 통해 모집단 현상을 추론하는 것을 말한다.

1.1 기술통계

사회과학 방법론을 질적 방법과 양적 방법으로 구분하고 이 두 가지 방법은 기본적으로 다르기 때문에 서로 양립할 수 없다고 보는 견해도 있지만, 관점에 따라서 이 두 방법이 서로 크게 다른 것은 아니라고 볼 수 있다. 사회과학이란 결국 인간이 사는 모습을 이해함에 있어서 이론적인 틀을 적용하여 기술 혹은 서술하는 학문이라고 할 수 있다. 필자들의 관심분야인 범죄 및 일탈 사회학의 예를 들어보자. 범죄사회학은 범죄의 현상의 실태를 파악하고 그 원인을 발견하여 효과적인 대책을 마련하고자 노력하는 학문이다.[1] 범죄학에서 범죄현상의 실태를 파악한다는 것은 범죄가 어떠한 모습인지 살펴보는 것이다. 범죄의 전반적인 특징에 집중하기도 하고, 유형별로 구분하여 특정 범죄의 특징을 살펴보기도 한다. 또한 범죄 현상을 파악함에 있어서 범죄의 특징을 질적으로 살펴볼 수도 있고 양적으로 살펴볼 수도 있다. 범죄의 질적인 변화에 초점을 맞추어 오늘날 정보화 사회의 범죄가 그 이전 사회의 범죄와 질적으로 다른 어떤 특성을 가지고 있는지 연구할 수 있다. 범죄의 양적인 변화에 초점을 맞출 경우 새로운 유형의 범죄가 과거에 비해 얼마나 많이 발생하고 있는지, 과거에 비해 전체 범죄율이 증가하는지 혹은 감소하고 있는지 연구할 수 있고, 범죄 발생 건수를 유형별

1) 범죄사회학에 관한 다양한 관점이 있어 이렇게 간단히 정의하기는 어려우나 예를 들기 위해 단순히 정의한다.

로 집계하여 국가 간에 비교하거나, 연도별 추이를 살펴보기 위해 인구 10만 명 당 범죄발생 정도를 보여주는 범죄율을 계산하기도 한다. 이러한 양적인 범죄현상을 기술하는데 단순빈도, 평균, 표준편차 등 각종 기술통계를 사용한다.

더 나아가 두 가지 이상의 현상들 간의 관계를 기술할 때도 질적인 접근과 양적인 접근이 가능하다. 예를 들어 청소년 범죄의 원인에 관한 학술적인 연구를 할 때 어떠한 요인이 중요한지에 대해서도 질적으로나 양적으로 접근할 수 있다. 청소년 범죄의 원인을 검증함에 있어서 가정과 친구의 영향력이 왜 중요한지, 얼마만큼 중요한지에 대한 관심에서 질적인 접근과 양적인 접근이 가능하다는 것이다. 구체적으로 예를 들어 보자. 한편으로 부모-자녀 간의 친밀한 애정이 청소년 비행의 중요한 원인 중의 하나이기 때문에 부모의 애정이 결핍되면 자녀들이 가정에서 벗어나 자기와 비슷한 친구들을 사귀게 되고 청소년기의 특성인 집단성의 영향으로 비행이 가속화될 수 있다는 것을 밝히는 질적 연구를 할 수도 있고, 다른 한편으로 청소년 비행, 부모-자녀 애착, 비행 친구 등을 양적인 방법에 따라 측정하여 통계분석방법을 적용하여 그 관계를 살펴볼 수도 있다.

결국 질적인 방법은 사회현상에 대한 설명에 있어서 관계의 크기라는 양적인 특성보다는 관계의 질적 차이에 관심을 더 많이 두고 있고, 양적인 방법은 질적인 방법과는 달리 관계의 크기에 일차적인 관심을 두고 있다는 점에서 차이를 보인다. 하지만 질적 방법이건 양적 방법이건 연구 대상이 되는 현상들 사이의 관계를 기술 혹은 설명하는 것이 연구의 목적이라는 점에서는 다를 바 없다. 예컨대 참여관찰이나 심층면접 등의 질적 방법을 통해 부모와 자녀간의 좋지 않은 관계가 비행친구를 사귈 가능성을 높여 사소한 비행에서 심각한 비행으로 발전하며, 가정의 영향보다 친구의 영향이 더 중요하다는 결론을 내리는 것과 양적 방법을 사용하여 부모와 자녀 간의 관계를 선행변수로 보고 비행친구를 매개변수, 비행을 종속변수로 구성한 경로모형을 구성한 후 각 변수를 조작적으로 정의하여 설문지를 구성하고 조사과정을 통해 수집된 자료를 통계적 방법을 적용하여 경로계수를 구하고 이를 사용해 변수들 간의 관계를 설명하는 것과 크게 다를 바 없다는 것이다.

사회과학 연구에서 통계란 하나의 현상에 대한 다양한 특성과 두 가지 이상의 현상 사이의 다양하고 복잡한 관계를 통계적 용어를 통해 기술 혹은 설명하는 것이다. 다만 사회현상이 매우 복잡한 질적인 현상이기 때문에 함부로 양화하기 힘들어 다양한 수준의 척도를 통해 측정하고 그 척도의 수준[2)]에 따라 설명하거나 기술하는데 적용되는 통계적 방법을 달리할 뿐이다. 다시 말해 통계를 적용하여 사회현상을 설명하는 것은 양적인 방법을 사용하여 기술하는 것이지 신비한 요술방망이를 사용하는 것이 아니기 때문에 항상 사회현상의 본질적인 특징인 질적인 측면을 충분히 고려할 수 있는 통계방법을 사용한다. 따라서 통계에 대해 지나친 기대를 할 것도 없으며 일부 질적 방법론을 선호하는 사람들처럼 통계에 대해서 부정적인 선입관을 가지는 것도 옳지 않는 태도라고 생각한다. 이처럼 사회과학 연구는 설명하고자 하는 현상에 따라 양적으로 접근하는 것이 적절한 경우도 있고, 질적으로 접근해야 효과적일 수도 있다. 연구방법이란 수단에 불과한 것이기 때문에 연구 목적에 합당한 수단이 될 수 있다면 어떠한 연구방법을 사용해도 관계가 없다.

앞으로 이 책에서 다룰 모든 통계적 방법은 사회현상을 기술하거나 설명하는 통계적 기법이라고 할 수 있다. 이미 언급한 대로 하나의 현상에서 다양한 특성을 평균 등 대표값으로 기술할 수도 있으며, 분산도를 통해 이러한 현상이 얼마만큼 넓게 분포되어 있는지 등을 기술할 수도 있고, 더 나아가 두 현상 혹은 변수 사이의 관계를 다양한 통계적 방법을 통해 기술 혹은 설명할 수도 있다.

1.2 추리통계

모든 통계적 방법이 사회현상을 기술 혹은 설명하는 도구라면 추리통계는 왜 필요한가? 여기에 또 하나의 중요한 통계의 특성이 있다. 만일 어떠한 조사가 모집단 전체를 대상으로 실시되었다면 추리통계는 필요 없다. 그러나 모집단 자체가 매우 작은 경우를 제외하면 대부분의 사회조사는 표본조사이다. 인구센서스 같이 국가가 심혈을 기울여 실시하는 조사가 아니면 모집단에 대한 전수조사는 현실적으로 거의 불가능하기 때문에 거의 모든 사회조사가 표본조사로 이루어지며, 따라서 표본이 어느 정도 모집단을 대표할 수 있는가의 문제가 항상 중요하게 다루어진다.[3] 즉 아무리 정확하게 혹은 정교하게 선정된 표본이라고 하더라도 대표성이 떨어진다면 표본조사 결과를 그대로 모집단의 특징으로 일반화하는 데 한계가 있기 때문이다.

간단한 예를 들어보자. 모집단이 감당하기 어려울 정도로 크고 복잡한 경우가 많아 현실적으로 적용하기는 매우 어려움에도 불구하고, 단순무작위표집(simple random

2) 척도의 4가지 수준에 대한 설명은 다음 절에 자세하게 설명한다.
3) 여기서 표본을 어떻게 선정해야 모집단을 나름대로 대표할 수 있는 좋은 표본을 선정할 수 있는지에 대한 문제는 이 책의 한계를 넘어서는 것이기 때문에 자세한 언급은 하지 않는다.

sampling)은 표본추출의 기본적인 방법이다. 단순무작위표집의 기본 원리는 표본을 선정할 때 단순한 확률적 원리만 적용하는 것이다. 예컨대 100명인 모집단에서 5명을 선정한다면 100명의 번호표를 커다란 통에 넣고 빙글빙글 돌린 후 눈을 감고 5명을 선정하는 것이다. 즉 연구자가 마음대로 5명을 선정하는 것이 아니라 연구자의 의도가 개입되지 않고 순전히 우연한 확률에 의해 5명을 선정하는 것이다. 그렇지만 이렇게 선정된 5명이 모집단인 100명의 의견을 1/20로 완벽하게 축소한 미니어처라고 볼 수는 없다. 만일 여러 번 표본을 선정한다면 그 때마다 다른 사람이 선정될 것이기 때문에 조사 결과는 달라질 수 있다. 물론 모집단이 크고 표본의 크기가 커질수록 대표성의 정도가 높아지기는 하지만, 표본의 크기가 아무리 크다고 해도 표본은 모집단을 완벽하게 대표할 수 없다. 이와 같은 표집의 한계를 인정한다면 표본조사를 통해 우리가 할 수 있는 것은 거의 없어 보이지만, 추리통계의 원리를 적용함으로써 완벽하지는 않더라도 확률적인 한계 내에서 표본 결과를 통해 모집단을 추론할 수 있다.

자세한 설명은 제 4장에서 다루겠지만 전체 학생 수가 100명인 학과에서 10명을 선정하여 한 달 용돈을 알아보았더니 "평균이 30만원이고 표준편차가 5만원이라면, 100명 모집단의 평균 용돈은 40만원에서 20만원 사이가 될 확률이 90%이다."라는 식의 추론은 가능하다. 추리통계의 논리를 이용하면 비록 절대적인 해석은 아니지만 확률적인 해석으로 작은 크기의 표본을 통해서 직접 조사하지 않은 모집단의 다양한 특성을 추론할 수 있다. 또한 사회과학 조사에서 중요한 목적 중의 하나인 통계적 가설 검증 역시 이러한 추리통계 논리를 적용한 것이다. 제 5장에서 자세히 다루겠지만, 영가설(null hypothesis)이라는 일종의 역설적인 가설을 도입한 후 추리통계의 논리를 적용하여 작은 크기의 표본을 통해 이론을 검증할 수 있도록 하는 것이다.

하지만 여기서 항상 잊지 말아야 할 점이 있다. 추리통계의 논리를 적용하여 표본 결과를 직접 조사하지 않은 모집단에 일반화하기 위해서는 표본이 확률적으로 선정되어야 한다는 점이다. 만일 표본이 제멋대로 선정되었다면 아무리 크기가 커도 아무런 일반화를 기대할 수 없다. 즉 표본의 대표성이란 합당한 선정 방법이 먼저 적용된 후에 표본의 크기의 문제가 중요하지, 합당하지 않은 방법이 적용된 표본은 크기가 커도 아무런 쓸모가 없다.

통계적 방법을 기술통계와 추리통계로 분류하는 것은 분석적인 것에 불과하다. 왜냐하면 사회현상 연구에 통계가 적용될 때 이 두 가지 측면의 통계를 동시에 적용해야 되기 때문이다. 어떤 때는 기술통계만 적용하고 어떤 때는 추리통계를 적용하는 것이 아니라는 것이다. 예컨대, 가장 간단한 평균값도 기술통계와 추리통계를 모두 적용하는 것이다. 평균값을 계산하고 의미를 해석하는 행동은 분석적으로는 기술통계에 해당하지만, 표본 결과를 통해 모집단의 평균을 추론한 후에 이런 해석이 의미를 갖게 되는 것이기 때문에 추리통계가 적용되지 않은 기술통계란 아무런 의미가 없다. 이와 같이 기술통계와 추리통계란 동전의 앞뒷면과 같다. 즉 두 가지 논리를 잘 이해하고 적절히 활용할 때 통계가 오·남용되지 않고 사회과학에 올바르게 적용될 수 있을 것이다.

2. 척도의 수준

2.1 척도의 의미

사회현상은 근본적으로 질적인 속성을 가진다고 볼 수 있다. 설문지에 약방의 감초처럼 포함되는 질문 항목인 수입, 교육, 연령 등은 쉽게 숫자로 대답할 수가 있다. 나이가 50세이고 대학을 졸업하여 16년간 공식 교육을 받은 후 현재 월수입이 500만원인 사람이 이런 질문에 숫자로 대답하는 것은 어렵지 않다. 그러나 사회과학을 연구하는 사람은 단순한 숫자보다는 이러한 숫자가 지니는 질적인 의미에 관심을 가지고 있다. 즉 월수입 500만원이란 우리나라의 사회경제적 지위라는 측면에서 어떤 위치를 차지하며 어느 정도의 사회적인 힘 혹은 영향력이 있는가에 대한 관심을 숫자라는 인덱스 혹은 지표로 가늠하는 것이다. 만일 여기서 질적인 의미를 제외하면 단순한 숫자에 불과하여 국세청에서는 관심을 보일지 모르나 사회과학의 연구대상은 될 수 없다. 마찬가지로 연령의 문제에 있어서도 단순히 몇 살이라는 숫자에 관심이 있는 것이 아니라 연령이 가지는 사회적 함의에 관심이 있는 것이다. 예를 들어, 조선 시대의 20세와 현대의 20세는 다른 질적인 의미를 가진다. 가령 조선 시대의 20세는 성인으로 대접을 받았으나 요즘 20세는 청소년기를 갓 벗어나 청년기에 진입하는 것이며, 조선 시대의 50세는 원로 대접을 받았으나 요즘은 제 2의 인생의 출발로 간주되기도 한다. 더 나아가 10세와 20세 차이의 10년과 70세와 80세 차이의 10년이라는 숫자의 크기는 상황에 따라 다른 의미를 지니며, 월수입 100만원과 200만원 사이의 100만원 차이와 5천만원과 5천 100만원의 100만원 차이는 사회적으로 지니는 질적 차이가 동일할 수 없다. 즉 100만원을 벌던 사람이 200만원으로 수입이 늘면 모든 형편이 달라질 정도로 영향을 줄 수 있지만, 5천만원을 벌던 사람에게 100만원의 수입이 더 늘어났다고 하더라도 그 이전의 생활보다 크게 나아질 것은 없기 때문이다.

사회현상의 연구에서 주된 관심은 현상 간의 관계에 있다고 볼 수 있다. 사회현상 사이의 관계를 양적으로 살펴볼 때 첫 번째 고리는 척도(scale)이다. 본질적으로 질적인 현상일 수밖에 없는 사회현상을 양적인 형태로 바꾸어주는 수단이 바로 척도이기 때문에 만일 척도가 잘못 구성되었다면 첫 단추가 잘못 끼워진 것이다.[4] 척도의 다양한 측면을 이해하기 위해서는 우선 가장 기본적인 척도의 수준에 대해 알아야 한다. 척도의 수준이란 척도가 내포하고 있는 숫자의 양적인 특징을 중심으로 만들어진 일종의 단계라 볼 수 있을 것이다.

예컨대 응답자의 성별을 남자는 1이라는 숫자로 여자는 2라는 숫자로 하여 자료를 수집하면 형식적인 면에서 성별에 대한 척도를 구성한 것이다. 그러나 여기에서 1과 2라는 숫자는 양적인 의미를 찾아보기 힘든 하나의 부호에 불과하다. 반면 나이를 다음과 같은 문항을 통해 알아보았다고 하자.

(문) 당신의 나이는?
① 20세 미만
② 20세 이상 29세 이하
③ 30세 이상 39세 이하
④ 40세 이상 49세 이하
⑤ 50세 이상

위 문항의 ①부터 ⑤는 성별에서 남자는 1, 여자는 2로 표시하는 것과는 다른 양적인 의미를 지닌다. 50세 이상을 표시하는 '5'는 30대를 표시하는 '3'이라는 숫자에 비해 나이가 더 많다는 사실을 나타내준다. 이와 같이 질적인 사회현상을 양적인 척도로 측정할 때 척도의 수준을 이해하는 것이 통계를 올바르게 적용하기 위해 필수적이다.

2.2 척도의 4가지 수준

척도는 양적 성격에 따라 흔히 다음의 4가지 수준으로 차별화된다.

첫 번째는 명목척도(nominal scale)이다. '명목'이란 말 뿐이라는 것이다. 즉 형태만

4) 척도를 어떻게 만들어야 하느냐는 통계의 문제라기보다는 조사방법론이라 본서의 한계를 벗어나지만 척도의 본질을 이해하지 않고서는 통계분석을 할 수 없기 때문에 간단히 언급하도록 한다.

척도, 외모만 양적인 척도이지 실제로 양적인 속성은 없이 단지 숫자로 표시된 구분된 척도를 말한다. 숫자로 표시하여 질적인 속성을 '구별'만 해 주는 척도인 것이다. 시쳇말로 '무늬만' 척도이다. 그런데 사회현상에는 이런 경우가 생각보다 많다. 위에서 언급한 성별의 경우 남자를 '1'로, 여자를 '2'로 측정하는 것이 대표적인 명목척도인데 사회현상에서 성(sex)이 차지하는 질적인 의미는 대단히 크다. 또한 우리나라 정치·사회현상을 설명하는데 중요한 요인 가운데 하나로 꼽히는 출신지역 역시 명목척도이다. 서울을 '1'로, 경기도를 '2', 부산을 '3' 등으로 측정하는 것은 지역을 구분할 뿐 양적인 속성은 전혀 없는 명목상의 척도에 불과한 것이다.

두 번째는 순서 혹은 서열척도(ordinal scale)이다. 순서척도란 사회현상의 양적인 크기의 대소, 즉 크고 작음을 나타내준다. 예컨대 사회계층을 '상', '중', '하'로 나누고 '상'은 3, '중'은 2, '하'는 1로 측정하면 사회계층 '상'은 '중'과 '하'에 비해 사회적 지위가 더 높다는 점을 양적으로, 즉 숫자로 표시하는 것이다. 1, 2, 3이라는 숫자로 측정대상이 갖고 있는 사회현상의 양적인 속성을 순서대로 서열화하는 것이다. 사회현상 측정에서 순서척도를 만들기는 어렵지 않다. 다양한 태도를 호불호(好不好)를 중심으로 서열화 혹은 순서를 정하기 때문이다. 예를 들어 현 정부의 각종 정책에 대한 태도를 '① 매우 지지한다', '② 지지하는 편이다', '③ 그저 그렇다', '④ 지지하지 않는 편이다', '⑤ 전혀 지지하지 않는다' 등으로 알아보았다면 지지하는 정도를 서열화하였다고 볼 수 있다. 태도나 가치는 물론이고 행동에 관한 질문도 유사한 방법으로 순서척도화할 수 있다. 또한 청소년의 부모-자녀 관계를 "부모님과 자주 대화를 나누는 편이다." 라는 문항에 대해 '① 정말 그렇다', '② 그런 편이다', '③ 중간이다', '④ 그렇지 않은 편이다', '⑤ 전혀 그렇지 않다'로 제시하고 가장 근접한 의견에 표시하도록 한다면 대화 정도를 서열화하였다고 간주할 수 있을 것이다. 이와 같이 순서척도는 사회현상의 다양한 측면을 측정하는데 비교적 어렵지 않게 활용할 수 있는 척도이다.

세 번째는 등간척도(interval scale)이다. 등간척도란 순서척도 중 점수 간의 간격(interval)이 동일한 척도이다. 사회현상에서 동일한 간격이란 상당히 애매모호하여 명확히 정의하기 힘들다. 숫자로는 정의하기 쉬우나 사회현상의 본질인 질적인 의미가 추가되면 동일한 간격을 쉽게 정의하기 어렵다는 것이다. 예를 들어보자. 나이를 ① 0세 ~ 9세, ② 10세 ~ 19세, ③ 20세 ~ 29세, ④ 30세 ~ 39세, ⑤ 40세 ~ 49세, ⑥ 50세 ~ 59세, ⑦ 60세 ~ 69세, ⑧ 70세 ~ 79세, ⑨ 80세 ~ 89세, ⑩ 90세 이상으로 측정하였다면, ②의 간격도 10세이고 ⑨도 동일한 10세 간격이라 형식적인 의미에서 등간척도라고 볼 수 있다. 그러나 연령이 가지는 사회적인 의미, 즉 질적인 측면을 고려하면 자연 연령 10세의 차이는 경우에 따라 다를 수 있다. 앞서 언급한대로 10세 어린이와 20세 청년의 10살과 80세 노인과 90세 노인의 10살 차이가 사회적으로 동일한 의미가 있다고 보기는 힘들 것이다. 유사한 이유로 수입을 100만원 단위로 등간화해도 한 달 수입이 100만원이었던 사람이 100만원이 증가하여 200만원이 되었을 때는 살림살이가 상당히 변하겠지만 5천만원 수입이었던 사람이 5천 100만원으로 100만원이 증가하여도 실질적인 변화는 거의 없다고 볼 수 있다. 이와 같이 사회현상의 질적인 측면을 고려하면 엄밀한 의미에서 등간척도를 찾아보기가 쉽지 않다. 자연현상을 측정하는 척도 중에서 대표적인 등간척도는 온도를 측정하는 섭씨(℃)이다. 섭씨란 물이 어는 온도를 기준으로 0도를 정한 후 일정한 온도가 증가할 때마다 1도를 더한 것이다. 즉 0도와 10도 차이는 10도와 20도 차이, 20도와 30도 차이와 동일한 온도의 증가를 나타내주는 것이다. 그러나 이미 언급한 바와 같이 사회현상에서는 엄밀한 등간척도를 찾아보기 매우 힘들어 통계방법을 적용하는데 어려움이 많다.

네 번째는 등비척도(ratio scale)이다. 등비척도는 등간척도 중에서 비율을 적용할 수 있는 척도이다. 길이를 측정하는 cm, m, km 등 단위에서는 비율을 계산할 수 있다. 예를 들어 20cm는 10cm보다 두 배 길다고 할 수 있으나 등간척도인 온도는 20도가 10도보다 두 배 덥다고 할 수 없다. 왜냐하면 0도와 0cm의 의미가 다르기 때문이다. 0cm의 0은 절대적인 의미가 있다. 즉 길이가 절대적으로 없는 점을 0으로 정한데 반하여 0도란 온도가 절대적으로 존재하지 않는 상태가 아니라 물이 어는 상태인 임의의 혹은 상대적인 점을 0도로 하였기 때문이다. 이와 같이 절대적인 성격이 있는 0을 절대영점(absolute zero point)라고 하며 등비척도는 절대영점을 기준으로 하기 때문에 비율을 적용할 수 있지만, 등간척도의 0점은 상대적이기 때문에 비율을 적용할 수 없다. 사회현상의 측정에서는 엄밀한 의미에서 등간척도도 많지 않기 때문에 사실상 등비척도란 거의 불가능하다고 볼 수 있다.

〈표 1-1〉 척도의 4가지 수준

	질적인 구별	서열과 순서	동일한 간격	비율
명목척도	○	×	×	×
순서척도	○	○	×	×
등간척도	○	○	○	×
등비척도	○	○	○	○

지금까지 설명을 요약하면 〈표 1-1〉과 같다. 이러한 척도의 수준을 정확히 알아야 통계분석을 올바르게 할 수 있다. 척도의 수준에 따라 적용할 수 있는 통계적 기법이 다르기 때문이다. 예컨대 통계를 본격적으로 배우지 않아도 많은 사람들이 잘 알고 있는 평균도 등간척도 수준에서 측정된 자료에만 적용될 수 있고, 순서척도나 명목척도로 측정된 자료는 비록 숫자로 표시되어 있어도 평균을 계산할 수 없다. 아울러 변수들 사이의 관계를 분석하기 위해서 사용되는 다양한 통계적 기법 역시 변수가 측정된 수준을 고려하지 않고는 적용할 수 없다. 비교적 간단한 피어슨 상관계수(r)만 해도 두 변수가 모두 등간척도일 때만 적용할 수 있다.

한 가지 더 고려해야할 점은 척도의 수준이 높은 척도는 수준이 낮은 척도로 변환하여 사용할 수 있지만 그 반대는 불가능하다는 점이다. 등간척도의 경우 필요에 따라 명목척도나 순서척도로 사용할 수 있지만, 명목척도를 등간척도로 사용할 수는 없다. 따라서 설문지를 만들고 문항을 구성하는 단계에서 이러한 측면을 고려해서 자료를 수집하는 것이 바람직하다.

3. 변수의 수

척도의 수준만큼 중요하게 고려해야 할 사항이 분석에 포함되는 변수의 수이다. 변수의 수에 관한 내용을 살펴보기 전에 먼저 독립변수와 종속변수에 대해 알아보자.

3.1 독립변수와 종속변수

사회현상을 설명하는 방법은 다양하다. 예컨대 변증법적 설명도 있으며 기능론적인 해석도 있다. 그러나 가장 대표적인 설명방법은 인과적 설명이라고 할 수 있다. 인과적 설명은 어떠한 현상 배후에는 그 현상을 초래한 원인이 있다는 가정에서 출발한다. 원인에 해당하는 요인 혹은 변수를 독립변수(independent variable)라고 부르고 결과에 해당하는 것을 종속변수(dependent variable)라고 부른다. 원인은 다른 변수의 영향을 받지 않고 마치 스스로 독립적으로 변하는 현상으로 간주하며, 결과는 원인에 종속 혹은 의존하여 변하는 현상으로 간주한다.

인과론에 의하면 그 어떤 현상도 스스로 변할 수 없다. 예컨대 친구 관계가 청소년 비행의 중요한 원인이라고 하는 것은 어떠한 친구를 사귀는가에 따라 청소년 본인이 비행에 빠져들 가능성이 달라진다는 것을 의미한다. 여기에서 친구 관계는 독립변수로서 다른 변수의 영향을 받지 않고 스스로 변하면서 청소년 비행에 영향을 주는 것으로 설정하고 있지만 실제적인 사회현상은 그렇지 않을 수 있다. 어떠한 친구를 사귀는가는 본인의 가정환경의 영향을 받을 수 있으며, 이렇게 볼 때 부모-자녀 관계가 돈독한 가정 출신의 청소년은 비행성향이 있는 친구들과 사귈 가능성이 적다. 그렇다면 청소년 비행의 실제 원인, 즉 독립변수는 부모-자녀 관계가 되며 청소년 비행이 종속변수가 된다.

이와 같이 어떠한 현상의 원인으로 간주할 수 있는 현상 배후에는 그 현상에 영향을 준 또 다른 현상 즉 독립변수가 존재하며, 이런 식의 고리가 계속 진행된다면 궁극적인 원인으로 사회현상을 설명하는 것이 불가능하다. 따라서 우리는 분석적으로 접근할 수밖에 없다. 연구자가 관심이 있는 현상에 직접적으로 영향을 주었다고 간주하는 현상 혹은 현상들을 분석적으로 떼어내어 연구모형을 구성하는 방식이다.

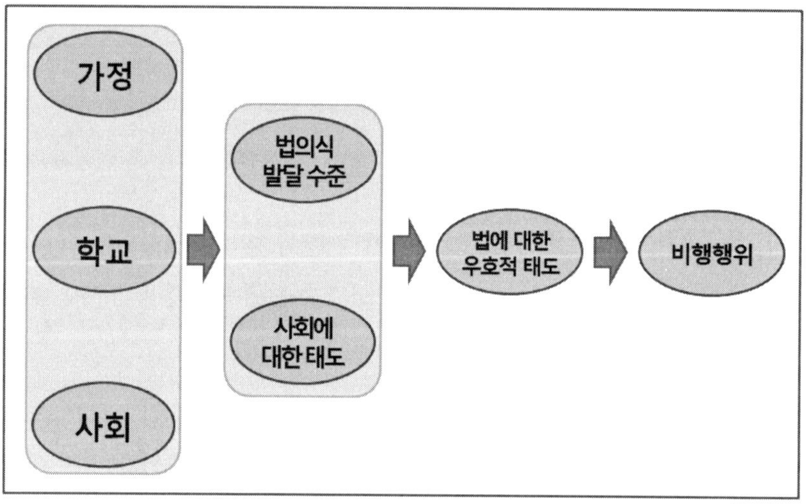

〈그림 1-1〉 청소년 비행에 관한 연구모형

〈그림 1-1〉은 청소년 비행을 설명하는 하나의 연구모형이다. 이 연구모형에서 최종적으로 설명하고자 하는 것은 청소년 비행이다. 연구모형에 의하면 청소년 비행은 법에 대한 태도에 영향을 받으며, 법에 대한 태도는 법의식 발달과 사회에 대한 태도에 영향을 받고, 이러한 두 현상은 다시 가정과 학교, 그리고 사회의 영향을 받는 것으로 간주한다.

물론 청소년 비행에 영향을 주는 요인이 위 모형에서 선정한 요인에만 국한되지는 않는다. 다만 법에 대한 태도를 중심으로 청소년 비행을 설명하려는 의도 때문에 위와 같은 연구모형이 설정된 것이며, 더 나아가 법에 대한 태도 역시 위 모형에서 상정한 법의식 발달수준과 사회에 대한 태도라는 두 가지 요인의 영향만을 받는 것은 아닐 것이다. 이와 같이 연구모형이란 연구자의 관심에 따라 분석적으로 만들어진 것에 불과하다.

또한 연구모형 안에서 원인에 해당하는 현상은 마치 다른 현상에 의해 영향을 받지 않고 스스로 변하는 현상, 즉 독립적으로 변하는 현상으로 간주하여 독립변수라고 부르며 이러한 현상에 영향을 받는 현상은 독립변수에 의존 혹은 종속하여 변하는 현상으로 간주하여 종속변수라고 부른다. 그런데 법에 대한 태도는 청소년 비행에 대해서는 독립변수이지만 법의식 발달수준과 사회에 대한 태도에는 종속변수가 된다. 이와 같이 독립변수와 종속변수는 상대적인 것이며 분석적인 연구모형 내의 인과고리에서 원인에 해당하는 현상을 독립변수, 결과에 해당하는 현상을 종속변수라고 부른다.

3.2 변수의 수

가장 단순한 연구모형은 독립변수와 종속변수가 각각 한 개뿐인 경우이다. 예컨대 청소년 비행의 원인을 친구 관계로만 설명하는 연구모형이 여기에 해당한다. 더 복잡한 연구모형을 구성하면 친구뿐 아니라 부모-자녀 관계, 가정의 사회경제적 지위, 결손 여부 등 여러 요인을 청소년 비행의 원인으로 상정할 수 있다. 즉 독립변수로 간주하는 요인의 수가 하나일 수도 있고 여러 가지가 될 수도 있다. 더 복잡한 모형에서는 종속변수도 하나가 아니라 둘 이상일 수 있다. 예컨대 청소년 비행을 하나로 묶지 않고 재산비행과 폭력비행으로 나누어 연구모형을 만들면 분석적으로는 두 개의 종속변수를 설정한 연구모형이 된다.

이와 같이 연구자가 설정한 연구모형에 따라 독립변수와 종속변수의 수가 달라지며, 이에 따라 적용되는 통계적 기법도 달라진다. 독립변수와 종속변수가 각각 하나뿐인 단순한 모형에 적용하는 기법이 있고 여러 개의 독립변수와 여러 개의 종속변수가 설정된 비교적 복잡한 모형, 더 나아가 앞의 〈그림 1-1〉처럼 아주 복잡한 인과모형인 경로모형에 적용되는 통계적 방법이 있다. 물론 아무리 복잡한 연구모형이라도 분석적으로는 두 변수 사이의 관계로만 나누어 볼 수 있다. 예컨대 〈그림 1-1〉의 모형도 법의식 발달과 법에 대한 태도 사이의 관계만 보면 독립변수와 종속변수가 각각 한 개뿐인 단순한 분석이 될 수도 있으나, 연구모형 전체를 분석하는 경우에는 여러 개의 독립변수와 궁극적으로는 하나의 종속변수 사이의 관계를 분석하는 복잡한 기법이 적용되는 것이다.

이처럼 통계적 방법을 적용할 때 우선적으로 고려해야 할 점은 변수의 측정수준과 변수의 수이다. 무수히 많은 통계적 방법 중에서 분석대상인 연구모형에 가장 적합한 방법을 선정한다는 것이 어려운 문제이지만 제일 먼저 각 변수의 수와 측정수준을 고려해야 한다는 것이다. 독립변수와 종속변수가 각각 한 개인 단순한 모형이라도 독립변수는 명목척도로 종속변수는 등간척도로 측정된 자료와 독립변수와 종속변수 모두 등간척도 혹은 명목척도로 측정된 자료에 적용하는 통계적 방법은 다르다. 즉 독립변수와 종속변수 모두 여러 개이며 일부 변수는 명목척도, 다른 변수는 순서척도 혹은 등간척도로 측정된 아주 복잡한 자료에 적용되는 통계적 방법이 동일할 수 없기 때문에 연구모형과 측정된 자료의 성격에 따라 가장 적절한 통계적 방법을 선정하는 것이 사회과학 자료분석의 첫 고리라 해도 과언이 아닐 것이다.

제2장

기술통계의 기초

CHAPTER 02

기술통계의 기초

제1장에서 이미 언급한 바와 같이 사회현상 연구에 적용되는 통계적인 방법은 관심 대상인 사회현상의 다양한 특성을 통계적인 기법 혹은 용어를 통해 기술 혹은 서술하는 것이라고 할 수 있다. 사회현상을 통계적 기법을 통해 기술하는 방법은 크게 두 가지로 나뉜다고 볼 수 있다. 첫째는 특정한 사회현상의 다양한 특성을 기술하는 것이며, 두 번째는 사회현상들 사이의 관계의 특성을 통계적 기법을 적용하여 기술하는 것이다.

1. 한 변수에 대한 통계적 기술

부모의 교육 정도와 자녀의 청소년 비행 사이의 관계를 알아보기 위해 청소년 1,000명을 선정하여 아버지의 교육 정도와 자녀의 비행에 대해 조사하였다고 하자. 아버지의 교육 정도는 초등학교 졸업 이하, 중학교 졸업, 고등학교 졸업, 대학교 졸업, 대학원 졸업 이상의 5개 범주로 나누었고 자녀의 비행은 약물남용을 통해 알아보았다고 하자.

이 때 두 개의 사회현상이 분석의 대상이 된다. 하나는 아버지의 교육정도이며 다른 하나는 자녀의 약물남용 빈도이다. 이러한 두 가지의 사회현상은 변하는 속성을 지닌 현상이기 때문에 양적인 방법에서는 변수(variable)라고 부른다. 다시 말해서 아버지의 교육정도와 자녀의 약물남용 횟수는 사람에 따라 다르기 때문에 상수(constant)가 아니라 변수이다. 그러면 지금부터는 각 변수의 특성을 알아보는데 사용되는 기법을 알아보기로 한다.

1.1 빈도분포

일반적으로 제일 먼저 알아보는 것은 빈도(frequency)이다. 위의 예에서 연구의 최종 목적은 부모의 교육과 자녀의 청소년 비행(약물 남용) 사이의 관계를 밝히는 것이다. 과연 부모의 교육 정도가 낮은 가정의 자녀들이 비행을 더 많이 하는가 여부를 알아보기 위한 것으로 그 변수들 간의 관계를 살펴보기 위해서는 먼저 각각의 주요 변수의 빈도분포를 비롯한 기술통계적인 기법을 사용하는 것이 좋다. 이러한 과정을 통해 이어지는 추가적인 분석에 필요한 사항들을 알 수 있기 때문이다.

아래의 〈표 2-1〉은 아버지의 교육 정도에 대한 응답결과를 정리한 것이다.

〈표 2-1〉 아버지 교육 정도에 대한 빈도분포

아버지 교육 정도	사례수
초등학교 졸업 이하	3명
중학교 중퇴 및 졸업	200명
고등학교 중퇴 및 졸업	500명
대학교 중퇴 및 졸업	200명
대학원 이상 중퇴 및 졸업	97명
전체	1,000명

한편 약물남용을 알아보기 위해 지난 6개월 동안 헤로인을 사용한 경험을 물었더니 다음과 같은 결과를 얻었다고 하자.

〈표 2-2〉 약물남용 경험 정도

약물남용 경험 정도	사례수
사용한 적이 없음	990명
1회	5명
2회	0명
3회	0명
4회	2명
5회	1명
6회 이상	2명
전체	1,000명

만약 위의 〈표 2-2〉와 같은 결과를 얻었다면 약물남용을 알아보기 위해 '헤로인 사용 경험'을 질문한 것은 매우 잘못된 문항이라는 사실을 알 수 있다. 왜냐하면 헤로인 사용 경험이 없는 청소년이 전체 조사대상자의 99%를 차지하는 것으로 나타나 이는 더 이상 변수가 아니라 거의 상수에 가까워서 아버지의 교육이 약물 남용에 미치는 영향을 알아볼 수 없기 때문이다. 이에 대해서는 다음 장에서 보다 자세히 설명하

겠지만, 두 변수 사이의 관계는 '따라 변함'에 기초한다. 즉 하나의 변수가 다른 변수의 변화에 따라 변할 때 두 변수 사이에 관계가 존재하는데, 앞의 예의 경우 아버지의 교육이 변한다 해도 헤로인 남용은 변할 가능성이 거의 없기 때문에 유의미한 관계가 나오기 매우 어렵다. 또한 아버지의 교육정도는 헤로인 남용 경험 문항보다는 상대적으로 응답분포의 문제가 적지만, '초등학교 졸업 이하'가 3명밖에 없다면 '중학교 졸업 이하'를 하한 값으로 하는 편이 좋다. 즉 전체 조사응답자 1,000명 가운데 3명만이 응답하였다면 이는 의미 있는 값이 되기 어렵기 때문이다.

일반적으로 빈도분포의 결과를 논문에 자세하게 제시하는 경우는 많지 않다. 그러나 이와 같이 측정된 문항의 적절성에 대해 알아보기 위해서도 모든 분석은 빈도분포부터 시작해야 한다. 물론 본 조사를 하기 전에 설문 문항의 타당도와 신뢰도를 알아보기 위한 예비조사를 진행하여 이런 적절하지 못한, 즉 타당성이 없는 문항을 알아보고 본 조사에서는 이러한 문제가 있는 문항을 제외하고 조사를 해야 하지만, 아무리 여러 차례 검토를 하더라도 이런 결과가 나오는 경우가 현실에서 적지 않기 때문에 좀 더 많은 주의를 기울일 필요가 있다.

이러한 문제가 없는 경우, 문항의 빈도분포를 통해 여러 가지 정보를 얻을 수 있다. 예컨대 북한에 얼마만큼 지원을 해야 하는가를 물었더니, 〈표 2-3〉과 같은 결과를 얻었다면, 북한 지원에 대한 우리 국민의 태도는 정규분포를 그리는 것이 아니라 양봉분포, 즉 낙타 혹처럼 봉우리가 두 개 있는 대립적인 태도가 있다는 사실을 알 수 있다.

〈표 2-3〉 북한에 대한 지원 정도의 응답 분포

북한에 대한 지원 정도	사례수
지금보다 더 지원해야 한다	400명
지금처럼 지원해야 한다	100명
지금보다 조금 적게 지원해야 한다	100명
지원할 필요가 없다	400명
전체	1,000명

1.2 대표값

빈도분포를 알아 본 뒤에는 대표값과 분산도를 알아볼 필요가 있다. 대표값과 분산도가 왜 필요한지 예를 통해 살펴보기로 한다. 어느 고등학교 3학년 1반과 2반 학생의

영어 점수를 알아보았더니 3학년 1반 학생 50명 중 가장 잘 한 학생은 95점이며 가장 점수가 낮은 학생의 점수는 30점인데, 3학년 2반에서 가장 높은 점수는 80점이고 낮은 점수는 60점이라고 하자. 그렇다면 1반과 2반 중 어느 반 학생들이 영어를 더 잘한다고 해야 할까? (물론 영어 점수로 영어를 더 잘한다고 말할 수 있는지는 애매하다.) 가장 잘한 점수를 비교하면 1반이 더 잘한다고 볼 수 있으나, 가장 낮은 점수를 보면 2반이 더 잘한다고 평가할 수도 있다. 또한 한 반의 학생의 수가 50명으로 동일하기 때문에 1 : 1로 비교할 수도 있을 것이다. 가령 1반과 2반에서 제일 잘 한 점수부터 가장 낮은 점수까지 한 명씩 비교하여 더 잘한 쌍의 수를 세어볼 수도 있다. 이와 같이 두 반의 영어 점수를 비교할 수 있는 방법은 다양하며 각 방법은 나름대로 합당하다고 주장할 수 있다.

이러한 비교를 위해 통계학자들이 대표값이라는 개념을 제안하였다. 3학년 1반 50명의 점수와 3학년 2반 50명의 점수를 대표할 수 있는 값이 있다면 그 값으로 비교하는 것 또한 합당한 방법일 것이다. 특히 비교할 대상의 수가 많지 않으면 위에서 언급한 다양한 비교방법을 적용할 수 있으나, 비교대상이 수천 명, 수만 명, 수백만 명이라면 대표값이 아니면 비교 자체가 힘들어질 것이다. 잘 알다시피 3학년 1반과 2반 영어 점수의 대표값은 각 반의 영어 점수의 평균값이다. 만일 1반의 영어 평균 점수가 75점이고 2반의 평균 점수는 70점이라면 1반이 더 잘했다고 평가하는데 큰 문제가 없을 것이다. 모든 점수를 더하여 인원으로 나누면 평균을 구할 수 있으며 이러한 공식을 모르는 사람은 없을 것이다. 통계에서 평균은 다양한 수치가 있을 때 대표하는 값이라는 의미가 있으며, 이러한 대표값은 모든 통계의 출발이라고 볼 수 있다.

그런데 모든 경우에 평균을 계산할 수 있는 것은 아니다. 제1장에서 언급하였지만, 평균은 등간척도로 측정된 값일 때만 계산이 가능하다. 만일 명목척도로 측정되었다면 최빈값(mode)만 알 수 있다. 최빈값이란 가장 높은 빈도를 보이는 값이다. 예를 들어 3학년 1반에서 80점을 받은 학생 수가 28명으로 가장 많았다면, 80점이 최빈값이 된다. 또한 3학년 1반 학생의 출생지를 알아보았더니 25명이 서울이고, 15명이 수도권이고, 나머지 학생의 출생지는 각 도에 펴져 있다면, 명목척도인 출생지의 대표값은 최빈값이 되는데, 여기에서 가장 빈도가 높은 서울이 대표값이 된다. 즉 명목척도는 최빈값만이 대표값이 될 수 있으며, 순서(서열)척도나 등간척도는 최빈값도 하나의 대표값이 될 수 있으나 가장 많이 사용하는 것은 평균이다.[5)]

5) 물론 평균이란 개념은 표본 수치(statistic)로 모집단 수치(parameter)를 추정할 때 가장 합당한 개념이

일반적으로 순서척도일 경우, 즉 서열까지 측정된 변수의 경우에는 대표값으로 중앙값(median)을 사용할 수 있다. 중앙값은 등간척도에서 극단적인 값이 있을 때 평균보다는 합리적인 대표값이 될 수 있다. 예를 들어보자. 3학년 1반의 영어 점수를 자세히 알아보니 1등은 95점이나 2등이 81점이었다고 하자. 3학년 1반의 평균 점수가 1등이 다른 학생에 비해 너무 높아 평균이 높아졌다면, 1등의 영향을 배제하기 위해서 50명 학생 중 25등에 해당하는 점수로 대표하는 것이 보다 더 합리적일 수 있다. 이러한 값, 즉 중간점수를 중앙값이라 부른다. 중앙값과 최빈값도 중요한 개념이기는 하나 실제 통계에서 많이 사용되지 않기 때문에 더 이상 자세한 설명을 생략하기로 한다.

1.3 분산도

만일 3학년 1반과 2반의 영어 평균 점수가 우연히 동일하다고 하자. 즉 대표값이 같다면 두 반의 점수를 동일하다고 간주할 수 있는가? 물론 그렇게 단순하게 결론내릴 수 없을 것이다. 1반과 2반의 평균 점수는 같지만 1반에서는 영어를 잘하는 학생과 못하는 학생의 격차가 크지만 2반의 경우 잘하는 학생과 그렇지 않은 학생의 점수가 큰 차이가 없다면 평균 점수가 같더라도 두 반의 영어 성적은 다르다고 간주해야 할 것이다. 이와 같이 점수가 어떻게 분포되어 있는가, 평균을 중심으로 어떻게 퍼져 있는가를 보여주는 지표가 분산도이다.

분산도에도 여러 종류가 있다. 예컨대 최고 점수와 최저 점수의 차이를 범위(range)라고 하는데 극단값의 영향을 받기 때문에 많이 사용하지는 않는다. 즉 위의 중앙값에서 살펴본 바와 같이 한두 명이 아주 잘했거나 못했으면 이 학생의 극단적인 점수 때문에 범위가 실제보다 과장될 수 있다. 등간척도로 측정된 지료의 분산도 중 가장 많이 사용되는 것은 표준편차인데 그 공식은 다음과 같다.

$$\text{표준편차} = \sqrt{\frac{\sum(X-\overline{X})^2}{N}}$$

$$\text{분산} = \frac{\sum(X-\overline{X})^2}{N}$$

위의 공식에서 개별 점수에서 평균을 뺀 값을 편차(deviation score)라고 부르는데

라는 보다 복잡한 이유가 있으나 본 책의 범위를 벗어나기 때문에 이에 대한 논의는 생략한다.

편차를 제곱하여 더한 후 사례수로 나누어 준 값을 분산(variance)이라 부르며, 이 분산의 제곱근이 표준편차이다. 표준편차 값이 크면 개별 점수들이 평균을 중심으로 넓게 퍼져 있다는 말이고 그 값이 작으면 평균을 중심으로 밀집되었다는 말이 된다.[6)]

1.4 분포의 모습

빈도분포표와 대표값 그리고 분산도를 보면 분포의 모습을 어느 정도 알 수 있으나 변수 값이 매우 많고 표본 크기가 크면 쉽게 알아보기 어렵다. 이런 때는 전체적인 모습을 알아볼 필요가 있다. 통계학에서는 많은 경우 분석 대상 변수가 정규분포(normal distribution)라고 가정한다. 완벽하게 정규분포를 그리는 사회현상은 많지 않으나 정규분포에서 어느 정도 벗어나는지는 파악해야하기 때문에 정규분포의 모습에 대해서 살펴 볼 필요가 있다.

정규분포란 다음과 같이 종처럼 생긴 분포이다. 즉 평균값을 기준으로 좌-우 대칭이며 양 극한으로 갈수록 빈도가 줄어드는 분포이다.

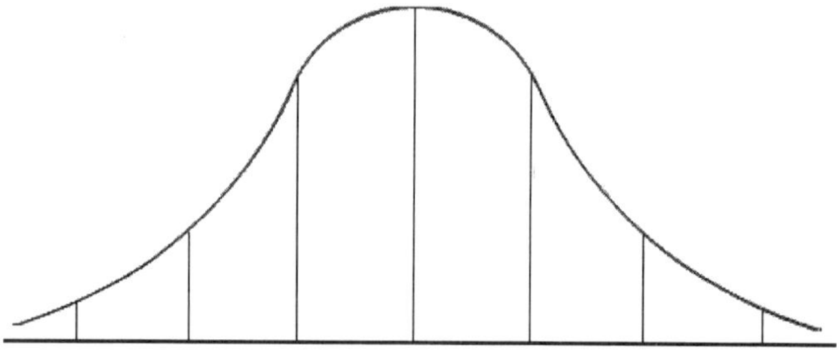

〈그림 2-1〉 정규분포곡선

정규분포에서 벗어나는 정도를 보여주는 기준은 두 가지이다. 첫 번째는 평균을 중심으로 왼쪽이나 오른쪽으로 치우친 정도를 말하는 왜도(skewness)이고, 두 번째는 평균을 중심으로 상 혹은 하로 치우친 분포로 납작한지 혹은 뾰족한지를 보여주는 지표인 첨도(kurtosis)이다. SPSS를 비롯한 통계프로그램을 이용하면 두 값을 쉽게 계산할 수 있으나, 실제 사회현상의 연구에서는 심하게 벗어나지 않으면 크게 문제시 하지 않는다. 현실적으로 사회과학 자료가 완벽한 정규분포를 그리는 경우는 많지 않기 때문이다. 그러나 정규분포에서 심하게 벗어난다면 다양한 방법으로 변형을 한 후

---

6) 절대편차 및 사분편차도 있으나 실제 분석에서 많이 사용하지 않기 때문에 생략한다.

분석을 해야 할 것이다.[7]

분석할 자료가 완벽하지는 않지만 정규분포 형태를 보인다면, 우리는 이상적인 정규분포의 특성을 통해 자료의 특성을 알 수 있다. 그 중 가장 중요한 것이 평균(M)보다 한 표준편차(σ) 크거나 작은 사이에($M \pm \sigma$) 전체 표본의 약 68% 정도가 포함되며, 두 표준편차 사이에($M \pm 2\sigma$) 약 95%, 세 표준편차($M \pm 3\sigma$) 사이에는 약 99% 포함된다는 사실이다. 예컨대 어느 학교의 영어점수 평균이 70점이고 표준편차가 5점이라면 85점인 학생은 100명 중 1등에 해당되는 점수라고 예상할 수 있는 것이다. 정규분포는 중요한 개념이기 때문에 나중에 좀 더 자세히 살펴보기로 한다.

2. 두 변수(이상) 사이의 관계의 기술

누차 언급하였지만 사회과학 자료에 통계적 방법을 적용하는 가장 중요한 실질적인 이유는 변수들 사이의 관계를 알아보기 위함이다. 이 책에서 다루는 통계적인 기법의 대부분은 변수들 사이의 관계를 기술하는 기법이다. 따라서 구체적인 방법은 뒤에서 자세히 알아보기로 하고 여기서는 기본 논리를 살펴보기로 한다.

통계를 적용하여 관계를 살펴보기 전에 우리의 일상 상식 속에서 관계가 무엇인지 알아볼 필요가 있다. A라는 현상과 B라는 현상 사이에 관계가 있다는 것은 두 현상은 같이 변하는 경향이 있다는, 즉 A와 B라는 현상들은 서로에 의해 따라 변하는 현상이라는 말이다. 아버지의 교육과 자녀의 비행 사이에 관계가 있다는 말은 아버지의 교육 정도에 따라 자녀의 비행이 변하는 경향이 있다는 점을 내포하고 있다. 자연현상에는 이와 같이 따라 변하는 정도가 함수 관계인 경우가 많다. 즉 $Y = a + bX$라는 함수관계가 성립한다면 X의 값에 따라 Y의 값은 유일하게 결정된다. 그러나 사회현상에는 이러한 함수관계는 거의 없고 경향성만 보이는 경우가 많은데, X라는 현상이 변하면 Y도 따라 변하는 경향이 있을 때 우리는 두 현상 사이에는 관계가 있다고 간주하며, 따라 변하는 정도를 관계의 크기로 간주한다. 엄격한 함수 관계가 아닌 '따라 변하는 경향'을 흔히 개연적 혹은 확률적 관계라고 부르며 통계적인 방법은 이러한 개연적인 관계의 크기를 다양한 기법을 통해 살펴보는 방법이라고 볼 수 있다.

---

7) 왜도와 첨도를 계산하는 공식이 있으나 실제로는 많이 사용하지 않아 생략한다. 아울러 변형 방법도 이 책의 범위를 벗어난다.

이처럼 따라 변하는 현상 사이의 관계의 크기를 살펴 볼 때, 두 현상의 변하는 정도를 양적으로 표시할 수 있다면 상대적으로 쉽게 그 크기를 양화할 수 있을 것이다. 제1장에서 언급한 등간척도로 두 현상이 측정되었다면 따라 변하는 정도를 상대적으로 쉽게 알아볼 수 있다. 구체적인 방법은 제6장 t-검증 이후에서 자세히 살펴보기로 하고 여기서는 명목척도, 즉 숫자로 표시할 수 없는 현상 사이의 관계의 크기를 알아보는 방법을 살펴봄으로써 사회현상 사이의 관계의 크기에 대한 개념을 알아보기로 한다.

2.1 명목척도에서 관계의 크기

2.1.1 %차이

교차분석이란 독립변수와 종속변수 모두 명목척도일 때 많이 사용되는 분석방법이다. 아래 〈표 2-4〉는 결손가정과 비행 사이의 관계에 대한 가상적인 조사 결과를 교차분석표로 정리한 것이다. 독립변수가 A에서 B로(결손가정에서 일반가정으로) 변할 때 종속변수가 C에서 D로(비행소년에서 일반소년으로) 변하는지 살펴보자. 결손가정에서 비행소년이 나올 확률은 10%인데 일반가정에서 비행소년이 나올 확률은 7.5%이다. 즉 독립변수인 가정환경이 결손가정에서 일반가정으로 변할 때 종속변수인 비행소년이 나올 확률이 2.5%만큼 따라 변했다는 사실을 알 수 있다.

〈표 2-4〉 결손가정과 비행

	결손가정(A)	일반가정(B)	전체
비행소년(C)	50명(10.0%)	150명(7.5%)	200명(8%)
일반소년(D)	450명(90.0%)	1,850명(92.5%)	2,300명(92%)
전체	500명(100.0%)	2,000명(100.0%)	2,500명(100.0%)

이와 같이 %차이를 통해 명목척도 사이의 관계의 크기를 가늠할 수 있다. 만일 %차이가 2.5%가 아니라 25%였다면 10배 더 큰 관계가 있다고 말하기는 어려우나 더 강한 관계가 있다고 결론을 내릴 수 있다.

2.1.2 PRE 통계치

위의 예에서는 독립변수의 값이 변할 때 종속변수가 나타날 확률인 %차이를 통해 관계의 크기를 개념화했다. PRE 통계치는 명목척도 사이의 관계의 크기를 예측오차의 감소(proportional reduction in error)로 개념화한 것이다. 예측오차의 감소란 무엇인가? 이는 만일 독립변수와 종속변수 사이에 관계가 있다면 독립변수를 알 때 종속변수를 예측하기가 쉽다는 점에 착안한 것이다. 예를 들어 우리나라 사람들의 투표행위가 출신 지역과 관계가 있다면, A라는 사람이 어떤 후보에게 투표할 것인가(종속변수)를 출신지역(독립변수)을 알게 되면 알기 전보다 더 정확히 예측할 수 있을 것이다.

좀 더 구체적으로 살펴보자. 우리나라에서 출신지역과 정당지지도 사이의 관계를 조사하여 다음의 〈표 2-5〉와 같은 결과를 얻었다고 하자.

〈표 2-5〉 출신지역과 투표행위

	A지역	B지역	C지역	D지역	합계
(ㄱ) 후보	50	50	100	800	1,000
(ㄴ) 후보	30	50	800	200	1,080
(ㄷ) 후보	20	600	50	300	970
(ㄹ) 후보	400	100	50	200	750
합계	500	800	1,000	1,500	3,800

이런 놀이를 해보자. 표본에 포함된 3,800명이 누구에게 투표를 했는지 맞추는 놀이이다. 확률이론에 따르면 3,800명 모두 (ㄴ) 후보에게 투표를 했다고 예측하는 것이 가장 맞출 확률이 높다. 왜냐하면 (ㄴ) 후보가 가장 많은 1,080표를 얻어 당선되었기 때문이다. 즉 모든 사람이 (ㄴ) 후보를 선택했다고 예측하면 3,800명 중에서 적어도 1,080명은 맞출 수 있다. 이 때 올바른 예측은 1,080이고 틀린 예측은 3,800-1,080 = 2,720이다.

한편 출신지역을 알 수 있다고 하자. 조사대상자의 출신지역이 A지역이라면 (ㄹ) 후보에게 투표했다고 예측할 것이며, B지역이라는 사실을 알면 (ㄷ) 후보에게, C지역 출신이면 (ㄴ) 후보, D지역이면 (ㄱ) 후보에게 표를 던졌을 것이라고 예측할 것이다. 즉 올바르게 예측한 수가 400+600+800+800 = 2,600이고 틀린 예측 수는 3,800-2,600 = 1,200이다. 독립변수, 즉 출신지역을 모르고 예측했을 때 틀린 예측

(error)이 2,720인데 알고 난 후에는 1,200으로 예측오차가 2,720−1,200 = 1,520이 줄어들었다. 독립변수를 알기 전과 후의 예측오차는 1,520/2,720의 비율로 줄어들었다는 사실을 알 수 있으며 이 비율이 높을수록 관계가 더 크다고 개념화해도 무리가 없을 것이다.

위의 예는 Goodmand과 Kruskal이 제안한 Lamda의 개념이며 간단한 PRE 통계치이다. 공식을 정리하면 다음과 같다.

$PRE = (E_a - E_b)/E_a$
* E_a : 원래 오차
E_b : 다른 변수(주로 독립변수)를 알고 난 뒤의 오차

%차이만큼 분명하지 않으나 PRE 통계치에서도 '따라 변함'은 내포되어 있다. 만일 독립변수와 종속변수가 따라 변하는 관계라면 독립변수를 알고 난 후에 종속변수를 보다 더 정확히 예측할 수 있기 때문이다.

2.1.3 χ^2

χ^2(카이제곱)은 수십 년 전에는 많이 애용되었으나 컴퓨터가 발달된 이후 개인용 PC에서도 강력한 통계프로그램을 이용할 수 있는 세상이 된 후에는 논문에서 거의 발견하기 어려운 통계적 방법이 되었다. 따라서 구체적인 기법을 자세히 소개하기보다는 기본 논리를 중심으로 관계의 개념을 이해하는데 초점을 맞추어 설명하기로 한다. 역시 구체적인 예를 들어보자. 대학생의 전공과 북한 지원에 대한 태도 사이에 어떠한 관계가 있는지 알아보기 위해 조사를 수행하여 다음 〈표 2-6〉과 같은 결과를 얻었다고 가정해보자.

〈표 2-6〉 대학생의 북한 지원에 대한 태도

	인문사회	이학공학	예술	합계
찬성	300	200	50	550
중립	200	300	100	600
반대	100	300	50	450
합계	600	800	200	1,600

위의 표를 보면 인문사회 계열 학생들은 찬성이 많고, 이학공학 계열은 중립과 반

대, 예술 계열은 중립이 많아서 전공과 북한 지원에 대한 태도 사이에는 어느 정도 관계가 있다는 사실을 알 수 있다. 전공에 따라 북한에 대한 태도가 변하기 때문이다.

χ^2는 "만일 관계가 없다면 어떠한 분포가 예상될까?"에서 출발한다. 관계가 없을 때 예상할 수 있는 분포와 직접 조사하여 얻은 〈표 2-6〉과 같은 결과가 차이가 크다면 두 현상 사이의 관계가 있다고 개념화할 수 있을 것이다. 관계가 없을 때 예상할 수 있는 분포는 어떠한가? 학생들의 전공을 무시하면 조사대상자인 1,600명의 대학생 중 550명(전체의 34.4%)의 학생은 찬성하고, 600명(전체의 37.5%)은 중립적인 태도를 보이며, 그리고 450명(전체의 28.1%)은 반대하고 있다. 만일 전공과 북한에 대한 태도가 관계가 전혀 없다면, 북한에 대한 태도는 전공이 변해도 따라 변하지 말아야 한다. 즉 어떤 전공이건 찬성, 중립, 반대의 비율이 전체 비율과 같다면, 전공과 북한에 대한 지원 태도 사이에는 관계가 없는 것이다. 다음의 〈표 2-7〉은 관계가 전혀 없을 때 예상되는 분포이다.

〈표 2-7〉 대학생의 북한 지원에 대한 태도 예상분포

	인문사회	이학공학	예술	합계
찬성	206.4(34.4%)	275.2(34.4%)	68.4(34.4%)	550(34.4%)
중립	225.0(37.5%)	300.0(37.5%)	75.0(37.5%)	600(37.5%)
반대	168.6(28.1%)	224.8(28.1%)	56.4(28.1%)	450(28.1%)
합계	600(100%)	800(100%)	200(100%)	1,600(100%)

만일 위와 같은 결과를 얻었다면 전공과 북한에 대한 태도 사이에는 어떠한 관계도 존재하지 않는다. 즉 전공이 인문사회에서 이학공학으로 변하는데도 찬성, 중립, 반내의 비율은 동일하여 따라 변하지 않는다.

χ^2의 기본 논리는 위에서 언급한대로 관찰결과와 기대결과의 차이를 보는 것이다. 관찰(observed)결과는 직접 조사한 결과(〈표 2-6〉)이고, 기대(expected)결과란 두 변수 사이에 관계가 없을 때 기대되는 결과(〈표 2-7〉)를 말한다. 구체적인 공식은 다음과 같다.

$$\chi^2 = \frac{\sum(O-E)^2}{E}$$

* O : 관찰결과
E : 기대결과

χ^2자체는 관계의 크기를 나타내 주지 않는다. 왜냐하면 표본의 크기에 커질수록 그 값이 커지기 때문이다. 관계의 크기를 보여주는 몇 가지 통계치가 있으나[8] 일반적으로 많이 사용되지는 않는다. χ^2을 살펴 본 중요한 이유는 명목척도, 즉 양적인 속성이 전혀 없는 사회현상들 사이에서도 양적인 개념이 내포되어 있는 관계의 크기를 어떻게 개념화할 수 있는가를 알아보기 위함이다. 명목척도 간의 관계의 크기를 %차이, 예측오차의 감소비율(PRE Statistics), 그리고 χ^2을 통해 알아보았는데, 일관된 특성은 관계는 따라 변하는 것이며, 관계의 크기는 변하는 정도라는 사실이다.

2.2 순서척도에서 관계의 크기

제1장에서 설명한 바와 같이 순서척도란 양의 대소를 구별할 수 있는 척도이다. 순전히 질적인 구별만 할 수 있는 명목척도보다는 많고 적음 혹은 크고 작음에 대한 정보를 가지고 있다. 순서척도는 물론이고 등간척도 사이의 관계의 크기도 명목척도와 마찬가지로 따라 변함에 기초하고 있으나 양의 대소라는 정보를 최대한 이용하여 보다 더 정교한 관계의 크기를 알아보는 것이다. 명목척도와 마찬가지로 순서척도에 관한 분석방법 역시 요즈음에는 많이 사용하지 않는다. 전문적인 학술지에 게재된 논문과 석박사 학위논문에서 거의 찾아보기 힘든 기법이라 자세히 설명하지는 않고 관계의 크기가 순서척도에서 어떻게 개념화되는지에 중점을 두고 설명하기로 한다. 비교적 간단한 Kendall의 τ (타우)를 예로 들어 설명한다. 아래 〈표 2-8〉은 1,100명을 대상으로 응답자의 학력과 수입을 조사하여 교차표로 정리한 것이다.[9]

〈표 2-8〉 학력과 수입

	중학교	고등학교	대학교	합계
200만원 미만	50(50%)	150(30%)	50(10%)	250(22.7%)
200만원 이상 500만원 미만	30(30%)	250(50%)	150(30%)	430(39.1%)
500만원 이상	20(20%)	100(20%)	300(60%)	420(38.2%)
합계	100(100%)	500(100%)	500(100%)	1,100(100%)

위의 〈표 2-8〉을 보면 학력이 변하면 수입도 따라 변하는 경향이 있다. 중학교는 200만원 미만이 가장 많으며 대학교는 고소득인 500만원 이상이 중·고등학교

8) 가장 간단한 계수로 $\phi^2 = \frac{\chi^2}{N}$ 가 있다. χ^2를 표본의 크기 N으로 표준화한 것이다.

9) 실제 조사결과는 아니며 계산의 편의를 위한 가상적인 자료이다.

졸업자보다 상대적으로 많고, 고등학교 졸업자는 중간에 해당한다. 순서척도는 명목척도의 속성을 가지고 있기 때문에 앞 절에서 살펴 본 명목척도를 대상으로 하는 %차이나 PRE 통계치를 이용하여 분석할 수 있으나, 그럴 경우 양의 대소 정보를 이용하지 못한다. 명목척도에는 없는 이런 정보를 활용하여 관계의 크기를 알아보는 비교적 간단한 방법이 Kendall이 발표한 τ인데 기본 개념은 다음과 같다.

응답자 1,100명을 두 명씩 쌍으로 묶어 교육과 수입을 살펴보면 다음과 같은 5가지 경우가 있을 수 있다. 예를 들어 A와 B라는 두 명의 응답자간에는 다음과 같은 결합이 가능하다.

1) 정적(positive) 관계 : A가 B보다 교육과 수입 모두 높음
2) 부적(negative) 관계 : A가 B보다 교육은 높으나 수입은 낮음
3) 교육이 같음(X-tie) : A와 B가 교육은 동일한데 수입은 다름
4) 수입이 같음(Y-tie) : A와 B가 교육이 서로 다른데 수입은 같음
5) 교육과 수입이 모두 같음(XY-tie) : A와 B의 교육과 수입 모두 같음

1,100명을 두 명씩 쌍으로 묶으면 다음과 같은 쌍이 있다.

전체 쌍 : N(N−1)/2 : 1,100*(1,100−1)/2 = 604,450 쌍이 있다.

정적인 관계의 쌍 (N_s) : 위의 표에서 중학교를 졸업하고 200만원 미만을 받는 사람이 50명이 있다. 이 사람들은 고등학교 혹은 대학교를 졸업하고 수입이 200만원 이상인 사람들과 쌍을 이루면 정적인 관계의 쌍이 된다. 같은 논리를 적용하여 계산을 하면 전체 정적인 괸계의 쌍은 194,500이디.

[50*(250+150+100+300)]+[150*(150+300)]+[30*(100+300)]+(250*300) = 194,500

부적인 관계의 쌍 (N_d) : 대학교를 졸업하였는데 수입이 200만원 미만인 사람이 50명이 있다. 이들은 교육이 고등학교 이하인데 수입은 200만원 이상인 사람과 부적인 쌍을 이루게 된다. 이러한 쌍의 수를 계산하면 다음과 같다.

[50*(30+250+20+100)]+[150*(30+20)]+[150*(20+100)]+(250*20) = 50,500

교육이 동일하나 수입은 다른 쌍 (T_x) : 중학교 졸업하고 수입이 200만원 미만인 50명과 교육은 중학교 졸업으로 동일하나 수입은 200만원 이상을 받는 사람과의 쌍을 비롯한 독립변수는 동일하나 종속변수는 다른 쌍은 다음과 같다.

[50*(30+20)]+(30*20)]+[150*(250+100)]+(250*100)+[50*(150+300)]+(150*300) = 148,100

수입이 동일하나 교육이 다른 쌍 (T_y) : 수입이 200만원 미만이며 중학교를 졸업한 50명과 수입은 200만원 미만으로 동일하나 교육은 고등학교 이상을 받은 사람을 비롯한 종속변수는 동일하나 독립변수가 다른 쌍은 다음과 같다.

[50*(150+50)]+(150*50)+[30*(250+150)]+(250*150)+[20*(100+300)]+(100*300) = 105,000

교육과 수입이 모두 같은 쌍 (T_{xy}) : 중학교를 졸업하고 수입이 200만원 미만인 사람은 교육과 수입이 둘 다 같다. 이러한 쌍은 다음과 같다.

[50*(50−1)+150*(150−1)+50*(50−1)+30*(30−1)+250*(250−1)+150*(150−1)+20*(20−1)+100*(100−1)+300*(300−1)]/2 = 106,350

이와 같이 전체 쌍을 위의 5가지 쌍으로 나눈 후 Kendall은 관계의 크기를 보여주는 여러 가지의 통계치를 개발하였다.

가장 간단한 예를 들어보면, $\tau_a = \dfrac{N_s - N_d}{Total}$ = (194,500−50,500)/604,450 ≒ 23.8이다. 즉 정적 방향으로 변하는 쌍이 부적 방향으로 변하는 쌍보다 144,000개가 더 많으며, 이는 전체 쌍 중에서 약 23.8%라 교육과 수입의 관계를 .238이라고 할 수 있는 것이다. 만일 부적 방향으로 변하는 쌍이 더 많으면 τ_a는 (+)가 아니라 (−)가 된다. 이처럼 순서척도부터 그 이상의 척도는 관계의 방향을 알 수 있다.

3. 독립변수와 종속변수 모두 등간척도일 경우

이 책에서 앞으로 살펴 볼 여러 통계적 방법은 주로 관계를 기술하는 기법이며 독립변수의 측정수준은 명목척도까지 가능하지만 종속변수는 등간척도를 요구한다. 후에 자세히 설명할 예정이나 독립변수의 측정수준은 융통성이 많아 순서척도를 등간척도처럼 사용할 수 있으며 이분척도 같은 명목척도도 등간척도처럼 사용해도 무리가 없다. 독립변수의 측정수준을 이렇게 느슨하게 확장하면 이 책에서 다루는 모든 통계적 방법은 독립변수와 종속변수 모두 등간척도라 해도 무방하다. 앞에서 관계를 따라 변함이라고 정의하였고 관계의 크기는 따라 변하는 정도라고 하였다. 독립변수와 종속변수 모두 등간척도일 때 어떻게 따라 변하는지 살펴보자.

간단한 예부터 들어보자. 만일 종속변수가 100만큼 변화한다고 하자. 이 변화량 중에서 독립변수에 따라 변하는 양이 35라면, 35/100 = .35가 종속변수의 변화량 중 독립변수에 따라 변한 양의 비율이다. 즉 관계의 크기는 .35라고 해도 큰 무리는 없을 것이다. 보통 종속변수의 전체 변화량은 종속변수의 분산이나 전체 제곱합(total sum of squares)으로 개념화되며, 따라 변하는 변화량은 독립변수와의 공분산(covariance)이나 집단 간 제곱합(between sum of squares)으로 개념화되는데, 자세한 설명은 해당 장에서 설명하겠다.

제3장

통제 : 인과성과 상관성

CHAPTER

03 통제 : 인과성과 상관성

제 2장에서 언급한 바와 같이 사회과학이 지향하는 목적 중의 하나는 어떠한 연구문제에 대한 원인을 밝혀내어 설명하는 것이다. 사회과학 연구의 목적은 실태나 현상에 대한 기술 혹은 서술뿐만 아니라 그러한 특성을 야기하였다고 간주할 수 있는 원인을 밝혀내고자 하는 것이다. 가령 한국의 청소년 비행에 관한 연구의 주요 목적은 한국의 청소년 비행이 왜 그러한 특성을 보이고 있는지를 설명하는 것이다. 이러한 연구목적을 달성하기 위해 연구자는 연구문제에 적합한 연구방법을 신중히 고려하여 선택하여야 한다. 왜냐하면 연구방법에 따라 결과가 달라질 수 있기 때문이다.

예를 들어 음란물을 많이 시청한 청소년들은 성과 관련된 비행을 저지를 가능성이 높다는 가설이 있다고 하자. 연구자 A는 200명의 청소년을 표본으로 선정한 후 무작위로 100명씩 두 집단으로 나눈 후 한 집단에 속한 청소년에게는 다양한 내용의 음란물을 보여주고 나머지 100명에게는 보여주지 않았다. 일정한 시간이 지난 후 연구자 A는 음란물을 보여준 청소년 집단이 보여주지 않은 청소년 집단에 비해 성과 관련된 비행을 더 많이 저질렀는지 살펴보았다. 한편 연구자 B는 200명의 청소년을 표본으로 선정한 후 지난 6개월 간 음란물을 얼마나 보았는지 그리고 성과 관련된 비행은 얼마나 했는지를 질문하여, 음란물에 노출된 청소년들이 그렇지 않은 청소년들에 비해 성과 관련된 비행을 얼마나 더 많이 했는지 알아보았다. 연구 결과 두 연구 모두 음란물을 본 청소년들이 그렇지 않은 청소년에 비해 성과 관련된 비행을 더 많이 하였다는 결과를 얻었다. 하지만 이들의 연구결과가 함축하는 의미는 다르다. 연구자 A는 음란물 노출이 성과 관련된 비행의 원인 중의 하나라는 점을 밝힐 수 있었고, 연구자 B는 음란물과 성과 관련된 비행 사이에는 상관성이 존재한다는 점만을 보여준 것이다. 연구자 B는 음란물이 성과 관련된 비행의 원인이라는 점을 검증했다고 볼 수 없다. 두 현상 사이에서 원인과 결과를 입증하는 인과성과 두 현상 사이의 단순한 연관이 있음을 보여주는 상관성은 다르기 때문이다. 이에 본 장에서는 사회과학 자료를 해석함에 있어서 인과성과 상관성의 문제가 어떻게 적용되는지를 자세히 알아보려고 한다.

자연과학과 비교할 때 사회과학이 가지는 어려움 중의 하나는 사회과학이 인간을 대상으로 연구하는 학문이기 때문에 자연과학에서 사용하는 엄격한 연구방법을 적용하기가 불가능하다는 점이다. 이렇게 엄격한 방법이 적용되기 어렵다보니 사회과학에서는 흔히 우리가 알고 있는 속설과 과학적 연구 결과를 구별하기가 쉽지 않다. 예전부터 전해오는 "발이 크면 도둑놈"이라는 말과 "결혼식에서 신부가 웃으면 딸을 낳는다."라는 말이 있다. 이러한 옛날부터 전해져 오는 속설과 과학적인 설명의 중요한 차이는 무엇일까? 가장 중요한 차이는 아마도 과학적인 설명 혹은 명제는 통제된 관찰자료에 근거하고 있으나 속설은 그렇지 않다는 점일 것이다. 그렇다면 우선 엄격하게 통제된 관찰이 무엇인가를 알아보기 전에 통제되지 않은 관찰에 근거한 명제들을 알아보기로 하자.

1. 통제되지 않은 관찰의 예

원서의 수가 합격 가능성에 영향을 준다?

한참 전에 모 신문에서 이러한 기사를 읽은 적이 있다. 취업을 앞 둔 준비생들에게 조언하는 내용의 기사였는데, 무분별하게 여러 회사에 지원하기보다는 한 두 회사를 신중히 선정하여 지원하는 것이 취업 가능성을 높인다는 요지였다. 물론 일리가 있는 말이다. 하지만 소수의 취업 대상 회사를 신중히 결정하여 집중적으로 공략한 준비생이 그렇지 않은 준비생보다 취업을 더 많이 하였다는 사실이 밝혀졌다고 해서 "지원 회사가 많으면 많을수록 취업가능성은 낮아진다."라고 일반화할 수 있는가?

물론 그렇지 않다. 왜냐하면 지원한 회사의 수가 합격 가능성에 영향을 준 것이 아니라 합격 가능성이 오히려 지원 회사의 수에 영향을 주었을 가능성이 더 높기 때문이다. 부연설명을 하면 다음과 같다. 학벌, 영어실력 등 취업에 필요한 조건의 수준이 매우 높은 준비생은 본인이 취업하고 싶은 한두 회사를 선택할 수 있다. 꼭 합격한다는 보장이 없기 때문에 예비로 두 세 회사를 선정하여 지원할 가능성이 높다. 한편 취업에 필요한 조건이 부족한 준비생은 합격할 가능성이 조금이라도 있을 것 같은 회사에 거의 모두 지원한 후 운이 좋기를 바랄 가능성이 높다. 예를 들어 취업조건이 좋은 준비생이 지원한 회사는 3곳이고 조건이 좋지 않은 준비생은 15곳에 원서를 제출했다고 하자. 수치를 사용하여 두 사람을 비교하여 취업될 확률을 살펴보면 취업조건이 좋은 준비생이 취업에 성공할 확률이 더 높을 수밖에 없다.

조선은 핵가족 사회였다?

여러 정황으로 볼 때 조선 시대에 핵가족의 비율이 매우 높았을 가능성이 있다. 첫째, 당시의 평균 가족원 수를 볼 때 지금보다 아들이 많았다는 점이다. 예를 들어 가구 당 아들이 3명이 있다고 하면 그 중 확대가족이 될 수 있는 사람은 1명이고 핵가족이 될 가능성이 있는 사람은 2명이다. 즉 오늘날에 비해 핵가족이 될 가능성이 높은 사람이 더 많다. 둘째, 당시는 평균수명이 짧아 부모를 모시고 사는 확대가족도 부모가 일찍 돌아가시면 다시 핵가족이 된다는 점이다. 셋째, 경제적 여유가 없는 평민 가족은 핵가족이 많았다는 점이 지적된다. 즉 방이 적어도 두 개 이상은 되어야 확대가족이 될 수 있지 방이 하나뿐인 집에서 2세대가 동거하기 어렵기 때문이다.
이와 같은 이유로 조선 시대의 핵가족 비율은 매우 높았을 가능성이 있고 심지어는 오늘날과 비슷하거나 더 높았을 가능성도 있다. 그렇다고 해서 조선 시대의 가족 형태를 핵가족이라고 부를 수 있는가? 물론 그렇지 않다. 부모가 살아계시고 아들, 특히 장남이 있으며 최소한의 경제적인 여유가 있어 동거할 공간이 있는 경우라면 조선시대에는 거의 모두 확대가족, 즉 부모를 모시고 살았다. 하지만 오늘날에는 이런 경우에도 분가를 하는 사례가 적지 않다. 따라서 조건을 무시하고 겉모습만 관찰하면 조선시대의 가족형태는 핵가족이라는 이상한 결론을 내릴 수 있는 것이다.

장남, 장녀에 성공한 사람이 많다?

세계적으로 유명한 사람 소위 성공한 사람들의 출생 순위를 알아보면 장남 혹은 장녀가 많다고 한다. 출생 순서가 늦으면 늦을수록 성공한 사람이 많지 않다는 것이다. 예컨대 성공한 사람 1,000명을 조사해보니 약 400명이 장남이나 장녀이고, 300명 전후가 차남 혹은 차녀, 200명 전후가 3남 혹은 3녀, 100명 정도가 4남 혹은 4녀 이후로 나타났다고 하자. 이러한 결과를 "출생순위가 늦으면 늦을수록 성공할 가능성이 낮아진다."라고 일반화할 수 있을까? 물론 없다. 왜냐하면 장남 장녀는 차남 차녀에 비해 절대수가 많을 수밖에 없기 때문이다. 자식이 한 명이 있으면 장남 아니면 장녀가 된다. 2명 이상이 있어도 장남 혹은 장녀는 꼭 있다. 그러나 차남 혹은 차녀는 자녀가 적어도 2명 이상일 때 가능하며, 3남이나 3녀는 3명 이상일 때가 가능하다. 즉 지금까지 성공한 사람 중에 99남 혹은 99녀는 있을 수 없다. 잘 알다시피 자녀가 99명은 있어야 99남 혹은 99녀가 있을 수 있기 때문이다.

까마귀 날자 배 떨어진다?

"까마귀 날자 배 떨어진다."라는 속담은 아무런 관계없이 발생한 일이 공교롭게 때가 같아 어떤 관계가 있는 것처럼 잘못 생각하는 것을 탓하는 말로, 바람이 불어서 까마귀가 날아가고 배도 떨어졌는데, 이러한 사실을 간과하고 까마귀가 날아가면서 배를 떨어뜨렸다고 생각하는 것이다. 가령 가정환경이나 교우관계가 좋지 않은 청소년들이 음란물을 접하는 동시에 술을 마시거나 담배를 피울 수 있음에도 불구하고 음란물을 청소년의 술과 담배의 원인처럼 생각하게 되는 것이다. 즉 바람이라는 공통원인(common cause)이 까마귀와 배에 동시에 영향을 주듯, 가정환경 혹은 교우관계가 음란물과 청소년 비행에 동시에 영향을 주는 것일 수 있다.

인종과 범죄는 관계가 있다?

미국의 범죄 양상을 보면 흑인이 백인에 비해 범죄율이 높은 것은 부인할 수 없는 사실이다. 혹자는 이러한 사실을 인종과 범죄 사이에 인과성이 존재한다고 간주한다. 즉 인종이 범죄의 원인으로 작용한다고 주장하는 것이다. 하지만 미국 사회의 인종 차별 때문에 흑인은 교육받을 기회가 제약되어 있고, 교육을 많이 받지 못하면 좋은 직장을 구하기 힘들어지는 등 다양한 기회제약으로 경제적으로 힘들어질 가능성이 높아진다. 일반적으로 가난한 사람들이 부유한 사람에 비해 범죄를 저지를 가능성이 높다. 그렇다면 흑인의 범죄율이 높은 이유를 인종 그 자체에서 찾아야 할지, 아니면 흑인이기 때문에 가난을 경험하고 경제적인 어려움으로 인하여 범죄를 저지르게 되는 인과적 관계를 생각해서 인종 그 자체가 아니라 가난을 원인으로 간주해야 하는지 문제가 따를 수 있다.[10)]

지금까지 엄격히 통제되지 않은 관찰의 문제점을 살펴보았다. 위에서 언급하였지만 인간을 연구하는 사회과학에서 이렇게 엄격히 통제되지 않은 자료와 해석이 적지 않은 것이 사실이다. 통제된 관찰과 그렇지 않은 관찰 결과의 근본적인 차이는 무엇인가? 통제된 관찰 결과는 인과적으로 해석할 수 있으나 그렇지 않은 관찰 결과는 단순한 상관관계로 간주할 수 있을 뿐 인과성, 즉 원인과 결과의 관계로 해석할 수 없다. 또한 통계적 방법은 수집된 자료를 통계라는 기법을 통해 분석할 뿐, 자료가 엄격히

10) 원인으로 간주되는 변수와 결과로 간주되는 변수 사이에서 원인과 결과를 매개해주는 변수를 매개변수(intervening variable)라고 부르는데 이에 대한 해석에 관한 논의는 후에 자세히 언급하기로 한다.

통제되었는지 통제되지 않은 자료인지 구별하지는 못한다. 따라서 통계분석 방법을 배우기 전에 인과성과 상관성의 차이에 대한 숙지가 필요하며, 조사방법론에 대한 기초적인 지식, 특히 통계분석과 연관된 부분을 간단히 짚고 넘어갈 필요가 있다.

2. 인과성의 3요건

자연과학이건 사회과학이건 연구자가 알고자 하는 현상의 원인을 파악하여 설명하는 입장을 인과론이라고 부른다. 모든 사회과학적 설명이 인과론을 받아들이는 것은 아니지만,[11] 대부분의 경우 사회과학은 인과론에 근거한 해석 혹은 설명을 통해 사회현상을 설명하고 있다고 볼 수 있으며, 이러한 설명에 통계가 중요한 기법으로 이용되고 있다고 볼 수 있다. 인과성에 대한 복잡한 과학철학적인 논쟁은 이 책의 범위를 벗어나기 때문에 생략하고 양적인 방법론에서 일반적으로 인과성의 3가지 요건으로 간주하는 요인을 중심으로 인과성과 상관성의 차이를 알아보자.

인과성의 3가지 요건의 첫째는 상관성이며, 둘째는 시간적 순서, 셋째는 제 3의 변수의 통제이다. 각각에 대해 자세히 알아보기로 하자.

2.1 상관관계

두 현상 사이에 인과관계가 있기 위해서는 적어도 상관관계가 있어야 한다. 상관관계가 없이 인과관계가 성립될 수 없다. 그러나 모든 상관관계가 곧 인과관계가 되는 것은 아니다. 부언하면 상관관계는 인과관계의 필요조건일 뿐이며, 충분조건은 아니라는 말이다. X와 Y 현상 사이의 상관관계란 X가 발생하면 Y가 발생하는 경향이 있다는 말이다(그 역도 가능하다). 즉 어떠한 두 현상 사이에 어떤 현상이 원인이고 어떤 현상이 결과인지 분명하지 않은 단순한 관계가 상관관계라고 볼 수 있다. 앞의 1.1에서 예로 든 통제되지 않은 관찰 사례가 모두 상관관계는 어느 정도 인정할 수 있으나 인과관계로 간주하기 어려운 경우이다.

11) 마르크스의 변증법, 구조기능의 기능분석, 현대 행동과학의 S-R 분석 등은 인과론에 근거한 설명과 다르다.

2.2 시간적 순서

상관관계가 있는 두 현상 중 하나의 현상이 다른 현상의 원인으로 간주되려면 두 현상 사이에는 시간적인 순서가 분명해야 한다. 원인으로 간주되는 현상이 결과보다 먼저 발생해야 한다는 조건이 필요하다. 매우 상식적이고 당연한 말처럼 보일 수 있지만 사회현상에서는 그렇지 않은 경우가 많다. 예를 들어 적지 않은 학자들이 청소년 비행의 중요한 원인으로 친구관계를 들고 있다. 비행성향이 있는 친구와 사귀면 친구의 영향을 받아 비행에 빠져들 개연성이 높다는 말이다. 그러나 반대되는 설명도 가능하다. 다양한 이유, 예컨대 가정환경이 열악하고 학교에 적응을 하지 못하는 청소년들이 비행을 저지르면 가정과 학교에서 더욱 소외되기 쉽고, 이렇게 소외된 비행청소년들끼리 친구가 되어 비행집단을 형성한다는 주장도 가능하다. 즉 비행성향이 있는 친구가 비행의 원인이 아니라 비행경험이 비행성향이 있는 친구들끼리 만나게 되는 원인이라는 주장도 가능하다는 것이다. 친구와 비행 사이에 인과관계가 존재하는 것은 사실이지만 어떤 요인이 원인이고 결과인지 밝히는 것은 간단하지 않다.

2.3 통제 : 허위상관의 배제

마지막으로 특정 현상에 대한 원인을 밝힐 때 제 3의 요인 혹은 변수를 통제하여 두 현상 사이에 발견되는 상관관계가 유사상관 혹은 허위상관관계(spurious correlation)가 아니라는 점을 입증하여야 한다. 예를 들어, 기능적 관계는 인과관계가 아니다. '허파가 있으면 위가 있는' 것과 같은 관계로서, 눈이 있으면 대부분 입이 있고, 손이 있으면 발도 있는 관계이다. 이러한 관계는 본질적으로 한 요인이 다른 요인을 발생하게 만드는 인과성이 전제가 된 상관관계는 아니다. 또한 현상과 그 현상을 보여주는 지표(index) 사이의 관계도 자칫하면 인과관계가 전제된 상관관계로 오인할 수 있다. 예컨대 "온도계의 눈금이 높으면 온도가 높아진다.", 혹은 "소방차가 많이 동원되면 불의 규모가 커진다.", "주름살이 많으면 나이를 먹는다."는 등의 관계는 현상과 지표 사이의 관계에 불과한 것이지 인과관계를 전제한 상관관계는 아닌 것이다.

이러한 허위상관에 더하여 사회과학에서 조심해야 할 관계가 있다. 원인-결과로 간주되는 요인과 연관된 제 3의 요인 때문에 실제로 존재하지 않는 인과관계가 마치 있는 것처럼 간주할 수 있는 경우가 있기 때문이다. 위의 1.1에서 설명한 통제되지 않은 관찰 중 4번째 예인 까마귀 날자 배 떨어지는 상황에서 바람이 제 3의 요인이다.

바람이 불어 까마귀도 날아갔고 배도 떨어졌다. 즉 바람은 배와 까마귀에 모두 영향을 준 공통원인이 된다. 이러한 바람의 영향을 간과하면 까마귀 때문에 배가 떨어졌다고 잘못된 결론을 내릴 수 있다.

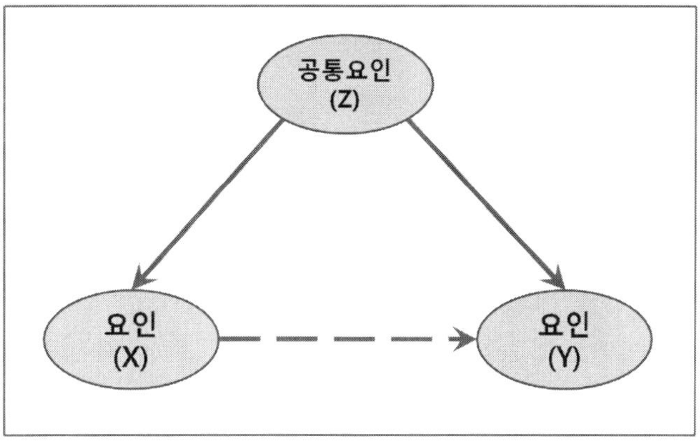

〈그림 3-1〉 허위상관관계

두 현상 사이의 상관관계가 인과관계인지 아니면 유사상관 혹은 허위상관인지를 알 수 있는 절대적인 방법은 없으나 개입된 제 3의 요인 혹은 변수를 통제함으로 허위상관 여부를 점검해 볼 수 있다. 통제(control)란 제 3의 요인이 영향을 미치지 못하도록 막는 것이다. 위의 예에서 바람의 영향력을 통제한다는 것은 까마귀가 앉아있는 배나무 주변에 큰 휘장을 쳐 바람이 들어오지 못하도록 막는 것이다. 바람이 없는 상황에서는 까마귀가 날아가도 배가 떨어지지 않아 까마귀가 배가 떨어지는데 원인이 아니라는 사실을 알 수 있을 것이다.

자연현상에서는 이와 같이 공통원인으로 작용하는 요인의 영향을 물리적으로 배제하여 통제를 할 수 있으나 인간을 연구 대상으로 하는 사회과학에서는 통제가 간단하지 않다. 예를 들어보자. 음란물과 비행 사이에 '가정환경'이라는 제 3의 요인이 작용한다는 가정을 세워보자. 즉 가정환경이 좋지 않은 청소년들이 음란물도 많이 보고 여타 비행도 많이 한다면 가정환경은 음란물과 비행 두 변수 모두에 원인으로 작용하는 공통원인이며, 가정환경의 영향력을 배제하면 음란물과 비행 사이에 발견되었던 상관관계는 사라질 것이며 따라서 허위상관관계로 밝혀질 것이다.

그렇다면 어떻게 음란물과 비행 간의 관계에서 가정환경의 영향을 통제할 수 있는가? 사회과학에서는 자연현상을 다루는 자연과학에서처럼 까마귀와 배가 떨어지는 현상 간의 관계에서의 바람과 같은 제 3의 요인을 물리적으로 배제할 수는 없기 때문에 '동일한 조건'을 만들어서 제3의 요인의 영향력을 배제하는 방법을 취한다. 구체적인 내용은 다음 절에서 알아보자.

3. 사회과학 조사방법과 통제

통계분석하기 위해서는 수집된 자료가 있어야 한다. 매우 당연한 말을 하는 이유는 분석할 자료가 어떠한 방법을 통해 수집되었는가를 고려하지 않고 합당한 분석을 하기 어렵다는 점을 강조하기 위해서이다.

3.1 실험과 서베이

실험(experiment)과 서베이(survey)를 정의하기 전에 먼저 구체적인 예를 들어보자. 본 장 처음에 "음란물을 시청한 경험이 많은 청소년일수록 비행을 많이 저지를 것이다."라는 가설을 연구자 A와 B가 각각 다른 방법으로 검증하는 예를 들었다. 결론부터 말하면 A의 연구는 실험을, 그리고 B의 연구는 서베이를 사용한 연구이다. 가장 대표적인 실험인 순수실험(true experimental design)의 예를 들어보자. 순수실험은 선정된 피실험자를 실험집단(experimental group)과 통제집단(control group)으로 무작위(random)로 나눈다. 즉 위의 예에서 선정된 200명을 무작위로 100명씩 두 집단으로 나눈 후 연구의 원인(실험에서는 흔히 실험변수라 부른다)에 해당하는 변수인 음란물을 실험집단에 속한 피실험자에게 보여주어 실험변수의 효과가 발생하도록 연구자가 조작(operate)한다. 한편 통제집단에 속한 피실험자에게는 음란물을 보여주지 않는다. 선행 이론이나 경험적 연구결과를 참조하여 음란물의 효과가 나타날 것으로 기대되는 시간이 지난 후(예를 들어 3개월 후), 음란물을 보여준 실험집단에 속한 100명의 청소년과 음란물을 보여주지 않은 통제집단에 속한 100명의 청소년의 비행 정도(연구의 결과에 해당하는 요인, 즉 종속변수)를 비교하였더니 다음과 같은 결과가 나왔다고 하자.

〈표 3-1〉 음란물과 비행 간의 관계에 대한 순수실험결과

	음란물을 본 집단(실험집단)	음란물을 보지 않은 집단(통제집단)
평균 비행 횟수	10회	7회
전체	100명	100명

음란물을 시청한 100명의 실험집단의 비행 평균이 음란물을 시청하지 않은 통제집단에 비해 통계적으로 유의미할[12] 정도로 높으면 가설이 검증된 것으로 보고, 음란물은 청소년 비행의 원인의 하나라고 결론을 내릴 수 있다.

이와 달리 연구자 B는 200명의 표본을 선정한 후 두 집단으로 나누지 않고 200명 모두에게 지난 6개월 동안 얼마만큼 음란물을 보았는지 그리고 기타 비행은 얼마만큼 했는지 단순히 물어보는 방법을 택하였다. 그 결과 A의 연구와 동일한 결과를 얻었다고 하자. 즉 음란물 접촉이 상대적으로 많은 100명의 평균 비행 횟수는 10회인 반면 접촉이 상대적으로 적은 100명의 평균 비행 횟수는 7회로 나타난 것이다. 이러한 결과는 연구자 A의 결과와는 달리 음란물이 청소년 비행의 원인이라고 결론을 내릴 수 없다. 다만 음란물과 청소년 비행 사이에는 연관, 즉 상관이 있다고 말할 수 있을 뿐이다. 왜 그럴까? A의 연구는 앞의 절에서 설명한 인과성의 3가지 요건을 충족하나 B의 연구는 첫 번째 요건인 상관관계만 발견하였을 뿐, 시간적 순서를 입증하지 못하였고, 제 3의 요인을 통제하지 않아 음란물과 청소년 비행 사이의 관계가 '허위상관 관계가 아님'을 입증하지 못하였기 때문이다.

실험 설계에 대해 자세히 설명하는 것은 이 책의 범위를 벗어나기 때문에 간단히 언급하기로 한다. 실험, 특히 순수 실험은 선정된 피실험자를 ① 무작위로 실험집단과 통제집단으로 나누고, ② 실험집단에 실험변수를 실시하여 그 변수의 효과가 발생하도록 만든 후 ③ 실험변수의 효과를 실험집단과 통제집단의 종속변수 차이를 비교하여 검증하는 방법이라고 볼 수 있다. 이를 간단히 표시하면 다음과 같다.

〈표 3-2〉 실험설계

실험집단	통제집단
실험 전(o_1)	실험 전(o_2)
실험변수(X)	*
실험 후(o_3)	실헌 후(o_4)

12) '통계적으로 유의미할 정도'라는 말의 의미는 다음 장에서 자세히 설명할 것이다

o_1과 o_2가 차이가 없음을 밝히기 위해서 사전조사(pre-test)를 실시하기도 한다.[13] 사전조사는 실험, 즉 X를 실시하기 전에 실험집단과 통제집단의 비행 정도를 각각 측정하여 통계적으로 유의할 정도의 차이는 없다는 사실을 입증하기 위함이다. 즉 실험변수인 음란물(X) 시청을 실시하기 전에는 실험집단의 비행정도(o_1)와 통제집단의 비행정도(o_2)가 거의 비슷하나, 음란물(X)을 시청한 후에는 실험집단의 비행정도(o_3)가 통제집단의 비행정도(o_4)보다 더 크다는 사실을 통해 음란물의 효과를 검증하는 것이다.

실험집단에 속한 청소년들에게 음란물을 보여주는 것은 음란물의 효과를 알아보기 위해 당연히 필요한 절차이다. 만일 사전조사를 한다면, 즉 음란물을 보기 전의 비행정도를 알아보는 조사를 하여 음란물을 보기 전의 비행정도인 o_1과 본 후의 비행정도인 o_3을 비교해도 그 효과를 알 수 있다. 다시 말해 음란물을 본 후에 비행이 상당히 증가했다면 음란물이 나쁜 영향을 주었다고 미루어 짐작할 수 있다. 그렇다면 실험에 참여하였지만 실제로 아무것도 하지 않는 100명의 통제집단은 왜 필요할까? 결론부터 말하자면 다양한 제3의 요인을 통제하기 위함이다.

이 연구의 종속변수인 청소년 비행에 영향을 주는 요인은 무한히 많다고 할 수 있으며 연구에서 알아보고자 하는 음란물의 영향은 그 중의 하나에 불과하다. 연구가 진행되는 동안 음란물뿐만 아니라 다른 무수한 요인들도 피실험자에게 영향을 줄 수 있다. 예를 들어 실험 기간이 여름방학 중이었다면 방학 중에는 학교에 가지 않아 비행이 더 많이 발생할 수 있어 실험 전(o_1)과 실험 후(o_3)의 차이가 음란물 때문인지 방학으로 인해 비행이 증가한 탓인지 알 수가 없다.[14] 그러나 통제집단이 있으면 이러한 무한히 많은 통제해야 할 변수 혹은 요인을 일시에 배제할 수 있다. 실험집단에 속한 청소년의 비행정도(o_3)는 음란물(X)과 음란물을 제외한 무한히 많은 요인(&)의 영향을 받은 결과로 간주할 수 있다. 즉 $X + \& = o_3$이 된다. 한편 통제집단에 속한 청소년들의 비행정도(o_4)는 음란물을 제외한 무한히 많은 요인(&)의 영향을 받은 결과로 간주할 수 있다. 왜냐하면 적어도 실험기간 중에는 통제집단에 속한 청소년들은 음란물을 관람하지 않았기 때문이다. 수식으로 간단히 표시하면 $\& = o_4$가 된다.

다시 말해,

13) 일반적으로 사전조사를 생략하는 경우도 많다.

14) 이러한 요인들을 실험의 내적 타당도를 저해하는 요인이라 부르며 통제하는 방법에 대한 자세한 설명은 실험설계에 관한 책을 참고하기 바란다.

$o_3 - o_4 = (X+\&) - (\&) = X$가 된다.

즉 무한히 많은 요인들이 비행에 영향을 준 결과는 통제집단 덕분에 그 영향을 구체적으로 알 필요가 없이 상쇄되어 사라지고 순수한 X(음란물)의 효과를 알 수 있다. 이러한 이유 때문에 음란물, 즉 실험변수를 실시하지 않는 집단을 통제집단이라 부르는 것이다. 실험변수를 제외한 다른 모든 제 3변수의 효과는 아무 것도 하지 않는 통제집단 덕분에 배제, 즉 통제할 수 있는 것이다. 물론 전제는 있다. 실험을 실시하기 전에 실험집단과 통제집단에 속한 청소년들의 비행정도는 거의 동일하다는 전제가 있어야지 실험을 하기 전부터 실험집단에 속한 청소년들이 비행을 더 많이 한다면 음란물의 효과를 명확히 알 수 없다. 실험집단과 통제집단이 서로 다르지 않게 만들기 위해 무작위화를 통해 피실험자를 실험집단과 통제집단으로 나누며, 나눈 후에도 사전조사를 통해(본 예에서는 o_1과 o_2이다) 서로 다르지 않다는 점을 보여준다. 이와 같이 실험방법을 통해 인과관계의 3요건 중 마지막 요건, 즉 통제를 통해 허위상관이 아님을 증명하는 것을 살펴보았다. 또한 2번째 요건인 '시간적 순서' 역시 실험에서는 큰 문제가 없다. 왜냐하면 음란물을 보여준 후 일정 기간이 지난 후 비행을 조사하였기 때문이다. 따라서 o_3와 o_1이 차이가 난다면, 즉 음란물을 보기 전의 비행과 후의 비행이 차이가 있다면 상관관계가 존재하기 때문이라고 볼 수 있고, 따라서 음란물과 비행과는 인과적인 관계가 있으며 음란물은 비행의 원인이라고 결론내릴 수 있는 것이다.

한편 B의 연구는 비록 결과가 A의 연구 결과와 동일하더라도 상관관계만 발견하였을 뿐 인과관계라고 간주할 수 없다. 첫째 '시간적 순서'가 분명하지 않기 때문이다. 설문을 통해 물어본 것은 '지난 6개월간의 비행과 음란물'이다. 설사 음란물을 많이 접한 청소년들이 비행을 더 많이 저질렀다고 해도 음란물을 본 후에 저지른 비행인지 음란물을 보기 전에 저지른 비행인지 알 길이 없다. 즉 시간적인 순서가 분명하지 않아 원인과 결과를 따지기 힘들다는 것이다. 둘째, '시간적 순서'의 문제보다 더 큰 문제는 다양한 제 3의 요인이 전혀 통제되지 않았다는 점이다. 음란물을 많이 본 100명의 청소년과 보지 않은 청소년들이 음란물 접촉을 제외한 다른 변수에서 동일하다는 근거가 없다. 실험에서는 무작위화를 통해 실험집단과 통제집단이 거의 동일하다고 전제할 수 있었으나 서베이에서는 그렇지 않다. 극단적인 과장이지만, 만일 음란물을 본 100명은 가정환경이 열악하고, 학교에도 잘 적응하지 못하는 학생이며, 교우관계도 좋지 않은 학생들이 대부분인데 반하여 음란물을 많이 보지 않은 100명은 가정환경도 좋고, 학교생활도 건전하며, 성적도 좋고, 친구 관계도 좋다면, 두 집단의 비행 차이가 단순히 음란물 때문인지 아니면 가정환경, 학교생활, 교우관계 등인지 알 수가 없기 때문이다. 즉 서베이 자료는 실험설계를 통해 수집된 자료와 달리 전혀 통제되지 않은 자료이기 때문에 원인과 결과라고 가정한 변수들 사이의 인과관계를 검증할 방법이 없다.

3.2 서베이와 통계를 활용한 통제

3.1에서 설명한 내용은 실험 자료는 인과관계를 검증할 수 있으나 서베이 자료로는 상관관계만 알 수 있을 뿐 인과관계를 검증할 수 없다고 요약할 수 있다. 실험과 달리 서베이는 이런 한계가 분명히 있는데도 적지 않은 사회과학 연구는 실험보다는 서베이에 의존하는 경우가 많다. 그 이유는 사회과학은 인간을 대상으로 연구하는 학문이기에 대부분의 연구주제가 실험을 적용하기 어렵기 때문이다. 지금까지 살펴본 사례들도 사실 실험을 적용할 수 없는, 아니 적용해서는 안 되는 연구 주제이다. 만일 음란물이 정말로 청소년 비행의 중요한 원인이라면 실험에 참가하여 실험집단으로 배정된 청소년들을 누가 책임질 것인가라는 윤리적인 문제가 따른다. 이미 언급한 바와 같이 실험, 특히 순수 실험은 연구자가 의도적으로 실험변수의 효과가 발생하도록 만든다는 특징 때문에 인과성을 검증할 수 있다는 장점을 지니고 있다. 하지만 실험 방법은 윤리적인 이유로 인간을 대상으로 시행할 수 없는 경우가 허다해 사회과학 연구에서는 실험보다는 서베이에 의존하게 된다. 주지하다시피 서베이는 연구자가 전혀 개입하지 않은 상태에서 원인과 결과로 상정된 변수들이 발생한 후 설문지나 면접을 통해 자료를 수집한다.[15] 즉 서베이는 연구자가 특정 효과를 발생하도록 조작하지 않기 때문에 윤리적인 부담에서 벗어날 수 있다. 한편 성이나 인종, 연령, 부모의 교육, 직업 등 사회과학에서 중요하게 다루는 요인들이 태생적으로 실험 연구에서처럼 조작이 불가능한 경우도 많다. 예를 들어 남녀 청소년의 비행 차이를 알아보는 조사를 할 때 성별이라는 요인은 실험을 통한 조작이 불가능하기 때문에 서베이를 적용할 수밖에 없다.

그렇다면 서베이 자료로는 인과관계를 살펴볼 수 없다는 말인가? 엄격하게 말하면 그렇다. 그러나 완벽하지는 않으나 통계 기법을 이용하여 제 3의 변수의 효과를 어느 정도는 통제할 수 있으며, 사실 사회과학에서 통계를 사용하여 분석하는 중요한 이유

15) 이러한 특성 때문에 서베이를 사후설계(Ex-facto design)라고 부르기도 한다.

중의 하나가 여기에 있다고 할 수 있다.

3.3 사후통제 : 통계적 분석으로서 통제

다음에 제시되는 나이와 독서량의 관계에 대한 설명을 통해서 사후통제의 개념에 대해서 살펴보자. 아래 〈표 3-3〉은 나이와 독서량의 관계에 대한 교차분석 결과이다.

〈표 3-3〉 나이와 독서량

	50세 이상	50세 미만	전체
10권 이상	75명	105명	180명
9권 이하	195명	165명	360명
전체	270명	270명	540명

〈표 3-3〉에서 나타나듯이 50세 이상의 경우 10권 이상의 독서량을 지닌 사람은 75명, 9권 이하인 사람이 195명으로 나타났다. 한편 50세 미만의 경우 10권 이상의 독서량을 지닌 사람은 105명, 9권 이하인 사람이 165명으로 나타났다. 즉 50세 미만의 사람들이 50세 이상인 사람들보다 10권 이상의 책을 읽는 경우가 더 많음을 알 수 있다. 그렇다면 나이와 독서량과의 관계를 단언할 수 있는가?

나이와 독서량과의 관계를 교육수준 별로 알아보니 다음 〈표 3-4〉와 같은 결과를 얻었다.

〈표 3-4〉 교육별 나이와 독서량

	고등학교 졸업 이상			중학교 졸업 이하		
	50세 이상	50세 미만	전체	50세 이상	50세 미만	전체
10권 이상	45명	90명	135명	30명	15명	45명
9권 이하	45명	90명	135명	150명	75명	225명
전체	90명	180명	270명	180명	90명	270명

고등학교 졸업 이상의 경우에는 50세 이상이든지 50세 미만이든지 10권 이상의 독서량을 보인 비율과 9권 이하의 독서량을 지닌 비율이 동일하게 나타났다. 한편 중학교 졸업 이하에서는 50세 이상의 경우 10권 이상인 경우가 30명, 50세 미만의 경우에는 15명으로 더 많은 것으로 나타났다. 앞의 〈표 3-3〉에서는 50세 미만의 사람들

이 50세 이상인 사람들보다 10권 이상의 책을 읽는 경우가 더 많았지만 교육정도를 고려해 본 결과 고등학교 졸업 이상의 경우에는 나이에 따른 독서량이 차이를 보이지 않았다. 즉 나이와 독서량간의 관계는 독서량에 영향을 줄 수 있는 교육정도와 같은 다른 요인에 따라 변화할 수 있기 때문에 〈표 3-4〉처럼 교육정도에 따라 나이와 독서량간의 관계를 살펴보는 것으로 통제효과를 기대할 수 있다.

3.4 제 3의 요인의 종류와 해석

3.4.1 외생변수

우리가 연구할 때 일반적으로 연구모형에서 고려하지 않는 변수들에 의해서 독립변수와 종속변수의 관계에 영향을 받을 수 있다. 이 때 독립변수로 고려하는 변수 이외의 변수로서 종속변수에 영향을 미치는 것을 외생변수(extraneous variable)라고 한다. 이러한 외생변수가 존재할 때 연구모형의 독립변수와 종속변수의 관계는 외생변수에 의해서 영향을 받게 된다. 예를 들면 앞에서 설명한 바와 같이 나이와 독서량간의 관계에서 독립변수는 나이이고, 종속변수는 독서량이다. 분석결과 나이에 따라서 독서량의 차이가 나타나는 것처럼 보이지만 결국 이런 관계는 교육수준이라는 제 3의 변수에 의해서 영향을 받은 것이라고 볼 수 있다. 이 때 교육수준을 외생변수라고 볼 수 있다. 이처럼 사회과학의 연구에서는 모형에서 고려하지 않는 제 3의 변수가 외생변수로서 모형의 분석결과에 영향을 미칠 수 있기 때문에 기존의 연구결과나 이론을 고려해서 그런 가능성이 있는 변수들이 모형에 미치는 영향력을 통제한다는 의미에서 외생변수로 인과모형의 가장 앞에 포함시켜서 분석하는 경우가 많다.

- 정신병 환자가 지난 세기 동안 대폭 증가하였다. ⇒ 이 경우 나이를 외생변수로 볼 수 있다. 평균수명이 길어지면서 정신병 진단을 받는 사람의 수가 많아졌다고 볼 수 있기 때문이다.
- 조선시대에 핵가족의 비율이 현재의 핵가족 비율보다 더 높다. ⇒ 이 역시 평균수명의 증가로 설명할 수 있다.

3.4.2 구성변수

구성변수(component variable)는 추상적 개념을 구성하고 있는 여러 요소들 중에서 특정 요소의 영향을 확인할 수 있는 검정요인이다. 예를 들면 사회계층(독립변수)이 비행(종속변수)에 유의미한 영향을 미친다는 결과가 나타났을 때, 사회계층을 구성하는 여러 요소들(수입, 직업, 교육 등) 중에서 어떠한 요소가 결정적인 영향을 미치는가를 파악하기 위한 검정요인이다. 이때 결정적인 구성변수를 파악하기 위해서는 사회계층과 비행 간의 관계에서 사회계층의 특정 요소를 통제하였을 때, 원래 관계가 현저하게 약화되거나 사라지게 된다면 해당 요소가 결정적인 구성변수가 된다.

- 중산층 자녀가 하층에 비하여 비행을 더 많이 저지른다. ⇒ 이 경우 비행을 설명하는 사회경제적 지위(SES)의 주요 구성변수로 수입을 들 수 있다.
- 중산층은 자녀에게 독립심을 강조하는 교육을 하는 반면에 하층은 복종을 강조하는 교육을 한다. ⇒ 이 경우 자녀에 대한 교육방식을 설명하는 사회경제적 지위(SES)의 구성변수로 직업을 들 수 있다.
- 기혼자가 미혼자에 비하여 자살률이 낮다. ⇒ 결혼여부를 구성하는 요인 중의 하나로 자녀의 존재를 들 수 있고, 자녀의 존재는 구성변수로서 사회적 관계를 강화시켜 자살률을 낮추는 원인이 될 수 있다.

3.4.3 매개변수

매개변수(intervening variable)는 독립변수와 종속변수의 사이에 위치하여, 독립변수의 결과이며 동시에 종속변수의 원인이 되는 변수이다. 사회현상들은 워낙 복잡한 과정을 통해 발생되므로 단순한 원인과 결과의 관계로 나타나지 않을 수 있다. 따라서 독립변수는 직접적으로 종속변인에 영향을 미치기보다 매개변수에 영향을 미치고 매개변수가 다시 종속변인에 영향을 미칠 수 있다. 이러한 과정은 시간적 순서와 논리적 흐름에 따라 위치하게 된다. 예를 들면 가난과 범죄 간의 관계에서 가난한 사람은 모두 범죄를 많이 저지른다고 설명하기보다는 가난한 사람이 범죄를 조장하는 하위문화에 속해 있을 가능성이 높고, 그러한 하위문화에 속한 사람일수록 범죄를 많이 저지르게 된다고 볼 수 있을 것이다. 이처럼 매개변수를 통해 좀 더 정확하게 사회현상을 이해할 수 있는 정교한 연구모형을 수립할 수 있다.

이 때 매개효과는 두 가지로 구분할 수 있는데 독립변수가 종속변수에 직접적인 영향을 미치지 못하고 그 효과가 온전히 매개변수를 통해서 나타날 때 완전매개효과라고 말하고, 부분적으로 직접적으로 영향을 미치고 부분적으로 매개변수를 통해서 영향을 미칠 때 부분매개효과라고 한다.

- 가난한 사람이 범죄를 많이 저지른다. ⇒ 하위문화가 매개변수이다.
- 교육수준이 높은 사람이 투표를 하지 않는 경향이 많다. ⇒ 정치적 관심이 매개변수이다. 교육수준은 정치적 관심에 영향을 미치고 정치적 관심이 투표여부에 영향을 미친다.
- 카톨릭 신자가 개신교도에 비하여 자살률이 낮다. ⇒ 집단응집력이 매개변수이다. 종교의 유형이 집단응집력에 영향을 미치고, 집단응집력은 자살에 영향을 미친다.

3.4.4 선행변수

선행변수(antecedent variable)는 다른 독립변수에 유의미한 영향력을 미치는 변수를 말한다. 엄격하게 말하면 선행변수란 이 변수가 종속변수에 미치는 영향이 다른 독립변수에 의해서 매개되는 경우를 말한다. 이 경우 선행변수는 독립변수에 대해서, 독립변수는 종속변수에 유의미한 영향을 미치지만, 선행변수를 통제하더라도 독립변수와 종속변수의 관계는 사라지지 않는다. 그렇지만 선행변수와 종속변수 간의 관계에 대해 독립변수를 통제하게 되면 선행변수와 종속변수의 관계는 약화되거나 사라지게 하는 조건을 지닌다. 예를 들어 본인의 교육정도(독립변수)가 정치적인 지식(종속변수)에 유의한 영향을 미친다는 결과가 나타났을 때, 본인의 교육정도에 아버지의 계급이 유의하게 영향을 미친다고 한다면 아버지의 계급이 선행변수이다. 아버지의 계급을 통제하여도 본인의 교육정도와 정치적인 지식 간의 관계는 사라지지 않는 반면, 선행변수인 아버지의 계급과 정치적인 지식 간의 관계에서 본인의 교육정도를 통제하면 선행변수와 종속변수 간의 관계는 사라지거나 약화된다.

- 교육수준이 높은 사람이 정치적인 지식이 높다. ⇒ 아버지의 계급이 선행변수이다.
- 아노미를 많이 느끼면 범죄를 저지르기 쉽다. ⇒ 계층이 선행변수이다. 가난한 사람들이 아노미를 많이 느끼고, 아노미를 많이 느끼는 사람이 범죄를 많이 한다.
- 교육수준이 높은 사람이 진보적인 경향을 보인다. ⇒ 부모의 SES가 선행변수이다. 부모의 사회경제적 지위가 높을수록 자녀의 교육수준이 높을 가능성이 있고, 교육수준이 높을수록 진보적인 경향을 보일 가능성이 높다.

3.4.5 억압변수

실제로 독립변수와 종속변수 간에는 유의미한 관계가 있지만, 이러한 독립변수와 종속변수 간의 관계가 약하거나 관계가 없는 것처럼 보이게 만드는 변수를 억압변수(suppressor variable)라고 한다. 이러한 억압변수로 인해 영가설을 거짓으로 받아들이게 되는 결과를 초래할 수 있다. 예를 들어 연령과 평균수입의 관계를 살펴보자. 연령에 따라서 평균수입이 유의미하게 증가하지 않는다는 결과가 나왔다고 할 때, 성별을 통제하면 두 변수 간의 관계가 나타날 수 있다. 즉 남성은 연령이 높아짐에 따라서 평균수입이 증가하지만, 여성의 경우는 결혼과 더불어 직장을 그만두는 경우가 많기 때문에 오히려 평균수입이 하락할 수 있다. 이와 같이 실제로는 차이가 있지만 성별을 더했을 때 관계가 없는 것처럼 나타날 수 있는 것이다. 이런 경우에는 성별을 통제하지 않았다면 연령에 따라 평균수입에 유의한 차이가 없다는 영가설을 잘못 받아들일 수 있다.

모든 억압변수가 그런 것은 아니지만 억압변수에 대해서 고려할 때는 조절변수라는 것도 염두에 둘 필요가 있다. 앞서 연령과 평균수입은 성별의 범주에 따라서 다른 관계를 보였다. 이처럼 특정 변수의 범주에 따라서 다른 독립변수와 종속변수의 관계가 달라질 때 이 때 특정 변수를 조절변수라고 한다. 이러한 효과를 상호작용 효과라고 하며, 이는 제 8장에서 자세하게 다룰 것이다.

- 연령과 평균수입 ⇒ 성별이 억압변수이다.
- 친구에 대한 애착과 비행 ⇒ 친구의 성격이 억압변수가 될 수 있다. 비행친구인가 일반적인 친구인가에 따라서 애착의 정도가 비행에 미치는 영향은 달라질 수 있다.

그런데 앞에서 설명했던 다양한 변수의 성격 또는 유형을 규정하는 것은 이론적인 맥락에서 규정되어야 한다. 즉 동일한 세 개의 변수로 모형을 구성해도 어떤 이론적 관점에서 보는가에 따라서 변수의 성격이 달라질 수 있다는 것이다.

여기에서는 학교중퇴와 청소년 비행의 관계를 예로 들면서 동일한 요인이 다양한 성격의 변수로 규정될 수 있음을 살펴보겠다. 학교를 중퇴한 이후에 중퇴한 청소년들의 비행이 증가할 것인가 아니면 감소할 것인가 아니면 변화하지 않고 이전의 상태를 유지할 것인가? 학교생활과 중퇴, 비행은 어떤 인과적 관계를 가지는가? 이러한 질문에 대해서 비행이론들은 다양한 설명을 제공한다.

첫째, 학교중퇴가 더 많은 비행의 원인이 된다고 보는 입장으로 비행이론에서 주류를 이루고 있다. 학교생활에 적응하지 못하는 청소년들이 학교를 중퇴하게 되고, 학업중퇴는 이전보다 더 많은 비행을 저지르게 한다고 본다. 이런 관점에서 바라보면 학교생활 적응은 선행변수가 되며, 중퇴는 매개변수가 된다. 즉 학교생활 부적응은 중퇴의 인과적 원인이며, 중퇴는 더 많은 비행의 인과적 원인이 된다.

둘째, 학교에서의 부정적 경험이나 학교에 대한 애착이 비행에 영향을 주고 동시에 학교중퇴에도 영향을 미친다고 본다. 즉 청소년의 학교중퇴와 비행행동이 서로 간에 직접적인 인과관계를 가지지 않으며 두 요인 모두 학교에서의 부정적 경험에 의해서 동시에 영향을 받는다고 본다. 즉 중퇴와 비행은 상관이 있어 중퇴가 비행의 원인인 것처럼 생각되지만, 이 두 요인은 모두 학교에서의 부정적 경험이라는 외생변수로부터 영향을 받기 때문에 그렇게 보일 뿐이라는 것이다. 이 외생변수를 통제하면 중퇴와 비행 간의 관계는 사라진다. 이러한 관계가 앞에서 언급한 허위상관관계이다.

셋째, 학교를 중퇴하는 청소년들이 동질적인 집단이 아니라는 점을 주목한다. 즉 중퇴를 하는 데는 경제적 이유, 개인적 이유(임신, 결혼, 다른 목적 등), 학교와 관련된 이유 등이 있다. 이러한 중퇴이유는 사회계층에 따라서 차별적으로 나타난다. 중퇴이유에 따라서 중퇴와 비행의 관계가 달라짐을 보여준다. 사회계층에 따라 중퇴가 개인에게 어떤 영향을 미치는가가 결정된다. 여기에서 사회계층은 위에서 살펴본 억압변수(조절변수)가 된다. 계층의 정도에 따라서 중퇴와 비행의 관계가 다른 형태로 나타난다. 이러한 현상은 앞서 언급한 상호작용 효과와 같은 맥락이라고 볼 수 있다. 즉 하나의 독립변수의 범주에 따라서 다른 독립변수와 종속변수의 관계가 다른 형태로 나타난다.

제4장

추리통계의 기본

CHAPTER 04

추리통계의 기본

1. 모집단과 표본

앞서 제1장에서 언급한 바와 같이 모집단 전체를 모두 조사하는 전수조사란 매우 드물며 대부분의 조사는 표본조사를 통해 모집단을 추정한다. 제2장에서 알아본 여러 가지 기술통계치들은 표본에서 얻은 결과에 불과하다. 예를 들어 1,000명 성인남자 표본을 조사하여 평균키가 172cm라는 결과가 나왔다고 해서 우리나라 성인남자의 평균키가 172cm라고 할 수 없다. 왜냐하면 표본을 통해 얻은 각종 수치가 모수치, 즉 모집단을 직접 조사해서 얻은 수치와 같을 것이라는 보장이 없기 때문이다. 다시 말해 아무리 정교하게 표본을 선정해도 표본은 표본에 불과한 것이지 모집단을 완벽히 축소시켜 놓은 것은 아니기 때문이다. 그렇기 때문에 동일한 방법으로 다른 표본을 선정하면 결과가 다를 가능성이 높다. 예컨대 동일한 방법으로 성인 남자 1,000명의 키를 조사하여 평균값을 계산하면 첫 번째 표본은 172cm인데, 두 번째 표본은 170cm, 세 번째 표본은 173cm일 수 있다. 그렇다면 이 세 표본의 평균값 중 어떤 것을 선택해야 하는가? 또한 관계를 기술할 때도 사정은 다르지 않다. 청소년 1,000명을 확률적으로 표집하여 부모의 학력과 자녀의 비행 사이의 관계를 알아보았더니 피어슨 상관계수 r=.35가 나왔다고 해서 이 결과를 그대로 우리나라 모집단에 적용할 수는 없다. 위의 평균 키와 마찬가지로 동일한 확률적인 표집 방법을 적용한 두 번째 표본에서는 r=.40이 될 수도 있고, 세 번째 표본에서는 심지어 r=.05가 될 수도 있다.

그러나 우리는 모집단 전체를 다 조사할 수는 없다. 표본이 아주 잘못되었다는 사실이 판명되기 전에는 대부분 조사는 하나의 표본만 선정하여 모집단의 다양한 모수치(parameter)를 추정할 뿐이다. 어떻게 이것이 가능한가? 그 어떤 표본도 모집단을 완벽히 대표하지는 않는데, 단 하나의 표본으로 우리는 모집단을 추정해야 한다는 일종의 딜레마 상황이라고 볼 수 있다.

2. 표집분포

위에서 언급한 모순적 상황, 즉 모집단을 대표한다고 보장할 수 없는 하나의 표본으로 모집단을 추정해야 한다는 상황의 해결책은 표집분포(sampling distribution)에서 찾을 수 있다. 표집분포를 이해하는 것은 추리통계의 출발이자 끝이라고 할 수 있을 정도로 중요하다. 표집분포에 대해 정확하게 통계적 정의를 내리기 전에 우리가 일상에서 느끼는 사실을 예로 들어 표집분포를 이용하여 표본을 통해 모집단을 추정하는 논리를 먼저 살펴보기로 하자.

회사나 학교의 면접을 예로 들어보자. 면접이란 상대적으로 매우 짧은 시간, 짧으면 5분도 안되고 길어야 30분 동안에 면접관이 피면접자의 중요한 성격을 파악할 수 있다는 전제에 근거한다. 몇 개의 중요한 질문을 하고 대답하는 내용, 태도 등을 통해 피면접자의 기본 됨됨이를 알 수 있다고 전제하는 것이다. 주지하다시피 피면접자가 당황하여 평상시와는 다른 모습을 보여줄 가능성도 있다. 시간도 짧고 당황하여 본인의 모습을 정확히 보여줄 수 없을지 모르는 상황이지만 면접에서 얻은 정보로 피면접자의 성격을 파악하는 것은 표본조사와 비슷하다. 즉 짧은 시간의 면접은 표본이며 그것을 통해 추정되는 피면접자의 전반적인 성격은 모집단이라고 비유할 수 있다.

아주 짧은 시간동안의 면접을 통해 어떻게 사람의 전반적인 성격 및 가능성을 판단할 수 있을까? 물론 절대적으로 확신할 수 있는 방법은 없다. 아무리 노련한 면접관이라도 실수를 할 수 있으며, 다른 사람을 짧은 시간에 100% 정확하게 알아 볼 수 있는 방법은 없을 것이다. 마치 아무리 완벽한 표본조사라고 해도 표본조사의 한계를 벗어나기 힘든 것과 마찬가지이다. 그러나 우리는 면접을 실시하며 때에 따라서는 면접이 매우 중요한 평가기준이 된다. 이러한 면접에 대한 신뢰 뒤에는 면접관에 대한 신뢰가 있다. 즉 면접관은 피면접자와 같은 사람을 평상시에 많이 접촉하여 잠깐 동안의 면접을 통해 피면접자의 자질을 파악할 개연성이 높을 것이라는 가정 혹은 신뢰가 있는 것이다.

2.1 축적된 경험과 추론

이러한 면접관에 대한 신뢰가 표집분포를 이해하는데 중요한 실마리가 될 수 있다. 신뢰의 배경에는 면접관은 지금까지 피면접자를 많이 만난 축적된 경험이 있으며, 그 경험을 토대로 피면접자를 평가하기 때문에 그러한 축적된 경험이 없는 사람에 비해 피면접자를 상대적으로 정확히 판단할 개연성이 높을 것이라는 가정이 깔려 있다. 학생들을 많이 가르치고 상담한 교수들은 이러한 축적된 경험이 있기 때문에 면접을 하러 온 학생들을 잠시 만나도 그 학생의 자질과 됨됨이를 비교적 정확히 판단할 수 있으리라는 가정이 있다. 또 다른 예를 들어보자. "운전의 반 이상은 길을 아는데 있다."라는 말이 있다. 특히 우리나라 서울의 강남 같은 곳을 가거나 지나갈 때는 길을 잘 아는 사람과 그렇지 않은 사람 간에 도착지까지 걸리는 시간에 큰 차이가 난다. 왜 그럴까? 그 길을 자주 다닌 사람은 지금까지의 축적된 경험 때문에 이 시간에는 어떤 길로 가는 것이 좋고, 그 길에서도 몇 번째 차선으로 가는 것이 좋다는 등 과거의 경험에 비추어 빠른 길을 택할 수 있기 때문이다. 물론 면접이나 운전에서 과거의 축적된 경험에 기반을 둔 판단이 100% 옳다는 말은 아니지만 과거의 축적된 경험이 있는 사람은 경험이 없는 사람에 비해 올바른 판단을 할 확률이 높을 것이라고 가정하는 것이다.

2.2 과거의 경험과 표집분포

더 통계적인 예를 들어보기로 하자. 우리나라 성인 남자의 평균키를 알아보기 위해 1,000명의 성인 남자를 무작위로 추출하여 추정하는 예를 들어보자. 이미 충분히 강조하였지만, 그 어떤 표본도 모집단을 그대로 반영하지 않기 때문에 하나의 표본 결과를 모집단에 적용할 수는 없다. 그러나 만일 우리나라 성인 남자의 키에 대한 표집분포가 있다면 하나의 표본결과와 표집분포를 이용하여 모집단의 모수치를 추정할 수는 있다. 그 방법을 자세히 알아보기로 하자.

한 모집단에서 동일한 방법을 적용한 표본을 무한히 선정하여 조사한 결과를 통합한 것이 표집분포이다. 예컨대 우리나라 남자의 키를 알아보기 위해서 1,000명인 남자 표본을 무수히 선정한 후 각 표본의 평균키로 분포를 만든 것이 우리나라 남자의 평균 키의 표집분포이다. 물론 현실에서 이렇게 만든 표집분포는 있을 수 없지만, 만일 있다면 다음과 같이 활용할 수 있을 것이다. 예를 들어 이러한 표집분포의 평균키가 172cm라면 우리나라에서 1,000명의 확률 표본을 무수히 선정하여 키를 조사하면 평균키가 172cm인 표본이 가장 많이 선정되는 것으로 미루어 볼 때(어떠한 경우에도 평균값은 가장 빈도가 높은 대표값이다.) 아마도 "우리나라 성인남자의 평균키는 172cm일 확률이 가장 높을 것이다."라고 추론할 수 있을 것이다.

또한 이러한 표집분포의 표준편차가 1cm라고 하자. 이것은 무엇을 의미하는 것인가? 어떠한 분포가 정규분포라면 평균을 중심으로 한 '-1s 〈 평균(이하 M) 〈 +1s'

에 속할 확률이 68%이며, '−2s 〈 M 〈 +2s'에 속할 확률이 95%라는 것을 정규분포의 특성에서 알 수 있다. 따라서 만일 우리나라 성인남자의 키의 표집분포가 정규분포라면 1,000명 크기의 표본을 100개 선정하였을 때 그 중 68개 전후의 표본의 평균 키는 171cm에서 173cm 사이에 속할 것이며, 95개 전후의 표본의 평균 키는 170cm에서 174cm 범위에 속할 것이라는 점을 알 수 있다. 역으로 1,000명의 성인 남자 표본의 평균 키가 165cm 이하이거나 180cm 이상이 될 확률은 매우 낮아 100개의 표본 중에 이런 표본이 나타날 확률은 거의 없다는 사실도 알 수 있다. 즉 표집분포가 있으면 모집단에서 특정 표본이 선정될 확률을 알 수 있다.

표집분포를 이용하여 모집단에서 표본이 표집될 확률을 계산할 수가 있다는 말인데, 이러한 논리는 코페르니쿠스적 발상의 전환을 하여 '모집단→표본'이 아니라 '표본→모집단'으로 바꾸면 특정한 표본이 표집될 수 있는 모집단의 범위로 전환할 수 있다. 즉 특정한 모집단에서 평균키가 171cm ~ 173cm 범위에 들어오는 표본이 선정될 확률이 68%라는 사실은 평균키가 172cm인 표본은 평균키가 171cm에서 173cm인 모집단에서 선정될 확률이 68%라는 말과 다르지 않다. 이렇게 적용하면 표본에서 모집단 수치의 범위를 확률적으로 추정할 수 있는 것이다. 지금까지 설명을 요약하면 다음과 같다. 우리나라 성인남자의 평균 키를 알아보기 위해 무작위로 1,000명의 남자를 선정하여 조사하였더니 평균키가 172cm, 표준편차가 10cm라면 조금 뒤에 자세히 설명할 중심극한 정리를 이용하여 우리나라 모집단의 평균키는 171.35cm에서 172.65cm 범위에 들어 있을 확률이 95% 전후라는 사실을 추정할 수 있다.[16]

3. 확률분포로서 표집분포

이와 같이 표집분포가 있다면 매우 유용하게 사용할 수 있으나, 표본을 경험적으로, 즉 실제로 무한히 선정하여 그 결과를 종합한 표집분포란 있을 수 없다. 잘 알다시피 시간과 경비를 생각하면 표본조사 하나를 제대로 하기도 쉽지 않은데 무한히 많은 표본조사를 한다는 것은 있을 수 없다. 그러나 표집분포가 없으면 하나의 표본으로 모집단을 추정할 수 없다. 이와 같은 모순적인 상황을 어떻게 해결할 것인가? 해결 방법은 실제로 무한히 많은 표본조사를 하는 것이 아니라 확률이론을 활용해 실제로

16) 중심극한 정리를 사용한 방법은 후에 자세히 설명하기로 한다.

조사하지 않고 마치 조사한 것처럼 표집분포를 만드는 것이다. 이러한 표집분포는 경험적으로 만든 것이 아니라 일정한 가정을 정한 후 확률적으로 만든 확률분포이며 우리가 통계에서 활용하는 다양한 분포, 예컨대 정규분포, t 분포, F 분포 등이 모두 이러한 확률분포이다.

확률분포를 이해하기 위해서는 확률변수의 개념을 먼저 이해할 필요가 있다. 확률변수란 무작위적으로 실험을 한다고 했을 때 그 결과로 나타난 수가 일정한 확률값을 가지고 변수로 나타나는 것을 말한다. 예를 들어 주사위를 던질 때 윗면에 나타나는 값 등이다. 확률변수 중에서 구간의 개념을 가지지 않고 특정 숫자의 값을 가진 것들을 이산확률변수 또는 이산변수라고 한다. 반면 확률변수가 특정 구간내의 모든 실수값을 가질 때 연속확률변수 또는 연속변수라고 한다.

확률분포란 앞서 언급한 확률변수가 모든 가능한 값에 대해서 가지는 확률의 분포라고 이해할 수 있다. 이러한 확률분포는 확률변수의 유형에 따라서 이산확률분포와 연속확률분포로 나눌 수 있으며, 이산확률분포의 가장 대표적인 것으로 이항분포와 포아송분포가 있고, 연속확률분포의 대표적인 것이 정규분포이다.

3.1 간단한 확률분포의 예 : 이항분포

가장 간단한 확률분포는 이항분포라고 볼 수 있다. 이항분포란 경우의 수가 두 가지인 현상에 대한 확률분포이다. 예컨대 동전을 던지는 경우 앞면과 뒷면이 나오는 두 가지 경우만 발생할 수 있어 이항분포가 된다. 이항분포를 이용하는 방법을 알아보기로 하자. 동전을 10번씩 던지는 실험을 100번 했을 때 때 앞면이 한 번만 나오고 뒷면이 9번 나오는 경우의 수는 100번 중 얼마나 될까? 이 문제에 대한 답을 얻는 방법은 두 가지가 있다. 그 첫 번째는 동전을 10번 튕기는 실험을 직접 100번 해보는 방법이다. 그러나 10번 튕겨보는 실험을 100번 정도는 할 수 있을지 모르나 1,000번 또는 10,000번 하는 것은 어지간한 끈기로는 힘들다. 이럴 때 이용하는 방법이 수학의 확률론이다. 만일 동전의 앞면이 나올 확률과 뒷면이 나올 확률이 1/2로 같다면 실제 튕겨보지 않고 우리는 다음과 같이 계산할 수 있다.

0번 (1/2)의 10승 * $_{10}C_0$
1번 (1/2)의 10승 * $_{10}C_1$
2번 (1/2)의 10승 * $_{10}C_2$

만일 10번이 아니라 동전을 무수히 튕겼을 때의 확률분포는 정규분포와 가까워지는데, 이는 매우 중요한 분포이다.

3.2 정규분포

이항분포에서 동전을 던지는 시행횟수를 10번이 아니라 매우 크게 늘린다면 아래 〈그림 4-1〉과 같은 정규분포의 형태가 나타난다. 정규분포는 온도나 신장, 체중과 같은 연속변수인 경우에 나타날 수 있는 이상적인 분포형태이다.

정규분포의 특성으로는 첫째, 종과 같은 형태를 가지고 있고, 평균, 중앙값, 그리고 최빈값이 일치하고, 하나의 봉우리(unimodal)를 가진 좌우대칭의 분포 형태를 가진다. 둘째, 정규분포의 위치는 평균(μ)에 따라 정해지고, 모양은 표준편차(σ)의 크기에 따라 넓게 흩어진 모양이나 좁게 밀집된 모양으로 나타날 수 있다. 셋째, 평균과 표준편차에 따라 다양한 형태의 정규분포가 나타날 수 있다. 그러나 평균으로부터 일정 비율의 표준편차 이내의 범위에서 확률변수의 특정한 값을 갖게 될 확률은 같다. 예를 들면, 평균으로부터 $\pm1\sigma$, $\pm2\sigma$, $\pm3\sigma$ 범위 내에 확률변수 값이 포함될 확률은 각각 68.26%, 95.44%, 그리고 99.72%이고, 다양한 형태의 정규분포에서도 표준편차 범위에 따른 확률은 모두 동일하다.

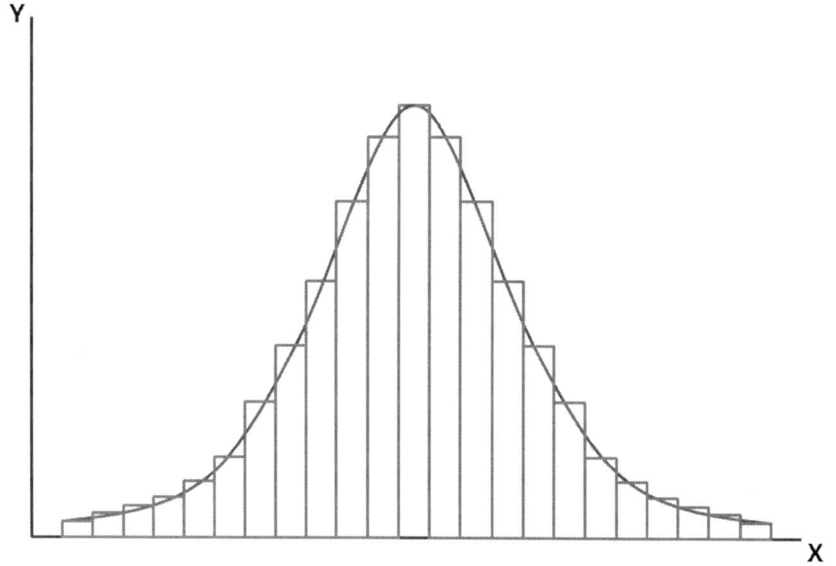

〈그림 4-1〉 정규분포 곡선

4. 중심극한 정리

모든 사회현상을 정규분포라고 가정할 필요는 없다. 균일한 분포(학년)도 있고 포아송분포도 있으나, 가장 대표적인 분포가 정규분포 혹은 정상분포이기 때문에 확률분포로서 정규분포를 이용하는 방법을 중심극한 정리를 통해 알아보기로 한다. 구체적인 방법을 알아보기 전에 앞에서 언급한 모순적인 상황을 다시 한 번 상기해 보자. 요약하면 다음과 같다. "표집분포가 있어야 모집단을 추정할 수 있는데, 직접적인 경험적인 조사에 의하여 표집분포를 만드는 것은 불가능하나 확률을 이용한 확률분포는 만들 수 있다."라고 하였으며, 간단한 확률분포의 예로 이항분포를 들었다.

중심극한 정리란 모집단과 표집분포 사이의 관계를 확률에 입각하여 서술한 것이다. 모집단과 표집분포 사이의 관계를 확률론을 통해 증명하는 것은 이 책의 범위를 벗어나기 때문에 생략하기로 한다. 다만 모집단과 그 모집단에서 일정한 방법으로 선정한 수많은 표본을 기초로 만든 표집분포는 서로 무관하지 않을 것이며 그 관계를 확률적으로 설명할 수 있다는 가능성만 받아들이기로 하자. 부연하여 설명하면 만일 모집단의 평균키가 172cm라고 한다면 그와 같은 모집단에서 무수히 많은 표본을 선정하여 표본의 평균키를 알아보면 172cm라는 평균값을 가진 표본의 수가 가장 많을 것이다.

통계학자들이 모집단과 표집분포 사이의 관계를 다음과 같이 정리한 것이 있다. 흔히 중심극한 정리라고 부르는데 그 내용은 다음과 같다.

[중심극한 정리(central limit theorem)]

1. 모집단이 정규분포라면 표집분포 역시 정규분포를 그릴 것이다.
2. 모집단의 평균값이 μ라면 표집분포의 평균값 역시 μ일 것이다.
3. 모집단의 표준편차가 σ이면 표집분포의 표준편차는 $\sigma/\sqrt{n}$이 될 것이다 (n은 표본의 크기).

만일 우리나라 전체 남자의 키의 분포가 정규분포이며 평균값이 170cm, 표준편차가 10cm라면, 표본의 크기가 100명인 표본을 기반으로 한 표집분포는 정규분포이며, 평균값은 170cm, 표준오차 즉 표집분포의 표준편차는 $10/\sqrt{100} = 1$cm가 될 것이다.

전 절에서 이미 설명하였지만 다시 한 번 표집분포를 활용하는 구체적인 방법을 설명하면 다음과 같다. 만일 위와 같은 표집분포가 있다면 우리나라에서 성인남자 100명을 무작위로 선정하여 각 표본의 평균키를 알아보면, 169cm에서 171cm 안에 들어 올 확률이 68%, 168cm에서 172cm일 확률은 95%, 167cm에서 173cm일 확률은 99%이다. 역으로 어느 나라 남자인지 모르는 100명의 남자의 평균값이 178cm라면 이 남자들이 한국 남자일 확률은 0.00001이하인 반면 아닐 확률은 99.9999%라는 점도 알 수 있다.[17)]

5. 모수치의 추정

본 절에서는 다시 한 번 모수치 추정 논리와 구체적인 방법에 대해 설명하기로 한다. 앞서 설명한 내용은 모집단의 모수치를 알면 중심극한 정리를 이용하여 표집분포를 만들 수 있으며 이렇게 만든 표집분포를 통해 모집단에서 추출될 표본의 성격을 확률적으로 추론할 수 있는 방법을 설명하였다. 그런데 이와 같은 방법은 사실상 현실적으로 아무런 활용 가치가 없다. 왜냐하면 모집단에 대한 아무런 정보가 없기 때문에 표본조사를 통해서 추정이라도 해보려고 표본조사를 하는 것이기 때문이다. 만일 표집분포가 있다면 표본조사 결과를 표집분포를 활용해 모집단의 모수치를 추정할 수 있다. 요약하면 다음과 같은 모순적인 상황에 직면하고 있다는 사실을 알 수 있다. 모집단의 모수치를 표본 결과를 통해 추측하려면 표집분포가 필요한데, 표집분포를 알려면 모집단을 알아야 한다는 모순이 성립되는 것이다.

앞서 2.2에서 간단히 말한 코페르니쿠스적 발상의 전환에 대해 자세히 알아보자. 지금까지 논리는 '모집단→표본' 관계를 기본으로 한 것이다. 즉 특정한 모집단에서 무한히 많은 표본을 선정하여 그 결과를 정리한 것이 표집분포이며, 표집분포를 통해 특정 모집단에서 특정 표본이 선정될 확률을 계산할 수 있다. 그러나 이와 같은 논리를 반대로 적용하면, 하나의 표본 결과를 보고 이러한 표본이 나올 수 있는 모집단의 범위를 추정할 수 있다. 즉 평균 키가 172cm이고 표준편차가 10cm인 모집단에서 평균키가 171cm에서 173cm인 표본이 선정될 확률이 68%라는 사실은 표본 평균이 172cm인 표본은 모집단의 평균키가 171cm에서 173cm인 모집단에서 선정될 확률이

17) 표집분포를 이와 같이 적용하는 것은 다음 장에서 설명할 가설 검증의 논리이다.

68%라는 사실과 동일한 것이다. 더 일반화를 한다면 100명의 표본을 선정하여 키의 평균과 표준편차를 알아보았더니 172cm와 10cm로 나타났다. 이런 경우 위에서 언급한 중심극한 정리를 발상을 전환하여 이용하면, 모집단의 평균키가 171cm와 173cm에 속할 확률이 68%이며 170cm와 174cm에 속할 확률이 95%라는 사실을 알 수 있는 것이다.

다시 말해 표본 수치인 172cm와 10cm를 마치 모수치처럼 간주하고, 이러한 모집단에서 선정될 수 있는 표본을 모집단으로 발상의 전환을 통해 간주하여 중심극한 정리를 이용하면 모집단의 평균 키는 172cm가 될 확률이 가장 높고 표집분포의 표준편차가 $\frac{10}{\sqrt{100}}$, 즉 1cm 이기 때문에 172cm ± 1cm에 모집단의 평균값이 속할 확률이 68%, ±2cm 안에 속할 확률은 95%라고 생각할 수 있는 것이다.[18)]

6. 표준오차

추리통계의 논리를 사회과학 가설 검증에 어떻게 적용하는지 살펴보기 전에 표준오차(standard error)에 대해 알아보기로 하자. 전에도 언급하였지만 표준오차란 표집분포의 표준편차라고 간단히 정의할 수 있다. 표준편차를 왜 표준오차라고 부르는가를 이해할 필요가 있다. 중심극한 정리를 상기해 보자. 모집단과 표집분포 관계를 기술한 것이 중심극한 정리인데, 잘 알다시피 표집분포의 다양한 값은 모집단에서 추출한 표본의 평균값이다. 이렇게 무수히 많은 표본 평균값 중 모집단의 평균값과 일치하는 참값은 표집분포의 평균값뿐이며 다른 값은 모집단의 평균값이 아니다. 예를 들어 모집단의 평균값이 172cm인데 어떤 특정한 표본의 평균값이 173cm라면 173cm − 172cm = 1cm의 오차가 있는 것이다. 일반화하면 표집분포의 평균값만 오차가 없는 값이며 다른 모든 값은 오차가 있는 값이며, 특정한 값(M_1)과 평균값(μ)의 차이는 모두 오차이기 때문에 이 오차의 표준편차는 표준오차라고 부를 수 있는 것이다.

표준오차가 작으면 작을수록 표본이 정확하다고 볼 수 있다. A표본과 B표본의 평균값이 172cm로 같더라도, A표본의 표준오차는 1cm인데 B표본은 0.1cm라면 B표본을

18) 엄격하게 말하면 표본의 수치를 모수치로 대치하면 정규분포가 아니라 t 분포를 기반해서 해석해야 된다. 그러나 정규분포와 t 분포가 크게 다르지 않고 추리통계의 논리를 이해하기 위해서 잠시 t 분포에 기초한 정확한 해석은 뒤로 미룬다.

통해 모집단을 추정하는 편이 훨씬 좋을 것이다. 왜 이런 차이가 생기는가? 중심극한 정리에 의하면 표집분포의 표준오차는 '모집단 분산(variation)/ $\sqrt{표본수}$'이다. 표본에서 얻은 분산을 모집단 분산으로 잠시 간주한다고 했을 때[19] 표본이 크면 클수록 표준오차는 작아진다. 예컨대 표본의 표준편차가 10cm라면 표본의 크기가 100명이면 $\frac{10}{\sqrt{100}}$ = 1cm가 되며, 표본의 크기가 10,000명이면 $\frac{10}{\sqrt{10000}}$ = 0.1cm가 되는 것이다. 표준오차를 줄이는 방법은 다양하나 통계만으로 볼 때 표본의 크기가 클수록 작아진다는 점을 잘 알 필요가 있다.

7. 신뢰구간

앞에서 설명한 바와 같이 모집단에서 추출한 표본들을 통해 얻은 평균값으로 모집단의 평균을 추정할 수 있다. 그런데 한 표본의 평균을 통해서는 정확한 모집단의 평균을 구할 수 없다. 대신 대략적인 모집단 평균과의 차이를 보여줄 수 있다. 모집단 평균과 표본평균 간의 차이는 우선 모집단의 분포와 표집분포의 분포가 모두 정규분포를 이루고 있다는 점에서 시작한다. 즉 모집단이 정규분포를 이루고 있다면, 모집단에서 단순 무작위표집으로 추출한 표본들의 분포도 정규분포를 이루게 된다.

모집단의 평균값을 추정하는 방법은 표집분포의 평균값과 표준오차를 통해 추정한다. 특히 표집분포의 표준오차는 모집단의 평균을 추정하는데 중요한 기준이 된다. 정규분포를 이루고 있는 모집단에서 추출된 표집분포는 아무래도 모집단의 평균값에서 크게 벗어나지 않은 표본들이 많이 추출될 확률이 높다. 반대로 모집단의 평균값에서 크게 벗어난 표본들이 추출될 확률은 낮을 것이다. 따라서 표집분포의 표준오차를 통해 모집단의 평균값과 표집분포의 평균값 간의 차이를 살펴볼 수 있을 것이다.

표집분포의 표준오차를 통한 모집단 평균값의 추정은 신뢰구간을 통해 살펴볼 수 있다. 즉 특정 구간 내에 모집단의 평균값이 있을 확률을 추정하게 된다. 예를 들면, 표집분포의 평균키가 172cm이고, 표준오차가 1cm라면 모집단의 평균키가 171cm에서 173cm 사이에 있을 확률이 68.26%(-1σ에서 +1σ까지 표본이 있을 확률: 0.3413

19) z 분포와 t 분포의 차이에 대해서는 제6장 t-검증에서 자세히 설명할 것이다.

+0.3413)이다. 또한 신뢰수준이 68.26%일 때 신뢰구간은 172cm±1cm 라고도 말할 수 있다. 우리가 일반적으로 95% 신뢰수준이라는 표현을 자주 사용하는데 이는 표본의 수가 30개 이상인 경우 모집단의 평균키가 표본의 평균키인 172cm에서 약 두 표준편차(정확하게 표현하면 1.96 표준오차) 이내, 즉 170.04cm에서 173.96cm 이내에 있을 확률이 95%라는 의미이다. 이렇듯 표집분포의 평균값과 표준오차를 통해 모집단의 평균값을 추정할 수 있는 것은 모집단의 분포나 표집분포의 분포가 모두 정규분포를 이루고 있고, 정규분포의 특성이 모두 적용될 수 있기 때문이다.

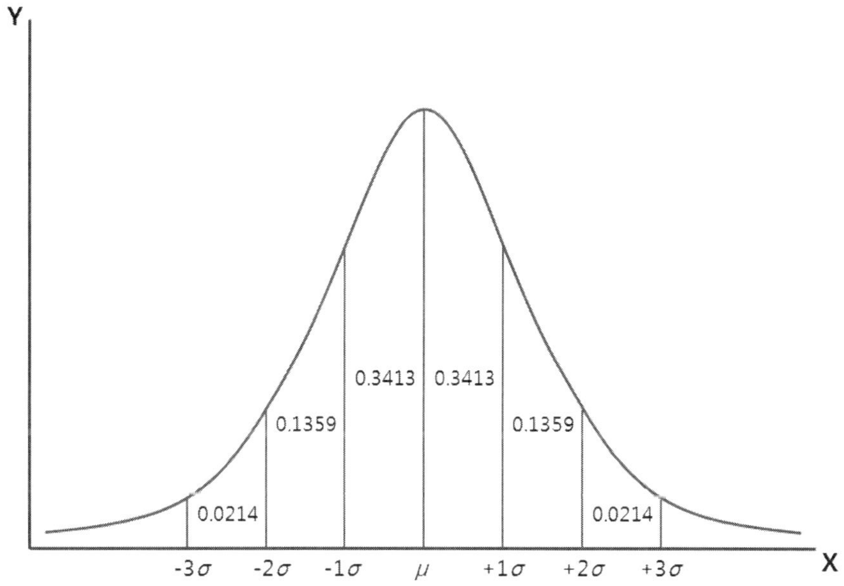

〈그림 4-2〉 표집분포의 정규분포

8. 중심극한 정리의 확대적용

중심극한 정리의 첫 번째는 모집단이 정규분포라면 표집분포도 정규분포라는 관계를 설명해주고 있다. 적지 않은 사회현상이 정규분포에 가까운 형태를 취하고 있는 것은 사실이나 모든 현상이 정규분포는 아니다. 예를 들어보자. 청소년 비행과 같은 요인은 정규분포는 아니다. 음주나 흡연과 같은 행동을 제외하면 대부분의 응답은 "비행을 한 적이 없다"이다. 한 번을 한 청소년의 수는 적으며, 두 번을 한 청소년은 더 적어지고, 3~4번으로 갈수록 숫자는 훨씬 작아진다. 즉 극도로 편기된 분포이며, 심각한 비행일수록 이런 현상이 두드러진다. 또한 노동운동에 대한 태도와 같은 현상은 쌍봉분포를 그릴 수 있다. 즉 노동운동이 심한 제조업체의 노조원은 노동운동을 아주 긍정적으로 평가하는, 반면 사용자는 반대로 부정적인 태도를 보일 수 있고 어중간한 입장을 취하는 사람이 많지 않을 수 있다.

따라서 모든 현상을 정규분포로 간주할 수는 없다. 이러한 문제는 중심극한 정리의 따름정리에 의해 해결될 수 있다. "표본의 크기가 충분히 크다면(일반적으로 100이상) 모집단 분포와 무관하게 표집분포는 정규분포가 될 것이며, 표본의 크기가 30 ~ 50 정도이면 정규분포가 분명히 아니라는 증거만 없으면 정규분포라고 가정을 해도 무관하나, 표본의 크기가 작아 20이하라면 분명히 정규분포일 때만 중심극한 정리를 적용해야 한다."라는 것이다. 앞의 절에서 살펴본 표준오차에 대한 설명과 중심극한 정리의 따름정리를 볼 때 표본의 크기는 최소한 100명은 넘어야 하며 표본이 크면 클수록 모집단을 추정하는데 유리하다는 점을 알 수 있다. 그러나 표본의 크기가 두 배 커졌다고 해서 표준오차가 두 배로 작아지는 것은 아니기 때문에 무조건 표본을 크게 하는 것이 좋은 것은 아니다. 표본이 커지면 시간과 경비도 커지기 때문이다.

제5장

가설 검증

CHAPTER 05

가설 검증

통계학이 사회과학에 많이 적용되는 중요한 이유 중의 하나가 통계적 방법을 이용한 가설 검증이 가능하기 때문이다. 예를 들어 부모와 자녀의 관계가 자녀의 비행에 미치는 영향을 알아보기 위해 1,000명의 표본을 선정하여 두 변수 사이의 관계를 알아보았더니 피어슨 상관계수 r이 .30이었다고 하자. 모집단을 직접 조사하지 않고 표본만을 조사한 후 비록 작지 않은 크기의 상관성이 발견되었지만, 직접 조사하지 않은 모집단에서도 부모-자녀 관계가 좋지 않으면 자녀들이 비행에 빠져들 가능성이 높다는 결론을 내릴 수 있는가? 본장에서는 이러한 문제를 다루기로 한다.

1. 가설이란?

가설(hypothesis)이란 한 마디로 아직 검증되지 않은 이론이며 검증을 필요로 하는 이론이라고 정의할 수 있다. 사회과학이 경험과학으로 간주되는 한 어떠한 현상에 대한 논리적인 설명만으로 끝나지 않는다. 아무리 논리적으로 옳은 명제라도 현실에서 그 타당성이 검증 혹은 입증되지 않으면 합당한 이론으로 간주하지 않고, 단지 가설 즉 그럴듯한 설명으로 대접하는 것이 경험과학의 관례이다. 이러한 전통은 자연과학에서 유래되었다. 이론물리학에서 주장하는 다양한 가설은 실험물리학에 의해 그 타당성이 검증되었을 때 우주에 대한 합당한 설명, 즉 물리학 이론으로 간주하며 아직 검증되지 않은 다양한 학술적인 주장은 그 주장의 논리적인 정교함과 관계없이 가설로 간주한다.

이러한 자연과학의 방법론을 사회과학에 도입하려는 소위 사회과학 양적 방법론은 가설 검증을 중요한 방법론적 주제라고 생각하고 그 방법을 개발하는데 힘을 쏟고 있다. 그러나 가설 검증 방법이 강조하는 방법론적인 경향은 새로운 가설의 발견보다는 기존 가설의 검증을 통해 기존 이론의 타당성을 입증한다는 문제가 따른다. 조금 과장하면 새로운 가설의 발견보다 기존 이론에서 도출한 가설의 검증에만 관심을 집중한다는 것이다. 왜냐하면 검증 대상인 가설은 주로 선행연구에서 연역적으로 도출되기 때문에 연역 추리의 근본적인 한계를 벗어나기 어렵기 때문이다. 연역적인 방법의 대표적인 것은 주지하다시피 3단 논법이다. 3단 논법의 결론은 대전제를 넘어설 수가 없다. 즉 "동물은 죽는다."라는 대전제에서 "사람은 동물이다."라는 중간 전제를 통해 "사람은 죽는다."라는 결론을 도출하는데, "사람은 죽는다."라는 결론을 경험적으로 아무리 많이 검증한다고 해도 새로운 발견은 없고 다만 "동물은 죽는다."라는 기존 이론의 타당성을 보다 더 확립하는 것뿐이다. 이러한 한계를 극복하는 길은 귀납적인 방법이다. 즉 개별명제를 종합하여 일반적인 명제를 도출하는 것이다. 즉 "사람은 죽는다.", "개도 죽는다.", "개미도 죽는다." ..... 등을 통해 사람, 개, 개미 모두 동물이라는 공통점을 발견하고, 그 결과 "동물은 죽는다."라는 새로운 명제를 발견하는 것은 귀납적인 방법만으로 가능하다고 볼 수 있다. 물론 이와 같이 연역적인 논리와 귀납적인 논리를 구분하는 것은 이념형적인 것이다. 사회과학 연구에서 연역 논리와 귀납 논리를 모두 활용한 새로운 가설을 정립할 수도 있으나, 주로 선행연구 결과를 논리적, 즉 연역적으로 새롭게 정리하여 도출하는 경우가 대부분이라는 점에서 연역적인 가설의 태생적인 문제가 있다고 볼 수 있다.

어떠한 논리를 적용하였든지 좋은 가설은 경험적으로 검증 가능하여야 한다. 예를 들어 "신은 존재하는가?" 등은 적어도 아직까지는 경험적으로 검증할 수 없는 명제이다. 아울러 "대한민국의 미래는 밝은가?"등은 미래에 대한 예측이라는 점과 더불어 '밝은가?'라는 용어의 추상성과 주관성 때문에도 좋은 가설이라 부를 수 없을 것이다. 어떠한 가설이 좋은 가설인가? 어떻게 이러한 가설을 도출할 수 있는가 등은 이 책의 범위를 벗어난 영역으로 조사방법론이나 과학철학에서 다루어질 문제이기에 자세한 설명은 생략한다. 하지만 여기서 명심해야 할 것은 통계 분석 이전에 경험적으로 검증 가능한 가설을 세워야 한다는 것이다. 즉 검증할 가치도 없는 가설, 검증하기 어려운 가설 등은 검증할 필요가 없기 때문이다.

2. 가설의 단계

이미 언급한 바와 같이 사회과학적 연구의 가설은 선행 연구, 즉 기존 이론들과 그러한 이론들에 근거한 경험적 연구 결과로부터 연역적으로 추론한 결과물이라고 볼 수 있다. 따라서 가설은 이론적 형태를 가질 가능성이 높다. 여기서 '이론적'이라는 표현은 가설에 포함된 개념들이 추상적이며 포괄적이라 쉽게 경험적으로 검증하기 어렵다는 것이다. 예컨대 유명한 아노미 이론을 검증하기 위해 "아노미적 상황은 범죄를 유발할 것이다."라는 가설을 정립한 후 1,000명의 표본을 대상으로 경험적인 연구를 할 때, 범죄는 말할 것도 없고 아노미라는 개념이 추상적이며 포괄적이기 때문에 피면접자에게 다음과 같이 직접 물어보기가 어렵다.[20] "당신은 아노미를 느끼십니까?" "당신은 범죄를 한 적이 있으십니까?"

2.1 이론적 가설

이론적 가설은 가설에 포함된 개념과 관계가 추상적이고 포괄적이고 경험적으로 검증하기 어려운 가설이라고 정의하자. 사실 대부분의 사회과학적 연구의 가설은 이론적 가설이라고 볼 수 있으며, 이러한 이론적으로 서술된 가설을 경험적으로 검증하는 구체적인 방법이 조사방법론의 중요한 분야이다. 이 책은 사회과학도를 위한 통계분석을 다루는 것이기 때문에 구체적인 가설 검증 방법에 대한 논의는 생략하고 통계분석에 필요한 부분만 간단히 짚고 넘어가기로 하자.

2.1.1 조작적 정의

조작적 정의(operational definition)는 추상적인 개념을 구체화시키는 출발점이다. 사실 'operational'이라는 사전적 의미는 '조작'이라는 의미와 더불어 '작전'이라는 의미도 있다. 즉 'operational definition'은 추상적인 개념을 작동 혹은 조작한다는 의미보다는 경험적으로 조사하기 어려운 추상적인 개념을 경험적으로 조사하기 위해 작전상 정의한다는 의미가 더 강하다고 생각한다. 예컨대 위의 '아노미→범죄'라는 가설에서 경험적 연구를 원활하게 수행하기 위해 아노미와 범죄라는 핵심적인 개념을 작전상 정의할 필요가 있다는 것이다. 여기에서 '작전상'이냐 '조작적'이냐의 문제가 중요한 것이 아니라 선행 연구를 참조하는 동시에 연구목적에 가장 합당하게 정의하는 것이 필요하다.

여기서 머튼의 아노미 이론에 대한 자세한 언급은 피하기로 하자. 다만 경험적인 연구에서 조사단위가 개인일 때 아노미는 다음과 같이 조작적으로 정의한다. 즉 "어떠한 대상에 대해 현실적인 여건을 고려하지 않고 원하는 바를 의미하는 열망

---

20) 설문지를 통해서 이런 질문을 하는 것은 잘못된 것이지만 실제로 이런 식으로 조사가 되는 경우도 적지 않다. 이를 피하기 위해서 아래의 내용에 대한 이해가 필요하다.

(aspiration)과 현실적인 여건을 고려한 실질적인 기대(expectation) 사이의 격차"로 정의한다.[21] 이렇게 조작적으로 정의한다면 다음과 같은 방식으로 조사가 가능해진다. "가정형편이나 능력 등 현실적인 여건을 고려하지 않을 때 대학에 진학하고 싶은가?"라는 질문과 "가정형편이나 능력 등 현실적인 여건을 고려했을 때 대학에 진학할 수 있다고 생각하는가?"라고 물어 본 뒤 두 질문의 격차를 아노미 점수라고 간주하는 것이다.

범죄 역시 추상적인 개념이다. 어떤 인간 행동이 범죄인가에 대해서는 종교적, 철학적, 윤리적, 사회심리학적으로 다양한 견해 및 학설이 있을 수 있다. 하지만 이러한 모든 측면을 아우르는 정의는 매우 어려울 것이다. 만일 연구의 목적이 범죄의 본질은 무엇인가와 같은 종교, 윤리, 철학적인 물음이 아니라 아노미가 현실적인 범죄에 미치는 영향에 관한 연구라면, 범죄를 '현행 형법에 위반되는 행위'라고 비교적 간단히 조작적 혹은 작전상 정의할 수 있다. 이렇게 정의한 후 다음에서 설명할 '세분화' 과정을 거치면 경험적으로 조사가 가능한 형태의 가설을 도출할 수 있다.

2.1.2 세분화

이론적 가설의 개념은 추상적일뿐만 아니라 포괄적인 성격을 지니는 경우가 대부분이다. 위의 예 '아노미→ 범죄' 가설에서 아노미와 범죄는 추상적인 개념인 동시에 포괄적이다. 아노미를 이상과 현실의 기대 격차라고 조작적으로 정의하여도 아직은 포괄적이다. 이를 세분화하면 교육에서 격차, 직업에서 격차 등으로 구분할 수 있을 것이다. 중・고등학교 학생을 대상으로 한다면 성적에서의 기대 격차, 진학하고 싶은 대학과 진학할 수 있는 대학 사이의 기대 격차, 심지어는 동일한 대학이라도 입학하고 싶은 학과와 입학 가능한 학과 사이의 격차도 일종의 아노미로 간주할 수 있는 것이다. 한편 범죄라는 개념 역시 하위 유형이 너무나 많아 형법전을 뒤져보지 않아도 살인, 강도, 절도, 강간, 방화 등등 수많은 형태가 있다. 청소년 대상 조사에서는 범죄에 대한 더 많은 하위유형이 있다. 형법 위반행위는 물론이고 흔히 지위비행(status offense)라는 부르는 사소한 비행도 청소년 비행으로 간주되는데, 음주와 흡연, 음란물 등은 성인에게는 범죄가 아니지만 청소년이라는 사회적 지위 때문에 금지된 행위에 포함되기 때문이다.

21) 아노미 이론을 사회심리학적 수준에서 아노미는 한 개인의 열망과 기대간의 차이에 의해 직접적으로 측정할 수 있다고 보고 열망과 기대간의 괴리가 클수록 범죄를 저지를 가능성이 높다고 보았다.

2.2 경험적 가설

이렇게 하나의 이론적 가설은 조작적 정의와 세분화를 거치면서 여러 개의 경험적으로 검증하기 쉬운 형태의 하위 가설로 나뉘게 된다. 위의 '아노미→범죄'의 예를 청소년 비행에 적용하면 다음과 같은 여러 개의 하위 가설이 도출될 수 있을 것이다.

- 성적에 대한 기대 격차가 클수록 지위비행을 저지를 가능성이 높을 것이다.
- 대학 진학에 기대 격차가 클수록 금품갈취와 같은 비행을 저지를 가능성이 높을 것이다.
- 부모가 진학하기 원하는 대학과 본인이 입학 가능한 대학 사이의 격차가 클수록 폭력성 비행을 저지를 가능성이 높을 것이다.

2.3 통계적 가설

경험적 가설은 이론과 관련이 크다면 통계적 가설은 조사와 관련이 높다. 경험적 가설의 내용과 형식에 따라 적합한 통계적 분석방법이 다를 수 있다. 앞으로 구체적인 통계적 방법을 설명할 때 차후 자세히 설명하겠지만, 예컨대 "남자 청소년이 여자 청소년에 비해 비행을 많이 할 것이다."라는 경험적 가설은 t-검증을 적용하여 검증하여야 하며, '부모의 학력과 자녀의 비행' 사이의 관계를 검증할 때도 부모의 학력을 대학교 졸업, 고등학교 졸업, 중학교 졸업 이하로 구분하여 세 집단으로 나눈 뒤 일원분산분석을 적용하여 검증하는 것이 좋다. 이와 같이 경험적인 가설을 통계적으로 검증할 때 사용하는 구체적인 형태의 가설을 통계적 가설이라 부를 수 있다. 예컨대 남자 청소년과 여자 청소년의 비행 차이 정도에 있어서 "남자 청소년 표본의 비행 평균 점수가 여자 청소년 표본의 평균점수보다 높거나 같을 것이다."라고 서술하면 경험적 가설을 검증가능한 통계적 분석방법의 용어로 풀어서 서술하였다고 볼 수 있을 것이다. 그러나 경험적 가설과 통계적 가설을 굳이 분리할 필요는 없다. 다만 배우는 과정에서는 이 두 가지 형태의 가설을 분리하여 살펴보는 것이 이해에 도움이 된다고 생각한다.

3. 영가설

지금까지 '이론적 가설→경험적 가설→통계적 가설'의 단계를 설명하였다. 여기서는 통계적 가설 다음 단계의 가설로 '영가설(null hypothesis)'에 대해 살펴보려고 한다. 수집한 자료를 통계적 방법을 이용하여 가설을 검증하기 위해서는 '통계적 가설'만 있으면 될 것 같지만, 그 다음 단계의 가설로 영가설이 필요하다. 영가설이란 문자 그대로 내용이 공허한(null)한 가설이다. 잘 알다시피 가설이란 연구의 꽃이라고 할 수 있다. 일반적으로 경험적인 연구는 선행연구 고찰을 통해 가설을 정립하고 정립된 가설을 합당하게 검증하기 위한 연구방법이 필요하고, 그러한 조사를 통해 수집된 자료를 합당한 통계적 방법을 이용하여 검증한 결과를 제시하는 것이다. 즉 가설을 도출하기 위해서 선행연구를 알아보는 것이며, 검증하기 위해 조사하여 자료를 수집하고 분석하는 것이다. 그런데 내용이 공허한 가설, 텅 빈 가설, 속된 말로 '속이 빈' 가설인 영가설이 왜 갑자기 나타나는가? 왜 영가설이 필요한지 이해를 하면 통계적 가설 검증의 논리를 이해했다고 볼 수 있다. 그 이유는 조금 후에 설명하기로 하고, 영가설의 특징 및 영가설과 관련된 용어를 먼저 살펴보기로 한다.

3.1 영가설과 대립가설

영가설은 경험적 가설을 만들고 그를 통해 통계적 가설이 도출된 후에 만들어지는 가설이다. 이런 점에서 영가설은 통계적 가설과는 상대적인 의미, 특히 상반되는 의미가 있다. 예컨대 위의 예에서 경험적 가설이 "남학생과 여학생은 비행 정도에 있어서 차이가 있을 것이다."라는 것이라면 영가설은 "남학생과 여학생은 비행 정도에 있어서 차이가 없을 것이다."가 된다. 만일 가설이 "남학생은 여학생보다 비행을 많이 할 것이다."라면 영가설은 "남학생은 여학생보다 비행을 적게 하거나 같을 것이다."가 된다. 이와 같이 경험적 가설과 영가설은 서로 상반되는 성격을 지닌다. 보다 엄격히 정의하면 경험적 가설(및 그에 따른 통계적 가설)과 영가설은 상호포함적이며(mutually inclusive) 배타적인(exclusive) 관계이다.

상호포함적인 관계라 함은 어떤 현상에 대해서 경험적 가설과 영가설만 가능하다는 것으로 다른 가설은 있을 수 없다는 말이다. 즉 성과 비행 사이에 관계가 있던지(경험적 가설) 혹은 없던지(영가설) 두 가지 가능성만 있지 다른 가능성은 없다. 배타적 관계라 함은 경험적 가설이 옳으면 영가설이 옳을 수 없고, 역으로 경험적 가설이 옳지 않으면 영가설이 옳다는 의미이다.[22] 이와 같은 예의 대표적인 것은 성별이다. 인류의 성은 남성과 여성뿐이지 제 3의 성은 존재하지 않는다는 점에서 상호포함적이며, 남자라면 여자일 수 없고 여자라면 남자일 수 없는 배타적인 관계에 있다.

이러한 이유 때문에 경험적 가설 혹은 통계적 가설을 대립가설(alternative hypothesis)라고 부르기도 한다. 즉 영가설과 대립적인 관계에 있다는 의미로 의역한 용어이다. 또한 학자에 따라서는 연구가설(research hypothesis)이라고 부르기도 하는데 그 이유는 더 설명할 필요도 없을 것이다. 어떠한 연구에서 검증하고자 하는 가설이라는 뜻이기 때문이다.

3.2 영가설이 왜 필요한가?

지금까지 영가설과 관련된 다양한 측면을 살펴보았다. 이제부터는 왜 이러한 성격을 지니는 영가설이 필요한가에 대해 살펴보기로 한다.

3.2.1 영가설과 표집분포

위의 남학생과 여학생의 비행 차이에 대한 연구를 수행했더니 남학생 100명의 평균 비행은 5회인데 여학생 100명의 평균 비행은 4회로 나타났고 표준편차는 남학생과 여학생 모두 1회라고 하자. 남학생과 여학생의 비행 차이는 5회 4회 = 1회로 나타났지만, 이 결과를 근거로 우리나라 모집단에서도 동일한 결과가 나오리라는 보장은 없다. 왜냐하면 제 4장에서 자세히 설명한대로 표본은 표본일 뿐 모집단을 그대로 대변하지는 않기 때문이다.

제 4장에서 설명한대로 표본 결과만으로 모집단을 추정할 수는 없고 표집분포가 필요하다. 표집분포를 경험적으로 만든다는 것, 즉 무수히 많은 표본을 실제로 표집하여 그 결과로 표집분포를 만드는 것은 현실적으로 불가능하기 때문에 일정한 가정을 세워 확률적 표집분포를 만들어 활용하는 예를 설명하였다. 예를 들어 비교적 간단한 확률분포인 이항분포의 가정은 "동전의 앞면과 뒷면이 나올 확률은 1/2로 동일하다."는 것이다. 이와 같은 가정이 있으면 동전을 10번, 100번, 1,000번을 튕겨도 그 분포

22) 영가설이 옳다는 말은 형식논리에서는 가능하나 실제로는 할 수 없는 말이다. 왜냐하면 영가설이란 가설 검증을 위한 도구적인 필요성에서 만들어진 것이고 그 내용은 아무런 의미가 없다. 아무런 의미가 없는 가설에 대해 진위를 논한다는 것이 의미가 없기 때문이다.

를 확률적으로 계산할 수 있다.

이러한 이항분포를 사용한 비교적 간단한 가설 검증을 알아보기로 한다. 친구 두 사람이 동전을 던져서 앞면이 나오면 A가, 뒷면이 나오면 B가 돈을 갖기로 했는데, 10번 중 9번을 A가 돈을 따는 결과가 나왔다. 이 놀음에 사용한 동전이 A의 것이기 때문에 B가 동전에 문제가 있다고 항의하였다. 즉 A가 동전을 조작하여 앞면이 나오도록 만들었다는 이의를 제기한 것이다. 물론 A는 그렇지 않다고 항변하였다.

이러한 우스꽝스러운 예에서 B의 주장이 연구가설이다. 즉 10번 중 9번이 나온 것은 우연이라 볼 수 없으며 그 배후에는 어떠한 원인이 있을 것이라는 주장을 연구가설이라고 한다면, 이러한 주장에 상반되는 A의 주장이 영가설에 해당한다. 즉 10번 중 9번이 나왔지만 우연히 그렇게 된 것이지 특정한 요인이 작용하여 나타난 결과가 아니라는 주장이다. 대부분의 연구가설은 X라는 현상과 Y라는 현상 사이에는 우연이 아닌 인과관계가 존재한다고 가정하는 것이다. 즉 아노미가 원인으로 작용하여 범죄를 발생하게 만든다는 것은 아노미적 상황과 범죄는 우연하지 않은 관계가 있다는 점을 강조한다. 한편 영가설은 어떠한 현상 사이에서 발견되는 관계는 다 우연한 것에 불과하다고 가정하는 것이다.

결과가 우연하지 않다는 B의 주장이 옳은지, 우연하다고 주장하는 A의 주장이 옳은지 어떻게 판단할 수 있을까? 우리는 이항분포를 통해서 10번 동전을 던졌을 때 앞면이 9번 혹은 그 이상이 나올 확률을 구할 수 있다. 우연히 그런 결과가 발생할 확률을 계산해보면 0.01074이다. 퍼센트로 환산하면 이런 결과가 나타날 확률은 약 1.1%에 불과한 것이다. 즉 A의 주장이 옳을 확률이 1.1%이고 B의 주장이 옳을 확률은 98.9%이다.

이러한 계산 결과에 근거하여 B의 주장이 옳다고 판단하였다고 하자. 그러나 어느 누구도 B의 주장이 정말로 옳은지는 모른다. 다만 우리는 확률에 근거하여 B의 주장이 옳을 확률이 상대적으로 매우 높기 때문에 B의 손을 들어준 것에 불과하다. 부연하면 B의 주장이 옳다는 결론이 틀릴 1.1%의 가능성이 있기 때문이다.[23] 즉 우리는 "확률에 입각하여 우리는 B의 주장이 옳다고 판단한다. 그러나 우리의 판단이 오류일 가능성은 1.1%라는 점을 밝힌다."라고 하는 것이다.

위와 같은 판단에서 중요한 가정이 있다. 일단 A의 주장, 즉 결과는 우연한 것이며, 동전의 앞이 나올 확률과 뒤가 나올 확률이 동일하게 1/2이라는 가정이 있어야 10번

23) 틀릴 가능성, 즉 오류에 대해서는 다음에 보다 자세히 설명하기로 한다.

을 튕겼을 때 9번 앞면이 나올 확률을 구할 수 있는 것이다. 만일 B의 주장, 즉 동전의 앞면이 나올 확률이 뒷면이 나올 확률보다 더 높을 것이라는 주장이 옳다고 가정하면 9번 나올 확률을 계산할 수 없다. 물론 앞면이 나올 확률이 3/5이라는 사실을 알면 계산할 수 있으나 그 확률은 A와 B 모두 알지 못하기 때문에 B의 주장이 옳다는 가정을 할 수 없다. 보다 일반화한다면 세상만사가 우연한 결과라는 영가설이 옳다고 가정하면 확률분포를 계산할 수 있으나, 우연하지 않다는 대립가설 혹은 연구가설이 옳다고 가정하면 확률분포를 알 길이 없다. 확률이란 세상만사가 우연하다는 전제에서 출발한 수학이기 때문이다.

다른 예를 들어보자. 남학생이 여학생보다 비행을 많이 한다는 가설을 어떻게 검증할 것인가? 보다 자세한 설명은 제6장의 t-검증에서 하기로 하고 여기서는 개괄적인 내용만 이해하도록 하자. 1,000명의 남학생의 평균 비행이 5회이고 1,000명의 여학생의 평균 비행이 4회로 조사된 결과로 가설 검증은 다음과 같이 하면 된다. 연구가설은 "남녀의 비행은 차이가 있다."이고 영가설은 "남녀의 비행 차이는 없다."이다. 일단 영가설이 옳다고 전제를 한다. 즉 우리나라 모집단을 조사할 때 남자와 여자 청소년의 비행이 완벽히 동일하다고 가정한다. 이러한 모집단에서 각각 남자와 여자 1,000명을 무한히 표집하여 각 집단의 평균 비행 차이를 중심으로 표집분포를 만들어 낼 수 있다. 이렇게 만든 분포가 제6장에서 설명할 t 분포이다. 모집단에서는 남자와 여자의 비행 정도가 완벽하게 동일하지만 각각 1,000명을 표집한 표본조사 결과에서는 남자 청소년의 비행이 높을 수도 있고 여자 청소년의 비행이 높을 수도 있다. 이러한 표집분포를 통해 우리의 표본조사 결과인 남자 청소년이 여자 청소년에 비해 비행을 평균적으로 1회 또는 그 이상 할 확률을 구하여, 이 확률이 매우 작게 나오면 우리의 가정, 즉 영가설이 옳다는 가정이 타당할 확률이 매우 작기 때문에 영가설을 기각하고 대립가설인 연구가설을 받아들이는 것이다. 다시 강조하지만 영가설이 있어야 확률분포를 알 수 있다. 영가설을 가정하지 않으면 확률분포를 알 수가 없어 그 어떠한 판단도 할 수 없다.

3.3 알파 에러와 베타 에러

이와 같이 통계적 가설 검증은 확률에 근거한 확률적인 판단이다. 100% 옳다 혹은 그르다고 판단할 수 없고 다만 최종 판단 혹은 결론이 옳을 확률만을 알 수 있을 뿐이다. 역으로 최종 판단 혹은 결론은 항상 틀릴 확률, 즉 오류일 확률이 있다. 예를 들어보자. 우리나라 성인여자의 평균키가 165cm이며 표준편차가 10cm라고 하자. 그런데 국적을 알 수가 없는 100명의 여자들이 있는데 이 여자들의 평균키가 170cm라면 이들은 한국 여자일까 아니면 외국 여자일까라는 문제가 있다고 하자.

이 문제에서 영가설은 '한국 여자'이며 대립가설은 '외국 여자'이다. 왜냐하면 키가 매우 클 뿐 아니라 우리가 알고 있는 모집단은 한국 여자이기 때문에도 한국 여자를 영가설로 해야 한다. 제4장에서 설명한 중심극한 정리를 이용하면 평균값이 165cm, 표준편차가 10cm인 모집단에서 100명 크기의 표본을 무한히 표집하여 평균값을 중심으로 표집분포를 그리면 표집분포의 평균값은 165cm이고 표준편차는 1cm($\sigma/\sqrt{표본크기}$)라는 점을 알 수 있다. 이러한 표집분포에 비추어 볼 때 평균키가 170cm인 여자들이 한국 여자일 확률은 매우 작다(5 표준편차 밖에 있을 확률은 0.00001이하이다). 따라서 우리는 이 여자들이 "한국 여자가 아니다."라는 대립가설을 받아들이는 반면 '한국 여자'라는 영가설을 기각한다. 그러나 여기에서 주목할 점은 비록 매우 작은 확률이지만 우리의 결론, 즉 한국 여자가 아니라는 대립가설이 틀릴 수 있는 확률이 있으며 결론을 내릴 때 이 확률을 밝혀야 한다. 이러한 확률, 즉 영가설이 옳은데 영가설을 기각하고 대립가설을 받아들일 수 있는 확률을 제1종 오차(Type I error) 혹은 알파 에러(α error)라고 부른다. 즉 위의 예에서 평균키가 170cm인 여자들은 한국 여자이지만 키가 매우 크기 때문에 (확률을 적용했을 때 한국 여자일 확률이 매우 작기 때문에) 한국 여자가 아니라고 틀린 결론을 내렸으며 이러한 오류를 알파 에러(α error) 혹은 제1종 오차라고 부른다.

이와는 반대의 오차가 있다. 평균키가 165.5cm인 100명의 여자가 있다고 하자. 이들이 한국 여자일 확률은 매우 높아 약 80% 정도가 된다고 하자. 즉 영가설이 옳을 확률이 80%이고 대립가설이 옳을 확률이 20%이다. 따라서 우리는 이 여자들이 한국 여자라고 결론을 내린다. 그러나 나중에 알아보니 이 여자들은 한국 여자가 아닌 일본 여자였다고 한다면, '대립가설이 옳은데 대립가설을 기각하고 영가설을 받아들이는 잘못된 오류'를 범하는 것이다. 이러한 오류를 제2종 오차(type II error) 혹은 베타 에러(β error)라고 부른다. 다만 베타 에러는 알파 에러와 달리 정확한 확률을 구할 수 없다. 왜냐 하면 베타 에러를 계산하려면 대립가설이 옳을 때의 확률분포를 만들 수 있어야 한다. 그러나 이미 언급한 바와 같이 우연하다는 가설, 즉 확률적이라는 가설이 있어야 확률분포를 만들 수 있지 우연하지 않다고 가정하면 구체적으로 얼마만큼 우연하지 않은지를 정확히 알기 전에는 확률분포를 계산해 낼 수 없기 때문이다.

알파 에러 혹은 제1종 오차의 크기를 어느 정도로 정해야하는가에 대한 정답은 없다. 컴퓨터가 발달하기 전에는 오늘날 많이 사용하는 중급 혹은 고급 통계의 사용이 불가능하였다. 복잡한 통계공식을 손으로 계산하기 어려웠기 때문이다. 이 당시에는 알파 에러를 10%로 사용한 경우도 적지 않았으나 오늘날에는 주로 5%를 상한선으로 사용하는 것이 관례이다.

제6장

t-검증

CHAPTER 06

t-검증

제 5장에서 다룬 가설 검증 논리가 실제로 어떻게 적용되는지 Z-검증을 통해 구체적으로 알아 본 뒤 사회과학에서 많이 활용되고 있는 t-검증에 대해 살펴보기로 한다.

1. Z-검증의 논리

제 4장과 제 5장에서 설명한 중심극한 정리와 가설 검증의 논리를 다음과 같은 가상적인 예를 통해 구체적으로 살펴보자.

- 우리나라 가구 평균 수입은 200만원이고 표준편차가 30만원이라고 하자. 또한 수입은 정규분포라고 가정하자. 이러한 모집단에서 100가구를 무작위로 선정하여 수입을 알아보았더니 평균이 210만원, 표준편차가 30만원으로 나타났다. 이러한 표본은 모집단을 대표한다고 간주할 수 있는가?

위의 문제는 평균 수입이 210만원인 100가구 크기의 표본이 평균수입이 200만원이고 표준편차가 30만원인 모집단에서 선정될 확률을 구하여 확률이 .05보다 작으면 모집단을 대표하기 어렵다고 판단하는 것이다. 즉 어떠한 특정 표본이 모집단에서 선정될 확률이 매우 작으면 모집단을 대표할 수 없다고 판정하는 것이 옳은 판단이다. 그 확률을 .05이하로 설정한 것은 제 5장에서 설명한대로 사회과학의 관례를 따른 것이다. 위의 표본을 A라고 부르기로 하고 구체적인 검증절차를 살펴보자.

대립가설 : 표본 A는 수입에 있어서 우리나라를 대표할 수 없다.
영가설 : 표본 A는 수입에 있어서 우리나라를 대표할 수 있다.

모든 가설 검증은 일단 영가설이 옳다는 가정에 입각하여, 가정이 옳을 때의 표집분포를 알아보는데서 출발한다. 따라서 제 4장에서 다룬 중심극한 정리를 이용하여 우리나라 모집단에서 표본의 크기가 100가구인 표본을 무한히 선정하여 수입의 평균값을 중심으로 만든 표집분포를 알아보아야 한다. 중심극한 정리에 의하면, 표집분포는 다음과 같다.

모집단이 정규분포이기 때문에 모집단의 평균값이 200만 원이면 모집단의 표준편차가 30만 원이면	➡	표집분포 역시 정규분포이다. 표집분포의 평균도 200만원이다. 표집분포의 표준편차, 즉 표준오차는 $30/\sqrt{100}$ = 3만원이다.

표집분포가 이렇다면 우리는 평균값이 210만원인 표본이 모집단에서 선정될 확률을 다음과 같이 계산할 수 있다. 우리의 표본의 평균 수입은 표집분포의 평균값인 200만원보다 10만원 더 크다. 또한 10만원은 표집분포의 표준편차 3만원의 약 3.3배가 되는 적지 않은 액수라는 점을 알 수 있다. 정규분포의 일반적인 특성을 보면 아래 〈그림 6-1〉과 같이 ±1 표준편차 사이에 약 68%, ±2 표준편차 사이에 95%, ±3 표준편차 사이에는 99% 정도가 포함된다는 사실을 알 수 있다.

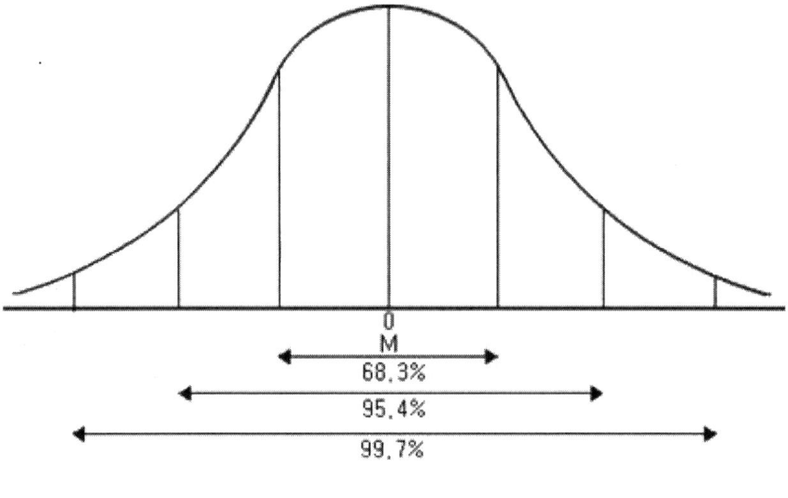

〈그림 6-1〉 정규분포곡선

그런데 우리의 표본은 ±3 표준편차보다 더 크기 때문에 (1.00 - .99) / 2보다 작다는 사실을 알 수 있다. 즉 평균 수입이 210만원인 표본 100가구가 우리나라 모집단에서 선정될 확률 p는 .005보다도 작은 것을 알 수 있다. 표본이 모집단에서 선정될 확률이 .005이기 때문에 사회과학의 일반적인 관례인 .05보다 더 작다는 사실도 알 수 있다. 이러한 내용을 $p < .005$라고 표시하는데, p란 확률 즉 probability의 첫 글자에 불과한 것이다.

위와 같은 검증결과를 요약하면 210만원의 평균값을 가진 100가구의 표본이 우리나라에서 우연히 선정될 확률은 0.005보다도 작은 매우 특수한 표본이라 할 수 있으며 따라서 우리나라를 대표하기 어려운 표본이라고 판단하는 것이 합리적이다. 그러나 우리나라를 대표할 확률이 비록 매우 작기는 하나(.005보다도 작다) 가능성은 있기 때문에 다음과 같이 최종 판단을 한다.

위 표본이 우리나라를 대표할 것이라는 영가설을 기각하고, 대립가설을 받아들여 대표하기 어렵다고 판단한다. 또한 우리의 이와 같은 확률적 판단이 잘못되었을 확률, 즉 제1종 오차 p는 .005보다 작다는 점을 밝힌다.

2. 표준점수

위의 예에서 모집단에서 표본이 선정될 확률은 표집분포의 표준편차보다 약 3배가 크기 때문에 .005보다 작을 것이라고 느슨하게 알아보았다. 우리가 이와 같은 검증을 자주 한다면 미리 모든 확률을 계산하여 표를 만들어 두면 편리하게 이용할 수 있을 것이다. 위의 예에서 우리는 다음과 같은 계산을 통해 표집분포의 표준편차보다 3.3배 크다는 사실을 알 수 있었다. 표본의 평균값인 210만원을 표집분포의 평균값인 200만원에서 뺀 후 표집분포의 표준편차인 3만원으로 나누었다. 이를 일반화해서 특정 점수 X_i를 평균값인 M에서 뺀 후 표준편차 S로 나눈 값을 표준점수(Z-score) Z라고 하며 공식은 다음과 같다.

$$Z = \frac{(X_i - M)}{S}$$

위와 같은 공식으로 모든 표준점수에 대한 확률을 미리 계산하여 정리한 표가 여러 통계책의 부록에 수록된 '표준정규분포곡선에서의 면적의 비율'이란 표이다. 표준정규분포곡선이란 위와 같이 표준화된 점수, 즉 표준점수로 표시한 정규분포곡선이라는 말이며 이러한 곡선에서 면적의 비율이란 확률이기 때문에 이러한 표를 보면 쉽게 확률을 알 수 있다.[24]

다른 예를 통해 Z-검증을 복습하기로 한다.

> **우리나라의 평균 교육기간은 12년이고 표준편차가 3년일 때, 표본 100명의 평균 교육기간이 12년 6개월이라면 이 표본은 대표성이 있는가?**

교육기간의 표집분포의 평균은 12년이며 표준편차(표준오차)는 3년/ $\sqrt{100}$ = 0.3년이다. 100명 표본의 표준점수는 (12.5−12)/0.3 = 1.67이며 표준점수가 1.67일 확률 p는 약 0.045이기 때문에 p 〈 .05로 표현할 수 있다. 즉 "위와 같은 표본은 모집단을 대표하기 어렵다고 판단하며, 그릇된 판단일 확률은 5% 이하이다."라고 결론지을 수 있다.

2.1 표준점수의 특징

표준점수를 이용하면 편리하게 확률을 알아볼 수 있을 뿐만 아니라 표준 점수는 다음과 같은 특성이 있어 통계분석에서 매우 유용하게 사용된다.

첫째 : 점수의 상대적인 비교를 가능하게 한다.

다음과 같은 상황을 생각해 보자. A라는 고등학생의 모의고사 점수가 1월에는 85점인데, 2월에는 80점으로 절대적인 점수는 5점이 떨어졌지만 상대적인 점수는 그렇지 않을 수 있다. 1월 모의고사의 학교 평균 점수가 75점이고, 표준편차가 5점이며, 2월 학교 평균은 70점, 표준편차가 2점이라고 하자. A의 1월과 2월의 표준점수를 계산하면,

24) 그러나 컴퓨터가 발달된 오늘날에는 이런 표를 찾아 볼 필요가 없다. 통계 계산은 매우 복잡하며, 표본이 커지면 수작업으로 통계 수치를 계산한다는 것은 불가능하다. 컴퓨터 프로그램을 이용할 수밖에 없으며 모든 통계프로그램은 표준정규분포곡선표는 물론이고 통계책 부록의 모든 표를 저장하여 필요한 값을 통계 결과에 보여주기 때문이다.

1월 : (85−75)/5 = 2.0
2월 : (80−70)/2 = 5.0이다.

비록 1월의 모의고사 점수가 2월보다 5점이나 높지만 표준점수인 Z-점수를 계산해 보면 1월보다 2월이 훨씬 높다는 사실을 알 수 있다. 1월 점수는 그 학교에서 상위 2.5%에 해당하는 점수인 반면, 2월 점수는 상위 0.0001%이다.

둘째 : 단위가 다른 현상의 비교를 가능하게 한다.

어떤 사람이 대학교를 졸업하였는데 월 평균 수입이 200만원이라고 하자. "이 사람의 교육수준과 수입 중 어떠한 것이 더 높은가?"라는 질문이 있다고 하자. 물론 '더 높다'라는 말이 애매모호하지만 교육과 수입의 상대적인 비교를 물어보는 것이라고 생각할 수 있다. 즉 절대적인 숫자는 비교할 수 없다. 교육은 16년을 받았고 수입은 200만원인데, 기간의 단위인 '년'과 화폐 단위인 '원'을 직접 비교할 수 없다. 만일 우리나라 모집단의 평균 교육이 12년이고, 표준편차가 2년이며, 수입의 평균은 180만원이고 표준편차가 20만원이라고 하자. 이 사람의 교육과 수입에 대한 표준점수를 계산해 보자.

교육 : (16년 − 12년) / 2년 = 2.0
수입 : (200만원 − 180만원) / 20만원 = 1.0

이 사람은 우리나라 평균에 비해 교육은 +2 표순편자에 해낭하는 상위집단에 속한 반면, 수입은 +1 표준편차 정도 많이 받는 집단에 속해 있다. 따라서 교육에 비해서 수입이 많지 않은 사람이라는 사실을 알 수 있다. 이와 같이 단위가 서로 다른 현상에 대해서도 표준점수를 통해 상대적인 비교가 가능하다. 사회과학 연구에서는 단위가 상이한 현상의 상대적인 비교가 필요한 경우가 허다하다. 예컨대 "가정의 수입과 부모-자녀 관계 중 어떤 요인 혹은 변수가 자녀의 비행에 더 큰 영향을 주는가?"는 표준점수를 활용한 분석을 통해서만 판단할 수 있을 것이다.[25]

25) 회귀분석에서 표준회귀계수란 이런 이유 때문에 개발된 계수라고 생각할 수 있을 것이다.

3. t 분포

지금까지 살펴본 여러 가지의 예는 현실에서는 가능하지 않은 경우가 대부분이다. 즉 Z-검증을 하려면 모집단의 평균과 표준편차를 알아야 한다. 모집단의 평균과 표준편차를 알고 있어야 표집분포의 평균과 표준편차(표준오차)를 알 수 있으며, 표집분포를 알아야 특정한 표본이 모집단에서 선정될 확률을 알 수 있기 때문이다. 요약하면 모집단의 평균과 표준편차를 알고 있어야 하는데, 현실에서 이러한 정보를 갖고 있는 경우는 많지 않다. 전수조사인 인구센서스를 통해 알아볼 수 있는 현상은 한정되어 있으며 센서스가 매년 실시되는 것도 아니다. 가설 검증 논리와 절차를 이해하기 위한 비현실적인 예에 불과한 것이다. 더 중요한 이유를 알아보자. 왜 표본조사를 실시하는가? 모집단을 모르기 때문이다. 모집단에 대한 정보를 알고 싶으나 전수조사를 하는 것이 어렵기 때문에 표본을 추출해 모집단을 추정하는 것이 표본조사이다. 따라서 모집단의 중요한 정보인 평균과 표준편차를 이미 알고 있다는 전제가 있는 Z-검증의 실제 적용은 매우 제한적일 수밖에 없다.

오히려 대부분의 표본조사는 모집단에 대한 정보는 전혀 없고 표본에 관한 정보만 알고 있을 뿐이며 이러한 표본 정보를 통해 모집단을 추정한다. 현실에서 직면하는 문제는 "100명의 표본을 조사한 결과 평균 수입이 200만원이고 표준편차가 30만원으로 나타났다. 이러한 표본 결과를 토대로 우리나라 모집단의 평균 수입을 추정하면 얼마일까?"이다. 모집단 정보를 알건 모르건 관계없이 표집분포가 없으면 표본을 통해 모집단을 추정할 수 없다. 그런데 모집단 정보가 없어 표집분포를 알 수 없으며 단지 표본정보만 알 수 있다.

이러한 모순적인 상황을 다음과 같이 발상의 전환으로 타개하는 것 같다. 모집단에 대한 정보가 없을 때, 이와 가장 비슷한 것으로 잠시 대치한다면 무엇일까? 연구자가 갖고 있는 정보 중에서 찾아보면 표본에서 알 수 있는 자료뿐이다. 즉 표본의 평균값과 표준편차를 모집단의 평균과 표준편차로 잠시 대치하는 것이다. 이렇게 대치하여 이 정보를 근거로 표집분포를 만들 수 있는데 이러한 분포를 t 분포라 부르는 것이다.

구체적인 예를 들어보자. 100명의 표본의 평균키가 170cm이고 표준편차가 10cm라고 하자. 이러한 표본을 통해 모집단의 평균값을 추정하면 다음과 같다. 위의 표본 정보를 통해 표집분포를 알아보면 평균이 170cm, 표준오차는 1cm이다 (10cm/

$\sqrt{100}$ = 1cm). 앞에서 ±2 표준편차, 엄격히 말하면 1.96 표준편차 사이에 95%의 표본이 포함된다는 사실을 우리는 알 수 있다. 따라서 우리나라 모집단의 평균이 170cm ±1.96 * 1cm, 즉 약 168cm에서 172cm 안에 들어 있을 확률이 95%라고 추정할 수 있는 것이다.[26)]

4. t-검증

본격적인 t-검증을 위해 길게 돌아왔다. 다시 말해 t-검증을 이해하는데 필요한 관련되는 여러 개념 및 방법을 알아보았다. 이러한 이해를 기초로 본격적인 t-검증 방법을 다음과 같은 구체적인 예를 통해 알아보자.

남녀 청소년의 비행 차이가 있다는 가설을 검증하기 위해 남녀 청소년을 각각 100명씩 선정하여 알아보았더니 다음 〈표 6-1〉과 같은 결과를 얻었다.

〈표 6-1〉 성별에 따른 비행경험

	표본의 크기	평 균	표준편차
남자 청소년	100명	5.3회	1.02회
여자 청소년	100명	4.3회	1.01회

위와 같은 사실로 우리나라 청소년 비행에 남녀 차이가 있다고 할 수 있을까? 우선 연구의 대립가설 혹은 연구가설과 영가설을 알아보자.

연구가설 : 남·녀 청소년의 비행정도는 다르다.
영가설 : 남·녀 청소년의 비행정도는 같다.

우리는 항상 영가설이 옳다는 전제를 해야 확률분포로서 표집분포를 알 수 있다는 점은 이미 수차례 강조하였다. 영가설인 "남녀의 차이가 없다."를 전제하여 표집분포를 만드는 방법을 생각해 보면 다음과 같다. 우리나라 남자 청소년과 여자 청소년은 비행에 있어서 완벽하게 동일하다고 가정하고, 이러한 완벽히 동일한 모집단에서 남

26) 표본의 정보를 모집단 정보로 대치하는 것이 논리의 비약일 수 있으나 표본의 크기가 100이 넘으면 t 분포는 z 분포와 거의 유사하고 표본이 무한대가 되면 두 분포는 같다.

녀 각각 100명씩 표집하여 평균 비행을 알아보면 비행 차이가 큰 표본도 있을 수 있고 크지 않은 표본도 있을 수 있고, 동일한 표본도 선정될 것이다. 남자 청소년의 평균비행이 높은 경우도 있을 것이고, 반대로 여자 청소년의 비행이 높은 표본도 있을 것이다. 왜냐하면 표본은 어쩔 수 없이 표본이기 때문이다. 이와 같이 두 개의 모집단에서 각각 표본을 선정한 후 평균값의 차이를 계산하여 이 차이값을 중심으로 표집분포를 만들면 다음과 같은 관계가 있다고 한다. 즉 평균의 차이에 대한 표집분포는 다음과 같다고 정리할 수 있다.

모집단1의 평균과 표준편차를 μ_1, σ_1, 모집단2의 평균과 표준편차를 μ_2, σ_2라고 할 때, 모집단1과 모집단2에서 표본의 크기가 각각 N_1과 N_2인 표본을 선정하여 (표본) 평균 차이를 중심으로 한 표집분포의 평균과 표준편차는 다음과 같다.

평균 : $\mu_1 - \mu_2$

표준편차 : $\sqrt{\frac{\sigma_1^2}{N_1} + \frac{\sigma_2^2}{N_2}}$

그렇다면 위의 〈표 6-1〉에서 나타난 수치를 중심으로 남녀 청소년의 비행에 차이가 있는지 살펴보도록 하자. 즉 남자 청소년 집단의 표본의 크기는 100명이고, 평균은 5.3회, 표준편차는 1.02회이며 여자 청소년 역시 표본의 크기는 100명이나 평균과 표준편차는 남자 청소년과는 달리 4.3회와 1.01회인데, 이 차이가 통계적으로 유의미한지 알아보자.

일단 두 집단의 평균 차이에 대한 표집분포의 평균을 $\mu_1 - \mu_2$라고 하고, 표준편차는 $\sqrt{\frac{\sigma_1^2}{N_1} + \frac{\sigma_2^2}{N_2}}$ 이다. 이러한 값을 기초로 Z 분포를 알아보면

$$Z = \frac{(\overline{X_1} - \overline{X_2}) - (\mu_1 - \mu_2)}{\sqrt{\frac{\sigma_1^2}{N_1} + \frac{\sigma_2^2}{N_2}}}$$

그런데 연구의 영가설을 보면 μ_1과 μ_2는 같다. 우리는 항상 영가설이 옳다는 가정을 가지고 검증하기 때문에 위의 공식은 다음처럼 간단히 정리할 수 있다.

$$Z = \frac{(\overline{X_1} - \overline{X_2})}{\sqrt{\frac{\sigma_1^2}{N_1} + \frac{\sigma_2^2}{N_2}}}$$

우리는 위의 공식에 의해 계산하기 위해 모집단의 표준편차 이외의 다른 정보는 이미 알고 있다. 남녀 청소년 모집단의 비행 변수의 표준편차는 알 길이 없기 때문에 우리가 이미 알고 있는 표본의 표준편차로 대치한다. 이 순간 위 분포는 Z 분포가 아닌 t 분포가 되며 공식은 다음과 같다.

$$t = \frac{(\overline{X_1} - \overline{X_2})}{\sqrt{\frac{S_1^2}{N_1} + \frac{S_2^2}{N_2}}}$$

다시 한 번 영가설을 상기해보자. 남자와 여자 모집단의 비행은 완벽하게 동일하다는 것이 영가설이기 때문에 두 모집단의 분산 역시 동일한 것으로 가정한다.[27)] 따라서 분산이 동일하다는 점을 이용하여 위의 공식을 정리하면 다음과 같은 최종 공식을 도출할 수 있다. 이 때 아래 공식에서 S는 알고 있는 두 집단의 표준편차 S_1^2과 S_2^2를 사용해서 계산하여 구한다.

$$t = \frac{(\overline{X_1} - \overline{X_2})}{S\sqrt{\frac{1}{N_1} + \frac{1}{N_2}}}$$

따라서 위의 공식에 따라 계산을 하면 t 값이 약 7.07이다.

27) 실제 통계 분석할 때 모집단의 분산이 동일한 경우와 그렇지 않은 경우를 구분하여 분석결과를 보여주지만 여기에서는 분산이 동일한 경우를 중심으로 설명한다.

4.1 t 값의 해석과 자유도

위의 t 값을 해석하여 최종적으로 결론을 내리기 위해서는 자유도(degree of freedom)를 이해해야 한다. 자유도란 간단하면서도 복잡한 개념인데, 간단히 이해하는 방향으로 접근해 본다. 자유도의 간단한 형태는 표본의 표준편차 계산 공식에서 나타난다. 통계를 처음 접하는 사람들이 표준편차 공식이 두 가지가 있어 가끔 혼란스러워 한다. 가장 일반적인 표준편차 공식은 다음과 같다.

$$\sigma = \sqrt{\frac{\sum (X_i - \mu)^2}{N}}$$

그러나 위의 공식은 모집단의 표준편차 계산에는 적용되나 표본의 표준편차 계산에는 아래와 같은 공식을 사용해야 하며 그 이유는 표본의 표준편차 계산과 해석에는 자유도를 고려해야 되기 때문이다.

$$s = \sqrt{\frac{\sum (X_i - \overline{X})^2}{N-1}}$$

모집단의 평균이나 표준편차를 계산할 때 분모가 N, 즉 표본의 크기라는 사실은 설명할 필요가 없다. N개가 있기 때문에 N으로 나누는 것은 초등학교 시절에 이미 배워 알고 있다. 그런데 이러한 사고방식의 배후에는 '자유로운 값을 가질 수 있는 요소의 수'라는 개념이 있다. 5명 학생의 수학 점수의 표준편차는 5명 학생의 점수가 평균으로부터 벗어난 편차를 제곱하여 모두 더한 후 5로 나누어 평방근을 계산한다. 이렇게 평균을 계산할 때는 5명을 표본이 아니라 모집단으로 간주하는 것이다. 그러나 5명이 모집단이 아니라 표본으로 간주하면 자유로운 값을 가지는 숫자는 5명이 아니라 4명이 된다. 왜냐하면 표준편차 계산에 필요한 평균값이 모집단 평균이 아니라 표본평균이기 때문이다.

이에 대한 이유를 구체적인 예를 통해 살펴보자. 5명을 60명으로 이루어진 학급에서 표집한 표본이며 그 반의 수학 평균은 85점이라고 하자. 그런데 5명의 점수가 80점, 85점, 78점, 92점, 88점이라면 이 5명의 평균, 즉 표본 평균은 84.6점이다. 표준편차를 계산할 때 모집단 평균을 사용하면 5명의 점수 모두 자유로운 값을 가질 수 있다. 그러나 모집단 평균이 아닌 표본 평균을 사용하면 4명의 점수만 자유로운 값을 가질 수 있다. 왜냐하면 평균값을 이미 알고 있으면 5명의 점수 중 4명만 알면 나머지 한 명의 점수는 계산할 수 있기 때문이다. 즉 4명의 수학 점수만 자유로운 값이며 나머지 한 명의 점수는 표본의 평균값을 알기 때문에 자유롭지 않은 점수, 즉 고정될 수밖에 없는 점수가 된다.

이와 같이 자유로운 값을 가질 수 있는 표본의 요소의 수를 자유도로 이해할 수 있다. 위의 t-검증에서 이용되는 표본의 표준편차가 2개라 자유도를 2개 잃어버리게 된다. 이와 같은 자유도가 중요한 이유는 t 값을 해석할 때 자유도를 고려해야 하기 때문이다. Z 분포와 달리 t 분포는 자유도에 따라 다른 분포를 그린다. 즉 자유도가 1일 때와 2일 때, 그리고 100일 때 분포가 달라지기 때문에 같은 t 값이라도 자유도에 따라 해석이 달라진다. t 분포표를 보면 자유도가 1일 때 $p < .05$ 수준에서 영가설을 기각할 수 있는 t 값은 6.315로 매우 크나 자유도가 120일 때는 1.659의 t 값도 영가설을 기각하고 대립가설을 받아들일 수 있다. 또한 자유도가 무한대가 되면 t 분포와 Z 분포가 같아진다.

지금까지의 설명에 입각하여 위의 예제에 대한 최종 판단을 내린다. 자유도가 198일 때의 t 분포가 표에 없기 때문에 120일 때를 기준으로 알아보니 t 값이 1.645보다 크면 $p < .05$ 수준에서 영가설을 기각할 수 있으며 우리가 얻은 t 값인 7.07은 $p < .00001$ 수준에서도 영가설을 기각할 수 있을 정도로 큰 값이다. 따라서 우리는 영가설인 "남녀 차이가 없다."라는 명제를 기각하고 대립가설인 "남녀 차이가 있다."를 받아들인다. 또한 남자의 평균이 높다는 사실과 기존 이론을 고려하여 "우리나라에서 남자 청소년이 여자 청소년에 비해 비행을 많이 하는 경향이 있다."라는 최종 결론을 내릴 수 있는 것이다.

5. 양방적 검증과 일방적 검증

또 하나 주의해야 할 일이 있다. 흔히 일방적 - 양방적 검증에 관한 논의이다. 구체적인 방법을 살펴보기 전에 일반적인 사항을 먼저 알아보자. 사회과학 연구에서 여러 현상 사이의 관계는 매우 중요한 연구과제이다. 통계적인 가설 검증은 이러한 연구과제에 대해서 최종 판단하기 위해 개발되었다고 할 수 있다. 이러한 관계의 서술은 두 가지 방식으로 할 수 있다. 그 하나는 관계의 유무만을 밝히는 것이며, 다른 하나는 관계의 방향성도 밝히는 것이다. 예를 들어 남녀 청소년의 비행에 관한 연구의 가설을 "남녀 청소년의 비행은 다르다."라고 하면 유무만 밝히는 가설이며, "남자 청소년이 여자 청소년보다 비행을 많이 한다."라고 하면 방향성도 제시된 가설이다. 더 일반적인 예를 들어보자. "가구 수입과 자녀의 비행은 관계가 있다."는 유무 가설이고, "수입이 적을수록 자녀의 비행은 증가한다."는 방향성이 있는 가설이다. 물론 관계유무만을 서술한 단순한 가설보다 방향성도 제시한 가설이 더 좋은 가설이다.

관계 유무만 제시한 가설은 양방적 검증을 해야 하며, 방향성도 제시한 가설은 일방적 검증을 해야 한다. "남녀 청소년의 비행 정도가 다르다."라는 가설은 남자가 많이 하건 여자가 많이 하건 그 차이만 크면 가설이 검증된다. 즉 t 분포의 왼쪽 끝이건 오른쪽 끝이건 상관없이(양 쪽 방향 모두) 평균의 차이가 커서 t 값이 크면 영가설을 기각할 수 있다. 한편 "남자 청소년의 비행 정도가 여자 청소년에 비해 크다."라는 가설은 (남자의 평균에서 여자의 평균을 뺀다면) t 값이 양수이어야 하며 t 분포의 오른쪽 방향, 즉 한쪽 방향(일방향)일 때만 영가설을 기각할 수 있다.

일방적 검증과 양방적 검증의 차이를 이해하는 것도 중요하지만, 알파 에러(제1종 오차)를 어떻게 설정하는가도 중요하다. 결론부터 말한다면 방향과 관계없이 오차의 크기는 결정된다는 것이다. 최종 판단에서 제1종 오차의 크기를 밝히는 이유는 연구 결과를 읽는 독자를 위해서이다. 부연해서 설명하면 연구자가 내린 결론이 틀릴 확률을 독자에게 알려 주어 연구자가 내린 결론의 타당성을 독자가 판단하는데 도움을 주기 위한 측면도 없지 않다. 즉 $p < .00001$이라면 결론이 틀릴 확률이 매우 작아 신뢰할 수 있으며, $p < .10$이라면 틀릴 확률이 상대적으로 높아 결론을 받아들일 때 조심할 수 있을 것이다. 결론이 틀릴 확률은 영가설이 옳음에도 불구하고 기각할 확률인 제1종 오차를 제시하는 방법을 취하는데, 가설이 양방향이건 일방향이건 관계가 없다. 즉 양방적 검증에서 .05는 일방적 검증의 .025와 같다. 왜냐하면 양방적 검증이란 양쪽 모두 고려한다는 말인데 한쪽에서 .025씩 에러를 합해야 .05가 된다. 즉 양방적 검증이건 일방적 검증이건 제1종 오차가 .05라면 일방적 검증은 이 오차를 한쪽 방향에서 모두 사용할 수 있으나, 양방적 검증은 둘로 나누어 한쪽 방향에서 각각 .025만 허용되는 것이다.

6. 대응표본 t-검증

지금까지 살펴본 t-검증은 흔히 독립표본 t-검증이다. 위의 남녀 청소년의 예처럼 서로 독립적인 남자 청소년과 여자 청소년 집단의 평균 차이를 통계적으로 검증하는 것이라 독립표본 t-검증이라 부른다. 그러나 t-검증은 이러한 경우에만 적용하는 것은 아니고 다음과 같은 경우에도 적용된다. 예를 들어 동일한 표본에 대해 사전조사와 사후조사를 했다고 하자. 음란물을 보기 전과 후의 비행을 비교한다면 동일한 집단의 두 개의 다른 변수를 비교하는 것이다. 다른 예를 들어보자. 예컨대 커피에 관한 소비자 선호도를 조사할 때, 커피의 맛과 향에 대해 질문하여 응답자들이 맛을 더 중요하게 생각하는지 아니면 향을 더 중요하게 생각하는지를 알아보는 것 역시 동일집단에서 두 변수의 차이를 알아보는 것이다. 이와 같은 경우에 적용되는 t-검증은 대응표본 t-검증(paired t-test)이라 부르며 그 공식은 다음과 같다. 해석은 독립표본 t-검증과 다를 바 없다.

$$t = \frac{\overline{X}}{S\sqrt{\frac{1}{N}}}$$

* 여기에서 $\overline{X}$는 관측된 쌍 간의 차이들의 평균이다.

7. 구체적인 예

앞서 설명했듯이 t-검증은 독립된 두 집단 간의 평균이 통계적으로 유의한 차이를 보이고 있는지의 여부를 살펴보는 것이다. t-검증에 대한 이해를 높이기 위해 구체적인 연구가설을 세운 뒤 실제 t-검증을 하고자 한다. 아래의 연구가설에서 보이는 것처럼 성별에 따라 비행경험이 다를 것이라는 것이다. 독립변수는 성별로서 집단이 남자와 여자로 2개이고, 종속변수는 비행으로 비행경험을 묻는 문항으로 측정되었다.

연구가설 : 성별에 따라 비행경험에는 차이가 있을 것이다.

본 연구가설을 검증하기 위해 한국청소년정책연구원의 한국청소년패널조사(Korea Youth Panel Survey, KYPS)」 자료를 사용한다.[28] KYPS는 청소년 문제에 대한 다양한 측면을 포함한 조사로 최초 조사는 2003년 기준 전국의 중학교 2학년 청소년들 중 3,449명의 청소년과 그 부모를 대상으로 조사를 시작하여 2008년까지 1년마다 표본을 추적 조사하여 자료를 수집하였다. 중2 패널의 1차년도 최종 확정표본수인 3,449명 중 남학생은 1,725명이고, 여학생은 1,724명이었다. 분석은 청소년패널조사의 자료에 대해서 SPSS를 사용해서 이루어졌다.

남녀 청소년의 비행에 있어서 차이가 있는지 살펴보기 위해 SPSS 통계 프로그램에서 독립표본 t-검증을 수행한 결과는 다음과 같다. 여기서의 지위비행은 청소년이라는 지위로 인해 비행으로 간주되는 행동으로 술마시기, 담배피우기, 무단결석, 가출이 포함되어 있으며, 중비행은 성인이라도 법적 제재를 가할 수 있는 행위로 신체적 폭력을 수반한 비행과 남의 물건을 빼앗거나 훔치는 등의 재산비행이 포함되어 있다.

〈표 6-2〉 성별에 따른 비행 차이 검증

구분	성별	평균	표준편차	t 값	유의수준
지위비행	남자	1.187	1.838	5.488	.000
	여자	.862	1.468		
중비행	남자	.239	1.034	4.727	.000
	여자	.097	.585		

분석 결과 지위비행의 경우 남자 청소년의 평균값은 1.187점, 여자 청소년의 평균값은 .862점이며 t 값은 5.488로 통계적으로 유의미하다. 즉 술 마시고 담배피우는 등의 지위비행의 경우 남녀 집단 간의 비행경험의 차이가 없다는 영가설을 기각하고 남녀 집단 간의 비행경험의 차이가 있다는 대립가설을 받아들일 수 있다. 중비행의 경우에도 남자 청소년의 평균값은 .239, 여자 청소년의 평균값은 .097이며 t 값은 4.727로 역시 통계적으로 유의미하다. 즉 남자 청소년의 경우 여자 청소년에 비해 물건을 빼앗거나 훔치는 등의 비행을 더 많이 저지르는 것으로 볼 수 있다.

28) 이후부터 나오는 모든 구체적인 예에서 사용하는 데이터와 통계프로그램은 동일하다.

제7장

일원분산분석

CHAPTER 07

일원분산분석

1. 일원분산분석의 적용

제1장에서 우리는 다양한 통계적 방법이 사용되는 중요한 이유 중의 하나가 독립변수와 종속변수의 수와 측정수준에 가장 적합한 방법을 개발한 결과라고 하였다. 예컨대 독립변수와 종속변수가 각각 한 개이고 모두 등간척도일 때는 제6장에서 설명한 t-검증이나 제7장에서 설명할 일원분산분석보다는 제9장에서 다룰 예정인 회귀분석이 더 적절하다. 그렇다면 이 장에서 다루고자 하는 일원분산분석(one-way analysis of variance)은 독립변수와 종속변수의 숫자와 측정수준이 어떠할 때 적용하는 통계적인 방법인가? 일원분산분석은 제6장에서 다룬 t-검증과 어떠한 면에서 차이를 보이는가?

〈표 7-1〉 t-검증과 일원분산분석의 비교

		t-검증	일원분산분석
독립변수	수	1개	1개
	측정수준	명목척도 이상	명목척도 이상
	범주	2개	3개 이상
종속변수	수	1개	1개
	측정수준	등간척도	등간척도

우선 t-검증이나 일원분산분석의 공통된 특성을 살펴보자. 첫 번째, 독립변수와 종속변수는 1개일 때 적용할 수 있다. 두 번째, 독립변수는 명목척도까지 허용된다. 즉 명목척도 이상이면 적용할 수 있다. 세 번째, 종속변수는 등간척도이어야 적용할 수 있다. 그렇지만 t-검증은 명목척도인 독립변수의 범주(category) 혹은 변수의 값이 2개일 때만 적용할 수 있는 반면, 일원분산분석은 3개 이상일 때 적용하는 경우가 대부분이다.

명목척도인 독립변수의 범주란 무엇인가? 예컨대 "남녀 청소년의 비행정도는 다른가?"라는 연구주제에서 독립변수는 성별이고 종속변수는 비행정도이다. 성별은 명목척도이며 변수값은 남자와 여자 둘 뿐이다. 한편 "대학생들의 전공에 따라 사회에 대한 태도가 다른가?"라는 연구주제에서는 대학생의 '전공'이 독립변수이고, '사회에 대한 태도'가 종속변수이다. 전공을 인문과학, 사회과학, 자연과학, 공학, 의학계열의 5범주로 나누었다면 전공은 변수값이 5개인 명목척도가 된다. 여기에서 사회에 대한 태도를 등간척도로 측정하였다면 일원분산분석을 통해 가설을 검증하는 것이 좋을 것이다.

명목척도인 독립변수의 범주 혹은 변수값은 인간을 대상으로 연구하는 사회과학에서는 집단인 경우가 대부분이다. 위의 예에서도 '남자 청소년 집단'과 '여자 청소년 집단'이며, 전공 역시 '인문학 전공 대학생 집단', '사회과학 전공 대학생 집단' 등이 된다. 한편 등간척도인 종속변수의 검증은 그 변수의 평균을 비교하는 방법을 통해 이루어진다. 한 마디로 t-검증이 두 집단의 평균 비교에 적용되는 방법이라면 일원분산분석은 3집단 이상의 평균 비교에 적용하는 통계적 방법이다.

2. 일원분산분석의 논리

분산분석을 수식으로 정리하기 전에 구체적인 예를 통해 기본 논리를 설명해 보자. 대학생의 "전공에 따라 북한에 대한 태도가 다르다."라는 가설을 검증하기 위해 인문사회, 이학공학, 예술 계열로 전공을 나누어 각 6명씩 18명을 선정하여 북한에 대한 태도를 알아보는 조사를 하여 다음 〈표 7-2〉와 같은 결과를 얻었다고 하자. 북한에 대한 태도는 1이 가장 진보적이고, 3이 보수적, 2는 중간에 해당한다.

〈표 7-2〉 전공에 따른 북한에 대한 태도

구분	인문사회 계열	이공 계열	예술 계열
사례 1	1	2	3
사례 2	1	2	3
사례 3	1	2	3
사례 4	2	3	1
사례 5	2	3	1
사례 6	2	3	1
평균	1.5	2.5	2.0

전공을 고려하지 않은 전체 표본 18명의 북한에 대한 태도를 살펴보면 진보적인 학생(1점)이 6명, 중도적인 학생(2점)과 보수적인 학생(3점) 역시 각각 6명이다. 즉 18명 학생은 북한에 대한 태도가 서로 다르다. 왜 다른가? 다양한 이유가 있겠으나 그 중요한 원인 중의 하나로 '전공'을 선택하여 전공과 태도 사이에 관계가 있는지 알아본다. 위의 표를 보면 통계를 모르는 사람이라도 전공과 태도 사이에 관계가 있다는 것을 파악할 수 있다. 왜냐하면 전공에 따라 북한에 대한 평균 점수가 다르기 때문이다. 제 2장에서 관계는 '따라 변하는 현상'이라고 설명하였다. 위의 예를 보면 전공이 변하면 그에 따라 북한에 대한 태도가 변하는 경향을 보인다. 인문사회 계열 학생이 비교적 진보적인 태도를 보이는 반면 이공 계열이 가장 보수적이며, 예술 계열이 중간이다.

그러나 위 표를 보면 같은 전공을 하는 학생들 사이에 북한에 대한 태도가 다른 경우도 있다. 인문사회 계열 전공 학생이 다른 계열 학생들에 비해 진보적인 경향을 보이지만 6명 중 3명은 진보적(1점)이고 다른 3명은 중도적(2점)이다. 이공 계열 전공 학생의 경우 평균적으로는 세 가지 계열 학생 중 가장 보수적이지만, 6명 중 3명은 중도적(2점)이다. 예술 계열 학생은 진보적(1점)과 보수적(3점)으로 양극화되는 경향을 보인다. 전공이 동일한데 태도가 다른 것은 전공으로는 설명될 수 없다. 즉 같은 인문사회 계열 전공 학생임에도 3명은 진보적인데 다른 3명은 중도적인 이유는 전공으로는 설명될 수 없는 현상이라는 말이다.

지금까지 논의를 요약하면 다음과 같다. 18명은 북한에 대한 태도가 서로 달라서 진보적, 중도적, 보수적인 태도로 변한다. 그런데 이렇게 전체적으로 변하는 내용을 살펴보면 다음의 두 가지로 분석적으로 나눌 수 있다. 첫째는 '전공에 따라 변하는 부분'과 '전공과 관계없이 변하는 부분'이다.

종속변수의 전체 변화량
= 독립변수와 관련 있는 변화량 + 독립변수와 관련 없는 변화량

독립변수에 따라 변화하는 부분, 즉 독립변수와 유관한 변화량은 독립변수에 의해 종속변수의 변화가 설명되는 변화량이며, 무관한 변화량은 종속변수의 변화량이 독립변수에 의해 설명될 수 없는 변화량으로 간주할 수 있다. 이처럼 우리는 종속변수의 전체적인 변화량을 독립변수와 관련이 있는 변화량과 관련이 없는 변화량으로 분석적

으로 나눌 수 있다. 분산분석이란 이러한 변화량을 분석적으로 나누어 고찰하는 방법이다.

3. 다양한 제곱합

통계에서 다루는 변화량은 다양하다. 왜냐하면 변수 간의 관계를 보여주는 다양한 통계적 방법은 결국 종속변수의 변화량을 위의 수식과 같이 독립변수와 관련이 있는 변화량과 관련이 없는 변화량으로 분석적으로 나눈 후에 종속변수의 변화량 중에서 독립변수와 관련이 있는 변화량이 차지하는 정도를 계산하고 이를 독립변수와 종속변수 간 관계의 크기로 간주하는 것이다.

구체적인 예를 들어보자. 종속변수의 변화량이 100인데, 독립변수와 관련 있는 부분이 40이고 관련이 없는 부분이 60이라면, 독립변수와 종속변수 간의 관계의 크기 혹은 정도는 40/100 = .40으로 간주하는 것이다. 통계적 관계를 보여주는 아무리 복잡한 공식이라도 이러한 관계에 기초하고 있다. 다만 구체적인 분석대상 자료의 독립변수와 종속변수의 수와 측정수준 그리고 가정이 다르기 때문에 다양한 통계적인 방법이 개발된 것이다.

통계에서 다루는 다양한 변화량 개념을 살펴보자. 변화량을 표시해주는 가장 대표적이고 기본적인 개념인 분산(variance)에서 출발해 보자. 흔히 표본의 분산은 다음과 같이 표시한다.

$$s^2 = \frac{\sum(X_i - \overline{X})^2}{N-1}$$

위 공식의 분자를 먼저 살펴보자. 개별점수(X_i)와 표본 평균($\overline{X}$)의 차이인 편차를 제곱(자승)하여 모두 더한 것이다. 제곱하여 더한 것이기 때문에 sum(더함) of square(제곱)라 부르며 이니셜로 SS라고 한다. 한편 분모인 N−1은 제 6장에서 설명한대로 표본의 수 N으로 나누는 것이 아니라 자유도를 고려하여 N−1이 된다. 즉 모집단의 평균값을 알 수 없어 표본의 평균값으로 대치하여 자유도 한 개를 잃었기 때문이다. 분산을 이런 관점에서 정의한다면 다음과 같이 요약할 수 있다.

> 분산(variance)
> = 제곱합(sum of square) / 자유도(degree of freedom)

앞의 절에서 설명한 내용, 즉 종속변수의 전체 변화량을 독립변수와 관련이 있는 변화량과 관련이 없는 변화량으로 분석적으로 분할하는 것을 제곱합 중심으로 정리하면 다음과 같다.

> 종속변수의 전체 제곱합
> = (독립변수와) 관련이 있는 제곱합 + 관련이 없는 제곱합

흔히 전체 제곱합은 Total Sum of Square의 이니셜로 TSS라 부르며 관련이 있는 제곱합은 Between Sum of Square(BSS)로, 관련이 없는 제곱합은 Within Sum of Square(WSS)로 표현하며, 이에 따라 위의 공식을 다음과 같이 표시하기도 한다.

> TSS = BSS + WSS

3.1 전체 제곱합(TSS)

이미 간단히 설명한 바와 같이 전체 제곱합은 종속변수의 변화량을 독립변수에 따라 집단으로 나누지 않고 전체 집단에서의 변화량을 말하는 것이다.

X_{ij}	:	개별 점수
$\overline{X}_{.j}$	:	하위집단의 평균점수
$\overline{X}_{..}$	:	전체 평균

으로 표시하면

$$TSS = \sum (X_{ij} - \overline{X}_{..})^2$$

즉 전체 제곱합은 개별점수와 '전체 평균'과의 차이를 제곱하여 더한 값이다.

3.2 집단 간 제곱합(BSS)

집단 간 제곱합은 위의 예제에서 인문사회 계열과 이공 계열, 그리고 예술 계열 학생들 사이(between)의 차이를 보여준다. 즉 이 학생들 사이(between)에 차이가 있으면 전공과 태도가 상관이 있는 것이며, 그 정도가 크면 클수록 관계가 크다고 볼 수 있다. 수식으로 표현하면 다음과 같다.

$$BSS = \sum (\overline{X}_{.j} - \overline{X}_{..})^2$$

즉 집단 간 제곱합은 개별 집단 평균이 전체 평균에서 벗어난 정도의 제곱합이다.

3.3 집단 내 제곱합(WSS)

집단 내 제곱합(within sum of square)란 집단 간(between) 제곱합과 달리 같은 집단 내에 속해 있는 사람들의 차이를 보여준다. 즉 동일 집단에 속해 있는 사람들이 서로 다른 태도 혹은 행동 특성을 보여준다면 이는 집단특성으로 설명될 수 없는 것이다. 수식으로 표현하면 다음과 같다.

$$WSS = \sum \sum (X_{ij} - \overline{X}_{.j})^2$$

공식을 살펴보면 집단 내 제곱합은 개별점수가 집단 평균 점수에서 벗어난 편차에 대한 제곱합이라는 사실을 알 수 있다. 지금까지 설명한 바를 요약하면 다음과 같다.

$$\sum (X_{ij} - \overline{X}_{..})^2 = \sum (\overline{X}_{.j} - \overline{X}_{..})^2 + \sum \sum (X_{ij} - \overline{X}_{.j})^2$$

4. F-검증

지금까지 설명한 바를 잘 이해하면 일원분산분석을 이해했다고 볼 수 있다. 지금까지 논의된 바를 기초로 F-검증 방법과 해석을 구체적으로 알아보자. 일원분산분석의 최종 검증은 F-검증을 통해 이루어진다. F-검증은 두 분산의 비율에 대한 검증이다. t-검증이 평균의 차이에 대한 표집분포인 t 분포에 기초한 가설 검증방법이라면, 일원분산분석은 두 분산의 비율에 대한 표집분포인 F 분포에 기초한 검증방법이라 볼 수 있다.

$$F = \frac{\sigma_1^2}{\sigma_2^2}$$

전 절에서는 제곱합을 설명하였으며 분산이란 제곱합을 자유도로 나눈 개념이라고 하였다. 즉 전체제곱합인 $\sum(X_{ij} - \overline{X..})^2$ 을 해당 자유도인 N-1로 나누어 주면 전체 표본의 분산이 된다.

$$s^2 = \frac{\sum(X_{ij} - \overline{X..})^2}{N-1}$$

한편 집단 간 제곱합의 자유도는 K-1이다. K를 집단의 개수라고 하면 집단 평균이 모집단 평균으로 대치되는 수가 1이기 때문에 하나 잃어버려서 자유도는 K-1이다. 제곱합을 해당 자유도로 나눈 개념을 평균 제곱합(mean square)이라고 하며 따라서,

$$\text{집단 간 평균 제곱합(Between Mean Square)} = \frac{\sum(\overline{X_{.j}} - \overline{X_{..}})^2}{K-1}$$

같은 논리를 적용하여 집단 내 평균 제곱합을 구하는 공식은 다음과 같다.

$$\text{집단 내 평균 제곱합 (Within Mean Square)} = \frac{\sum\sum(X_{ij} - \overline{X_{.j}})^2}{N-K}$$

여기서 집단 내 평균 제곱합의 자유도는 K개의 집단 평균이 모수치가 아닌 표본 수치로 대치되었기 때문에 K개 잃어버리는 것이다.

최종적인 F-검증은 집단 간 평균 제곱합을 집단 내 평균 제곱합으로 나누어 F 값을 계산하여 해석한다. 즉,

$$F = \frac{BMS}{WMS}$$

이렇게 계산된 F값의 의미를 생각해보자. 분자에 해당되는 BMS, 즉 집단 간 평균 제곱합은 독립변수에 따라 변한 종속변수의 분산이다. 즉 종속변수의 분산 중 독립변수와 관계가 있는 분산이다. 한편 분모에 해당하는 WMS는 독립변수와 관련이 없는 분산이다. 두 분산의 비율이 높을수록 독립변수와 종속변수의 관계는 커진다고 볼 수 있으며, 따라서 표본의 오차 때문이 아니라 모집단에서도 독립변수와 종속변수 사이에 관계가 존재하기 때문에 큰 F 값을 가진다고 해석할 수 있다. F 값도 t 값과 같이 해당되는 자유도를 고려하여 해석해야 한다. t 분포의 경우 자유도를 하나만 고려했으나, F 분포는 두 개의 자유도를 고려해야 한다. 분자인 BMS의 자유도와 분모인 WMS의 자유도 모두 고려해야 하기 때문이다.

5. 구체적인 예

연구가설은 다음과 같다.

아버지 교육정도에 따라 자녀의 비행경험에 차이가 있다.

SPSS를 사용해서 분석한 결과는 아래 <표 7-3>과 같다.

<표 7-3> 아버지 교육정도에 따른 비행 차이 검증

구분	아버지 교육정도	평균	표준편차	F 값	유의수준
지위비행	중졸 이하	1.171	1.719	8.568	.000
	고졸 이하	1.154	1.792		
	대졸 이하	.891	1.517		
	대학원졸 이상	.664	1.312		
중비행	중졸 이하	.164	.933	.320	.811
	고졸 이하	.171	.814		
	대졸 이하	.174	.896		
	대학원졸 이상	.111	.551		

연구결과에서 나타나듯이 지위비행의 경우 아버지 교육정도에 따른 비행경험의 차이가 통계적으로 유의미한 것으로 나타났다. 즉 아버지가 중학교를 졸업한 경우 자녀 비행 평균점수는 1.171이며 아버지가 고등학교를 졸업한 경우는 1.154, 대학교 졸업한 경우는 .891, 대학원을 졸업한 경우 .664로 나타나 아버지의 교육정도에 따라 자녀의 비행경험의 차이를 보이고 있다. 한편 중비행의 경우에는 아버지의 교육정도에 따라 비행경험에 차이를 보이지 않고 있다(F 값 = .320, 유의수준 = .811). 즉 법위반에 해당하는 비행경험의 정도는 아버지의 교육정도에 따라 별로 다르지 않다는 것이다.

6. 사후검증

일원분산분석에서 마지막으로 고려해야 할 사항은 흔히 사후검증(post-hoc test)이라고 부르는 것이다. 사후검증이란 지금까지 살펴 본 분산분석을 끝낸 뒤에 하는 분석이라는 뜻으로, 개별 평균 비교를 검증하는 것이다. 일원분산분석은 적어도 3집단 이상을 대상으로 검증한다. 위의 예에서 보는 바와 같이 전공이 다른 3집단의 평균을 비교하였다. F-검증을 한 결과 영가설이 기각되어 대립가설인 연구가설이 검증되었다고 하자. 이렇다고 해서 3집단 모두 차이가 있는 것인지 여부는 알 수 없다. 3집단 A, B, C 간의 차이는 A와 B, A와 C, 그리고 B와 C 집단 차이에 의해서 나타난다.

F-검증을 통해 연구가설을 받아들인다고 해서 위의 세 경우 모두 차이가 있다는 말은 아니며, 적어도 하나는 차이가 있다는 말이다. 즉 분산분석의 연구가설은 “모든 집단 간에 차이가 있다.”는 말이 아니라 “집단 간의 차이 중 적어도 하나는 차이가 있다.”라는 것이다.

F-검증의 이러한 성격 때문에 F-검증을 통해 연구가설이 확인되면 개별 집단 평균의 차이 검증인 사후검증을 해야 한다. 물론 제 6장에서 살펴 본 t-검증을 3번 반복하여 검증할 수 있으나 번거로울 뿐 아니라 각각의 t-검증에서 제 1종 오차를 .05로 정하면 t-검증을 3번 하기 때문에 .05 * 3 = .15가 된다는 문제가 따라온다. 이러한 문제를 해결하기 위해 개발된 다양한 사후검증 방법이 있다. 사후검증은 Tukey의 다중비교법, Scheffe의 검증법, Duncan의 다중범위검증법 등이 있는데 구체적인 설명은 이 책의 범위를 벗어나기 때문에 간단한 설명으로 대신한다. 각 방법은 ‘차이가 있다고 통계적으로 인정할 수 있는 크기’를 구하여 집단 간의 평균의 차이가 이보다 같거나 크면 집단 간에 평균 차이가 있다고 결론을 내리고 그 보다 작으면 차이가 있다고 볼 수 없다고 해석하는 것이다.

제8장

다원분산분석

CHAPTER 08

다원분산분석

1. 다원분산분석의 적용 상황

다원분산분석은 일원분산분석의 연장으로 이해할 수 있다. 일원분산분석에 사용된 독립변수와 종속변수의 수가 각각 하나라면, 다원분산분석에서는 독립변수가 여러 개이고 종속변수는 하나이다. 즉 일원분산분석과 다른 점은 독립변수의 수이다. 독립변수가 한 개이면 일원(one-way) 분산분석이라고 부르며, 독립변수가 두 개이면 이원(two-way) 분산분석, 세 개일 때는 삼원(three-way) 분산분석이라 부르며, 일반화하여 다원(N-way) 분산분석이라고 한다. 변수의 측정수준은 일원분산분석과 같다. 즉 독립변수는 명목척도 이상이면 분석이 가능하며, 종속변수는 등간척도 이상이어야 한다.[29]

2. 이원분산분석

다원분산분석 중 가장 간단한 이원분산분석을 살펴 본 후 연장하여 독립변수가 3개 이상인 다원분산분석을 설명하기로 한다. 제 7장의 예를 연장하여 구체적인 예를 간단히 들어보자. 제 7장의 예는 대학생들의 '북한에 대한 태도'라는 종속변수가 독립변수인 '전공'에 따라 다른지를 살펴보았다. 그러나 북한에 대한 태도의 변화량이 전공에 의해 완전히 설명되지는 않는다. 다시 말해 전공이 같은데도 북한에 대한 태도가 다른 학생들이 적지 않기 때문이다. 종속변수인 북한의 태도가 왜 변하는지를 보다 더 자세히 알아보기 위해 '응답자의 성별'을 추가하면 전공과 성별로 북한에 대한 태도를 설명하는 모델이 되며 이원분산분석이 적용된다.

29) N-way ANOVA와 MANOVA는 다르다. MANOVA는 Multi-variate Analysis of Variance로 독립변수가 2개 이상일 뿐 아니라 종속변수도 2개 이상인 경우에 적용되는 통계방법이다.

3. 이원분산분석의 통계적 기초

분산분석은 독립변수의 수와 관계없이 종속변수의 변화량을 크게 두 부분으로 나누어 분석한다. 설사 독립변수가 100개라도 출발은 일원분산분석과 동일하게 독립변수에 따라 변하는 혹은 독립변수와 관련이 있는, 그렇기 때문에 독립변수에 의해 설명된 변화량인 BSS와 독립변수와 무관하게 변하는 변화량인 WSS로 나눈다.

TSS = BSS + WSS

그러나 이원분산분석은 일원분산분석과 달리 독립변수가 두 개이기 때문에 BSS에 대한 이차적인 분석을 해야 한다. 이원분산분석에서는 BSS는 두 개의 독립변수에 의해 설명된 종속변수의 변화량이기 때문에, 첫 번째 독립변수에 의한 변화량(BSS_1)과 두 번째 독립변수(BSS_2)에 의한 변화량과 두 변수의 통계적 상호작용(statistical interaction, BSS_{12})에 의한 변화량으로 세분화할 필요가 있다. 즉,

$BSS = BSS_1 + BSS_2 + INTERACTION\ BSS_{12}$

로 표시할 수 있으며 수식으로 표시하면 다음과 같다. 먼저,

X_{ijk}	:	개별 점수
$\overline{X_{.j.}}$	:	첫째 독립변수에 의한 하위집단의 평균점수
$\overline{X_{..k}}$	:	둘째 독립변수에 의한 하위집단의 평균점수
$\overline{X_{.jk}}$	:	두 변수를 모두 고려한 하위집단의 평균점수
$\overline{X_{...}}$	:	전체 평균

라고 정의하면 각각의 제곱합은 다음과 같다.

$$TSS = \sum (X_{ijk} - \overline{X_{...}})^2$$

$$BSS_1 = \sum (\overline{X_{.j.}} - \overline{X_{...}})^2$$

$$BSS_2 = \sum (\overline{X_{..k}} - \overline{X_{...}})^2$$

$$BSS_{12} = \sum (\overline{X_{.jk}} - \overline{X_{.j.}} - \overline{X_{..k}} + \overline{X_{...}})^2$$

$$WSS = \sum (X_{ijk} - \overline{X_{.jk}})^2$$

다음과 같은 구체적인 예를 통하여 위의 복잡한 공식을 설명해 보자. 아래 〈표 8-1〉은 대학생들의 '북한에 대한 태도'라는 종속변수와 두 개의 독립변수인 '전공'과 '성별'과의 관계를 보여주는 가상적인 자료이다. 전공은 인문사회 계열과 이학공학 계열로 나누었고 성별은 당연히 남자와 여자이다. 인문사회 계열 12명 (남자와 여자 각 6명)이며 이학공학 계열도 동일하게 남자 6명과 여자 6명으로 12명이다. 북한에 대한 태도는 1점이 가장 진보적이며 5점이 가장 보수적인 태도로 측정하였다고 하자.

〈표 8-1〉 이원분산분석 가상 자료

구분	인문 사회 계열		구분	이학 공학 계열		전체평균
	북한에 대한 태도	평균		북한에 대한 태도	평균	
남자	1 1 1 2 2 2	1.5	남자	3 3 3 4 4 4	3.5	2.5
여자	2 2 2 3 3 3	2.5	여자	4 4 4 5 5 5	4.5	3.5
전체 평균		2.0	전체 평균		4.0	3.0

우리는 위의 〈표 8-1〉에서 다음과 같은 사실을 알 수 있다.

① 표본에 선정된 24명의 학생의 북한에 대한 태도는 1점부터 5점까지 다양하게 변하고 있다(TSS). 이러한 전체적인 변화의 이유를 알기 위해 연구자는 '전공'과 '성별'을 선정한 것이다. 전체 제곱합인 TSS는 일원분산분석과 같다. 다만 독립변수가 두 개라서 동일한 종속변수인데 부호만 바뀌었을 뿐이다(X_{ij}에서 X_{ijk}). 즉 개별점수(X_{ijk})가 전체 집단의 평균($\overline{X...}$)에서 벗어난 편차의 제곱합으로 표시할 수 있다.

② '전공'과 '북한에 대한 태도'는 관계가 있는 것처럼 보인다. 왜냐하면 인문사회 계열 12명의 평균 점수는 2.0인데 이학공학 계열의 평균 점수는 4.0이기 때문이다(BSS_1).

③ 같은 이유로 '성별'과 '북한에 대한 태도'도 관계가 있는 것처럼 보인다. 왜냐하면 남학생의 평균은 2.5인데 여학생의 평균 점수는 3.5로 여학생이 남학생에 비해 보수적인 성향을 보이기 때문이다(BSS_2).

이처럼 BSS의 계산 역시 일원분산분석과 다르지 않다. 독립변수가 두 개이기 때문에 $_j$와 $_k$로 구별한 것뿐이다. 기본 논리는 집단 평균($\overline{X_{.j.}}$와 $\overline{X_{..k}}$)이 전체 평균($\overline{X...}$)에서 벗어난 편차를 제곱하여 더한 것이다.

④ '전공'과 '성별'을 합한 효과는 각각의 독립변수보다 크다. 즉 인문사회 계열 남학생의 평균점수는 1.5인데 이학공학 계열 여학생은 4.5로 상당히 큰 차이를 보이고 있다(BSS_{12}).[30] 이와 같은 변화량은 '전공'과 '성별'이 교차된(즉 인문사회 계열 남학생, 이학공학 계열 여학생 등등) 최종 집단의 평균이 변하는 것으로 추론할 수 있다.

⑤ 그러나 전공과 성별을 통해 설명될 수 없는 변화량이 있다. 예컨대 인문사회 계열을 전공하는 6명의 남학생 중 왜 3명은 1점이며 다른 3명은 2점인지는 '전공'과 '성별'로 설명할 수 없는 변화량이다(WSS). WSS 역시 일원분산분석과 크게 다르지 않다. 다만 이원분산분석에서는 두 개의 독립변수들에 의해 설명되지 않는 변화량이기 때문에 개별점수를 '전공'과 '성별'의 효과가 모두 나타난 최종 집단 평균 ($\overline{X_{.jk}}$)을 기준으로 차이를 알아보는 것이다.

30) 위의 가상적 예제에서 통계적 상호작용은 없다. 그러나 두 독립변수의 동시적 효과를 알아봄으로서 통계적 상호작용의 유무를 알아볼 수 있다. 구체적인 방법은 뒤에서 설명할 것이다.

4. 통계적 상호작용

사회과학 자료의 통계적인 분석은 물론이고 사회과학 이론을 이해하기 위해서는 통계적 상호작용이 무엇인지 정확히 알아야 한다. 사회과학은 인간 현상을 주로 다루는데 인간 현상에는 다양한 통계적 상호작용이 있지만, 대부분의 통계적 방법은 이러한 상호작용이 없다는 가정에서 출발하였다. 통계분석을 잘 하려면 통계적 상호작용의 개념을 명확히 이해해야 하고, 상호작용 유무를 판단하는 방법과 상호작용이 있을 경우에 어떻게 분석하고 해석해야 하는지를 명확히 알고 있어야 한다.

4.1 통계적 상호작용이란?

통계적 상호작용(statistical interaction)을 이해하려면 먼저 대부분의 통계적 방법과 이 책에서 다루는 모든 통계적인 방법의 일반적인 가정인 직선성과 가산성을 먼저 이해해야 한다. 직선성(linearity)이란 두 변수 사이의 관계가 직선적(linear)이라는 것으로 독립변수 X와 종속변수 Y 사이의 관계를 함수로 표시하면 1차 함수라는 말이다.[31] 잘 알다시피 2차 함수 이상은 곡선으로 표현되는 관계이고 직선으로 표현할 수 있는 관계는 1차 함수뿐이다. 1차 함수가 가장 간단한 함수이지만, 사실 사회과학의 빌달정도로 볼 때 대부분의 관계는 1차 함수이고 기껏 생각해 볼 수 있는 것이 2차 함수이다. 얼핏 들으면 단순한 말 같으나 그렇지 않다. 1차 함수란 X가 증가하면 Y도 같은 정도 혹은 비율로 증가하거나, X가 증가할 때 Y는 같은 정도 혹은 비율로 감소할 때 나타나는 관계이다. 같이 증가하면 정적(+, positive)인 관계라고 부르며, 한 변수가 증가할 때 다른 변수가 감소하면 부적(−, negative)인 관계라고 부른다.

예를 들어보자. 가구 수입과 자녀의 비행 사이에는 부적 관계가 있다는 말의 의미는 “가구 수입이 늘어날수록 자녀의 비행은 감소하며, 비행이 감소하는 정도 혹은 비율은 수입이 증가 정도 혹은 비율과 같다.”라는 말이다.[32] 2차 함수 관계라면 관계가 상당

31) 사회현상 사이의 관계가 엄격한 의미에서 함수 관계는 없을 것이다. 함수란 하나의 독립변수에 대한 종속변수의 값이 하나만 존재할 때 성립하는데, 사회현상에서 이런 관계를 찾아보기 어렵다. 따라서 관계의 일반적 성향 혹은 추세만 알 수 있을 뿐이다. 이러한 문제에 대한 자세한 내용은 다음 장에서 다루기로 한다.

32) 물론 사회현상이 엄격한 의미에서 1차 함수로 그 추세를 나타낼 수 없는 경우도 적지 않다. 1차 함수보다는 분수 함수나 지수 함수, 상용대수 함수 등으로 표시하는 것이 더 좋을 수 있으나 단순화하여 1차

히 복잡해진다. 수입에 분기점이 있어 그 분기점까지는 증가(혹은 감소)하다가 그 분기점을 지나면 감소(혹은 증가)하는 관계이다. 분기점이 300만원이라면 가구 수입이 300만원까지는 수입이 증가할수록 자녀의 비행은 감소하나 300만원이 넘는 순간 수입이 증가하면 비행도 따라 증가한다는 말이다. 만일 수입과 비행 사이에 3차 함수 관계가 있다면 더욱 복잡하다. 분기점이 두 개가 있어야 하며, 4차 함수라면 3개가 있다는 말인데 사회현상에서 이런 관계를 상상하기 어렵다.[33] 즉 대부분의 사회현상 사이의 관계는 1차 함수라고 가정해도 무리가 없으며 그 이상은 파악하기 어렵다고 해도 과언이 아니다.

한편 가산적(加算的, additive) 관계란 무엇인가? 독립변수가 한 개일 때는 고려할 필요가 없으나 이원분산분석처럼 독립변수가 두 개 이상일 경우에는 직선성 뿐만 아니라 가산성(additivity)도 고려해야 한다. 두 개의 독립변수가 종속변수에 미치는 영향은 각 독립변수의 영향력을 더한 것과 같아야 한다는 말이다. 예를 들어보자. 전공이 북한에 대한 태도에 미치는 영향력이 20이고 성별이 미치는 영향을 10이라 하자. 이 두 변수의 영향력의 합은 20 + 10 인 30이다. 이렇게 단순히 더할 수 있는 경우는 전공과 성 사이에 관계가 전혀 없을 때이다. 만일 두 변수가 관계가 있다면, 즉 성의 영향력이 전공을 통해 태도에 전달된다면, 이러한 부분은 이중으로 계산된다. 만일 이러한 영향력 즉 이중으로 계산되는 것이 5라고 하면 다음과 같이 계산하면 된다. 최종 영향력은 20 + 10 − 5 = 25가 된다. 잘 알다시피 더하는 것(+)과 빼는 것(−)은 같은 개념이기 때문에 가산성에 위반되는 것은 아니다.

독립변수의 수가 몇 개이건 각각의 독립변수와 종속변수 사이의 관계는 직선적이며, 이들 독립변수 전체가 종속변수에 주는 영향력은 가산적이라는 것이 통계적 방법의 일반적인 가정이다. 통계적 상호작용은 이러한 가정이 적용될 수 없는 관계이다. 즉 직선적이지 않고 가산적이지도 않다는 말이다. 통계적 상호작용은 독립변수의 수가 적어도 두 개 이상일 때 고려되는 문제이기 때문에 개별 독립변수와 종속변수 사이의 직선적인 관계 여부는 중요하지 않다고 볼 수 있다. 그러나 만일 각각의 독립변수가 종속변수와 직선적인 관계이면 두 변수의 영향력의 합도 직선적인 관계가 된다. 그런데 각 변수는 직선적인 관계를 보이는데 두 변수를 합하면 직선적인 관계가 아닌

함수로 표시하면 설명하기가 편할 것이다. 이 주제 역시 다음 장에서 자세히 다루기로 한다.

33) 간혹 2차 함수 관계는 발견된다. 2차 함수의 대표적인 예는 한계효용의 법칙일 것이다. 배가 고플 때 일정 양까지는 만족감이 증가하다가 포만감을 느낀 후부터는 먹으면 먹을수록 만족이 아니라 고통스럽다면 1차 함수가 아닌 2차 함수 관계이다.

곡선적인 관계(2차 함수 이상 관계)라면 두 독립변수의 영향력이 가산적으로 작용하지 않았기 때문이다.

위와 같은 관계일 때 두 독립변수 사이에 통계적 상호작용이 있다고 부른다. 위에서 설명한 정의는 상당히 복잡하여 이해하기 어렵다. 조금 쉬운 예를 들어보자. 죄를 지으면 벌을 받는다. 벌을 주는 이유는 죄를 지은 본인에게는 물론이고 일벌백계로 다른 사람에게 경종을 울리기 위함도 있다. 처벌의 효과를 엄격성(severity)과 확실성(certainty)라는 두 가지 요인으로 설명할 수 있다. 엄격성이란 처벌이 엄격할수록, 즉 형량이 무거우면 무거울수록 효과가 클 것이라는 이론에서 도출된 가설이고, 확실성은 죄를 저질렀을 때 발각될 확률로서 체포율이 높을수록 영향력이 커져서 범죄가 줄어들 것이라는 가설이다. 그런데 막상 조사를 해보면 엄격성의 효과는 거의 발견되지 않고, 확실성 역시 그렇게 큰 관계가 없는 것처럼 보인다. 그런데 이러한 발견의 배후에는 엄격성과 확실성 간에 통계적 상호작용이 존재한다는 주장도 가능하다. 엄격성의 효과는 확실성이 있을 때는 상당히 크나 확실성이 없을 때는 관계가 사라지거나 심지어는 역으로 나타난다면, 엄격성과 확실성 사이에는 통계적 상호작용이 있다는 말이다.

더 구체적으로 예를 들어보자. 엄격성의 영향을 5, 확실성의 영향력을 7이라고 하자. 만일 가산성 가설이 성립하면 5 + 7 − 2(공통 영향)의 계산에 의해 10이 된다. 그런데 두 변수의 영향력을 동시에 살펴보면 어떤 경우에는 10보다 훨씬 크고 어떤 경우에는 10보다 훨씬 작다. 즉 확실하지도 않은데 엄격한 경우에 엄격성은 5가 아니라 −5의 영향력을 보여주는 반면, 확실한 경우에 엄격성은 +10의 영향력을 보여준다면 엄격성의 효과는 확실성의 정도에 따라 상당히 다르다는 사실을 알 수 있다. 즉 확실성이 어떤가(조건)에 따라 엄격성의 효과는 매우 다르다. 이러한 경우 엄격성과 확실성은 통계적 상호작용을 한다고 지칭하며, 확실성을 조건변수라고 부르기도 한다. 확실성이라는 조건에 따라 엄격성과 처벌의 관계가 달라지기 때문이다.[34] 위의 예처럼 하나의 독립변수(엄격성)와 종속변수(처벌의 효과)의 관계가 다른 독립변수(확실성)의 조건에 따라 달라질 때 두 독립변수는 통계적 상호작용을 한다, 혹은 두 독립변수 사이에는 통계적 상호작용 효과가 있다고 한다.

34) 두 독립변수가 통계적으로 상호작용을 하면 두 독립변수의 영향력을 합한 것과 종속변수는 선형 관계가 아닌 비선형(nonlinear) 관계가 되며 선형성을 전제로 하는 여러 통계방법으로 분석하기가 어렵다. 이렇게 되면 다양한 보정 방법을 통해 직선적인 관계로 변환하여 분석을 하는데 구체적인 방법은 다음 장에서 소개하기로 한다.

4.2 통계적 상호작용의 통계공식

통계적 상호작용을 보여주는 제곱합은 다음과 같았다.

$$BSS_{12} = \sum(\overline{X_{.jk}} - \overline{X_{.j.}} - \overline{X_{..k}} + \overline{X_{...}})^2$$

자세히 그 내용을 살펴보자. 앞에서 통계적 상호작용이란 가산적이지 않은 관계라고 하였다. 즉 두 독립변수의 합한 최종 영향력이 각각의 독립변수의 영향력을 더한 것과 다르면 통계적 상호작용이 있다고 판단한다고 하였다. 위의 공식은 바로 이 점에 착안한 것일 뿐이다. 즉 하나의 독립변수의 영향을 $(\overline{X_{.j.}} - \overline{X_{...}})$이라 하고 다른 변수의 영향을 $(\overline{X_{..k}} - \overline{X_{...}})$이라고 하자. 한편 두 독립변수를 합한 최종 영향은 $(\overline{X_{.jk}} - \overline{X_{...}})$이라고 볼 수 있다. 따라서 상호작용 유무는 전체 영향력에서 각각의 영향력을 합한 것을 빼면 되는 것이다. 그 값이 0이면 상호작용은 없고 0이 아니면 상호작용 효과가 있다고 간주할 수 있기 때문이다. 이를 정리하면 아래 수식이 된다.

$$BSS_{12} = \sum[(\overline{X_{.jk}} - \overline{X_{...}}) - [(\overline{X_{.j.}} - \overline{X_{...}}) + (\overline{X_{..k}} - \overline{X_{...}})]]^2$$

5. 이원분산분석의 F-검증

이원분산분석에 대한 최종적인 가설 검증은 일원분산분석과 마찬가지로 F-검증을 한다. F-검증 절차 역시 일원분산분석과 같다. 위에서 살펴본 여러 집단 간 제곱합(BSS)과 집단 내 제곱합(WSS)을 해당 자유도로 나누어 해당 평균 제곱합을 구한다. 자유도 계산은 어렵지 않다. 각 제곱합을 구하는 공식에서 모집단 평균값이 표본의 평균값으로 대치된 수만큼 자유도를 잃어버리기 때문이다.

사례수(X_{ijk})가 N개, 첫 번째 독립변수의 범주수$(X_{.j.})$가 K개, 두 번째 독립변수$(X_{..k})$의 값이 L개라고 한다면 각 제곱합의 자유도는 다음과 같다.

〈표 8-2〉 이원분산분석의 제곱합과 자유도

제 곱 합	자 유 도
$TSS = \sum(X_{ijk} - \overline{X_{...}})^2$	N − 1
$BSS_1 = \sum(\overline{X_{.j.}} - \overline{X_{...}})^2$	K − 1
$BSS_2 = \sum(\overline{X_{..k}} - \overline{X_{...}})^2$	L − 1
$BSS_{12} = \sum(\overline{X_{.jk}} - \overline{X_{.j.}} - \overline{X_{..k}} + \overline{X_{...}})^2$	KL − K − L + 1
$WSS = \sum(X_{ijk} - \overline{X_{.jk}})^2$	N − KL

일원분산분석에서 설명한 바와 같이 F값을 구한다.

$$F = \frac{\text{집단 간 평균 제곱합}(BMS)}{\text{집단 내 평균 제곱합}(WMS)}$$

그런데 이원분산분석은 일원분산분석과 달리 3개의 집단 간 제곱합이 있어 검증을 필요로 하는 F값 역시 3개이다. 즉 첫 번째 독립변수에 대한 F값, 두 번째 독립변수에 대한 F값, 그리고 두 독립변수의 상호작용 효과에 대한 F값이다.

6. F-검증 결과의 해석

이원분산분석에서는 주효과(main effect)와 상호작용 효과(interaction effect)로 나누어 검증한다. 주효과에 대한 검증은 각 독립변수의 효과, 즉 종속변수에 미친 영향력을 통계적으로 알아보는 것이고, 상호작용 효과 검증은 두 독립변수의 상호작용에 대한 검증이다. 순서를 보면 일반적으로 상호작용 효과에 대한 검증을 먼저 하고 그 결과에 따라 주효과 검증을 한다. 그렇다면 왜 이런 순서를 지켜야 하는가?

두 독립변수 사이의 상호작용 효과가 통계적으로 유의미할 정도로 큰 경우에는 주효과에 영향을 줄 수 있기 때문이다. 위에서 들은 예를 다시 한 번 상기해 보자. 엄격성이 처벌의 효과에 미치는 영향은 확실성의 정도에 따라 달라지는 상호작용 효과가 있다고 하자. 이러한 상호작용이 극단적으로 작용하면 관계의 방향이 바뀔 수 있다.

즉 확실성이 강한 경우에는 엄격성과 처벌의 효과는 정적인 관계가 있는 반면, 확실성이 거의 없는 경우에는 엄격성과 처벌의 효과가 부적인 관계에 있다고 하자. 예컨대,

- 확실성이 있는 경우 : 엄격성과 처벌의 효과의 상관정도가 +.500이고
- 확실성이 없는 경우 : 엄격성과 처벌의 효과의 상관정도가 -.500이라면
- 두 경우를 합하면 : 엄격성과 처벌의 효과의 상관정도는 .000이 된다.

이렇게 되면 확실성 역시 처벌의 효과와 관련이 없는 것으로 나타날 수밖에 없어 두 개의 독립 변수인 확실성과 엄격성의 주효과는 통계적으로 유의미하지 않는 것으로 나타난다. 통계적 상호작용이 위의 예처럼 반대로 나타나는 경우는 많지 않다.[35)] 그러나 한 독립변수의 조건에 따라(예컨대 확실성이 높다 혹은 낮다는 조건에 따라) 다른 독립변수와 종속변수의 관계가 방향은 같으나 정도 차이가 매우 큰 경우는 허다하다. 예컨대 확실성이 높은 경우에는 엄격성이 통계적으로 유의미할 정도의 영향이 있으나, 낮은 경우에는 그렇지 않다는 말이다.

따라서 통계적 상호작용을 먼저 검증해서 통계적으로 유의하지 않은 것으로 나타나면 주효과에 대한 해석을 하면 된다. 그러나 통계적 상호작용이 유의미하게 검증되면 일단 주효과에 대한 해석을 유보하고 먼저 상호작용 효과의 내용을 알아보아야 한다. 이원분산분석의 F-검증은 상호작용 효과의 유무만 알려줄 뿐 그 내용은 보여주지 않는다. 다시 말해 엄격성과 확실성 사이에 상호작용 효과가 있다는 점은 알려주나 구체적인 내용은 F-검증을 통해 알 수가 없다. 확실성이 있을 때 엄격성의 효과가 나타나는지 아니면 그 반대인지, 확실성이 있을 때 엄격성이 효과를 보인다고 해도 그 정도가 어느 정도인지 등등은 알 수 없다.

이러한 내용을 2차적으로 분석해야 한다. 위의 예의 경우에는 확실성을 유무로 나눈 후 확실성이 있는 표본과 확실성이 없는 표본으로 나누어 각 표본에서 엄격성과 처벌의 효과 사이의 관계를 알아보아야 한다. 통계적 상호작용이 유의미하나 주효과는 유의미하지 않는 결과의 해석은 이처럼 조심해야 한다. 무조건 주효과가 '유의미하지 않다'라고 해석해서는 안 된다. 그렇다고 '유의미하다'라고 해석할 수는 없다. 통계적 상호작용의 내용을 구체적으로 분석하여 왜 전체적으로는 주효과가 유의미하지 않은 결과가 나왔는지에 대한 해석이 필요한 것이다.

35) 이러한 경우를 억압변수 또는 왜곡변수라고 부르기도 한다.

7. 삼원분산분석

지금까지 독립변수가 2개인 이원분산분석에 대하여 살펴보았다. 독립변수가 3개 혹은 그 이상인 분산분석에 대해 간단히 알아보자. 이원분산분석이 일원분산분석의 연장인 것처럼 삼원 혹은 그 이상의 분산분석은 이원분산분석의 연장으로 이해하면 된다. 독립변수가 3개가 있으면, 3개의 주효과와 다음과 같은 여러 개의 상호작용 효과가 있다. 편의상 3개의 독립변수를 1, 2, 3으로 표시하면,

2-변수 상호작용 : (1과 2), (1과 3), (2와 3)
3-변수 상호작용 : (1과 2와 3)

2-변수 상호작용 효과의 내용을 살펴보는 방법은 전 절에서 간단히 살펴보았다. 2-변수 상호작용은 복잡하기는 해도 살펴볼 수는 있으나 3-변수 상호작용부터는 매우 복잡하다. 설사 통계분석으로 결과물은 나올지 모르지만 이에 대한 질적인 해석이 매우 어렵다. 독립변수 1과 2를 교차한 조건에 따라 변수 3이 종속변수에 미치는 영향이 다른지, 아니면 1과 3의 교차 조건에 2가 다른지, 다르다면 어떻게 해석할 때 이론적으로 의미가 있는 해석을 할 수 있는지 등등 현실적으로 쉽지 않다. 이렇기 때문에 삼원 이상 분산분석에서는 상호작용 효과를 에러로 처리하는 경우가 많다. 즉 해석하기 어렵다면 WSS로 간주하는 것이 더 합리적이라는 주장이다. 분산분석은 이와 같은 이유 때문에도 이원분산분석이 가장 많이 적용된다. 어쩌다 삼원분산분석은 있을 수 있으나 독립변수가 4개, 5개 있는 다원분산분석은 사실상 없다고 볼 수 있다. 독립변수가 많은 경우에는 다음 장에서 살펴볼 회귀분석을 적용하는 경우가 많다.

8. 구체적인 예

분산분석은 세 집단 이상의 평균 차이를 검증하고자 하는 것으로 앞서 언급했듯이 다원분산분석은 주효과와 상호작용 효과로 나누어 검증한다. 즉 독립변수 사이의 상호작용 효과가 통계적으로 유의미할 정도로 큰 경우에는 주효과에 영향을 줄 수 있기 때문에 다원분산분석은 각 독립변수의 효과, 즉 종속변수에 미친 영향력인 주효과를

통계적으로 알아보는 것이고, 독립변수간의 상호작용 효과를 검증한다.

아래처럼 "성별과 가정 내 수입에 따라 비행경험이 다를 것이다."라는 가설을 검증하고자 한다. 즉 남자 청소년인지 여자 청소년인지에 따라 비행경험이 다르고 가정 내 수입에 따라 비행경험이 다름을 확인하고자 하는 것이다.

성별과 가정 내 수입에 따라 비행경험이 다를 것이다.

성별과 수입에 따른 비행 차이를 검증한 결과 성별의 경우에는 F값이 12.632이고 유의수준 .001에서 비행경험 간에 유의미한 차이가 있는 것으로 나타났으며, 수입의 경우 역시 F값이 9.207이고 유의수준 .001에서 비행경험 간에 유의미한 차이가 있는 것으로 분석되었다. 한편 두 개의 독립변수, 성별과 수입 간의 상호작용 효과가 통계적으로 유의미하지 않기 때문에(F값 = .985, p 〉.05), 성별과 가정 내 수입에 따른 비행경험의 차이를 분명히 이야기할 수 있다. 이처럼 분산분석을 통해 비행경험의 정도가 성별과 가정 내 수입에 따라 달라짐을 알 수 있다. 즉 성별과 수입은 비행경험에 영향을 주는 요인으로 성별로, 수입별로 비행경험이 다르다는 것이다.

〈표 8-3〉 성별과 수입에 따른 비행 차이 검증

구분		제곱합	평균제곱	F값	유의확률
비행	성별	34.436	34.436	12.632	.000
	가정 내 수입	100.401	25.100	9.207	.000
	성별 * 수입	10.743	2.686	.985	.414

제9장

회귀분석

CHAPTER 09

회귀분석

1. 회귀분석의 적용

아마도 사회과학 자료를 분석할 때 가장 많이 사용되는 통계적 방법 중의 하나가 회귀분석(regression analysis)일 것이다. 본장에서는 회귀분석의 가장 간단한 형태를 통해 기본 논리를 알아보고, 제 10장에서 다중회귀분석, 제 11장에서는 회귀분석을 확대 적용하는 경로분석에 대해 살펴보기로 한다. 우선 회귀분석은 어떠한 자료의 분석에 적용되는가를 알아보자.

〈표 9-1〉 회귀분석의 적용대상 자료의 성격

구 분	독립변수	종속변수
변수의 수	여러 개	1개
변수의 측정수준	등간척도	등간척도

종속변수는 한 개라는 제한이 있지만 독립변수에는 그러한 제한이 없다. 즉 여러 개의 독립변수와 하나의 종속변수 사이의 관계를 살펴보는데 적용되는 통계분석 방법이다. 대부분의 사회과학의 경험적 연구를 살펴보면 연구의 주제라고 볼 수 있는 종속변수는 한 개이다. 그러나 그 종속변수를 설명하기 위해서 연구자가 사용하는 독립변수가 한 개인 경우는 많지 않고 대부분 적어도 2개 이상이다. 어떠한 사회현상도 하나의 원인으로 충분히 설명되기 어렵기 때문이다. 이런 이유 때문에 앞 장에서 다룬 다원분산분석과 다음 장에서 다룰 예정인 다중회귀분석이 사회과학 자료 분석에 가장 많이 활용된다고 할 수 있다. 회귀분석과 분산분석이 다른 점은 딱 하나이다. 분산분석의 독립변수의 측정수준은 명목척도 이상일 때 적용가능하나, 회귀분석은 독립변수도 등간척도를 요구한다. 본 장의 후반부에서 자세히 설명할 예정이지만, 회귀분석에서도 독립변수는 실질적으로 명목척도 이상이면 가능하기 때문에 회귀분석과 분산분석은 그렇게 큰 차이는 없다. 이 두 가지 분석방법의 구체적이고 실질적인 차이에 대해서는 후에 자세히 설명하기로 하자.

2. 회귀분석의 통계적 기초

2.1 산포도

본 장에서는 회귀분석의 간단한 형태인 독립변수가 하나이고 종속변수도 하나인 경우를 예로 들어 회귀분석의 통계적 기초를 설명하기로 한다.

앞 절에서 설명한 바와 같이 회귀분석을 적용하려면 독립변수와 종속변수 모두 등간척도이어야 한다. 사회과학 자료에서 엄격한 의미의 등간척도가 많지 않기 때문에, 사람의 키와 몸무게를 중심으로 예를 들어보자. 사람의 몸무게와 키는 관련이 있다. 일반적으로 키가 큰 사람은 작은 사람보다 체중이 많은 경향이 있다. 물론 작은 사람이 큰 사람보다 무게가 더 나가는 경우도 적지 않지만 전반적인 관계의 추세는 "키가 클수록 몸무게가 무거울 가능성이 높다."라는 관계를 정립할 수 있다. 키를 독립변수로 몸무게를 종속변수로 일단 간주하자.[36] 우리나라 성인 남자 100명을 선정하여 키와 몸무게를 조사하여 x축을 키, y축을 몸무게로 하여 표시를 했더니 〈그림 9-1〉과 같은 결과를 얻었다고 하자.

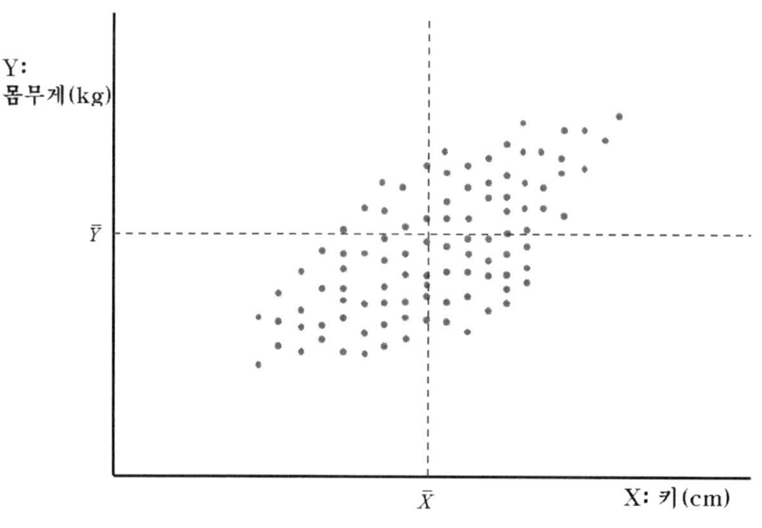

〈그림 9-1〉 키와 몸무게 관계의 산포도

36) 몸무게와 키 중 어느 것이 독립변수이고 종속변수인지는 애매모호한데, 어느 것이 독립변수이건 상관이 없다. 왜냐하면 키와 몸무게는 인과적인 관계라기보다는 단순히 상관성만 있기 때문이다.

위 그림을 보면 키를 알면 몸무게를 정확히 알 수는 없으나 몸무게의 범위를 알 수 있으며 그 범위에 속하는 몸무게의 대표값인 평균값도 알 수 있다. 사회현상은 자연현상과 달리 서로 관계가 있는 두 변수 중 하나를 알아도 다른 하나를 정확히 예측하기가 어렵다. 사회현상 사이의 관계를 함수관계로 표시하기가 매우 어렵기 때문이다. 어떠한 변수의 하나의 값에 대한 다른 변수의 값이 유일할 때 함수관계가 된다.[37)] 두 변수 혹은 현상이 함수관계라면 한 변수를 알면 다른 변수를 정확히 예측할 수 있다. 그런데 위의 예에서 보는 것처럼 사회현상 사이에 엄밀한 함수관계가 존재하는 경우는 많지 않다. 그렇다고 해도 관계의 형태를 볼 때 이러한 형태를 함수관계로 표시한다면 비록 정확하지는 않지만 하나의 변수를 알았을 때 다른 변수를 예측하는 데 도움이 될 것이라는 점은 분명하다.

위의 〈그림 9-1〉과 같은 것을 산포도(scattergram)이라 부르는데 키와 몸무게로 사람을 표시한 모습이 점이 흩어진 모습, 즉 산포(散布, scatter)된 것 같기 때문이다. 키와 몸무게의 산포도를 아래 〈그림 9-2〉처럼 1차 함수로 표시할 수 있으며, 이를 기초로 키를 사용해서 몸무게를 예측할 수 있는 것이다.

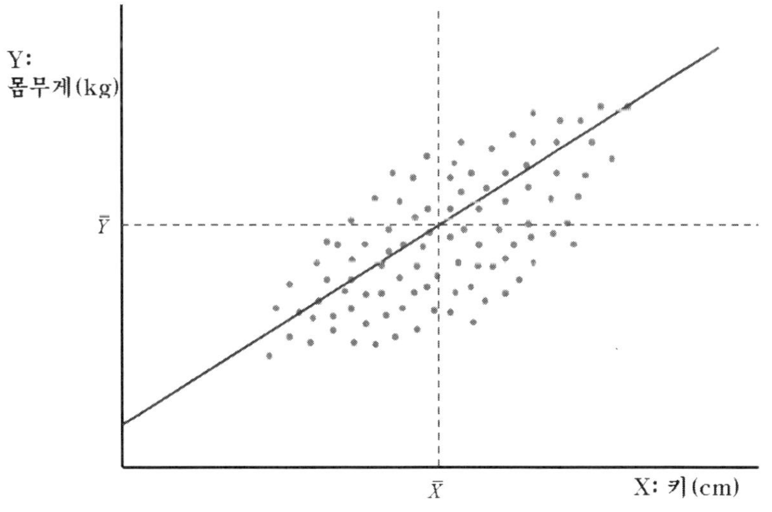

〈그림 9-2〉 일차함수로 표시한 키와 몸무게

37) 예컨대 Y = 2X를 (일차)함수라고 부르는 이유는 X값에 대한 Y값이 하나뿐이기 때문이다. 즉 X가 1이면 Y는 2, X가 2면 Y는 4가 된다. 한편 $Y = X^2$이라는 관계에서 Y는 X의 함수이나 X는 Y의 함수가 아니다. 왜냐하면 Y가 4일 때 X는 +2와 −2가 될 수 있기 때문이다.

2.2 최소 자승법

위의 그림을 보면 키와 몸무게의 관계를 1차 함수로 표시하는 것이 합당하다는 사실을 알 수 있다. 즉 $Y' = a + bX$로 표시할 수 있다. 그런데 여기에서 a와 b값이 무한히 많을 수 있기 때문에 키와 몸무게의 관계를 가장 적절히 대변할 수 있는 값을 정하는 것이 쉽지 않다. 즉 수많은 직선을 상정할 수 있는데, 어떤 것이 가장 적합한지 찾는 것이 쉽지 않다는 것이다. 여기에는 여러 방법이 있을 수 있으나 통계에서 가장 많이 그리고 일반적으로 사용하는 방법을 알아보자. 위의 산포도에서 키를 X, 몸무게를 Y라고 하였을 때 목표는 가장 적합한 일차함수의 a와 b를 찾는 것이다.

$$Y' = a + bX$$

Y'란 위의 식에서 보는 바와 같이 표본에 속해 있는 사람의 몸무게가 아니라 일차함수에 의해서 예측된 몸무게이다. 앞에서도 살펴본 바와 같이 같은 키에도 여러 몸무게가 존재한다. 따라서 〈그림 9-2〉에서도 알 수 있는 바와 같이 표본의 모든 키와 몸무게가 일직선상에 놓여 있을 수는 없다. 어떤 경우에는 직선상에 놓이겠지만 일부는 직선의 아래쪽에, 일부는 직선의 위쪽에 놓이게 된다. 이 때 직선상의 점이 예측된 몸무게인 Y'이며, 직선 위쪽의 점은 예측보다 몸무게가 더 많이 나가는 경우, 직선 아래쪽의 점은 예측보다 몸무게가 덜 나가는 경우를 말한다. 이 때 '(실제 몸무게 - 예측된 몸무게) = 오차'라고 한다. 이러한 오차의 평균은 0이 된다.

이러한 상황에서 회귀분석에서는 독립변수(키)와 종속변수(몸무게)의 관계를 가장 잘 요약해주는 직선을 찾게 되는데 이때 사용하는 방법이 이러한 오차를 최소화하는 일차함수를 찾아내는 것이다. 즉 오차가 최소가 되는 a와 b를 찾아내는 것이다.

오차를 최소화하는 직선형태의 회귀선을 찾기 위해서 모든 관측치에 대해서 오차를 최소화시키는 가장 적합한 선을 구하는 데 있어서 예측치의 오차를 제곱하여 더하는 오차의 제곱합(sum of squared error)이 가장 많이 사용되며, 이를 SSE(sum of square of error)라고 한다.

$$SSE = \sum (Y - Y')^2$$

위의 식에서 $\sum(Y-Y')^2$가 종속변수의 예측오차의 제곱합이다. 이와 같은 제곱합을 최소로 하는 a와 b를 구하는 것이기 때문에 최소자승법(least square method)이라 부른다.

$Y'=a+bX$ 이기 때문에 $\sum(Y-Y')^2$에 대입을 하면

$\sum(Y-Y')^2=\sum(Y-a-bX)^2$이 되고 위의 방정식을 편미분하여 a와 b를 구하면 다음과 같은 식이 도출된다.

$$a=\overline{Y}-b\overline{X}$$

$$b=\frac{\sum(X_i-\overline{X})(Y_i-\overline{Y})}{\sum(X_i-\overline{X})^2}$$

여기에서 a는 별 의미가 없다. 중학교 때 배운 대로 절편이란 X값이 0일 때의 Y′값을 의미한다. 반면 b는 X가 한 단위 변할 때 Y′가 변하는 정도를 표시해 주는 것으로서 회귀계수(regression coefficient)라 부른다.

3. 회귀계수의 이해

일차적인 의미는 독립변수 X가 한 단위 변할 때 종속변수 Y가 몇 단위 변하는가를 보여주는 비율이다. 위의 b공식을 좀 더 자세히 분석해보자. 우선 분자인 $\sum(X_i-\overline{X})(Y_i-\overline{Y})$를 N−1로 나누면 X와 Y의 공분산이 된다. 공분산(covariance)이란 문자 그대로 두 변수가 같이 변하는 분산 혹은 따라 변하는 분산을 뜻한다. 공분산은 두 변수의 관계의 크기를 보여준다. 또한 분산은 표준편차의 제곱이기 때문에 항상 양수의 값을 가지지만, 공분산은 마이너스 무한대에서 플러스 무한대까지 값을 가질 수 있다. 독립변수 X가 증가할수록 종속변수 Y는 감소하는 관계라면 공분산은 (−) 값을 갖게 되며, 두 변수가 같은 방향, 즉 정적인 관계일 때의 공분산은 (+) 값을 갖게 된다.

b공식의 분모를 살펴보자. 분자와 마찬가지로 N−1로 나누어 주면 독립변수 X의 분산이 된다. 분모와 분자를 이렇게 정의하면 b는 다음과 같이 정의할 수 있다.

$$b = \frac{\sum(X_i - \overline{X})(Y_i - \overline{Y})/N-1}{\sum(X_i - \overline{X})^2/N-1} = \frac{s_{xy}^2}{s_x^2}$$

변수 X와 Y의 공분산을 X의 분산의 비율로 표시한 것이 회귀계수 b인 것이다. 즉 독립변수 X가 변하는 정도에 따라 X와 Y의 공분산이 변하는 정도를 표시해주는 것이며, X와 Y 사이의 관계가 크다면 X가 변하면 X와 Y 사이의 공분산이 따라 변하는 정도가 클 것이다. 그러나 b 값이 크다고 곧 관계 정도가 크다고 말할 수 없다. 그 이유를 다음 절에서 살펴보자.

4. 상관계수

b 값이 크다고 해서 두 변수 사이의 관계가 크다 혹은 강하다고 할 수 있는가? 그렇지 않다. 왜냐하면 b 값은 독립변수와 종속변수의 측정 단위에 영향을 받기 때문이다. 위의 b 공식을 다시 살펴보자. 분자와 분모 모두 X의 편차가 포함되어 있다. 즉 X의 단위가 커지면 분자와 분모 모두 커져 일종의 표준화를 한다고 볼 수 있다. 그러나 Y에 관한 내용은 분자에만 있을 뿐 분모에는 없다. 따라서 Y의 단위가 커지면 커질수록 b 값은 비례로 커진다. 예컨대 우리의 예에서 종속변수인 몸무게를 'g'으로 측정했는가 혹은 'kg'으로 측정했느냐에 따라 b 값은 1000배의 차이를 보일 것이다.

피어슨 상관계수 r은 이런 문제를 해결한 것이다.

$$r = \frac{\sum(X_i - \overline{X})(Y_i - \overline{Y})}{\sqrt{\sum(X_i - \overline{X})^2}\sqrt{\sum(Y_i - \overline{Y})^2}}$$

위 공식을 자세히 보면 분자는 회귀계수 b와 마찬가지로 X, Y 두 변수의 공분산이다. 그러나 분모는 b와 다르다. b의 분모는 X의 분산이다. 잘 알다시피 분산이란 표준편차를 제곱한 것이다. 한편 상관계수의 분모와 분자를 역시 N-1으로 나누어 주면 다음과 같다.

$$r = \frac{\frac{\sum(X_i - \overline{X})(Y_i - \overline{Y})}{N-1}}{\sqrt{\frac{\sum(X_i - \overline{X})^2}{N-1}}\sqrt{\frac{\sum(Y_i - \overline{Y})^2}{N-1}}} = \frac{s_{xy}^2}{s_x s_y}$$

어떤 변수의 제곱합을 사례수로 나누어주고 제곱근을 구하면 표준편차가 되는 것은 이미 앞에서 살펴보았다. 위 공식의 분모를 보면 X의 표준편차와 Y의 표준편차가 되는 것이다. 어떠한 점수를 표준편차로 나누어 주면 표준점수가 된다고 하였다. 즉 상관계수는 두 변수 X와 Y의 공분산을 X의 표준편차와 Y의 표준편차로 표준화하였기 때문에 그 값은 -1에서 +1까지이며, 크기가 클수록 관계가 크다고 말할 수 있다.

따라서 독립변수의 값으로 종속변수의 값을 정확히 예측을 할 때에는 회귀계수 b가 유용하며, 종속변수의 예측이 아니라 두 변수 사이의 관계의 크기 혹은 정도에 관심이 있을 때는 상관계수가 유용한 것이다. 이 때 상관계수의 크기는 절대값으로 생각해야 한다. 간혹 r 값 −.30이 −.01보다 작다고 생각하는 경우가 있는데 회귀계수나 상관계수의 부호는 상대적 의미를 가지기 때문에 관계의 방향성만 보여줄 뿐 크기와는 무관하다.

5. 독립변수의 측정수준

독립변수와 종속변수 모두 등간척도 이상일 때 회귀분석을 적용할 수 있다는 말을 본장 서두에서 언급하였다. 그러나 종속변수는 등간척도라야 적용이 가능하지만 독립변수의 측정수준은 융통성이 상당히 크다. 응답자의 교육 수준을 측정할 때 흔히 ① 중학교 졸업 이하, ② 고등학교 졸업, ③ 대학교 졸업, ④ 대학원 이상이라는 문항이 사용된다. 이렇게 측정하면 등간척도라 볼 수 없고 순서척도이다. 수입 역시 ① 200원 이하, ② 200~300만원, ③ 300~400만원, ④ 400~500만원, ⑤ 500만원 이상으로 측정하면 역시 순서척도에 불과하다. 사회과학 연구를 위한 설문지에서 응답자의 개인적 배경을 묻는 질문인 성별, 나이, 수입, 직업, 학력 등은 엄밀한 의미에서 등간척도로 간주하기 힘들다. 설사 나이나 수입과 같이 숫자로 쉽게 측정할 수 있는 변수도 질적인 의미를 더하면 등간척도로 간주하기 힘들다는 점을 제1장에서 이미 설명하였다.

이와 같이 독립변수가 등간척도가 아닌 경우가 사회과학 연구에서는 흔히 있는데 그렇다면 사회과학에서는 회귀분석을 적용할 수 없다는 말인가? 그렇지는 않다. 통계학자들의 연구에 의하면 독립변수가 순서척도일 때는 적용해도 무리가 크지 않다고 한다(robust). 즉 위의 예처럼 수입 등 배경변수가 순서척도라도 회귀분석을 적용할 수 있다. 그러나 성별과 같이 순서척도로 간주할 수 없는 명목척도는 어떠한가? 원칙적으로는 회귀분석을 적용할 수 없으나 다음과 같이 우회적으로는 적용할 수 있다. 이러한 방법을 더미(dummy) 회귀분석이라고 부르는데 자세히 알아보기로 한다.

명목척도 중 변수값이 두 개인 경우를 이분척도(dichotomy)라고 부른다. 예컨대 성별은 남자와 여자 두 값만 있어 대표적인 이분척도이다. 이분척도는 논리적으로 등간척도로 간주할 수 있다. 등간척도란 변수값 차이가 같은데서 유래된 용어이다. 즉 1점과 2점의 차이는 2점과 3점의 차이와 같고, 3점과 4점의 차이, 4점과 5점의 차이와 동일할 때, 즉 동일간격일 때 등간척도라고 부른다. 그런데 이분척도는 간격이 하나뿐이다. 이 하나뿐인 간격과 비교할 간격이 없다. 그렇기 때문에 역설적으로 등간척도로 간주할 수 있다. 왜냐하면 비교할 대상이 없는 절대적인 간격이라 등간으로 간주해도 논리적으로는 무리가 없기 때문이다. 복잡한 공식은 생략하고 구체적인 예를 들어보자. 이분척도로 측정된 독립변수를 D라고 하면 다음과 같은 회귀식을 생각할 수 있다.

$$Y' = a + bD$$

그런데 이분척도인 D는 변수값이 0과 1이다. 따라서 위의 식에 대입을 하면,

D = 0 일 때 Y' = a가 되며
D = 1 일 때 Y' = a + b가 된다.

즉 b는 변수 D가 0일 때의 값과 1일 때의 값의 차이가 된다. 보다 더 구체적인 예를 들어보자.

(비행횟수)′ = 1.2 + 1.5 * (성별) 이고, 여자는 0, 남자는 1로 측정하였다면, 여학생의 비행을 예측한 횟수는 1.2회이며, 남학생의 비행횟수는 2.7회이다. 즉 남학생과 여학생의 비행 차이는 1.5회로 예측되는 것이다.

명목척도의 변수값이 두 개가 아니라 3개 이상인 경우에는 어떠한가? 조금 복잡하지만 다음과 같이 해결할 수 있다. 예를 들어 전공을 ① 인문사회, ② 이학공학, ③ 예술로 측정하였다면 다음과 같이 더미 변수 2개를 만들면 된다.

D_1 : 0) 인문사회와 예술, 1) 이학공학

D_2 : 0) 인문사회와 이학공학, 1) 예술로 코딩을 하면 세 전공은 다음과 같이 2개의 이분척도로 구별할 수 있다.

〈표 9-2〉 이분척도 작성의 예

구 분	D1	D2
인 문 사 회	0	0
이 학 공 학	1	0
예 술	0	1

이렇게 변환하여 $Y' = a + b_1D_1 + b_2D_2$ 회귀식을 구하여 절편인 a는 인문사회 계열의 예측점수, b_1은 이학공학 계열과 다른 계열과의 차이, b_2는 예술 계열과 다른 계열 차이로 해석하면 된다. 즉 변수값보다 하나 적은 수의 이분척도, 즉 더미변수를 만들어 더미 회귀분석을 하면 된다.

6. 분산분석과의 차이점

회귀분석을 적용한 가설 검증을 알아보기 전에 분산분석과의 차이점을 살펴보기로 하자. 제 7장에서 다룬 일원분산분석의 기본 논리를 간단히 설명하면, 개별점수(X_{ij})와 전체평균($\overline{X_{..}}$)의 차이의 제곱합(TSS)은 독립변수를 기준으로 나눈 집단평균($\overline{X_{.j}}$)과 전체평균($\overline{X_{..}}$)의 차이의 제곱합(BSS)과 개별점수(X_{ij})와 집단평균($\overline{X_{.j}}$)의 차이의 제곱합(WSS)으로 나누어, BSS를 독립변수에 의해 설명된 변화량으로, WSS를 설명되지 않은 변화량으로 간주하였다.

일원분산분석에서는 종속변수를 X로 표시하였다. 왜냐하면 독립변수는 명목척도라 기호로 표시할 필요가 없어 종속변수 하나만을 표시하면 되어 X로 표시한 것이다. 회귀분석에서는 독립변수와 종속변수 모두 등간척도로 측정되어 독립변수는 X로 종속변수는 Y로 표시하면 다음과 같은 등식이 성립한다.

〈표 9-3〉 분산분석과 회귀분석의 기호

구 분	분산분석	회귀분석
개별 종속변수 값	X_{ij}	Y
예측값	$\overline{X_{.j}}$	Y'
평균값	$\overline{X_{..}}$	$\overline{Y_{..}}$

위에서 개별 종속변수와 평균값은 더 이상 설명할 필요가 없으나 예측값에 대하여 부가설명을 해보자. 회귀분석에서 Y′를 예측값으로 표시하는 것은 이미 충분히 설명되었다고 하자. 그런데 분산분석에서 집단 평균값인 $\overline{X_{.j}}$가 예측값인 이유는 평균값이란 그 집단에 소속된 사람들의 점수를 대표하는 대표값이며, 그런 의미에서 예측값인 것이다.

따라서 분산분석의 TSS = BSS + WSS는 회귀분석에서는 다음과 같이 표시된다.

TSS = $\sum(X_{ij} - \overline{X_{..}})^2$ => $\sum(Y - \overline{Y_{..}})^2$ = SST

BSS = $\sum(\overline{X_{.j}} - \overline{X_{..}})^2$ => $\sum(Y' - \overline{Y_{..}})^2$ = SSR

WSS = $\sum\sum(X_{ij} - \overline{X_{.j}})^2$ => $\sum(Y - Y')^2$ = SSE

위의 공식에서 우리는 회귀분석에서도 분산분석과 동일한 논리로 편차의 구분이 이루어짐을 볼 수 있다.

$$\sum(Y - \overline{Y_{..}})^2 = \sum(Y' - \overline{Y_{..}})^2 + \sum(Y - Y')^2$$

SST = SSR + SSE

SST : 총제곱합

SSR : 회귀제곱합

SSE : 오차제곱합

위의 식에서 SST는 회귀식을 사용하지 않았다면 평균값을 사용해서 예측하는 것이 최선이기 때문에 실제값과 평균과의 차이를 제곱하여 더한 것이다. SSR은 회귀식을 도입함으로 인해서 설명된 편차를 말한다. 회귀식을 사용하지 않았다면 평균에 의해서 개별값인 Y의 예측치는 평균값인 $\overline{Y_{..}}$ 에 의해서 예측하였을 것이다. 그렇지만 회귀식을 사용함으로 인해서 회귀식에서 구한 예측값인 Y'를 사용하게 됨으로써 예측의 오차는 Y'에서 $\overline{Y_{..}}$ 를 뺀만큼 줄어들 것이고, 이 차이의 제곱합을 회귀제곱합이라 한다. SSE는 회귀식을 사용함에도 불구하고 설명이 되지 않는 편차로서, 독립변수로서 설명할 수 없는 부분이기 때문에 설명되지 않은 편차, 즉 오차제곱합이라고 한다.

이처럼 분산분석과 회귀분석은 거의 비슷한 논리를 사용한다. 단지 차이가 있다면 회귀분석은 직선성을 가정하지만 분산분석은 그렇지 않다는 점이다. 즉 일원분산분석의 집단 평균값인 $\overline{X_{.j}}$ 와 회귀분석의 Y'가 항상 같은 값을 가지지는 않는다. 왜냐하면 분산분석은 두 변수 사이의 관계가 직선적이라고 가정하지 않기 때문이다. 독립변수가 등간척도가 아니기 때문에 회귀분석의 등간척도 독립변수처럼 증감으로 표시할 수 없다. 예를 들어보자. 전공을 위의 예처럼 인문사회, 이학공학, 예술 계열로 나눈 후 종속변수인 북한에 대한 태도를 알아보는 연구에서 각 계열의 종속변수인 북한에 대한 태도의 평균값이 동일한 간격으로 증가 혹은 감소하면 일원분산분석으로 분석한 BSS 값과 회귀분석의 SSR 값은 같다. 그러나 동일한 정도로 증가 혹은 감소하지 않는다면 이 값은 서로 다르다. 왜냐하면 회귀분석은 두 변수 X와 Y는 직선적인 관계라고 가정하고 일차함수를 찾는 것이기 때문이다. 한마디로 말하면 분산분석은 두 변수 사이에 직신직인 관계가 있다는 가정을 하지 않는 빈면 회귀분석은 그러한 가정을 하고 출발하는 것이다.

7. 회귀분석의 가설 검증

구체적인 예를 들기 전에 회귀분석과 관련된 가설 검증 방법을 알아보자. 회귀분석에서 검증이 필요한 계수는 두 개다. 즉 회귀계수인 b와 상관계수인 r이다. 두 계수의 구체적인 검증 방법은 다르나 결과는 동일하다. 즉 상관계수가 통계적으로 의미가 있는데 회귀계수가 무의미할 수 없다. 이런 이유로 주로 b를 검증하여 그 결과를 보여주는 것이 SPSS를 비롯한 통계 프로그램의 관례이다.

먼저 r에 대한 검증방법을 알아보자. 상관계수 r의 검증은 r제곱을 검증하여 알아본다. 왜 그런가? 일반적으로 회귀분석에서는 결정계수를 종속변수의 총분산 중에서 독립변수에 의해서 설명된 비율로 사용하는데 이를 R^2으로 나타낸다.[38] 독립변수에 의해 종속변수가 설명된 변화량은 분산분석에서 BSS로 표시되는데 이것이 위에서 본 것처럼 회귀분석에서는 SSR에 해당한다. 회귀분석에서 SSR은 $\sum(Y' - \overline{Y_{..}})^2$으로 표시되며 자유도는 독립변수의 수와 같아서 독립변수가 한 개이면 1이다. 한편 SSE는 $\sum(Y - Y')^2$이며 자유도는 (N−2)이다. 왜냐하면 Y'의 예측에 독립변수 한 개와 종속변수 한 개, 즉 두 개의 변수의 모집단 값이 대치되었기 때문이다. 다음과 같은 공식으로 F값을 구하여 유의도를 알아보면 된다.

〈표 9-4〉 회귀식의 분산분석표

	제곱합	자유도	제곱평균	
회귀	SSR	1	SSR/1=MSR	F=MSR/MSE
오차	SSE	N−2	SSE/(N−2)=MSE	
합계	SST	N−1		

$$F = \frac{\sum(Y' - \overline{Y_{..}})^2}{\sum(Y - Y')^2 / N-2}$$

한편 회귀계수 b의 표집분포는 t 분포를 따른다고 한다. 따라서 $t = b/SE_b$를 구하여 t 값을 계산하여 유의미한 정도를 알아보면 된다. 보충 설명을 하면 다음과 같다. 회귀분석에서 영가설은, b = 0이다. 회귀계수가 0이란 말은 Y' = a 가 되며 회귀선은 다음과 같다는 말이다.

38) 이러한 관계는 제10장에서 보충 설명할 것이다.

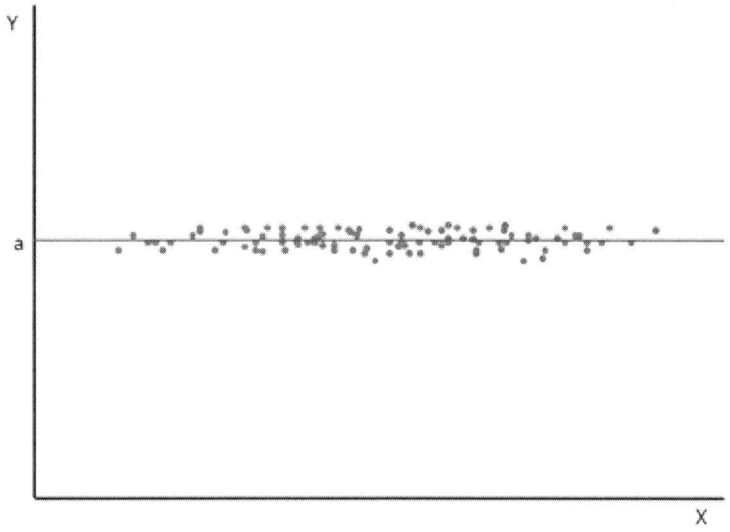

〈그림 9-3〉 회귀선이 X축과 평행인 그래프

즉 X축과 나란한 선이며 모든 X값에 대한 Y값은 a로 동일하다는 말이 된다. t-검증은 항상 연구결과와 영가설이 옳을 때의 결과의 차이를 표준오차로 나누어 그 크기를 알아보는 것이다.

즉 분자는 (우리가 얻은 b 값 - 영가설이 옳을 때의 b 값(0)) = (b - 0) = b가 된다.

한편 b의 표준오차는 다음과 같다.

$$SE_b = \sqrt{\frac{\sum(Y-Y')^2/N-2}{\sum(X-\overline{X})^2}}$$

자세한 설명은 복잡하여 생략하고 간단히 설명하면 다음과 같다. 위에서 회귀계수 b는 독립변수와 종속변수 사이의 공분산을 독립변수의 분산으로 나눈 값이라고 하였다. 즉 독립변수에 의해 설명된 분산을 독립변수의 분산으로 표준화하였다고 볼 수 있는 것이다. 그렇다면 독립변수에 의해 설명되지 않은 분산이 있을 것이다. 이 분산을 독립변수의 분산으로 표준화한 후 평방근을 구하면 회귀계수의 표준오차인 것이다.

8. 구체적인 예

회귀분석은 변수들 간의 인과관계를 설정하여 그 관계의 값을 추정하는 것으로 독립변수와 종속변수 모두 등간척도라야 한다. 여기서는 구체적인 예를 통해 단순회귀분석에 대한 이해를 높이고자 한다.

비행친구는 청소년 비행에 영향을 줄 수 요인으로 비행친구를 비행에 대한 독립변수로, 비행은 비행친구의 결과인 종속변수로 하여 "비행친구가 많을수록 비행을 더 많이 저지를 것이다."라는 연구가설을 설정한다.

비행친구가 많을수록 비행을 더 많이 저지를 것이다.

단순회귀분석의 결과는 다음의 〈표 9-5〉와 같다. 즉 비행친구의 수가 비행경험에 어떠한 영향을 미치는지 분석하기 위한 회귀분석 결과에 따르면 결정계수값(R^2)이 .127로 비행친구는 비행 분산의 12.7%를 설명한다. 한편 비행친구변수는 유의수준 .001에서 비행경험에 정(+)적인 영향을 주는 것으로 나타나 비행친구가 많을수록 비행을 저지를 가능성이 높은 것으로 해석할 수 있다(β = .357). 이처럼 비행친구와 비행 간의 관계에 대한 본 연구가설을 검증할 수 있었다.

〈표 9-5〉 비행에 대한 비행친구의 회귀분석 결과

	B	β	sig
(상수)	5.619		.000
비행친구	1.351	.357	.000
결정계수(R^2)	.127		

* 종속변수 : 비행경험

제10장

다중회귀분석

CHAPTER 10

다중회귀분석

1. 다중회귀분석의 적용

다중회귀분석(multiple regression)은 등간척도로 측정된 두 개 이상의 독립변수와 등간척도로 측정된 종속변수 사이의 관계를 분석하는 데 적용되는 통계적 방법이다. 그러나 제 9장에서 살펴본 바와 같이 독립변수의 측정수준은 융통성이 많아 순서척도는 물론이고 명목척도일 때도 적용할 수 있다. 독립변수의 일부는 명목척도이고 일부는 등간척도일 때는 흔히 공분산분석(analysis of covariance)이 적용되기도 한다. 다중회귀분석은 다양한 자료에 적용된다. 아마도 서베이 자료의 분석에 가장 많이 적용되는 통계적 방법이 다중회귀분석이라 할 수 있다. 단계적 회귀분석(stepwise regression), 위계적 회귀분석(hierarchical regression)등으로 적용되기도 하며, 경로분석(path analysis)으로 확대 적용되기도 한다.

독립변수가 2개 이상일 때 적용되는 방법으로 다원분산분석이 있다. 이미 언급한 바와 같이 다원분산분석의 독립변수는 명목척도인 반면 다중회귀분석은 등간척도이어야 하지만 명목척도까지도 적용가능하다면, 실질적으로 다중회귀분석은 다원분산분석과 다르지 않다고 볼 수도 있다. 독립변수가 3개 이상이면 통계적 상호작용 때문에라도 다원분산분석은 적용하기 어려워진다. 그러나 회귀분석은 통계적 상호작용을 원칙적으로 배제하고 출발한 통계적 방법이라 독립변수의 수에 대한 제한은 상대적으로 자유롭다. 즉 3개 이상, 심지어는 10개 이상이라도 적용하는데 큰 어려움이 없다.[39] 독립변수가 많은 자료를 분석할 때 단계적 혹은 위계적 회귀분석을 적용할 수 있다. 제 10장에서는 일반적인 다중회귀분석과 공분산분석을, 그리고 제 11장에서 경로분석을 비롯한 변형된 다중회귀분석 방법을 살펴보기로 하자.

39) 다중회귀분석에서도 통계적 상호작용을 검증할 수 있다. 구체적인 방법은 후에 언급할 것이다.

2. 다중회귀분석의 통계적 이해

다중회귀분석 중 가장 간단한 모형인 독립변수가 2개인 경우를 비교적 상세히 살펴본 후 3개 이상인 모형을 설명하기로 하자. 기본 통계적 모형은 다음과 같다.

$$Y' = a + b_1X_1 + b_2X_2$$

독립변수가 하나인 회귀분석을 상기하여 보면 X축과 Y축인 2차 평면에 X와 Y값으로 표본을 점으로 표현한 산포도에서 두 변수 사이의 관계를 일차함수로 나타낼 수 있을 때 가장 적합한 직선을 찾아 절편 a와 회귀계수 b로 표시한 것이다. 독립변수가 두 개 있으면 산포도가 2차 평면이 아니라 3차원 공간이 된다. 첫 번째 독립변수를 하나의 축, 두 번째 독립변수를 또 하나의 축, 그리고 종속변수인 Y를 하나의 축으로 한 3차원 공간에 자료에 속한 모든 표본을 점으로 표시하면 다음과 같은 그림을 예상할 수 있다. 마치 럭비공처럼 생긴 점들을 관통하면서 가장 적합하게 표현하는 직선인 면을 찾는 것이 독립변수가 2개 있을 때의 회귀식을 결정하는 것이다.

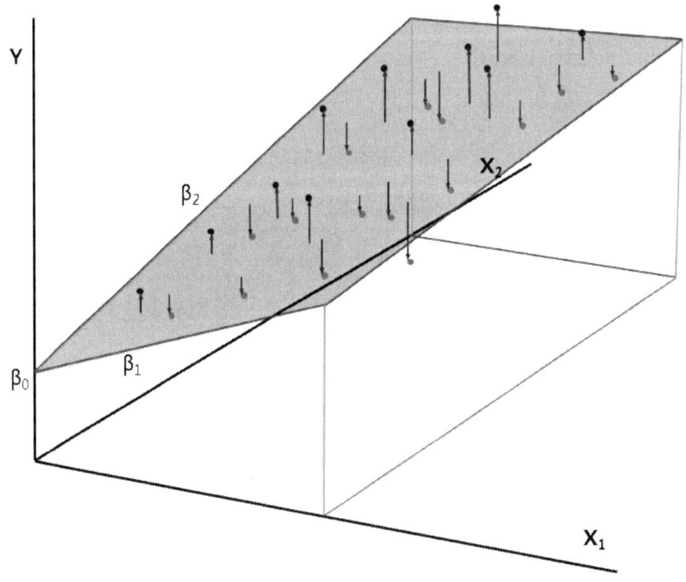

〈그림 10-1〉 다중회귀분석 삼차원 그래프

즉 실제 점수인 Y에서 이렇게 결정한 Y'를 빼면 예측오차가 되는데, 이 오차를 제곱하여 합한 값이 최소가 되는 a, b_1, b_2를 구하면 다음과 같다.

$$a = \overline{Y_{..}} - b_{y1.2}\overline{X_1} - b_{y2.1}\overline{X_2}$$

$$b_{y1.2} = \frac{b_{y1} - b_{y2}b_{21}}{1 - b_{12}b_{21}}$$

$$b_{y2.1} = \frac{b_{y2} - b_{y1}b_{12}}{1 - b_{12}b_{21}}$$

위 식에서 a, 즉 절편은 해석이 필요한 경우가 많지 않다. 즉 두 독립변수의 값이 모두 0일 때 기대되는 종속변수의 값이기 때문이다. 한편 b_1과 b_2는 다중회귀분석에서 중요한 편회귀계수(partial regression coefficient)라 정확하게 해석해야 한다.

2.1 편회귀계수

독립변수가 하나일 때의 회귀계수와 독립변수가 두 개 이상일 때의 회귀계수는 그 성격이 조금 다르다. 잘 알다시피 회귀계수란 독립변수가 한 단위 변할 때 종속변수가 어느 정도 변하는지 그 비율을 보여주는 것이다. 예를 들어 교육과 직업이라는 두 독립변수로 수입을 예측하는 다음과 같은 모델에서 b와 b_1의 값은 같은가 다른가?

(수입)' = a + b*(교육)
(수입)' = a + b_1*(교육) + b_2*(직업)

동일한 자료에서 동일한 독립변수(교육)와 종속변수(수입) 사이의 관계이기 때문에 같을 가능성도 있으며, b는 교육만으로 수입을 예측하는 모형이나 b_1은 교육과 직업 두 독립변수로 수입을 예측하는 다중회귀모형에서 교육의 효과이기 때문에 다를 가능성도 있다.

정답은 "서로 다르다."이다. 왜냐하면 b_1은 편회귀계수이며 직업의 효과를 통제한 후에 교육의 효과를 보여주는 회귀계수이기 때문이다. 제 3장에서 통제에 대하여 자세히 설명한대로 직업의 효과를 통제한 후의 교육의 효과와 통제하지 않은 효과는 다르다. 수입, 교육, 직업 사이에는 다음과 같은 인과적인 관계를 예상할 수 있다.

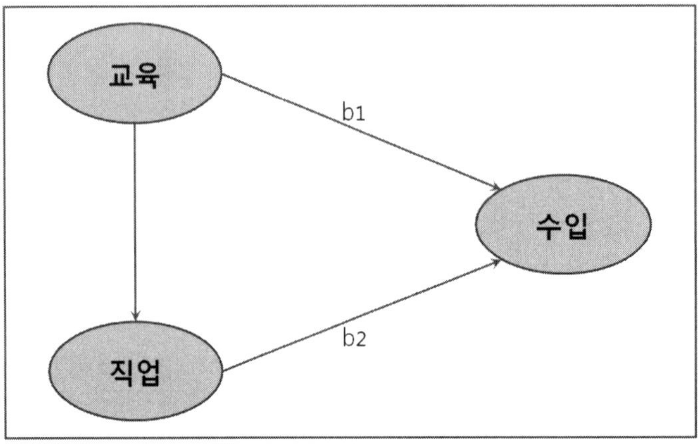

〈그림 10-2〉 다중회귀분석 모형

위의 그림을 보면 교육은 두 경로를 통하여 수입에 영향을 주고 있다. 직업은 교육과 수입 사이에서 매개변수 역할을 하고 있다. 즉 교육의 효과가 직업을 매개하여 수입에 영향을 준다는 말이다. 이러한 효과를 교육의 간접효과라고 부른다. 한편 교육은 직업을 매개하지 않고 수입에 영향을 주기도 한다. 왜냐하면 같은 직업에 종사하는 사람도 교육에 따라 수입이 다르기 때문이다. 이러한 교육의 효과를 교육의 직접효과라고 부른다.[40] 부연하면 교육의 간접효과란 "교육을 많이 받은 사람은 수입이 많은 직업에 종사할 개연성이 높기 때문에 수입이 많을 확률이 높을 것이다."라는 의미이다. 교육이 직업을 통해 수입에 영향을 주기 때문에 간접효과라고 부르는 것이다. 그러나 같은 직업이라도 모든 사람이 수입이 같은 것은 아니다. 만일 그렇다면 교육이 수입에 미치는 영향은 간접효과뿐이며 직업을 통제하면 교육의 효과는 사라져야 한다. 그러나 현실에서는 그렇지 않다. 같은 직업이라도 교육에 따라 임금이 다르다. 동일한 직종에 종사하더라도 대학원 졸업, 대학 졸업, 고등학교 졸업에 따라 연봉은 다르다. 이러한 효과를 교육의 직접효과라고 하면, 편회귀계수는 직접효과의 정도를 보여주는 것이다. 직업의 영향을 통제한 후 교육이 한 단위 변할 때 수입이 어느 정도 변하는가를 보여주는 계수이다. 또한 직업이 수입에 미치는 영향인 b_2 역시 편회귀계수이다. 교육은 수입에 대해 선행변수의 성격을 지닌다. 선행변수인 교육의 영향을 통제한 후 직업이 수입에 주는 순수한 효과를 보여주는 하나의 지표가 b_2인 것이다.

40) 직접효과, 간접효과 등은 다음 장에서 자세히 다룰 것이다.

2.2 표준 편회귀계수

사회과학 연구에서 하나의 독립변수만으로 종속변수를 설명하는 경우는 많지 않다고 하였다. 즉 수입을 교육이나 직업 중 하나의 변수로 설명 혹은 예측하는 것보다 두 변수의 영향력을 동시에 보는 것이 설명력이 더 높기 때문이다. 이 때 만일 두 독립변수 모두 수입에 직접적인 영향력이 있다는 사실이 밝혀지면 어떤 변수의 영향력이 더 큰가에 대한 질문이 제기된다. 교육과 직업 모두 수입에 통계적으로 유의미한 영향을 주는데, 교육과 직업 중 어느 변수의 영향이 더 큰가? 교육과 직업의 편회귀계수를 비교하여 대답할 수 있는가? 즉 편회귀계수가 큰 변수가 더 많은 영향을 준다고 할 수 있는가? 그렇지 않다. 교육과 직업을 측정한 척도가 다르기 때문에 비교할 수 없다. 교육은 교육년수로, 직업은 직업척도로 측정하였을 때, 12년 교육과 직업위세 점수 8점은 서로 비교할 수 없는 다른 단위이다.

표준회귀계수(standardized regression coefficient)는 이러한 문제를 해결해준다. 표준회귀계수는 beta(β)로 표시하며 공식은 다음과 같다.

$$\beta = b \times \frac{s_x}{s_y}$$

조금 보충설명을 하자. 제 9장에서 회귀계수는 독립변수와 종속변수 간의 공분산이 분자이고 분모는 독립변수인 X의 분산이라고 하였다. 즉 독립변수와 종속변수의 공분산을 독립변수의 분산으로 표준화한 계수라고 볼 수 있다. 공분산이란 두 변수가 같이 변하는 정도, 따라 변하는 정도, 즉 관계의 크기를 보여주는데 표본의 크기와 척도에 따라 그 값은 변해 절대적으로 해석하는데 어려움이 있어 표준화할 필요가 있다. 회귀계수는 표준화를 하기는 하였지만 독립변수에 대해서만 표준화를 하여 종속변수의 척도에는 민감하게 변할 수밖에 없다. 이렇게 구한 표준회귀계수를 사용하여 독립변수들의 영향력의 상대적 크기를 비교할 수 있다.

2.3 다중상관계수와 결정계수

다중회귀분석은 독립변수가 적어도 두 개다. 각각의 독립변수와 종속변수 사이의 관계는 편상관계수를 통해 알아볼 수 있다. 한편 두 개 이상인 모든 독립변수들과 종속변수 사이의 관계 역시 중요한 관심사이다. 위의 예에서 교육과 직업이 각각 수입에 어느 정도 영향을 주는지도 중요하나 교육과 직업을 합한 전체적인 영향력의 크기도 중요하다. 다중상관계수(multiple correlation coefficient)와 결정계수(coefficient of determination)는 이러한 영향력의 크기를 보여주는 계수이다. 아래 그림을 보자.

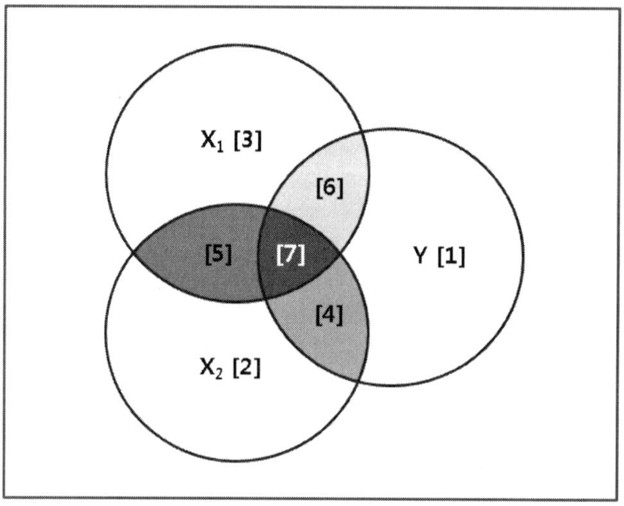

〈그림 10-3〉 결정계수를 보여주는 그림

위의 〈그림 10-3〉에서 결정계수 R^2은 다음과 같다.

$$R^2 = \frac{4+6+7}{1+4+6+7}$$

즉 결정계수 R^2은 종속변수의 전체 변화량 중 두 개의 독립변수들에 의해 설명된 변화량의 비율인 것이다. 즉 독립변수에 의해 종속변수가 결정된 부분인 것이다. 구체적인 계산 공식은 다음과 같다.

$$R^2 = \frac{SSR}{SST} = \frac{\sum(Y' - \overline{Y_{..}})^2}{\sum(Y - \overline{Y_{..}})^2}$$

결정계수 R^2의 평방근이 다중상관계수 R이다. 그러나 결정계수에 비해 많이 사용되지 않아 자세한 설명은 생략한다.[41]

2.4 편상관계수와 부분상관계수

편회귀계수와 비슷한 개념으로 편상관계수(partial correlation)와 부분상관계수(part correlation)가 있다. 회귀계수는 독립변수와 종속변수의 구별이 있으나 상관계수에서는 그러한 구별이 없다. 그렇다고 회귀계수가 인과적인 관계를 보여주는 것은 아니다. 회귀계수건 상관계수건 두 변수 사이의 공분산을 보여준다는 점에서는 동일하나, 회귀계수가 독립변수를 중심으로 공분산을 해석하는 것이라면 상관계수는 공분산을 독립변수와 종속변수 모두 고려하여 표준화한 개념이라 볼 수 있다.

통제되는 변수가 하나만 있는 경우에는 1단계(first order) 편상관계수라 부르며, 통제되는 변수가 두 개면 2단계(second order) 편상관계수라고 부른다. 가장 단순한 편상관계수의 공식은 다음과 같다. 즉 변수 $Z_{(3)}$를 통제한 후에 두 변수 $X_{(1)}$와 $Y_{(2)}$ 사이의 편상관계수는 다음의 공식으로 계산할 수 있다.

$$r_{12.3} = \frac{r_{12} - r_{13}r_{23}}{\sqrt{1-r_{13}^2}\sqrt{1-r_{23}^2}}$$

편상관계수와 비슷한 개념이 부분상관계수이다. 부분상관계수에 대해서 간단히만 언급하기로 한다. 독립변수가 3개 있다고 하자. 첫 번째 독립변수(X_1)와 종속변수 사이의 결정계수를 R_1^2이라고 하자. 두 번째 독립변수(X_2)를 추가하여 독립변수가 두 개 있는 다중회귀모형의 결정계수를 R_2^2라고하자. 즉 독립변수 X_1과 X_2가 종속변수 Y를 설명한 정도이다. 이 때 $R_2^2 - R_1^2$을 부분상관계수라고 부른다. 즉 어떠한 독립변수가 추가되어 증가한 부분이라고 해석할 수 있다.

---

41) 상관계수는 '선'의 개념이고 상관계수를 제곱한 결정계수는 '넓이'의 개념이다. 즉 표준편차가 정사각형의 한 변의 길이라면 분산은 정사각형의 넓이가 된다. 통계학에서는 길이보다는 넓이 개념이 변화량을 설명하는데 더 많이 적용되는 것 같다.

2.5 통계적 유의도 검증

다중회귀분석에서 나타나는 다양한 계수에 대한 구체적인 유의도 검증을 자세히 설명하는 것은 이 책의 범위를 벗어난다. 다음과 같은 논리가 적용된다는 점만 밝힌다.

1) b : t-검증

$$t = \frac{b}{SE_b}$$

개별 독립변인에 대한 b 값은 t 검증을 실시한다. 공식은 위와 같다. 단순회귀분석과 다른 점은 앞에서도 언급한 바와 같이 다른 독립변수의 영향을 통제한 이후의 b 값에 대한 검증이라는 점이다.

2) R^2 : F 검증

$$F = \frac{SSR/k}{SSE/(n-k-1)}$$

회귀식의 유의도에 대한 검증도 단순회귀분석과 마찬가지로 분산분석을 통해서 F 검증을 수행한다. 그렇지만 자유도에서 독립변수의 수가 다르기 때문에 단순회귀분석과 차이가 있다. 단순회귀분석에서 SSR의 자유도는 독립변수가 하나이기 때문에 1이었지만 다중회귀분석에서는 독립변수의 수인 k이다. SSE의 자유도는 n-k-1에서 k가 1이었기 때문에 n-2이지만 다중회귀분석에서는 그대로 n-k-1이다.

3. 통계적 상호작용

독립변수 사이에 통계적 상호작용이 예상되면 다음과 같은 절차를 통해 해결한다. 첫째, 상호작용이 의심되는 두 독립변수를 곱하여 다음과 같이 새로운 변수를 만든다.

$$X_3 = X_1 * X_2$$

이렇게 만든 변수 X_3를 포함하여 다음의 회귀식을 만든다.

$$Y' = a + b_1X_1 + b_2X_2 + b_3X_3$$

b_3에 대한 통계적 유의도를 검증하여 유의한 것으로 밝혀지면 그 내용을 해석해야 한다.

하나의 독립변수와 종속변수의 관계가 다른 독립변수의 변수값에 따라 달라질 때 통계적 상호작용이 있다고 하였다. 따라서 X_1의 값에 따라 종속변수 Y와 X_2 사이의 회귀식을 구하여 그 내용을 설명해야 한다. X_1이 연속변수일 경우는 적당히 구간을 정하여 분석해야 한다.

구체적인 예를 들어보자. 제 8장에서 들은 예를 상기하여 보자. 처벌의 엄격성과 확실성으로 처벌의 효과를 알아보는 회귀식이 있다고 하자. 엄격성과 확실성은 각각 5점 척도인 4문항으로 측정하였고, 처벌의 효과 역시 5점 척도인 문항 5개로 구성되었다고 하자. 엄격성과 확실성 사이에 통계적 상호작용이 확인되었다면, 확실성의 평균을 구하여 평균 이상인 경우와 이하인 경우로 나누어 확실성과 처벌의 효과 사이에 관계를 알아볼 수 있다. 즉 확실성이 평균 이상인 경우에 엄격성이 처벌에 미치는 영향력과 확실성이 평균 이하인 경우에 엄격성이 처벌에 미치는 영향이 어떻게 다른지를 확인해 보아야 할 것이다.

4. 비선형 회귀분석

회귀분석은 독립변수와 종속변수 사이에 직선적이고 가산적인 관계가 성립한다는 가정에서 출발하였다. 이러한 관계는 독립변수가 몇 개가 있건 성립해야 한다. 그러나 연구를 하다보면 사회현상 사이의 관계가 직선성 가정에 벗어나는 경우가 적지 않다. 즉 2차 곡선이나 3차 이상의 곡선적인 관계는 많지 않으나 직선에서 제법 벗어난 관계는 적지 않다. 예를 들어보면 다음과 같다.

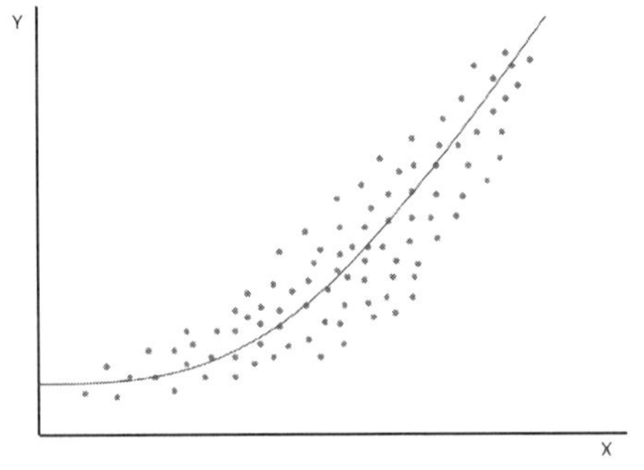

〈그림 10-4〉

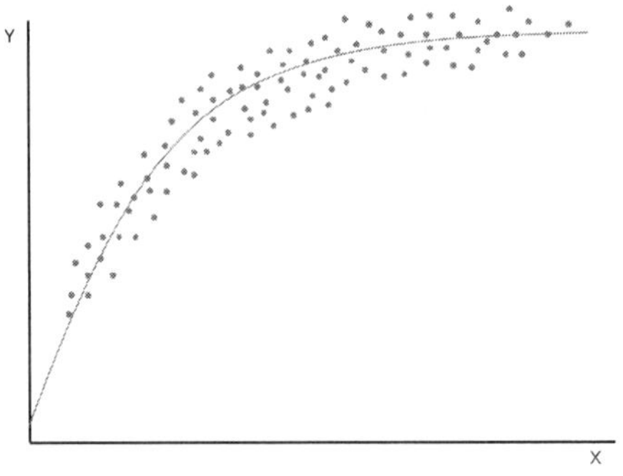

〈그림 10-5〉

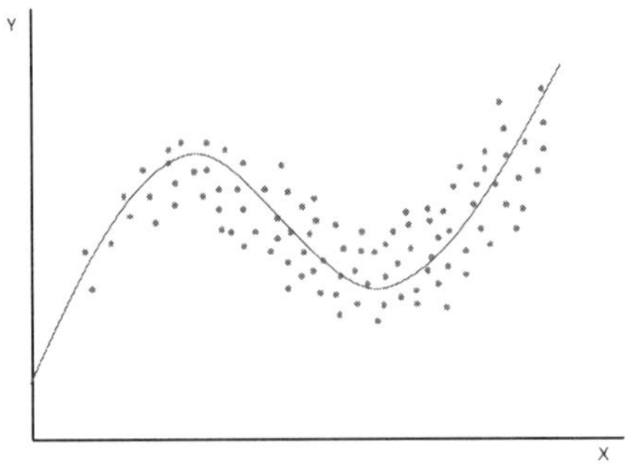

〈그림 10-6〉

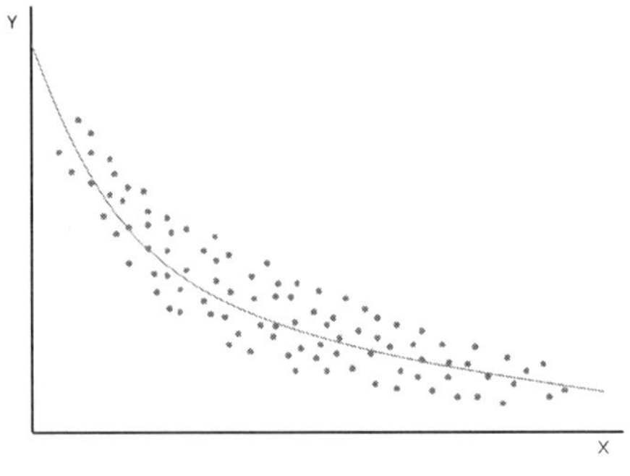

〈그림 10-7〉

위와 같은 경우, 예를 들어 〈그림 10-4〉과 같이 독립변수와 종속변수가 지수관계일 때 다음과 같이 상용로그를 사용하여 변형하여 기존의 곡선 관계를 직선 관계로 변환한 후 회귀분석을 하면 된다. 예컨대 SPSS 프로그램을 이용하여 다음과 같이 LX라는 변수를 만든다.

```
Compute LX = LG10(X).
```

새로운 변수 LX는 종속변수 Y와 직선적인 관계가 성립함으로, Y′ = a + b*LX의 회귀식을 통해 a와 b를 구하면 된다. 다만 통계적인 관계를 질적으로 해석하는 단계에서는 회귀계수 b를 일반적으로 해석해서는 안 되고 상용대수 관계라는 점을 고려하여 해석해야 할 것이다.

4.1 잔차분석

독립변수와 종속변수 관계가 직선인지 아닌지를 구별하기가 쉽지 않다. 산포도를 그려보면 알 수 있지만, 사회과학 자료의 대부분이 연속함수가 아니기 때문에 산포도를 그려보면 마치 바둑판과 같아 도움이 되지 않는 경우가 많다. 이런 문제를 해결하려면 잔차분석(residual analysis)을 해야 한다. 잔차분석이란 모든 사례의 예측 오차를 보여준다는 말이다. 이미 설명한 바와 같이 실제 점수인 Y와 회귀식에 의해 예측한 값인 Y'의 차이가 잔차(residual)이다.

잔차분석 결과를 보면 변수 사이에 직선적인 관계가 있는지를 살펴볼 수 있다. 만일 모든 사례의 잔차가 거의 비슷하다면 확실히 직선적인 관계가 있다고 볼 수 있다. 한편 다음의 그림에서처럼 특정 값보다 작은 경우에는 대부분의 잔차가 음수인데 이 값보다 커지면서 양수가 되더니 다른 특정한 값보다 더 커지면서 잔차가 다시 음수로 변한다면 두 변수는 일차함수 관계보다는 상용로그로 표시하는 것이 더 좋다는 사실을 알 수 있다.

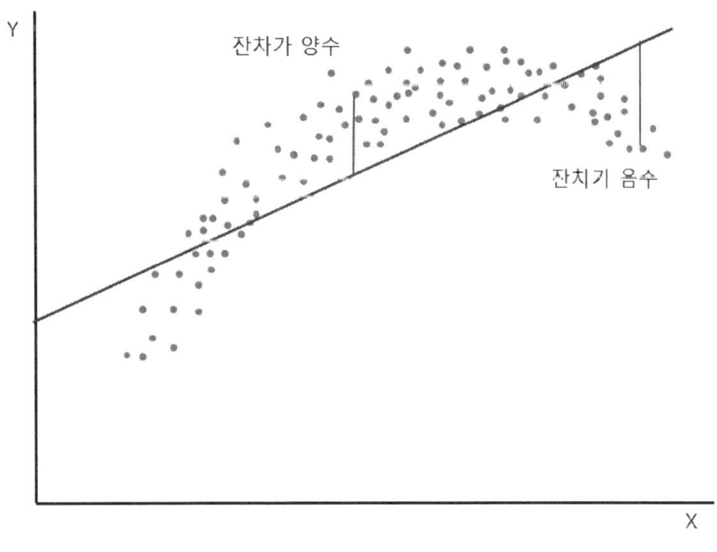

〈그림 10-8〉 잔차분석

5. 공분산분석

제10장 서두에서 회귀분석을 적용할 수 있는 자료는 독립변수와 종속변수 모두 등간척도지만, 독립변수의 경우는 명목척도까지도 가능하다고 하였다. 독립변수의 일부는 명목척도이고 일부는 등간척도일 때는 일반적인 회귀분석의 변형인 공분산분석을 하는 것이 좋다. 공분산분석은 크게 두 가지 종류 혹은 방법이 있다. 첫째는 실험에서 많이 사용하는 방법으로서 명목척도인 독립변수가 주(main)변수이고, 등간척도인 독립변수는 통제변수의 성격을 지니는 경우이다. 예를 들어보자. 새로운 외국어 교육방법을 개발한 후 그 효과를 알아보기 위해 3학년 1반을 실험집단, 3학년 2반을 통제집단으로 한 실험을 실시하였다고 하자. 즉 3학년 1반 학생은 새로운 방법으로 교육을 하고 2반 학생은 기존 방법으로 한 학기 가르친 후 기말고사 성적으로 새로운 방법의 효과를 측정하는 실험을 시행하였으나, 1반과 2반을 무작위화 한 것은 아니고 기존의 반을 그대로 두었다고 하자. 영어 점수와 관련된 요인, 예컨대 2학년 때의 영어성적, 영어 과외 기간 등을 통제할 필요가 있어 측정하였다. 교육방법은 명목척도이며 연구의 주된 독립변수이고, 전 학년 영어 점수와 영어 과외 기간은 등간척도이나 연구의 주된 관심사는 아니고 통제를 하기 위해 도입된 변수이다.

명목척도인 교육방법을 D, 영어점수는 X_1, 과외기간을 X_2라고 하자. 교육방법의 차이에 따라 종속변수인 기말고사 영어점수(Y)가 얼마나 다른가를 알아보기 전에 다음과 같이 영어점수에 대한 회귀식을 만든다.

$$Y' = a + b_1X_1 + b_2X_2$$

그리고 Y, 즉 실제 영어점수에서 Y'를 빼면 전 학년 영어점수와 영어 과외기간과는 완전히 관계가 없는 기말 영어점수가 된다. 즉 전 학년 영어점수와 영어 과외기간의 영향력을 배제한 즉 통제한 영어점수가 된다고 볼 수 있다. $Y_1 = Y - Y'$로 규정한 후에 원점수인 Y가 아닌 Y_1을 종속변수로 간주하여 명목척도인 교육방법에 따른 차이가 있는지를 알아보면 공분산분석이 되는 것이다.

한편 성별과 학교형태, 그리고 부모-자녀 사이의 정서적 친밀함의 정도로 자녀의 비행을 예측하는 서베이를 실시했다고 하자. 성별은 명목척도이고 정서적 친밀도는 등간척도로 간주하자. 학교 형태는 주간과 야간 그리고 인문계와 실업계를 교차하여, 주간 인문계, 야간 인문계, 주간 실업계, 야간 실업계의 4 범주로 측정한 명목척도이다. 종속변수인 자녀의 비행을 등간척도로 간주하기는 현실적으로 쉽지는 않지만 여러 변형을 통해 등간척도로 간주하자. 성별과 같은 이분척도는 마치 등간척도처럼 사용해도 무방하다. 그러나 학교형태는 등간척도처럼 사용할 수 없다. 한편 세 독립변수는 서로 대등한 성격을 지닌다. 즉 위의 영어 교육방법 효과를 알아보는 실험과는 달리 성별, 학교형태, 부모-자녀 관계는 모두 주요 독립변수이다. 이러한 경우는 상호통제를 하여 각각의 독립변수가 종속변수에 어떠한 영향을 주는지 알아보아야 한다. 자세한 설명은 이 책의 범위를 벗어나기에 생략하고 간단한 논리만 설명한다. 독립변수들 사이에 통계적 상호작용이 없다고 가정하면, 학교 형태별로 성별과 부모-자녀 관계가 종속변수에 미치는 영향은 크게 다르지 않을 것이다. 이런 가정이 성립한다는 전제를 하고 학교형태별로 성별 및 부모-자녀 관계에 대한 회귀계수를 알아 본 후 일종의 평균값을 최종 회귀계수로 간주할 수 있을 것이다. 이렇게 계산한 회귀계수는 학교형태를 통제한 후에 얻은 값이기 때문에 편회귀계수인 것이다. 한편 학교형태별 차이는 위의 영어교육방법의 예처럼 일단 종속변수를 부모-자녀 관계와 성별로 예측을 한 후 원점수와 차이를 새 변수로 하여 학교형태에 따라 다른지를 알아보면 된다.

6. 구체적인 예

청소년 비행을 이해하기 위해 비행에 영향을 줄 수 있는 성별, 가정 내 수입, 비행친구라는 변수를 선택하여 이들의 영향력을 살펴볼 것이다. 즉 남자 청소년이냐, 여자 청소년이냐에 따라 비행을 저지를 가능성이 다를 것이며 가정 내 수입의 정도에 따라, 그리고 비행친구와의 접촉정도에 따라 비행을 저지를 가능성이 다를 것이다.

성별, 가정 내 수입, 비행친구는 비행경험에 영향을 줄 것이다.

회귀분석결과는 다음의 〈표 10-6〉과 같다. 연구결과에 따르면 비행에 대한 성별, 가정 내 수입, 그리고 비행친구의 설명력은 14.2%로 나타났다(R^2 = .142). 한편 비행에 대한 세 가지 변수의 영향력을 살펴보면, 성별과 가정 내 수입과 비행은 부(-)적인 관계를 보이고 있으며 비행친구는 정(+)적인 관계로 통계적으로 .001수준에서 유의미하게 나타났다(sig = .000). 남자청소년이거나 가정 내 수입이 낮을수록, 비행친구가 많을수록 비행을 저지를 가능성이 더 높은 것으로 나타났다. 표준회귀계수(β)를 통해 살펴보면 비행친구는 .351, 성별이 -.066, 가정 내 수입이 -.064로 상대적으로 높은 것으로 나타났다. 이처럼 청소년 비행에 대한 영향력은 비행친구가 가장 높고 성별, 가정 내 수입의 순으로 나타났다.

〈표 10-1〉 비행경험에 대한 다중회귀분석 결과

	B	β	유의확률
성별	-4.490	-.066	.000
가정 내 수입	-1.926	-.064	.000
비행친구	1.321	.351	.000
결정계수(R^2)	.142		

제11장

다중회귀분석의 연장

CHAPTER 11

다중회귀분석의 연장

제10장에서 다중회귀분석의 일반적인 사항에 대하여 살펴보았다. 그러나 회귀분석이 이렇게 단순하게 적용되는 경우는 많지 않고 다양한 형태로 적용되고 있다. 본장에서는 이러한 다양한 적용 방법에 대하여 살펴보기로 하자.

1. 일반적인 다중회귀분석모형

가장 일반적인 형태의 다중회귀모형이다. 제10장에서 이미 설명한 바와 같이 편회귀계수 b_i는 다른 모든 독립변수를 통제한 후에 해당 독립변수가 종속변수에 미치는 영향을 해당 독립변수가 한 단위 변할 때 종속변수의 변화하는 정도로 보여주는 계수이다. 절편 a와 회귀계수의 공식은 다음과 같다.

$$Y' = a + b_1X_1 + b_2X_2 + b_3X_3 + \text{...............} + b_nX_n$$

SPSS에서 이러한 표준 다중회귀분석은 진입(enter)이란 옵션을 사용해서 수행된다. 모든 독립변수가 회귀모델에 동시에 입력되도록 분석하는 방법이다. 그렇지만 각각의 독립변수는 다른 모든 독립변수들이 방정식에 포함되는 것으로 간주하여 평가된다. 즉 다른 독립변수들의 종속변수에 대한 예측효과에 각각의 변수가 얼마나 더 많이 기여하는가를 평가하는 방식이다. 즉 개별 독립변수와 종속변수의 관계는 다른 독립변수들의 영향이 통제된 후에 나타나는 것이다. 결국 이 모델은 제10장에서 설명한 부분상관계수(part correlation coefficient)를 정교화시킨 것이라고 할 수 있다.

2. 단계적 회귀분석

다중회귀분석은 다원분산분석과 달리 독립변수가 많은 것이 일반적이다. 예컨대 성별, 나이, 부모의 직업, 수입, 교육 등 배경변수와 이론적 독립변수 부모-자녀 관계로 청소년 비행을 설명하는 모형의 독립변수의 수는 10개 가까이 된다. 독립변수가 많아지면 다음과 같은 문제가 발생할 수 있다. 첫 번째는 다중공선성(multicollinearity)이며, 두 번째는 간결성(parsimony)의 문제이다.

2.1 다중공선성

다중공선성이란 독립변수가 여러 개 있는 다중회귀모형에서 독립변수들 간에 관계가 매우 높은 변수들이 존재하는 경우이다. 독립변수 사이에 매우 강한 선형 관계가 있다는 말인데, 쉽게 말하면 하나의 독립변수가 다른 독립변수들에 의해 예측 가능하다는 말이다. 즉 $X_1 = a + b_1X_2 + b_2X_3$ 관계가 성립하면 세 변수 사이에는 다중공선성이 존재한다고 볼 수 있다. 물론 위와 같은 등식이 실제 자료에서 성립하는 경우는 거의 없다고 볼 수 있지만, 이와 유사한 정도의 관계가 있으면 X_1과 X_2, 그리고 X_1과 X_3사이의 상관정도는 매우 높다고 할 수 있다.

회귀분석에서 다중공선성은 두 가지의 문제를 야기한다. 첫째는 각 변수들이 실제적으로 다른 것들을 측정하고 있는가의 문제이다. 회귀분석의 목적은 종속변수의 변화에 대한 가장 검약적인 설명을 제공하는 것이다. 따라서 서로 상관성이 높은 변수들을 모델에 포함시키는 것은 별로 의미가 없다. 이상적인 회귀분석은 적은 수의 독립변수들이 포함되어서 각각이 종속변수를 예측함에 있어서 독특하고 유의미한 기여를 하는 것이다. 이를 위해서는 독립변수들은 상호 독립적이어야 한다. 즉 독립변수들은 이론적으로나 경험적으로나 서로 다른 변수이어야지 이름만 다른 변수이어서는 안된다.

두 번째의 문제는 종속변수의 변화를 예측함에 있어서 각각의 독립변수들의 개별적인 기여를 구분하기 어렵다는 점이다. 이를 해결하기 위해서 주로 사용하는 방법이 단계적 회귀분석 방법이다. 그런데 이런 문제는 통계적으로만 해결하려 하기보다는 연구자가 이론적 기반의 인도를 받아서 해결하는 것이 바람직하다. 이론적 틀에 따라서 어떤 변수가 우선적으로 입력되어야 하는지 위계적 방법을 통해서 해결하는 것이 권장된다.

다중공선성의 구체적인 예를 들어보자. 국가 간의 비교를 위해 종속변수를 GDP로 하고, 독립변수로 '문맹율', '영아사망율', '단백질 섭취율', '평균수명' 등을 선정하였다고 하자. 독립변수들은 그 나라의 경제수준을 보여주는 다양한 지표일 수 있다. 그렇지만 한 국가의 경제수준을 보여주는 다양한 지표를 독립변수로 선정하면 이들 사이의 상관정도가 매우 높아 실질적으로 의미 있는 해석이 어렵고, 통계적으로는 다중공선성의 문제가 따라올 수 있는 것이다.

다중공선성이 증가할수록 b 계수의 표준오차도 커지고 계수의 통계적 유의도에 영향을 미치게 된다. 즉 공선성이 높아질 경우에 좋은 독립변수의 통계적 유의도가 의미가 없는 것으로 나타나 모델에서 제외될 가능성이 높아진다. 즉 다중공선성이 존재하면 회귀식을 통해 변수들 사이의 관계를 설명하기가 어려워진다. 다중회귀분석의 타당성을 위협하는 다중공선성의 영향은 다음과 같은 것들이 있다.

1) R^2의 크기를 제한한다. 새로운 변수가 분석에 포함되더라도 기존 변수와의 높은 상관관계로 인해서 R^2의 크기는 제한적으로 커진다.
2) 독립변수의 중요성, 즉 개별변수들의 중요성을 평가하는 것을 어렵게 한다.
3) 다중공선성은 회귀계수의 분산을 증가시키기 때문에 회귀방정식을 불안정하게 한다. 이는 추정된 회귀계수가 표본에 따라서 불안정해질 수 있음을 의미한다.

다중공선성을 찾는 한 가지 방법은 독립변수간의 상관계수가 매우 높은 경우(.80 이상)를 찾는 것이다. 그 밖에 vif 계수를 사용하는 방법이 있다. 이는 제13장에서 실제 데이터를 사용해서 분석과정을 소개할 때 좀 더 자세하게 논의하도록 한다.

다중공선성을 극복하는 방법은 다양한데 대표적인 것은 유사한 변수 중 대표적인 것만 남기고 다른 변수는 제거하는 방법 또는 요인분석 등의 기법을 통해 하나의 변수로 묶는 방법이다. 단계적 혹은 위계적 회귀분석이 다중공선성을 해결하기 위한 방법은 아니지만 어떤 변수를 제거해야 하는지 혹은 회귀분석모형에 남겨두어야 하는지를 결정하는데 활용할 수 있다.

2.2 간결성

간결성이란 현상을 설명할 때 간결할수록 더 좋다는 의미이다. 예를 들어보자. 청소년 비행을 설명하기 위해 연구자 A는 독립변수를 15개를 선정하여 $R^2 = .50$을 얻었다. 즉 15개의 독립변수를 통해 종속변수의 변화량이 50%가 설명되었다. 한편 연구자 B는 독립변수를 5개만 선정하여 $R^2 = .45$를 얻었다고 하자. 최종적인 설명은 A의 연구가 더 많이 했을지 모르나 B의 연구가 보다 더 간결하다는 점에서 더 좋은 연구라고 간주할 수 있다. 15개의 독립변수로 중언부언 5% 더 설명하는 것보다 비록 45%만 설명하지만 5개의 독립변수로 간결하게 설명하는 연구가 더 좋은 연구일 수 있으며, 그렇게 판단할 수 있는 기준이 간결성이다.

2.3 단계적 회귀분석의 종류

단계적 회귀분석에서는 모형에서 변수의 입력순서가 순전히 통계적 기준에 의해서 결정된다. 단계적 회귀분석에는 세 가지 방식이 있다. 이는 전진선택법, 후진제거법, 단계선택법이다.

1) 전진선택법(forward selection) : 독립변수와 종속변와의 이원상관관계의 크기의 순서대로 독립변수가 입력된다. 종속변수와 상관관계가 가장 큰 독립변수가 첫 번째로 입력되고, 모형에 포함되지 않고 남아있는 변수 중에서 편상관계수가 가장 큰 변수가 다음으로 입력되는 방식으로 진행된다. 종속변수에 대한 예측에 있어서 유의미한 증가가 없을 때 새 변수의 입력이 중단된다.

2) 후진제거법(backward deletion) : 첫 번째 단계에 모든 독립변수들이 입력된다. 그리고 회귀모형에 유의미하게 기여하지 못하는 변수를 하나씩 제거한다. 종속변수와의 편상관계수가 가장 작은 변수가 먼저 제거된다. 방정식에 제거기준을 만족하는 변수가 없으면 중단된다. 일반적으로 전진선택법이 가장 많이 사용되지만, 일부 학자들은 후진제거법이 가장 적합하다고 보기도 한다.

3) 단계선택법(stepwise) : 통계적 기준에 따라서 한 번에 한 변수씩 추가된다. 그렇지만 회귀모형에 더 이상 유의미하게 기여하지 못하는 변수들은 어떤 단계에서도 제거될 수 있다. 각 단계에서 최소 확률 F를 가지면서 방정식에 없는 독립변수가 입력된다. 확률 F가 충분히 커지면 회귀분석 방정식에 이미 있는 변수가 제거된다.

2.4 단계적 회귀분석의 논리

단계적 회귀분석(stepwise regression)은 간결성을 확보하기 위해 개발되었다. 위에서 언급하였지만 다중공선성의 문제는 단계적 회귀분석으로 해결될 수 없으나 다중공선성이 의심되는 변수의 제거 기준에 단계적 회귀분석 방법을 적용할 수는 있다. 단계적 회귀분석의 목적은 간단하다. 여러 개의 독립 변수 중에서 상대적으로 설명력이 큰 몇 개의 독립변수를 단계적으로 선정하자는 것이다. 단계적 회귀분석 방법은 다양하지만 가장 많이 사용하는 전진선택법을 예로 들어 설명해 보자.

종속변수는 Y이며, 독립변수는 $X_1, X_2, X_3, \ldots\ldots, X_{10}$으로 10개 있다고 하자.

첫 번째 단계 :

종속변수인 Y와 10개의 독립변수들과 피어슨 상관계수 r을 알아본다. 그 결과 X_2와 Y의 상관계수값이 가장 크면 이 변수를 첫 번째 단계의 회귀식에 투입하여 a, b, 그리고 R_1^2을 알아본다.

$$Y' = a + b_2X_2 \quad \text{------------ 첫 번째 단계의 회귀식}$$

즉 첫 번째 단계의 회귀식에서 우리는 독립변수 중 가장 설명력이 큰 변수 X_2로 종속변수가 어느 정도 설명되는지 알 수 있으며(R_1^2), 이때의 회귀계수 값 (b_2)으로 종속변수를 예측할 수 있다.

두 번째 단계 :

첫 번째 단계에서 선정된 독립변수 X_2를 제외한 나머지 9개 독립변수와 종속변수 Y와 편상관계수를 알아본다. 즉 $r_{yi.2}$를 계산하여 가장 큰 변수를 선정한다. 첫 번째 단계의 논리와 마찬가지이다. 9개 변수 중 가장 설명력이 큰 변수를 위와 같은 방법으로 찾아보니 X_1로 나타났다고 하자. 첫 번째 단계와 마찬가지로 다음과 같은 회귀방정식으로 회귀계수 b_2와 b_1을 알아보고 R_2^2를 알아본다.

$$Y' = a + b_2X_2 + b_1X_1 \quad \text{--------- 두 번째 단계의 회귀식}$$

두 번째 단계에서 추가된 변수 X_1의 유의도는 $R_2^2 - R_1^2$ 즉 두 번째 단계의 결정계수에서 첫 번째 단계의 결정계수의 차이를 부분상관계수(part correlation) 혹은 R^2 증가분(increment R^2)이라고 부른다. 부분상관계수에 대해 유의도 검증을 하여 유의하게 나타나면 세 번째 단계로 나아간다.

세 번째 단계 :

첫 번째와 두 번째 단계에서 선정된 변수를 제외한 나머지 변수와 종속변수 사이에 편상관계수를 계산한다. 이미 선정된 독립변수를 통제한 편상관계수 중 크기가 가장 큰 변수를 찾아보니 X_8로 나타났다고 하자. 두 번째 단계와 동일한 방법으로 다음의 회귀식과 결정계수를 알아본다. 만일 X_8을 추가했는데 X_8에 대한 부분상관계수의 유의도를 검증한 결과 통계적으로 유의미하지 않다는 결론을 얻으면, 종속변수 Y를 가장 간명하게 설명하는 변수는 첫 단계에서 선정된 X_2와 두 번째 단계에서 선정된 X_1이라는 사실을 알 수 있다. 즉 위의 두 번째 단계의 회귀식으로 종속변수인 Y가 가장 간명하게 설명되며 X_2와 X_1을 제외한 다른 8개의 독립변수를 더해도 통계적으로 유의미할 정도로 설명력이 증가하지 않기 때문에 선정된 두 독립변수만으로 종속변수를 간명하게 설명할 수 있는 것이다.

3. 위계적 회귀분석

위계적 회귀분석(hierarchical regression)은 단계적 회귀분석과 달리 모형에 입력되는 변수의 순서 결정이 연구자에 의해서 결정된다. 연구자는 첫 번째 단계에서 투입될 변수 혹은 변수들을 이론적 고려, 논리적 순서 혹은 연구자의 관심에 따라 선정하고, 이 후의 단계도 같은 방식으로 진행한다. 이처럼 회귀식에 투입될 순서 혹은 위계(hierarchy)에 따라 회귀분석이 진행되는 것이다.

구체적인 예를 들어보자. 청소년 비행을 설명하기 위해 선행이론과 경험적 연구를 기초로 '친구 관련 변수 3개'와 '가정 관련 변수 2개' 그리고 '성별과 나이' 등 개인적 배경변수를 조사하였다고 하자. 8개의 독립변수는 크게 친구, 가정, 배경변수로 크게 세 종류이다. 연구자는 제일 먼저 친구 관련 변수가 청소년 비행에 영향을 주는 내용을 살펴본 다음 가정 관련 변수를, 그리고 마지막에 배경변수의 영향을 알아보고자 한다면 그런 순서대로 회귀식을 결정하면 된다. 친구 관련 변수만으로 회귀식을 설정한 후 가정 관련 변수를 추가하고 마지막에 성별과 나이를 위계적으로 추가하면 된다.

단계적 회귀분석과 위계적 회귀분석을 동시에 적용할 수도 있다. 예컨대 위의 청소년 비행의 예에서, 친구 관련 변수 3개를 제일 먼저 입력하는데 3개의 변수들의 입력 순서는 단계적으로 결정할 수 있다는 말이다. 즉 친구 관련 변수 중 설명력이 큰 변수부터 선정된다. 세 변수 중 추가되어도 설명력이 유의할 정도로 증가하지 않는 변수는 제외된다. 친구 관련 변수가 끝나면 가정 관련 변수가 이러한 방식으로 추가되며, 마지막으로 성별과 나이가 단계적으로 선정된다.

4. 경로분석

4.1 경로분석의 특징

경로분석(path analysis)은 이론과 경험적 조사를 연결하기 위한 시도에서 탄생하였다고 생각한다. 대부분의 사회과학 이론은 인과성(causality)을 전제하며 양적 분석 방법인 통계 분석방법은 이러한 이론의 검증에 유용한 도구로 각광을 받고 있다. 구조기능론과 같은 사회체계의 구조와 기능의 분석에 관심이 있는 이론, 마르크스의 이론처럼 변증법에 기초한 이론에는 단순한 수표를 제시하는 것을 제외하면 통계적 방법을 적용하기는 매우 어렵다. 반복하면 통계적 방법은 인과성을 전제로 하는 사회과학 이론의 검증에 유용한 도구이다.

그러나 통계적 방법과 인과성을 전제로 한 사회과학 이론 사이에는 두 가지 간극이 있다. 첫째, 그 어떤 통계적인 방법도 인과성을 보여주지 못하며 다만 상관성만을 보여준다는 사실이다. 회귀분석은 상관분석과 달리 독립변수와 종속변수가 있다. 즉 원인으로 간주한 변수인 독립변수와 결과로 간주한 종속변수가 있다. 그러나 회귀계수 b는 두 변수 사이의 공분산을 독립변수 X의 분산으로 나눈 값이며, 공분산은 상관관계이지 인과관계는 아니다.

독립변수와 종속변수를 바꾸어 회귀분석을 시도해도 공식에다 대입만 하면 회귀계수 값을 얻을 수 있다. 물론 X를 독립변수로 간주했을 때와 반대로 Y를 독립변수로 간주할 때의 회귀계수 값은 다르다. 회귀계수 공식의 분자는 동일하나 분모가 다르기 때문이다. 통계적인 방법은 이론이 가정한 인과성이 타당하다는 전제하에서 분석만을 해 줄 수 있지 이론 자체에서 가정한 인과성의 타당성을 밝힐 수는 없다. 통계적 분석방법을 통해 확인한 두 변수 사이의 공분산을 이론에서 가정한 대로 인과성이라고 간주할 뿐이다. 만일 이론에서 그릇되게 가정했다면 그릇된 가정에서 출발한 분석결과이기 때문에 그 역시 옳지 않은 것이다. 요약하면 이론은 인과성을 전제로 하였으나 통계는 상관성만을 보여준다는 간극이다. 그런데 이 피할 수 없는 간극을 뛰어넘을 수 있는 통계적 방법은 아직 개발되지 않았으며 앞으로도 개발될 수 없을 것이라고 생각한다.

둘째, 지금까지 다룬 모든 통계적 방법은 분석대상 자료의 다양한 변수를 두 종류로 나누어 분석한다는 공통점이 있다. 본서에서 다루는 통계적 방법은 하나 혹은 둘 이상의 독립변수와 하나뿐인 종속변수 사이의 관계를 분석하는 방법이다. 대표적인 것이 회귀분석이며, 여러 독립변수로 하나의 종속변수를 설명하는 통계적 모형이다. 그런데 종속변수를 기준으로 하면 독립변수이지만 독립변수들 사이에도 인과적인 순서가 있을 수 있다. 즉 어떤 독립변수가 다른 독립변수의 원인이 될 수 있다는 말이다. 예를 들어 수입이라는 종속변수를 교육과 직업이라는 독립변수로 설명하는 회귀방정식이 있다고 하자. 그런데 교육과 직업을 보면 교육이 독립변수이고 직업이 종속변수일 수 있다. 교육과 직업이 수입에 결정적인 영향을 주는 원인이다. 그러나 세 변수의 관계를 더 자세히 분석해 보면 교육은 직업에 영향을 주며, 직업은 수입에 영향을 준다는 인과적 순서를 생각해 볼 수 있다. 지금까지 다룬 회귀분석은 여러 독립변수가 동시에 종속변수에 영향을 준다고 가정하였다. 한편 경로분석은 독립변수들 사이에도 인과적 순서가 존재하며, 그 과정 혹은 경로(path)를 분석하려는 목적에서 출발한 분석방법이다.

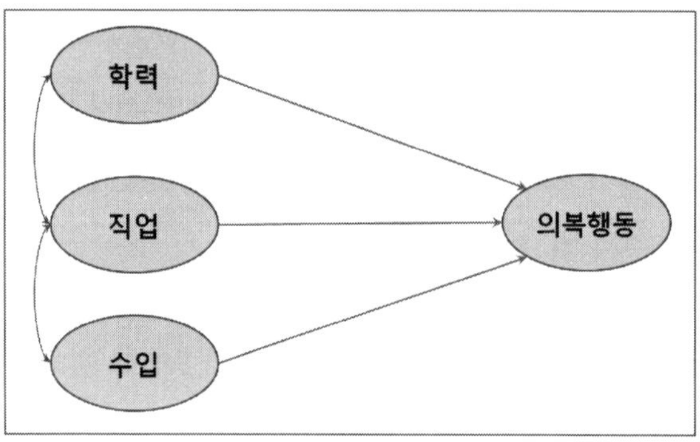

〈그림 11-1〉 회귀분석모형의 예

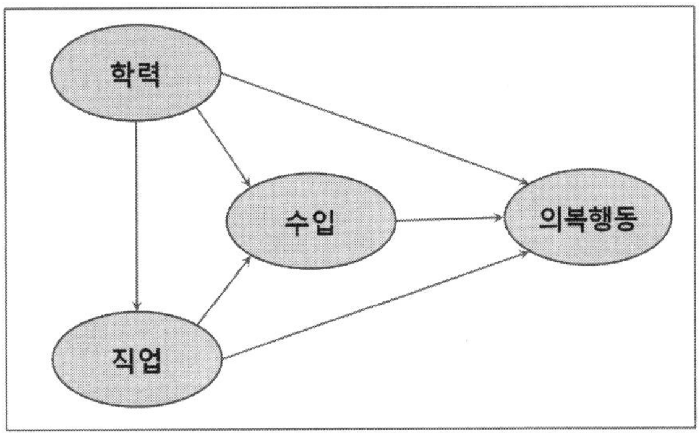

〈그림 11-2〉 경로분석모형의 예

위의 〈그림 11-1〉은 회귀분석모형의 예를 보여준다. 학력, 직업, 수입이 의복행동에 인과적 영향을 미치고 있다. 그렇지만 독립변수들 간에는 인과적 순서를 고려하지 않는다. 이들 간에 양방향 화살표가 있는 것은 인과적 순서가 아니라 상관관계가 있음을 표현하는 것이다. 〈그림 11-2〉의 경로분석모형에서는 회귀분석모형과 달리 독립변인들 사이에서도 인과적인 순서를 상정하고 있다. 즉 수입은 학력과 직업에 대하여는 종속변수가 되고, 직업은 학력에 대하여 종속변수가 되고, 그리고 이 세 변수 모두 다 의복행동에 대하여 독립변수가 된다. 이러한 인과경로를 밝히고 있기 때문에 경로분석 혹은 인과모형이라고 부른다.

경로분석은 사회과학의 이론과 가장 근접한 통계적인 모형이기 때문에 이론검증에 많이 쓰이는 통계적인 분석방법이다. 회귀분석과 분산분석의 연장으로 볼 수 있으며, 엄밀히 말하면 공분산분석이라 볼 수 있다.

4.2 경로분석의 용어

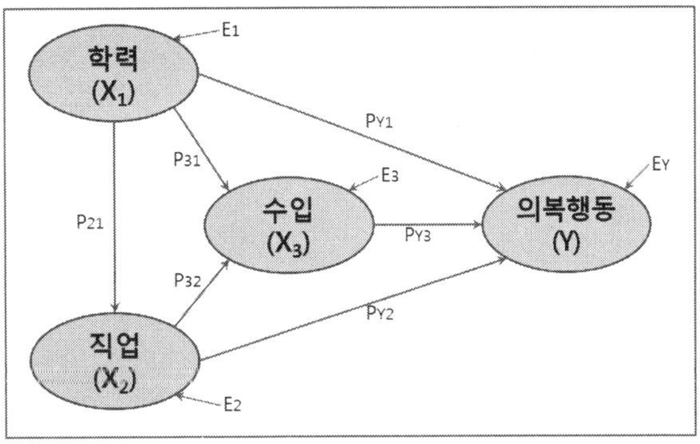

〈그림 11-3〉 경로모형의 기호

경로분석에 대한 통계적 설명을 하기 전에 이해를 돕기 위해 먼저 여러 용어와 경로모형을 표현하는 방법부터 알아보자. 〈그림 11-3〉은 〈그림 11-2〉의 경로모형에 기호를 표시한 것이다.

4.2.1 기초용어들

1) 외생변수(exogenous variable) : 모형 내의 다른 변수들에 의해 설명되지 않는 변수를 말한다. 즉 이 변수를 향한 화살표가 없는 변수를 말한다. 모형의 맨 처음 혹은 서로 상관되어 있는 독립변수이다. 위 모형에서는 학력(X_1)이 외생변수에 해당한다.
2) 내생변수(endogenous variable) : 모형 내의 다른 변수들에 의해 설명되어지는 변수들을 말한다. 즉 이 변수를 향한 화살표가 있는 변수이다. 위 모형에서는 의복행동, 수입, 직업이 내생변수이다.
3) 잔여변수(residual variable; error) : 모형에 포함되어 있지 않은 변수들을 말한다. 모형에 포함된 변수들에 의해서 설명되지 않는 분산을 설명하는 요인들로서 에러로 간주된다.
4) 포화(saturated) 모형 : 경로모형에서 가능한 모든 경로가 다 가정되어 있는 경우를 말한다. 〈그림 11-3〉의 모형은 포화모형이다. 그런데 이러한 포화모형은 가능한 한 피하여야 한다. 경로분석의 모형은 선행연구결과나 이론에 의해서 구성하는 것이다. 따라서 변수간의 모든 가능한 경로를 모두 가정하는 것은 바람직하지 않다.
5) 비포화(unsaturated) 모형 : 가능한 경로 중 일부가 선행연구결과나 이론에 의해 생략된 모형이다. 생략이 많이 될수록 좋은 모형이라고 볼 수 있다.
6) 불능(under-identified) 모형 : 경로모형은 순환모형(recursive model)만 검증할 수 있다. 순환모형이란 인과적 영향이 한 방향으로 진행되는 것을 말한다. 비순환모형(non-recursive model)에서 볼 수 있는 바와 같이 양방향 경로가 가정된 경우는 검증할 수 없다. 이는 뒤에 살펴볼 경로분석의 가정에 위배되는 것이다. 그렇지만 보다 발전된 구조방정식 모형에서는 비순환모형에 대한 검증도 가능하다.
7) 경로계수(path coefficient) : 경로모형에서 직접 인과효과를 나타내주는 p 계수를 말한다. 경로계수는 비표준회귀계수(b)나 표준회귀계수(β)를 모두 사용할 수 있으나, 보통 표준회귀계수를 이용하는 경우가 많다. 이는 계수 크기를 상대적으로 비교할 수 있는 장점 때문이다. 경로계수는 다중회귀분석을 통해서 구한다. 내생변수에 영향을 미치는 모든 변수들을 독립변인으로 해서 다중회귀분석을 수행한다. 위의 사례 모형에서는 3번의 회귀분석을 수행하게 된다.

4.2.2 직접효과, 간접효과, 상관관계

1) 직접효과 : 한 변수가 모형에 포함된 제3의 변수에 의해서 매개되지 않고 다른 변수에 미치는 인과적 영향을 말한다. 〈그림 11-3〉의 모형에서 학력이 의복행동에 미치는 경로인 p_{y1}, 학력이 수입에 미치는 영향인 p_{31} 등이 직접효과이다.[42)]
2) 간접효과 : 한 변수가 모형에 포함된 하나 이상의 다른 변수에 매개하여 다른 변수에 미치는 영향을 말한다. 두 변수간의 직접효과는 하나이지만 간접효과는 여러 개가 있을 수 있다. 예를 들어 학력이 의복행동에 미치는 간접효과는 3가지가 있는데 수입을 매개한 경로($p_{31}*p_{y3}$), 직업을 매개한 경로($p_{21}*p_{y2}$), 직업과 수입을 매개한 경로($p_{21}*p_{32}*p_{y3}$)이다.
3) 전체효과 : 직접효과와 간접효과를 더한 효과이다. 예를 들어 학력이 의복행동에 미치는 전체효과는 학력이 의복행동에 미치는 직접효과(p_{y1})에 세 가지 경로의 간접효과, 즉 수입을 매개한 경로($p_{31}*p_{y3}$), 직업을 매개한 경로($p_{21}*p_{y2}$), 직업과 수입을 매개한 경로($p_{21}*p_{32}*p_{y3}$) 효과를 더한 것이다.
4) 상관관계 : 두 독립변수 간에 관계는 있지만 인과관계가 아닌 상관관계만 있는 경우를 말한다. 이 때 해당 독립변수는 모두 외생변수가 되며, 상관관계는 양방향 화살표나 화살표가 없는 곡선으로 연결한다.

4.3 경로분석의 가정

경로분석을 하기 위해서 충족되어야 하는 가정은 다음과 같다. 경로분석의 가정은 모델 자체의 복잡성에서 기인한다.

1) 모형은 완전하다. 즉 닫힌 체계이다. 이는 특정화의 오류[43)](specification error)가 없다는 것을 의미한다.
2) 인과적 영향은 한 방향이어야 한다. 즉 순환체계이어야 한다. 양방향의 인과관계를 허용하지 않는다.
3) 오차는 서로 간에 상관되지 않는다.
4) 오차는 모형내의 다른 변수들과 상관되지 않는다.
5) 변수들 간의 관계는 선형이고 가산적이다.

---

42) 경로계수를 표시할 때에는 영문 p에 종속변수의 기호를 먼저 쓰고 다음에 독립변수의 기호를 쓴다. 예를 들어 학력(x_1)이 수입(x_3)에 미치는 경로계수는 p_{31}이라고 표시한다.
43) 측정하고자 하는 조사 개념과 실제 응답과의 차이로 인해 발생되는 오차로서, 조사 기획 과정에서 정의된 목적과 부합되지 않은 측정으로 인해 발생되는 오차를 의미한다.

6) 모든 변수는 등간척도이다.
7) 유의도를 결정할 수 있을 정도로 표본수가 커야 한다. 적어도 변수의 수보다 10 배 이상의 사례가 있어야 한다.

4.4 경로분석 : 공분산분석

앞에서 경로분석은 공분산분석으로 볼 수 있다고 하였다. 이는 경로분석이 변수들 사이의 공분산을 세분화시켜서 변수들 간의 인과적 설명을 시도한다는 의미에서 그렇다. 앞의 경로모형을 예로 설명해보자.

먼저 위의 경로모형에서 수입(X_3)과 직업(X_2) 간의 관계를 보자. ① 수입과 직업 간의 상관계수(r_{32})는 두 변수간의 공분산을 의미한다. 이 공분산은 다음과 같은 두 효과로 구분된다. 즉 ② 직업이 수입에 미치는 인과적 효과(p_{32})와 ③ 학력으로 인한 직업과 수입 간의 유사상관($r_{32} - p_{32}$), 즉 비인과적 효과이다. 따라서 "공분산 = 인과적 효과 + 비인과적 효과"로 분리된다.

다음으로 위의 경로모형에서 학력(X_1)과 수입(X_3) 간의 관계를 보자. 학력이 수입에 주는 인과적 효과는 두 가지로 구분된다. ① 학력이 수입에 주는 직접적인 영향(p_{31})으로 직접 인과효과와 ② 학력이 수입에 주는 간접적인 영향($p_{21}*p_{32}$)인 간접 인과효과이다. 따라서 '인과효과 = 직접 인과효과 + 간접 인과효과'로 분리된다.

이와 같이 경로분석이란 두 변수 사이의 공분산을 인과효과와 비인과효과로, 그리고 인과효과를 다시 직접 인과효과와 간접 인과효과로 분석하는 통계적 방법이다. 즉 두 변수 사이의 공분산을 분석적으로 세분화하는 방법이다.

4.5 경로계수의 계산방법

경로계수는 앞에서 언급한 바와 같이 다중회귀분석을 통해서 구할 수 있으며 이는 대부분 통계패키지를 통해서 수행한다. 따라서 경로계수는 컴퓨터에서 구할 수 있지만 경로분석을 좀 더 구체적으로 이해하기 위해서 경로계수를 구하는 방법에 대해서 살펴볼 필요가 있다.

1) 경로계수로 표준회귀계수(베타)를 사용하는 경우에는 모든 변수를 일단 표준점수(Z-점수)로 환원하여 회귀계수를 구하는 것이라 볼 수 있다.

따라서 〈그림 11-3〉의 모든 변수를 표준점수로 환원시킨다면 다음과 같은 등식이 성립된다.

Z_1(학력) = E_1
Z_2(직업) = $p_{21}*Z_1 + E_2$
Z_3(수입) = $p_{31}*Z_1 + p_{32}*Z_2 + E_3$
Z_y(의복행동) = $p_{y1}*Z_1 + p_{y2}*Z_2 + p_{y3}*Z_3 + E_y$

2) 표준화된 두 변수 사이의 공분산은 두 변수 사이의 상관계수의 크기와 같다.
3) 예를 들어, 학력과 직업 간의 상관계수 r_{12}는 다음과 같다.

$$r_{12} = Z_1*Z_2 = E_1*(p_{21}*Z_1 + E_2) = p_{21}*E_1*E_1 + E_1*E_2$$

여기에서 경로모형의 (가정 4)에서 오차는 서로 간에는 상관되지 않는다고 하였기 때문에 두 오차의 곱(E_1*E_2)은 0이라는 것을 알 수 있다. 또한 표준화된 변수에서 분산은 1이기 때문에 같은 오차의 상관(E_1*E_1)은 1이다.
따라서 위의 식은 다음과 같이 표시된다.

$$r_{12} = p_{21}$$

4) 마찬가지로 학력과 수입의 상관계수 r_{31}은 다음과 같다.

$$\begin{aligned} r_{31} &= Z_1*Z_3 \\ &= E_1*(p_{31}*Z_1 + p_{32}*Z_2 + E_3) \\ &= p_{31}*E_1*E_1 + p_{32}*E_1*Z_2 + E_1*E_3 \\ &= p_{31}*E_1*E_1 + p_{32}*E_1*(p_{21}*E_1 + E_2) + E_1*E_3 \\ &= p_{31}*E_1*E_1 + p_{32}*E_1*p_{21}*E_1 + p_{32}*E_1*E_2 + E_1*E_3 \\ &= p_{31} + p_{32}*p_{21} \end{aligned}$$

5) 같은 방식으로 모든 변수 간의 상관계수를 위와 같은 논리를 적용하면 다음과 같은 등식들이 성립한다.

$$r_{12} = p_{21}$$
$$r_{31} = p_{31} + p_{32}*p_{21}$$
$$r_{32} = p_{21}*p_{31} + p_{21}*p_{21}*p_{32} + p_{32}$$

$$r_{y1} = p_{y1} + p_{y2}*p_{21} + p_{y3}*p_{31} + p_{y3}*p_{32} + p_{y3}*p_{21}$$
$$r_{y2} = p_{y2} + p_{21}*p_{y1} + p_{21}*p_{y2}*p_{21} + p_{21}*p_{y3}*p_{31} + p_{21}*p_{y3}*p_{32}*p_{21} + p_{y3}*p_{32}$$
$$r_{y3} = p_{y3} + p_{31}*p_{y1} + p_{32}*p_{y2} + p_{31}*p_{y2}*p_{21} + p_{31}*p_{y3}*p_{31} + p_{31}*p_{y3}*p_{32}*p_{21} + p_{32}*p_{21}*p_{y1} + p_{32}*p_{21}*p_{y2}*p_{21} + p_{32}*p_{21}*p_{y3}*p_{31} + p_{32}*p_{21}*p_{y3}*p_{32}*p_{21} + p_{32}*p_{y3}*p_{32}$$

6) 좌변은 상관계수가 되고 우변은 경로계수들로 표현된다.
7) 상관계수는 우리가 알고 있는 것이기 때문에 위의 연립방정식을 풀면 경로계수를 구할 수 있다.

〈그림 11-3〉의 모형은 포화 모형의 경우이다. 비포화 모형은 위의 경로 중 하나 이상 생략된 것을 말한다. 경로분석에서는 비포화 모형의 경우만 이론의 검증이 가능하다. 그러나 현실에서는 경로분석을 시행함에 있어서 포화 모형을 가정하고 분석한 뒤, 경로계수가 통계적으로 의미가 없으면 생략하는 방법을 취하는 경우가 많다. 이러한 편법은 원칙적으로 볼 때 좋은 방법이라 볼 수 없다.

5. 구체적인 예

5.1 단계적 회귀분석

앞서 설명했듯이 단계적 회귀분석은 여러 개의 독립 변수 중에서 상대적으로 설명력이 큰 몇 개의 독립변수를 단계적으로 선정하자는 것이다. 구체적인 예를 살펴보면서 단계적 회귀분석에 대해 이해해보고자 한다.

가정 내 수입, 아버지 학력, 비행친구를 중심으로 청소년 비행을 설명함에 있어서 단계적 회귀분석을 사용하여 청소년 비행에 영향을 줄 수 있는 가정 내 수입, 아버지 학력, 비행친구 가운데 설명력의 순으로 살펴보고자 한다. 연구가설은 아래와 같다.

가정 내 수입이 적을수록, 아버지 학력이 낮을수록, 비행친구가 많을수록 비행을 저지를 가능성이 높다.

단계적 회귀분석 결과를 살펴보면 아래의 〈표 11-1〉과 같다. 결과적으로 두 가지 변수선택법을 사용한 결과 두 가지 모델 모두 동일하게 비행에 대한 낮은 설명력을 보이고 있는 '아버지 학력'을 제거하고 있음을 알 수 있다. 비행친구 변수만을 통해 본 모델1을 보면 우선 비행 간의 정(+)적인 관계를 보이며 비행친구를 사귈수록 비행을 저지를 가능성이 높은 것을 알 수 있으며(β = .366), 비행에 대한 비행친구의 설명력은 13.4%를 보이고 있다. 한편 수입을 포함한 모델2에서는 비행친구와는 달리 가정 내 수입은 부(-)적인 관계로 비행에 유의미한 영향을 주고 있는 것으로 나타났다(β = -.060). 그리고 가정 내 수입이 포함된 2단계의 설명력은 13.7%로 모델1의 설명력과 크게 차이를 보이지 않는다. 이처럼 단계적 회귀분석결과를 살펴본 결과 비행에 대한 비행친구의 영향력이 가장 큰 것을 알 수 있다.

〈표 11-1〉 단계적 회귀분석 결과

	모델 1			모델 2		
	B	β	sig	B	β	sig
비행친구	1.368	.366	.000	1.351	.362	.000
가정 내 수입				-1.815	-.060	.000
아버지 학력						
R^2		.134			.137	

* 종속변수 : 비행경험

5.2 위계적 회귀분석

앞서 설명한 대로 위계적 회귀분석은 회귀식에 투입될 변수 혹은 변수들을 연구문제에 따라 연구자가 직접 선정하는 것이다. 그렇다면 위계적 회귀분석에 대한 이해를 돕기 위해 구체적인 예를 통해 살펴보도록 하겠다.

아래의 예제에서 보이는 것처럼 청소년 비행에 대한 가정 내 수입과 학업성적, 그리고 비행친구 변수의 영향력을 살펴보려고 한다. 즉 청소년 비행에 대한 가정 내 수입, 학업성적, 그리고 비행친구라는 세 가지의 변수의 영향력을 살펴봄에 있어서 위계적 회귀분석을 사용하여 단계별 회귀식의 변수를 선정하고 있다. 부연하면 청소년 비행에 영향을 주는 요인을 살펴보기 위해 우선 가정 내 수입의 영향을 살펴보고 다음으로 가정 내 수입에 학업성적 변수를 추가하여 살펴보고 마지막으로 비행친구 변수를 추가하여 살펴보려고 한다.

비행 = 가정내 수입
비행 = 가정내 수입 + 학업성적
비행 = 가정내 수입 + 학업성적 + 비행친구

가정 내 수입만으로 청소년 비행을 설명하는 1단계를 살펴보면 가정 내 수입과 청소년 비행 간의 부(-)적인 관계가 나타나 가정 내 수입이 적을수록 비행을 저지를 가능성이 높은 것으로 나타났고(β = -.091) 청소년 비행에 대한 가정 내 수입의 설명력은 0.8%임을 알 수 있다. 그리고 가정 내 수입과 학업성적을 포함한 2단계에서는 설명력이 1단계의 0.8%에서 1.2%가 증가하여 2%를 보이고 있으며 가정 내 수입이 적을수록, 학업성적이 낮을수록 비행을 저지를 가능성이 높은 것으로 나타났다(가정 내 수입 : β = -.069, 학업성적 : β = -.114). 한편 가정 내 수입과 학업성적 변수에 비행친구 변수를 포함한 3단계에서는 설명력이 그 이전 단계에 비해 11.6% 증가하여 13.6%를 보이고 있고, 가정 내 수입이 낮을수록, 학업성적이 낮을수록, 그리고 비행친구를 사귈수록 비행을 저지를 가능성이 높은 것으로 나타났다(가정 내 수입 : β = -.049, 학업성적 : β = -.089, 비행친구 : β = .342).

위계적 회귀분석결과, 비행친구를 포함한 3단계의 설명력이 그 이전단계에 비해 급증하고 있음을 알 수 있다. 즉 청소년 비행에 대한 비행친구의 설명력이 가장 높음을 알 수 있었고 표준화된 회귀계수를 통해 보더라도 청소년 비행에 대한 가정 내 수입 변수와 학업성적 변수에 비해 비행친구의 변수의 영향력이 상대적으로 더 큼을 알 수 있다.

〈표 11-2〉 위계적 회귀분석 결과

	1단계			2단계			3단계		
	B	β	sig	B	β	sig	B	β	sig
가정내 수입	-2.763	-.091	.000	-1.983	-.069	.000	-1.403	-.049	.005
학업성적				-5.704	-.114	.000	-4.421	-.089	.000
비행친구							1.266	.342	.000
R^2	.008			.020			.136		

* 종속변수 : 비행경험

5.3 경로분석

경로분석은 여러 독립변수가 동시에 하나의 종속변수에 영향을 준다는 가정을 하고 있는 회귀분석과는 달리 독립변수들 사이에도 인과적 순서가 존재하며, 그 과정 혹은 경로(path)를 분석하려는 목적을 지니고 있다.

아래의 연구모형에서처럼 청소년 비행에 영향을 주는 가정 내 수입과 학업성적, 그리고 비행친구라는 세 변수사이의 인과관계를 설정한다. 연구모형에 의하면 가정 내 수입의 정도는 비행친구 변수에 영향을 주고 이는 다시 청소년 비행에 영향을 줄 것이며, 학업성적 역시 비행친구 변수에 영향을 주고 이는 다시 청소년 비행에 영향을 줄 것이다. 또한 가정 내 수입과 학업성적은 비행친구라는 변수를 경유하지 않고 청소년 비행에 직접적으로 영향을 줄 것이다.

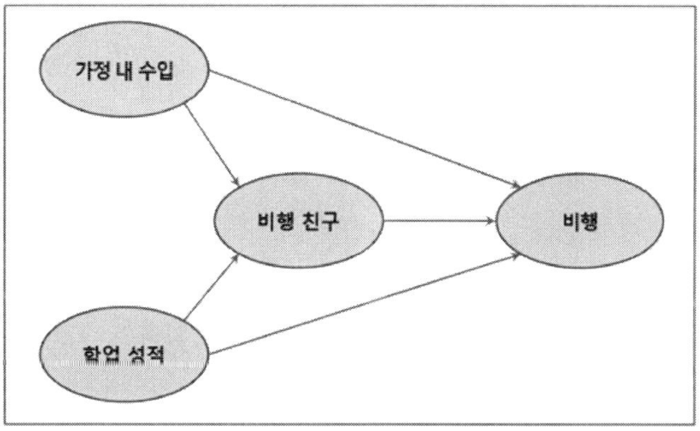

〈그림 11-4〉 경로분석 연구모형

〈그림 11-4〉의 경로모형을 분석하기 위해서는 두 번의 다중회귀분석을 해야 한다. 첫 번째는 비행을 종속변수로 하고 가정 내 수업, 학업성적, 비행친구를 독립변수로 하는 회귀분석이며, 두 번째는 비행친구를 종속변수로 하고 가정 내 수입과 학업성적을 독립변수로 하는 회귀분석이다. 회귀분석 결과에서 표준회귀계수, 즉 베타 값을 경로계수로 해서 그림에 기입한다.

경로분석결과는 아래의 〈그림 11-5〉와 같다. 청소년 비행에 대한 가정 내 수입과 비행친구, 학업성적 간의 인과관계를 설정한 경로모형의 설명력은 13.7%를 보이고 있다. 다음으로 가정 내 수입과 비행친구, 그리고 청소년 비행 간의 경로를 살펴보자. 가정 내 수입과 비행친구는 부(-)적인 관계로 가정 내 수입이 적을수록 비행친구를 사귈 가능성이 높고(β = −.059) 이는 청소년 비행을 저지를 가능성을 높이고 있다(β = .342). 한편 학업성적과 비행친구, 그리고 청소년 비행 간의 경로를 살펴보자. 학업성적이 낮을수록 비행친구를 사귈 가능성이 높아(β = −.076) 비행을 저지를 가능성이 높다. 이처럼 비행에 대한 비행친구의 영향력은 비행친구의 선행변수인 가정 내 수입과 학업성적의 영향을 받은 결과로 가정 내 수입이 적을수록, 학업성적이 낮을수록 비행친구를 사귈 가능성이 높아 결국 비행을 저지르기 쉬운 것으로 나타났다.

경로분석에서는 전체효과를 구함으로써 각 독립변수가 종속변수에 미치는 인과적 효과의 크기를 비교할 수 있다. 아래 모형에서 세 독립변수가 종속변수인 비행에 미치는 전체효과를 구해보면 다음과 같다.

1) 가정 내 수입이 비행에 미치는 효과는 직접효과(−.049)와 비행친구를 매개하는 간접효과(−.059 * .342)를 더한 값으로 −.069이다.
2) 학업성적이 비행에 미치는 효과는 직접효과(−.089)와 비행친구를 매개하는 간접효과(−.076 * .342)를 더한 값으로 −.115이다.
3) 비행친구가 비행에 미치는 효과는 직접효과만 있는데 .342이다.

이러한 전체효과를 보면 비행친구가 비행에 가장 큰 인과적인 영향을 미치고 다음으로 학업성적이 큰 영향을 미친다고 해석할 수 있다.

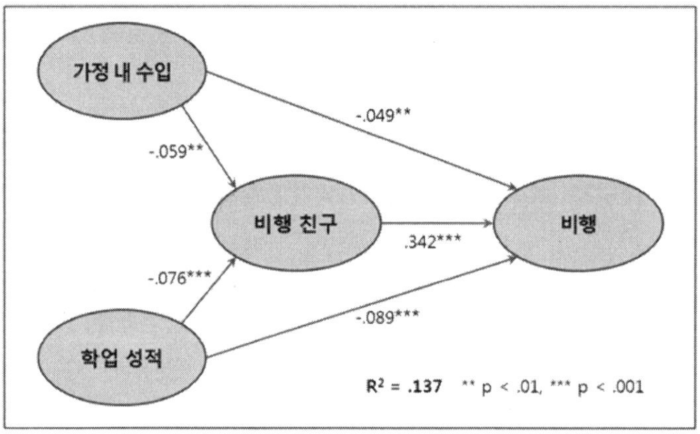

〈그림 11-5〉 경로분석 연구결과

제12장

요인분석

CHAPTER 12

요인분석

1. 요인분석의 개요

사회과학 연구에서 요인분석은 주로 척도의 신뢰도와 타당도와 관련이 있다고 할 수 있으며, 특히 타당도와 관련이 크다고 볼 수 있다. 사회과학 자료 분석에 가장 많이 사용되는 통계 프로그램 중의 하나인 SPSS를 보면 요인분석(factor analysis)을 차원 축소(dimension reduction) 기법 중 하나로 분류한다. 차원 축소가 자료분석과 어떠한 연관이 있는지 살펴보자.

사회과학의 양적 방법론에서 핵심은 척도라고 할 수 있다. 사회현상이란 곧 사람들이 모여 사는 세상, 즉 사회에서 일어나는 다양한 모습이다. 이러한 사회현상의 본질은 양적으로, 즉 숫자로 쉽게 환원될 수 없다. 사회조사 설문지에서 약방의 감초처럼 포함되는 교육, 직업, 수입, 연령, 성과 같은 흔히 배경 질문 혹은 사회인구학적 문항을 예로 들어보자. 이 중 특히 연령과 교육, 수입은 처음부터 숫자로 말할 수 있다. 고등학교를 졸업한 나이 40세인 사람의 월수입이 300만원이라 할 때 이 사람의 교육은 12, 연령은 40, 월수입은 300만원으로 측정할 수 있다. 사회과학에서 관심이 있는 것은 단순히 그 사람의 교육 연한이 아니라 교육수준의 사회적인 영향력이다. 우리나라에서 고등학교 졸업이라는 학력이 가지는 영향력은 본질적으로 질적인 것이지만 이것을 12년 혹은 12라는 숫자로 환원하여 알아본 것에 불과하다. 연령이나 수입도 마찬가지이다. 특히 요즘 우리나라처럼 세대 사이에서 갈등이 증가하는 현실에서 연령의 영향은 크다고 볼 수 있다.

제1장에서 배웠던 사회과학에서 척도의 의미와 수준에 대해 설명한 내용을 상기해보자. "나이가 30세인 사람의 연령 점수는 30점이고, 40세인 사람의 연령 점수가 40점이라 할 때 40점과 30점의 차이인 10점의 의미가 무엇인가?" "이 10점이란 점수를 통해 우리가 가늠할 수 있는 사회적인 영향력의 크기는 무엇인가?" 보다 본질적인 물음은 "연령의 사회적 영향력을 자연 나이로 측정할 수 있는 것인가?" 등의 의문을 제기할 수 있다. 이와 같은 질문이 척도의 타당도와 관련된 것이라 볼 수 있다. 보다

일반적으로 말하면 "질적인 사회현상의 영향을 양적인 척도로 어떻게 측정할 때 질적인 의미를 무리 없이 잘 나타내 줄 수 있는가?" 다른 말로 하면 "타당한 척도가 되는가?"라고 볼 수 있다. 교육, 연령, 수입과 같이 일상에서 숫자로 통용되는 현상도 사회적인 의미를 알아보는 척도로 사용할 때 타당성을 담보하기 쉽지 않은데 더 추상적인 현상인 계급, 권력, 의사소통, 범죄, 비행, 법에 대한 태도 등등 이론적이며 추상적인 개념을 숫자로 변환시켜 그 사회적인 영향력을 측정하는 것이 매우 어렵다.

사회현상의 영향력의 정도를 척도를 통해 숫자로 표현할 때 그 척도가 과연 적합한지 여부에 관한 정도를 표시하는 것이 척도의 타당도라면, 척도의 신뢰도란 정확도를 말한다고 볼 수 있다. 신뢰도를 간단히 설명하면 동일한 척도로 동일한 현상을 반복해서 측정하였을 때 일치하는 정도를 말한다. 예를 들어 저울로 몸무게를 측정할 때, 저울이 믿을만하다면, 즉 신뢰할 수 있는 저울이면 두 번 이상 반복해서 몸무게를 측정할 때 그 값이 동일하거나 거의 비슷할 것이다. 물론 사회과학에서 동일한 현상을 동일한 척도(설문지의 경우 동일한 문항)로 두 번 이상 물어보기 어렵기 때문에 몸무게를 재는 경우와 동일하지 않으나 개념은 비슷하다.

2. 척도 구성과 타당도

사회현상을 연구하기 위한 척도는 크게 두 가지로 나눌 수 있다. 그 하나는 위에서 말한 연령, 성, 수입, 교육 연한과 같이 추상성의 정도가 높지 않아 직접 알아볼 수 있는 현상이고, 다른 하나는 다양한 사회현상에 대한 의식, 태도 및 행동을 측정하는 것이다. 의식, 태도 및 행동은 추상성의 정도가 높은 경우가 많아 한 두 문항으로 측정하기 어려운 경우가 허다하다. 물론 직접 측정하여도 무방한 현상과 추상성 때문에 직접 측정하기 어려운 현상을 칼로 무 자르듯 구별하기 어렵다. 교육이나 수입을 예로 들어보자. 이른바 배경변수 혹은 사회인구학적 변수로 수입과 교육을 측정할 때는 직접 한두 문항으로 물어봐도 큰 문제가 없으나 사회 계급 혹은 계층을 알아보기 위한 문항일 때는 경우가 다르다. 교육과 수입에도 다양한 측면이 있다. 교육 연한으로 교육의 영향력을 단순하게 정의할 수 없는 경우가 많다.

우리나라와 같이 학력이 곧 신분이라 할 수 있는 사회에서 대학을 졸업했다고 모두 사회적인 영향력이 같지 않다. 이른바 명문대 인기학과를 졸업했는가, 그렇지 않은가에 따라 사회적인 힘은 다르다. 또한 지식과 지혜가 다르다고 한다면, 초등학교를 졸업한 사람이 인생의 지혜에 있어서 박사학위를 서너 개 취득한 사람보다 더 현명할 수 있다. 수입 역시 비슷하다. 월급은 많이 받지 않으나 재산이 많은 사람이 있을 수 있고, 국세청에 보고되지 않는 부수입이나 음성 수입이 많은 사람도 있다. 이렇듯 연구의 목적과 관심에 따라 단순하게 측정할 수 있는 경우도 있고, 그렇지 않은 경우도 있어 단순히 구별하기 어려우나 일반적으로 의식, 태도, 행동 등 추상성이 비교적 높은 현상과 연령, 성별과 같이 추상성이 낮은 대상을 구별한다고 볼 수 있다.

추상성이 높은 사회현상은 대부분 관련 분야의 이론에서 제시된 개념들이다. 이러한 추상적이며 이론적인 개념을 가장 일반적인 척도인 설문 문항을 통하여 직접 측정하기 어렵다. 추상적인 개념을 측정하기 위하여 다음의 두 가지 전략이 필요하다. 그 첫째는 조작적 정의이고, 둘째는 세분화이다. 두 가지에 대해 좀 더 자세히 살펴보자.

2.1 조작적 정의

조작적 정의(operational definition)를 이해하기 위해서는 흔히 조작으로 번역하는 'operation'의 의미를 이해할 필요가 있다. 영어 사전을 보면 'operation'은 '가동 혹은 작동', '기계 따위의 조작', '수술', '군사 작전' 등 다양한 의미가 있다. 어떠한 대상 혹은 계획이 작동하도록 만드는 과정 혹은 절차라는 의미가 근저에 내포되어있다. 척도 구성과 관련하여 이러한 의미를 광의로 해석하면, 본질적으로 이론적이며 추상적인 개념을 경험적인 척도로 측정하기 위해서는 어떠한 절차 혹은 과정이 필요하다는 뜻이 내포되었다는 점을 알 수 있다. 이런 측면에서 조작이란 이론적이며 추상적인 개념을 경험적으로 측정하기 위해 필요한 조작을 해야한다는 것을 의미한다. 한편 군사 작전이란 전쟁을 효과적으로 하기 위해, 즉 승리하기 위해 필요한 계획이다. 이를 우리가 경험적인 조사라는 작전을 수행하기 위해서 효과적인 계획을 수립하는 것에 비유할 수 있다. 이러한 점에서 볼 때, operational definition을 조작적 정의라 번역하는 것보다 작전상 정의로 번역하는 것이 훨씬 그 의미를 쉽게 파악할 수 있다고 생각한다.

왜 이러한 작전이 필요한가? 예컨대 청소년 비행과 가족 사이의 인과관계에 대한 경험적인 연구를 할 때, 원인에 해당하는 가족의 영향력과 결과에 해당하는 청소년 비행을 어떻게 측정할 수 있는가? 사회과학의 다양한 개념은 자연과학과 달리 일상용어와 구별이 어려울 뿐만 아니라 다양한 이론에 따라 다르게 정의된다는 점을 상기할 필요가 있다. 연구의 핵심 개념인 가족과 청소년 비행을 어떻게 정의하는가는 연구목적에 따라 다를 것이다. 청소년이란 용어부터 학자에 따라 다르게 정의될 수 있다. 12세부터 24세까지 넓게 정의할 수도 있고, 15세부터 18세까지 좁게 정의할 수도 있다. 중고등학생 대상으로 연구를 진행한다면 나이보다는 학제에 따라 정의해야 한다. 우리나라 현행법에 따르면, 우범소년, 촉법소년, 범죄소년의 나이가 달리 정의되며, 형법 상 미성년과 민법 상 미성년이 다르다. 청소년이란 개념이 이렇게 다양하다.

비행을 정의하는 것은 더욱 어렵다. 현재 학교 학칙에 벗어나는 모든 행동을 비행으로 정의해야 하나? 음주와 흡연을 예로 들어보자. 고등학교 학생들이 장난삼아 친구들과 맥주를 마신 것을 비행이라고 정의해야 하는가? 더구나 제사를 지낸 후 소위 음복주를 마신 행위를 비행이라고 정의하기는 어려울 것이다. 친구들과 호기심으로 담배를 한 대 피운 것을 비행으로 간주하기는 어렵다. 그러나 음주와 흡연을 상습적으로 한다면 이것이 청소년에게 걸맞지 않는 행동이라는 점에 이의를 제기할 사람은 많지 않을 것이다. 문제는 어느 정도일 때 '상습적'이라고 할 수 있는가는 연구자에 따라 다를 것이다. 학교폭력 역시 엄밀하게 정의하기 쉽지 않다. 성장 과정에서 있을 수 있는 친구와 몸싸움한 행동을 폭력으로 정의하기는 쉽지 않으나 지속적으로 괴롭히며 정기적으로 금품을 갈취하는 행동은 분명히 폭력일 것이다. 그러나 어느 정도일 때 폭력, 더 나아가 청소년 비행이라 정의해야 하는가는 쉽지 않다.

가족의 영향력은 더욱 어렵다. 가족의 제도적 측면에 초점을 맞출 것인가, 즉 확대가족인가 핵가족인가, 개념에 문제가 적지 않으나 이른바 결손가정인가 등의 측면을 고려할 것인가? 아니면 부모-자녀 관계에 초점을 맞출 것인가? 부모의 사회경제적 지위를 고려할 것인가? 등등 가족이란 매우 포괄적이며 추상적인 개념이라 선행 이론의 도움 없이 연구자가 마음대로 정의할 수 없다. 한마디로 이러한 추상적이고 이론적인 개념을 척도를 통해 경험적으로 연구하기 위해서는 연구목적에 합당한 정의를 해야 하는데, 이러한 정의를 조작적 정의라고 부르는 것이다. 선행 이론과 경험적인 연구를 기반으로 하여 연구 목적에 합당하게 정의하여 경험적인 연구를 수행할 수 있는 척도 구성의 출발이 조작적 정의라고 볼 수 있다.

2.2 세분화

측정할 개념을 조작적으로 잘 정의하여도 구체적인 척도를 바로 만들 수 없는 경우가 많다. 왜냐하면 이론적인 개념은 추상적일뿐 아니라 그 개념이 포함하는 외연이

광범위하기 때문이다. 다시 청소년 비행을 예로 들어보자. 만일 청소년 비행을 '중고등학교 학생들의 학칙을 심각하게 위반한 행동'으로 조작적으로 정의하였다고 하자. 이미 언급했으나 학칙을 어느 정도 위반했을 때 '심각하게' 위반했는가는 애매하나 구체적인 문항 혹은 척도를 만들 때 고려하면 된다. 흡연을 예로 들어보면 일주일에 한 갑 이상으로 규정할 수도 있고, 두 갑 이상으로 규정할 수도 있다.

그러나 중고등학교 학생들의 학칙을 심각하게 위반한 행동은 매우 다양하다. 음주나 흡연처럼 적지 않은 학생들이 위반하는 행동에서부터 금품갈취, 왕따, 흉기를 사용한 심한 폭행, 가출, 강간이나 성추행을 비롯한 심각한 성비행 등 하나씩 열거하면 상당히 많은 종류의 비행이 있다. 연구 목적에 따라 이 중 하나의 유형만 알아볼 수도 있으나 청소년 비행을 포괄적으로 알아보기 위해서는 가능하면 많은 유형을 포함하여 척도를 구성하는 것이 좋다. 어떻게 해야 하나? 이 때 사용하는 전략을 세분화라고 볼 수 있다.

조작적 정의와 마찬가지로 세분화 역시 기존의 선행연구가 근거가 된다. 흔히 청소년 비행은 지위비행, 폭력비행, 재산비행, 약물비행, 성비행으로 분류한 연구가 많다. 지위비행이란 음주와 흡연처럼 청소년이라는 사회적인 지위에서는 허용되지 않는 다양한 행동을 포함한다. 인터넷 등을 통한 음란물 시청도 지위비행에 포함될 수 있을 것이다. 보다 심각한 약물, 예컨대 본드나 부탄 가스등을 흡입하는 행위는 약물비행에 포함하는 것이 타당할 것이다. 폭행, 괴롭힘, 금품갈취 등은 폭력비행이라 볼 수 있고, 절도나 강도 등은 재산비행, 강간 및 성추행 같은 행동은 성비행으로 간주된다. 반복하여 강조하는 바이나 이러한 모든 비행을 다 포함할 것인가? 강도와 같이 폭력을 수반한 행동이 폭력비행인가 재산비행인가? 음란물 시청이 성비행인가 지위비행인가 등은 절대적인 것은 아니며 연구목적과 선행 연구를 고려하여 분류하면 될 것이다.

가족의 영향에 대한 척도 구성도 유사한 전략을 사용할 수 있다. 가족의 제도 혹은 구조적인 측면과 부모-자녀 관계 등 가족 성원 간의 관계로 세분화할 수 있을 것이며, 제도 혹은 구조적인 측면은 다시 확대가족 여부, 부모의 사회경제적 지위로, 부모-자녀 관계는, 예컨대 선행연구를 허쉬(Hirschi)의 사회유대이론을 근거로 부모-자녀 간의 정서적인 친밀도, 감독 등으로 다시 세분화할 수 있다. 이와 같이 조작적 정의와 세분화 전략을 사용하면 청소년 비행이란 추상적이며 다양한 행동을 포함하는 이론적 개념을 알아보기 위한 구체적인 항목은 적어도 10문항, 많으면 수십 문항이 될 수 있고, 가족의 영향력 역시 다양한 문항 혹은 척도를 구성하여 측정할 수 있는 것이다.

3. 척도 구성과 신뢰도

척도의 타당도와 척도 구성 사이의 관계에 대해 살펴보았다. 척도를 만들기 위해서는 타당도가 그 기초가 되며 출발이라 볼 수 있으나, 신뢰도를 고려하지 않고 구체적인 척도를 만들기는 어렵기 때문에, 신뢰도[44]와 관련된 부분을 알아보기로 하자. 이미 위에서 설명한 바와 같이 타당도는 적합도이며 신뢰도는 정확도를 말한다고 볼 수 있다. 우리가 쉽게 이해할 수 있는 현상을 예로 들어 차이를 알아보자. 몸무게를 측정하는 적합한 척도, 즉 타당한 척도는 저울이고, 키를 측정하는 타당한 척도는 줄자이다. 사람의 키를 알아보는데 저울을 사용하였다면 적합하지 않은, 즉 타당성이 결여된 척도를 사용한 것이다. 한편 신뢰도란 몸무게를 측정하는 저울이 얼마나 정확한 저울인가를 말한다. 부정확한 저울로 몸무게를 잰다면 정확하지 않은 값이라 믿기 어렵다. 다시 말해 몸무게 값을 신뢰하기 어렵다는 말이다.

개념적으로는 타당도와 신뢰도는 서로 상관이 없는 별개의 개념이다. 즉 사람의 몸무게를 저울이 아니라 줄자로 알아보았다면 적합하지 않은, 즉 타당하지 않은 척도를 사용한 것이지만 만일 줄자가 매우 정확하다면 신뢰도는 확보되었다고 볼 수 있다. 그러나 실제 상황에서는 타당하지 않은 척도의 신뢰도는 무의미하다고 볼 수 있다. 즉 줄자로 측정한 몸무게는 아무리 정확하게 측정해도 쓸모가 없는 수치에 불과하다. 이렇듯 타당도가 전제되지 않은 척도의 신뢰도는 생각하기 어려우나, 개념적으로는 둘은 별개이다.

신뢰도를 간단히 정의하면 위에서 언급한 대로 동일 대상을 동일한 척도로 반복 측정하였을 때 측정한 값이 일치하는 정도라고 볼 수 있다. 몸무게(동일 대상)를 같은 저울(동일 척도)로 여러 번 측정하였을 때 그 값이 동일하면 완벽하게 신뢰할 수 있으나, 들쑥날쑥하면 어떤 값이 참값인지 알 수 없어 신뢰하기 어렵다. 무게, 길이, 부피 등 자연현상을 측정하는 척도의 신뢰도는 이와 같은 반복측정 원리를 적용하면 간단하나 사회현상은 그렇지 않다.

위에서 예를 든 부모-자녀 관계의 한 하위차원인 정서적 친밀도 혹은 친밀감을 알아보기 위해 "당신은 부모님과 친하게 지내는 편입니까?"라는 문항을 만들었다고 하

44) 신뢰도의 종류 및 특성에 대한 논의는 생략한다. 이에 관한 자세한 논의는 조사방법론 분야에 해당되기 때문이다.

자. 응답자가 이 문항을 정확히 이해한 후 성실하게 응답했는가를 알아보는 것이 이 문항의 신뢰도라 볼 수 있는데, 이 문항 하나의 신뢰도는 반복측정의 원리 상 반복하여 질문하기 전에는 알아볼 수 없다. 그러나 같은 사람에게 같은 질문을 서너 번 한다는 것은 매우 어렵다. 특히 문항이 많은 설문지를 반복하여 질문하면 응답이 불성실할 가능성이 높아지며, 자칫하다간 화를 내며 응답을 거부할 수 있다. 자연현상은 몇 번이고 반복 측정할 수 있으나, 사람에게 같은 질문을 여러 번 하기는 어렵기 때문이다.

이에 대한 대안은 동일한 질문이 아니라 비슷한 질문으로 대치하는 것이다. 예를 들어보자. '친한가?'의 비슷한 질문은 '대화를 많이 하는가?', '중요한 일로 의논을 자주 하는 편인가?', '부모를 닮기 원하는가?', '많은 시간을 같이 보내기 원하는가?' 등을 들 수 있다. 물론 이와 같은 비슷한 문항은 엄밀하게 말하면 서로 다르다. 부모와 친하나 이런저런 이유로 대화를 많이 하지 못할 수 있고, 독립심을 강조하는 가풍 때문에 중요한 일 외에는 의논을 자주 안 할 수도 있으며, 친하기는 하나 닮는 것은 바라지 않을 수도 있다. 이런 이유로 사회과학 척도의 신뢰도를 정확히 알아보기 쉽지 않으나, 이러한 점을 고려한 신뢰도가 사회과학에 가장 많이 사용되는 신뢰도 계수인 크론바하-알파(Cronbach-α)이다. 크론바하-알파에 대한 깊은 내용은 조사방법에 관한 내용이라 여기에서는 자세하게 언급하지는 않겠지만, 흔히 내적 일관성 신뢰도(internal consistency)를 기반으로 한 신뢰도라고 부르는데, 이는 동일하지 않은 여러 문항 사이에 일정한 일관성 정도를 측정하여 신뢰도 수준을 가늠하기 때문이다.

보다 구체적인 예를 들면서 설명한다. 정서적인 친밀도를 측정하기 위해 '친한가?', '대화를 자주 하는가?', '의논을 하는가?', '닮기를 원하는가?', '시간을 같이 보내기 원하는가?'의 다섯 문항을 5점 척도, 즉 '정말 그렇다', '그런 편이다', '중간이다', '그렇지 않은 편이다', '전혀 그렇지 않다'로 알아보았다고 하자. 이 때 5문항에 대한 응답의 긍정 혹은 부정하는 정도가 동일하거나 적어도 유사하여 일관성을 보여야 한다는 말이다. '친한가?'에 대한 응답은 '정말 그렇다'인데, '대화를 자주 하는가?'에는 '전혀 그렇지 않다'고 대답하고, '의논'은 '중간'이라 응답했다면 일관성의 정도가 낮아 5문항의 응답을 전체적으로 볼 때 신뢰할만한 친밀도를 측정했다고 보기 어려울 것이다. 이와 같이 척도의 신뢰도는 개별 문항에 대한 신뢰도는 아니고 위의 5문항 전체가 '정서적 친밀도'를 측정하기 위한 척도가 되는 것이다. 부연하면 정서적 친밀도 척도는 5문항으로 구성되는 것이며 개별 문항이 아니라 5문항으로 구성된 전체 척도에 대한 신뢰도만을 알아볼 수 있다.

4. 신뢰도와 타당도 그리고 요인분석

척도 구성과 척도의 타당도 그리고 신뢰도가 어떻게 연관되었는지 살펴보았다. 간단히 요약하면 추상적이며 이론적인 개념을 직접 측정하기 어려워 연구목적에 합당하게 그리고 선행 연구를 기초로 조작적 정의를 할 필요가 있으며, 조작적 정의를 한 후에 그 개념이 포괄적이라면 역시 선행 연구를 참작하여 연구 목적에 합당한 여러 하위 차원으로 세분화할 필요가 있다. 이상이 타당도와 관련되었다면, 신뢰도와 연관되어 고려할 점은 최종적으로 분류한 개별 하위 차원은 한 문항으로 척도를 만들 수 없어 유사한 여러 문항으로 구성된 척도를 만들어야 한다는 것이다. 이런 이유 때문에 사회과학 연구를 위한 설문지의 문항 수가 많아진다고 할 수 있다. 서너 개의 독립변수와 하나의 종속변수 사이의 관계를 연구를 위해 설문지를 만들려면 비록 이론적인 개념은 많지 않으나 이러한 이유 때문에 수십 문항, 심지어는 백 문항을 넘는 설문 문항으로 구성된 상당히 긴 설문지가 될 수 있다.

다음으로 이제 본 장의 주제인 요인분석과 지금까지 알아 본 내용이 어떻게 연관되는지 살펴보자. 연구의 핵심 개념인 이론적인 변수 혹은 요인은 위에서 말한 바와 같이 여러 개의 하위차원으로 나뉘고, 각 하위 차원은 한 문항이 아니라 적어도 4개에서 7개의 문항으로 구성된다.[45] 그런데 우리가 관심이 있는 것은 구체적인 문항에 대한 응답이 아닌 경우가 많다. 즉 4개에서 7개 정도로 구성된 문항 전체, 즉 척도값이 목적이며, 개별 문항은 전체적인 척도값을 알기 위한 중간 과정에서 필요한 것이다. 보통 개별 문항 값을 더하여 전체 척도 값을 구하는데, 이러한 척도를 가산척도(additive scale)라 부른다. 그러나 개별 문항을 더하여 가산척도 값을 구하기 전에 우리는 개별 문항이 하나의 차원, 즉 우리가 측정하기 위한 어떠한 개념의 하나의 하위 차원인지를 확인해야 한다. 우리가 선행 연구를 참고하여 만든 문항이나 이러한 문항들이 측정하고자 하는 하위 차원을 나타내 주는지 확인하지 않고 가산척도로 사용하면 이론적인 개념과 경험적인 척도 사이에서 간극이 발생한다. 즉 이러한 문항들이 우리가 측정하고자 하는 이론적 개념의 하위 차원을 측정하는데 적합한가, 다른 말로 하면 타당한가를 확인해야 한다. 척도의 타당도를 알아보는 방법은 다양하나 본 장에서는 주로 요인

45) 문항의 수가 보통 4개에서 7개인 이유는 Cronbach-α와 관련이 있다. 문항 수가 많을수록 α 값은 커지는데 비례하여 증가하는 것은 아니다. 척도가 어느 정도 신뢰성이 있더라도 4개 이상일 때 원하는 수준의 신뢰도를 확보할 수 있다. 한편 8개 이상이면 문항 수가 증가해도 그 값이 크게 증가하지 않는다.

분석을 활용한 타당도 검증을 살펴본다.[46)]

본장 첫 절의 요인분석의 개요에서 요인분석은 차원축소와 관련된 통계적 기법이라고 소개하였다. 차원을 축소하는 것과 이제까지 살펴본 척도의 신뢰도와 타당도는 어떤 관계가 있는가? 특히 타당도와 어떻게 연관되는지 알아보자. 간단히 말하면 이론적 개념의 한 하위 차원이 여러 개 문항으로 구성된 하나의 척도일 때, 여러 개 문항이 하나의 차원으로 축소될 수 있는지 알아보는데 요인분석을 적용할 수 있는 것이다. 물론 요인분석은 척도의 타당도를 알아보는 데만 국한되어 활용하는 것은 아니다. 예를 들어 응답자의 사회경제적 지위를 학력, 직업, 수입으로 나누어 알아본 후, 이 세 변수가 하나의 차원으로 묶일 수 있는지 알아보는데도 활용할 수 있다. 그렇지만 실질적으로 요인분석은 척도의 타당도를 알아보는데 주로 사용된다고 해도 과언이 아니다.

5. 요인분석의 통계적 기초

차원 축소에 사용하는 요인분석은 크게 두 종류가 있다. 첫째는 흔히 탐색적 요인분석이라 부르는 주성분 분석(principal component analysis)이다. 주성분 분석에서 요인들은 모든 변인들의 선형 조합이다. 둘째는 확인적 요인분석(confirmatory factor analysis)이다. 확인적 요인분석에서 요인이란 관찰된 변인들을 야기하거나 배후에 잠재하고 있는 요인들로 가정된다. 따라서 요인에 의해서 설명되지 않는 관찰된 변수의 분산을 에러로 가정한다. 이러한 유형은 아래 〈그림 12-1〉을 보면 좀 더 직관적으로 이해할 수 있다. 엄격하게 말하면 확인적 요인분석이 요인분석의 근본적인 논리에 가까우나, 흔히 주성분 분석도 요인분석이라 부르며 최근까지 타당도 검증에 많이 사용되었다. 확인적 요인분석은 LISREL, AMOS등 구조방정식 모형과 관련되어 본서의 범위를 벗어나기 때문에 여기에서는 다루지 않고 주성분 분석을 중심으로 요인분석을 살펴보기로 한다.

주성분 분석은 문자 그대로 여러 개의 차원(혹은 문항)의 근저에 있을 수 있는 주성분을 분석적으로 찾아내는 기법이다. 예를 들어 10개의 문항이 두 개의 하위차원을 측정하는 각 5개의 문항으로 구성된 두 척도의 집합이라고 하자. 다른 말로 하면 10개

46) 타당도와 신뢰도에 관한 구체적인 내용은 통계학에서 다루기보다 조사방법론에서 다루는 것이 일반적이다. 본서에서는 요인분석과 연관된 부분만을 소개하는 것으로 그친다.

의 구체적인 문항은 두 개의 주성분(혹은 하위차원)을 측정하는 구체적인 문항으로 간주할 수 있는 것이다. 확인적 요인분석은 어떠한 5개의 문항이 어떠한 하위차원을 측정하기 위한 문항인가를 설정하고 분석을 통해 확인을 하는 방법이라면, 주성분 분석은 이러한 전제 없이 10개의 문항에서 주성분을 찾아보는 것이다. 이렇게 찾는 과정을 다른 말로 탐색이라 한다면, 주성분 분석을 통해 탐색한 요인의 수가 몇 개인지를 알아보는 방법이라 볼 수 있다.

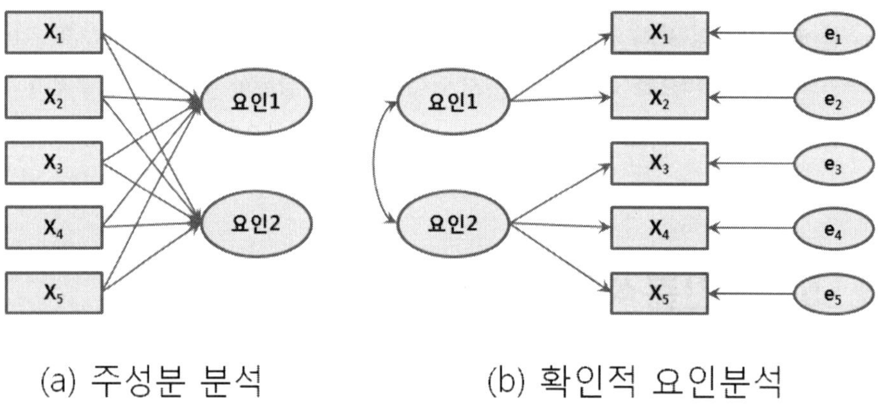

〈그림 12-1〉 요인분석의 유형

5.1 삼각함수와 상관계수

요인분석의 통계적 원리를 살펴보기 위해서는 벡터를 비롯한 행렬식에 대한 지식이 필요하나 본서의 범위를 벗어나기 때문에 우리가 이미 알고 있는 삼각함수를 사용해 이해를 돕고자 한다. 위의 예에서 어떠한 이론적인 개념, 예컨대 Hirschi의 부모-자녀 관계를 '부모-자녀 정서적 친밀도'와 '감독'이라는 두 개의 하위차원으로 세분화한 후, 각 하위차원을 5개의 문항으로 측정하였다고 하자. 즉 10개의 문항은 부모-자녀 애착을 측정하기 위한 척도이며, 애착은 두 개의 하위차원으로 세분화되었다. 요인분석의 논리를 적용하면 10개의 문항은 통계적으로 볼 때 10개의 변수이며, 각 변수는 행렬식 개념을 적용하면 10개의 벡터(vector)로 간주할 수 있다. 두 변수, 즉 벡터 사이의 상관관계를 삼각함수로 표시하면 두 벡터 간의 코사인 값에 해당한다.

코사인 값이 곧 두 변수 혹은 벡터 사이의 상관계수와 같다는 점을 이해하기 위해서 우리가 중학교 시절에 배운 피타고라스 정리를 상기해보자. 〈그림 12-2〉처럼 모든 변수, 즉 10개의 문항 중 문항 1을 벡터 AC, 문항 2를 벡터 AB라고 하자. 점 C에서 벡터 선 AB에 수선을 그어 만나는 점을 D라 하고 점 A에서 D까지의 거리를 AD라고 하자. 선 AC와 AD 사이의 각을 α라 하면 cosine α는 AD/AC가 된다. 이 값이 곧 두 문항, 즉 문항 1과 문항 2 사이의 상관계수와 같다는 점을 이해하기 위해서는 유명한 피타고라스 정리를 적용하자. 잘 알다시피 피타고라스 정리는 직각삼각형의 선 사이의 관계를 다음과 같은 정리로 보여주는 것이다.

$AC^2 = AD^2 + CD^2$ 이다.

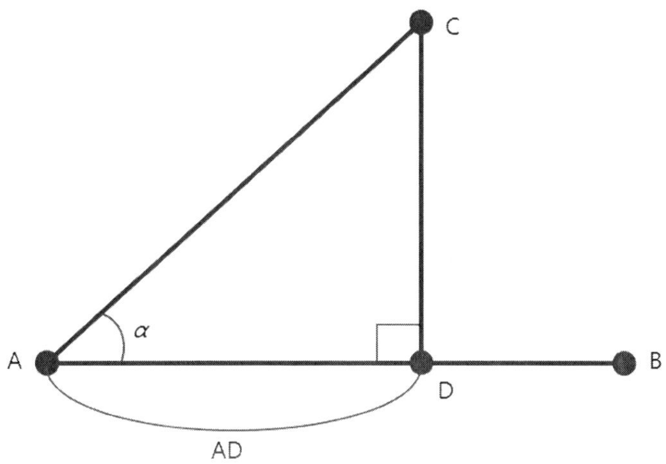

〈그림 12-2〉

제 7장의 분산분석에 관한 내용 중 3절의 다양한 제곱합을 상기해보자. 전체 제곱합(TSS)은 집단간 제곱합(BSS)에 집단내 제곱합(WSS)을 더한 값과 같으며, 쉽게 설명하면 종속변수의 전체 제곱합은 독립변수에 따라 변화하는 제곱합(BSS)과 독립변수와 무관하게 변화하는 제곱합이라는 말이며, 더 나아가 종속변수가 전체적으로 변화하는 값 혹은 양은 독립변수에 따라 변화하는, 혹은 독립변수에 의해 설명된 제곱합과 독립변수에 의해 설명되지 않는 제곱합으로 나뉜다는 말이다. 다른 말로 표현하면 독립변수와 종속변수 사이의 상관성의 정도를 TSS와 BSS의 상대적인 비율로 알 수 있다는 말이 된다. 즉 TSS에 크기에 비해 BSS가 클수록 두 변수 사이의 관계가 커진다는 말이다.

TSS = BSS + WSS

사실 일반적인 통계 교과서에서 다루지 않지만 다음과 같은 개념이 있다.

η^2 = BSS/TSS 이며. 두 변수 사이의 직선적인 관계만 고려하면 $\eta^2 = R^2$와 동일한 것이다. 잘 알다시피 두 변수 사이의 R^2는 r^2와 동일하기 때문에 다음과 같이 표시할 수 있다. 두 문항 즉 문항1과 문항2 사이의 상관계수 r_{12} = AD/AC인 것이다.

5.2 주성분의 추출 논리

위에서 설명한 바를 주성분(principal component) 추출에 적용해보자. 변수가 두 개 있으면 2차원 평면으로 두 변수 사이의 관계를 고려하여 다음과 같이 표시할 수 있다. 즉 두 변수 사이의 상관성이 높을수록 두 벡터 사이의 α값이 작아진다. 만일 두 변수가 동일하면 α는 0이 되며 코사인 0 = 1, 즉 두 변수 사이의 상관계수 r = 1이라는 말이며, 한편 두 변수가 직교하면 α 값은 90도이고 코사인 90 = 0, 즉 두 변수 사이의 r = 0이라는 말이다. 변수 3개 사이의 관계를 그림으로 표시하려면 3차원 공간이라야 가능하며, 4개는 4차원 공간이 필요하다. 즉 n개의 변수 사이의 관계는 n차원 공간일 때 가능하다. 그런데 이러한 가상공간(hyper-space)은 그림으로 표시하는 것이 불가능하다.

어떠한 이론적인 개념을 두 개의 하위차원으로 세분화 한 후 각 하위차원을 각 5개의 문항으로 측정하였다고 하자. 만일 차원1을 측정하기 위한 5개의 문항이 상당히 타당한 척도라면 이 5개의 문항 사이에는 높은 상관성이 있을 것이다. 왜냐하면 5개의 문항은 동일한 이론적인 개념을 측정하기 위한 문항이기 때문이다. 마찬가지로 차원 2를 측정하는 문항 5개 역시 높은 상관성이 있을 것이므로 그림과 같이 마치 두 개의 다발처럼 표시될 것이다. 이러한 두 다발은 동일한 원점을 공유하고 있다. 이 원점을 지나는 실선을 하나 그어보자. 이 선에 10개의 변수를 표시하는 점에서 직각으로 만나는 수선을 그려보자. 이렇게 표시하면 각 문항 혹은 개별 벡터와 실선(PCA 1)의 관계는 〈그림 12-3〉과 같이 된다. 그림에서 A와 각 D_i를 연결하는 선의 길이는 실선(PCA 1)과 각 문항과의 관계의 크기를 표시해주는 것이며, 다른 말로 하면 실선과 개별 문항 사이의 상관성, 즉 설명하는 정도, 더 확대 해석하면 대치 가능성의 정도라 볼 수 있다. 이는 앞에서 살펴본 〈그림 12-2〉에서 설명한 코사인에 의한 계산법의 원리를 적용한 것이다.

대치 가능성에 대해 좀 더 살펴보자. 만일 개별 문항을 실선(PCA 1)으로 대치하는 경우 예를 들어 개별문항 Q_1이 설명할 수 있는 가능성을 1이라 할 때 실선(PCA 1)에서 표시되는 AD_1까지의 거리가 0.8이라 한다면, 실선(PCA 1)으로 대치했을 때 0.8만큼 설명할 수 있다는 말이 되는 것이다. 이러한 실선(PCA 1)이 주성분이 되는데, 실선을 어디에 그렸을 때 10개의 문항을 최대로 대치하는 선이 되는가? 10개의 문항을 최대로 설명할 수 있는 실선이 주성분이 되는 것이며 잘 알다시피 최대값은 미분을 통해 찾아내는 것이다.

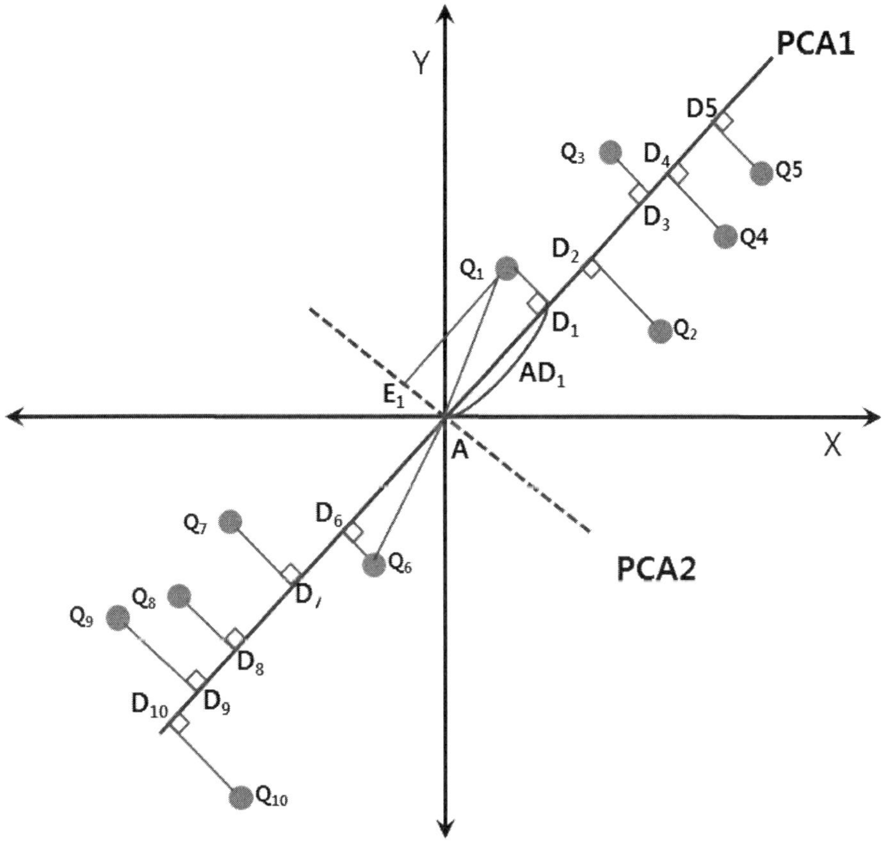

〈그림 12-3〉 주성분 추출의 논리

5.3 요인 적재값과 요인의 고유값의 의미

개별 변수 벡터에서 붉은 선, 즉 주성분 벡터에 수선을 그었을 때 AD의 거리가 요인 적재값(factor loading)이다. 즉 요인 적재값이란 주성분이 원래 변수(개별 문항들)를 대치할 수 있는 정도를 표시하는 것이라 볼 수 있으며, 다른 말로 하면 주성분과 개별 변수 사이의 상관성의 정도를 표시해주는 것이다. 문항이 10개 있다면 10개의 문항 혹은 변수의 요인 적재값을 제곱하여 더하면 (피타코라스 정리를 상기하자), 찾아낸 주성분(혹은 요인)이 10개의 개별 변수와 관계를 모두 더한 것이 되며, 다른 말로 하면 주성분으로 10개의 개별 변수를 대치했을 때 대치할 수 있는 정도를 표시해준다고 말할 수 있으며, 이것을 주성분 혹은 요인의 고유값(eigenvalue)이라 부른다.

참고로 실제 요인분석(혹은 주성분 분석)을 실시할 때 각 변수를 표준화를 먼저 한 후 분석을 하는 경우가 대부분이다. 왜냐하면 잘 알다시피 표준화한 변수의 분산값은 1이 되어 개별 변수의 스케일이 다른 경우 표준화를 하면 상대적인 비교가 편리하기 때문이다. 물론 주성분 역시 표준화된 변수이다. 10개의 변수가 설명할 수 있는 가능성은 각 분산값이 1이기 때문에 모두 합하면 10이 되는데, 요인 혹은 주성분의 고유값이 5.3이라면 주성분이 대치할 수 있는 가능성은 53%라는 말이 된다. 즉 새로운 주성분 혹은 요인을 찾아낼 때 고유값이 최대인 것을 찾는 것이며 이러한 요인을 흔히 첫 번째 주성분이라 부르는 것이다.

5.4 몇 개의 주성분인가?

첫 번째 주성분이 실선(PCA 1)이다. 이 선과 직교하는 선을 또 하나 그어보자(〈그림 12-3〉의 점선(PCA 2)). 마치 첫째 주성분이 우리가 흔히 보는 2차원 좌표의 x축이라면 새로운 선은 y축에 비유할 수 있을 것이다. 이 선, 즉 y축에 10개의 문항을 표시하는 벡터의 끝에서부터 직교하는 선을 그어 만나는 점을 E라 한다면 AE/는 이 새로운 선에 의해 10개의 벡터가 설명되는 정도를 표시한 것으로 역시 요인 적재값이며, 이를 제곱하여 더하면 이 새로운 선에 의해 10개의 문항이 설명된 부분을 합한 전체이다. 이 새로운 선, 즉 먼저 선에 직교하는 두 번째 선이 두 번째 주성분인 것이다. 이제 3번째 주성분을 알아보자. 3번째 주성분은 3차원 공간으로 x, y 축에 직교하는 z 축이며 이 z축에 위에서 설명한 논리를 그대로 적용하면 3번째 주성분과 개별 변수 사이의 관계의 정도를 표시해주는 요인 적재값과 세 번째 주성분의 고유값을 알 수 있다. 4번째 주성분은 4차원 공간에 그은 선이고, 5번째 주성분은 5차원 공간에 그은 축이다. 일반화하면 n번째 주성분은 n차원 공간에서 마지막으로 그은 축이라 볼 수 있다. 요약하면 만일 10개의 문항 혹은 변수로 요인분석을 시행한다면 10차원 공간이 되는 것이라 10개의 축이 있다. 첫 번째 축이 첫째 주성분 혹은 요인이며 두 번째 축이 둘째 주성분이고 10번째 축은 10번째 주성분이 된다. 첫째 주성분의 고유값이 가장 크며 그 다음이 둘째 주성분의 고유값이며, 가장 작은 고유값을 가지는 것이 마지막 축인 10번째 주성분이다.

요인분석(주성분 분석)은 차원 축소에 사용하는 통계적 기법이다. 서로 상관이 큰 10개의 변수를 이보다 적은 수의 주성분 혹은 요인으로 축소하는 기법인데 10개의 변수를 10개의 축 혹은 주성분으로 변환하는 것은 의미가 없다. 즉 10개보다 훨씬 적은 주성분을 찾아내어 10개의 개별 변수를 축소하는 기법이다. 따라서 10개의 주성분 중 몇 개를 의미 있는 요인이라고 간주해야 하는가의 문제가 남는다. 절대적인 기준은 없으나 일반적으로 주성분 혹은 요인의 고유값이 1.0이 넘은 것을 의미 있는 주성분으로 간주한다. 이유는 간단하다. 요인분석은 보통 각 변수의 원점수를 사용하지 않고 표준화한 표준점수로 변환한다고 하였다. 이렇게 변환된 표준 점수로 변환된 변수의 분산은 1.0이라는 특징을 가진다. 분산이란 무엇인가? 그 변수가 설명할 수 있는 최대 가능성을 보여준다고 볼 수 있다. 왜냐하면 두 변수 사이의 관계는 하나의 변수가 변할 때 다른 변수가 따라 변하는 정도라 볼 수 있어, 한 변수가 변할 수 있는 최대값인 분산은 곧 해당 변수의 설명 가능성의 최대값이라 볼 수 있다. 10개의 변수로 요인분석을 실시할 때 10개의 변수 전체가 설명할 수 있는 최대 설명 가능성은 10이라 볼 수 있다.

한편 요인 혹은 주성분의 고유값은 해당 주성분의 설명 가능성을 표시한다고 하였다. 만일 개별 변수를 대체하려고 추출한 주성분의 고유값이 1.0보다 작다면 개별 변수보다 설명 가능성이 작다는 말이다. 비유하자면 하루에 1만큼 일할 수 있는 아이들 10명을 힘이 센 어른으로 대체하려는데, 어른의 하루 일할 수 있는 가능성이 아이들보다 작다면 구태여 어른으로 대체할 필요가 없는 것과 비슷한 이치이다. 위의 예에서 하나의 이론적인 변수를 두 개의 하위차원으로 나눈 후 각각 5개의 문항으로 측정한 후 요인분석을 실시하였다고 하자. 만일 각 5개의 문항이 해당 하위차원을 잘 측정하는, 즉 타당도가 높은 문항이라면, 요인 분석 결과는 두 개의 의미 있는 주성분을 추출할 것이다. 첫 번째 주성분의 고유값은 1.0보다 훨씬 클 것이며 (예를 들면 3.4), 두 번째 주성분의 고유값은 이보다는 작으나 1.0보다는 제법 큰 수치를 보여줄 것이다(예컨대 2.3). 그러나 세 번째 주성분부터는 고유값이 1.0보다 작을 가능성이 매우 높다. 만일 세 번째 주성분의 고유값이 1.0보다 제법 큰 값이라면 10개의 문항은 2개의 하위차원으로 나뉘기보다 3개의 하위차원을 보여주는 것으로 간주할 수 있다. 척도의 타당도가 높으면 고유값이 1.0보다 큰 주성분은 2개가 되며 이 두 개의 주성분의 고유값을 더한 전체는 2개의 주성분으로 10개의 변수를 대체했을 때 설명할 수 있는 정도를 보여주는 것이다. 예를 들어 두 개의 주성분 고유값을 더한 전체가 (3.4 + 2.3 = 5.7)이라면 5.7/10, 즉 2개의 주성분은 10개가 할 수 있는 설명력의 57%를 할 수 있다는 말이 된다.

6. 구체적인 예

구체적인 예를 중심으로 지금까지 설명한 요인분석의 내용을 SPSS 분석결과로 살펴보기로 하자. 예제에서 사용한 데이터는 한국청소년정책연구원에서 조사한 '한국청소년 패널 조사(KYPS)'의 초등학교 패널의 5차년도 자료 중 허쉬(Hirschi)의 애착을 측정한 문항 8개로 요인분석을 한 결과이다. 애착은 2개의 하위차원으로 나누었다. 첫째는 부모-자녀 간의 정서적인 친밀도이며, 둘째는 감독이다. 정서적인 친밀도를 알아보는 문항은 ① 부모님과 나는 많은 시간을 함께 보내려고 노력하는 편이다, ② 부모님은 나에게 늘 사랑과 애정을 보이신다, ③ 부모님과 나는 서로를 잘 이해하는 편이다, ④ 부모님과 나는 무엇이든 허물없이 이야기하는 편이다의 4 문항이고, 감독을 측정한 문항은 ① 내가 외출했을 때 부모님은 내가 어디에 있는지 대부분 알고 계신다, ② 내가 외출했을 때 누구와 함께 있는지 대부분 알고 계신다, ③ 내가 외출했을 때 부모님은 내가 무엇을 하고 있는지 대부분 알고 계신다, ④ 내가 외출했을 때 내가 언제 돌아올지 부모님은 대부분 알고 계신다의 4 문항이다.

이 8개 문항으로 요인분석을 실시하면 다양한 분석결과가 나타나는데 그 첫 번째는 다음의 〈표 12-1〉이다.

〈표 12-1〉 공통성

	Initial	Extraction
부모님과 나는 많은 시간을 함께 보내려고 노력하는 편이다	1.000	.654
부모님은 나에게 늘 사랑과 애정을 보이신다	1.000	.747
부모님과 나는 서로를 잘 이해하는 편이다	1.000	.794
부모님과 나는 무엇이든 허물없이 이야기하는 편이다	1.000	.649
내가 외출했을 때 부모님은 내가 어디에 있는지 대부분 알고 계신다	1.000	.774
내가 외출했을 때 부모님은 내가 누구와 함께 있는지 대부분 알고 계신다	1.000	.796
내가 외출했을 때 부모님은 내가 무엇을 하고 있는지 대부분 알고 계신다	1.000	.804
내가 외출했을 때 부모님은 내가 언제 돌아올지를 대부분 알고 계신다	1.000	.641

〈표 12-1〉의 제목이 공통성(communality)이다. 보통 공통 분산치라고도 부르는데 요인의 고유값(eigenvalue)과 관련이 있다. 고유값은 각 문항 혹은 변수의 요인 적재값(factor loading)을 제곱하여 더한 값이라고 하였다. 공통성 역시 요인 적재값을 제곱하여 더하였다는 점에서는 고유값과 같으나 더하는 기준이 다르다. 고유값은 요인 중심이라면 공통성은 변수 중심이라 볼 수 있다. 고유값이 하나의 요인에 대한 개별 변수들의 요인 적재값을 제곱하여 더한 것이라면, 공통성은 특정 개별 변수의 각 요인에 대한 요인 적재값을 제곱하여 더한 것이다. 좀 더 쉽게 설명하면 고유값이 〈표 12-3〉의 요인 적재값을 제곱하여 세로로 더한 것이라면 공통성은 요인 적재값을 제곱하여 가로로 더한 것이다. 고유값이 한 요인이 모든 개별 변수를 설명하는 정도, 혹은 해당 요인으로 모든 개별 변수를 대치할 수 있는 정도라고 한다면, 공통성이란 어떤 특정 개별 변수가 여러 요인들에 의해 설명되는 정도라 볼 수 있다. 사실 공통성이란 개별 변수를 종속변수, 요인들을 독립변수로 간주할 때, R^2 값과 동일하다.

〈표 12-1〉의 첫 번째 열은 'initial', 두 번째 열은 'extraction'이다. 이 의미는 무엇인가? 'initial'은 'initial factor' 즉 요인분석에 처음으로 추출된 요인, 즉 회전시키기 전의 초기 요인[47]들에 의한 공통성(communality)이다. 그런데 모든 변수의 공통성이 1.0으로 동일하다. 왜냐하면 8개 문항 혹은 변수는 8차원 공간으로 표시되며 각 차원을 요인으로 간주한다는 설명을 상기하자. 고유값이 1.0이 넘는 요인을 중요한 혹은 의미 있는 요인으로 간주한다고 하였다. 중요하지 않은 요인까지 포함한 8개의 요인을 독립변수로 하고 개별 변수(혹은 문항)를 종속변수로 할 때의 R^2는 항상 1.0이다. 즉 8개의 변수를 8개의 요인으로 대치하면 8개의 변수를 완벽하게 대치할 수 있다

47) 요인의 회전에 대해서는 다음 절에서 다룬다.

는 말이다.

한편 'extraction'은 의미 있는 요인으로 추출된 요인들에 의한 공통성을 보여준다. 〈표 12-2〉를 보면 고유값이 1.0보다 큰 요인은 2개이다. 첫 번째 요인의 고유값은 4.516이고, 두 번째 요인의 고유값은 1.344인데, 세 번째부터 여덟 번째 요인의 고유값은 1.0보다 훨씬 작다. 이 두 개의 요인들에 의한 공통성을 개별 변수별로 보여주는 것이 두 번째 열이다. 즉 첫 번째 문항의 공통성은 .654, 두 번째 문항의 공통성은 .747, 8번째 문항 즉 "내가 외출했을 때 부모님은 내가 언제 돌아올지를 대부분 알고 계신다."의 공통성은 .641이다. 일반적으로 공통성이 클수록 좋은 결과로 간주할 수 있다. 왜냐하면 요인분석은 상대적으로 많은 수의 변수를 이보다 작은 수의 요인으로 대치하는 기법인데, 개별 변수가 요인으로 대치될 수 있는 가능성을 보여주는 것이 공통성이기 때문에 클수록 좋다. 공통성의 크기가 어느 정도일 때 좋은 결과라 볼 수 있는가? 절대적인 기준은 없으나 적어도 .5보다는 커야할 것이며 .7이상이면 좋은 결과로 간주할 수 있다. 이러한 일반적인 기준을 적용하여 볼 때 본 분석의 결과는 비교적 좋다고 볼 수 있을 것이다.

〈표 12-2〉 설명된 총분산

Component	Initial Eigenvalues		
	Total	% of Variance	Cumulative %
1	4.516	56.451	56.461
2	1.344	16.794	73.245
3	.490	6.128	79.373
4	.466	5.823	85.197
5	.410	5.121	90.317
6	.275	3.436	93.753
7	.254	3.179	96.932
8	.245	3.068	100.000

〈표 12-2〉를 좀 더 살펴보자. 'initial eigenvalues'의 아래 줄의 '% of variance'의 의미는 무엇일까? 각 요인의 상대적인 설명력을 보여주는 것이다. 8개 요인 전체의 고유값을 더하면 8이다. 첫째 요인의 고유값은 4.516이다. 즉 첫째 요인이 차지하는 비율은 4.516/8 = 56.451%가 되는 것이다. 부연하면 첫째 요인으로 8개의 문항(변수)을 대치할 수 있는 정도가 약 56%가 된다는 뜻이다. 마찬가지로 둘째 요인의 고유

값은 1.344이며 상대적인 설명 정도는 약 17%라는 말이며 이 두 요인이 누적하여 설명하는 정도는 73.245%이다. 이상의 결과로 우리는 8개의 문항은 두 개의 요인으로 축소 혹은 대치될 수 있다는 점을 알 수 있다.

7. 요인의 회전

〈표 12-3〉은 요인분석 결과물 중 성분행렬(component matrix)이다. 패턴행렬(pattern matrix)로 부르기도 했는데, 추출된 요인과 각 변수 혹은 문항 사이의 상관성을 요인 적재값(factor loading)으로 표시한 결과이다. 요인 적재값은 8개의 문항을 종속변수로, 각 요인을 독립변수로 상정하였을 때 표준 편회귀계수, 흔히 β라 부르는 계수와 동일하다. 주의할 점은 첫 번째 요인과 두 번째 요인 사이의 상관성은 전혀 없도록 요인 혹은 주성분을 추출한 것이며 그 이유는 이미 설명하였다. 〈표 12-3〉을 보면 거의 모든 문항의 요인 적재값이 첫째 요인에는 크지만 둘째 요인과 연관된 적재값은 작으며, 문항 4부터 마지막 문항의 둘째 요인의 요인 적재값의 부호가 (-)이다. 이러한 결과를 어떻게 해석해야 하나?

〈표 12-3〉 성분행렬

	Component	
	1	2
부모님과 나는 많은 시간을 함께 보내려고 노력하는 편이다	.715	.378
부모님은 나에게 늘 사랑과 애정을 보이신다	.727	.467
부모님과 나는 서로를 잘 이해하는 편이다	.755	.473
부모님과 나는 무엇이든 허물없이 이야기하는 편이다	.723	.356
내가 외출했을 때 부모님은 내가 어디에 있는지 대부분 알고 계신다	.795	-.378
내가 외출했을 때 부모님은 내가 누구와 함께 있는지 대부분 알고 계신다	.780	-.434
내가 외출했을 때 부모님은 내가 무엇을 하고 있는지 대부분 알고 계신다	.788	-.428
내가 외출했을 때 부모님은 내가 언제 돌아올지를 대부분 알고 계신다	.723	-.344

8개의 문항은 큰 틀에서 볼 때 한 차원이라는 점을 〈표 12-2〉에서 알 수 있다. 첫째 요인의 고유값을 보아도 이러한 점을 잘 알 수 있다. 첫째 요인의 고유값이 4.516이며 8개 문항을 56.45%를 설명한다는 것을 알았다. 즉 하나의 요인으로 차원을 축소

하여 대치하면 8개 문항을 56% 정도를 설명할 수 있다는 말이다. 즉 부모-자녀 사이의 애착을 정서적 친밀도와 감독의 두 개의 하위차원으로 나누어 살펴보았으나, 두 개의 하위차원은 이보다 큰 차원인 애착이라는 요인에서 나온 것이라는 점을 보여준다. 좀 더 쉬운 비유를 해보자. 사람의 키를 몸통과 다리로 두 개의 하위 차원으로 나누어 측정하였을 때, 몸통의 길이와 다리의 길이는 분석적으로 다를 수 있으나 '키'라는 상위차원에서 볼 때 하나의 차원에 속한다고 볼 수 있는 것과 다를 바 없다. 그러나 어떤 문항이 '정서적 친밀도'를 측정하는지, 어떤 문항이 '감독'을 측정하는 문항인지는 이 결과만으로 알기 어렵다. 요인의 회전(rotation)을 이해할 필요가 있다.

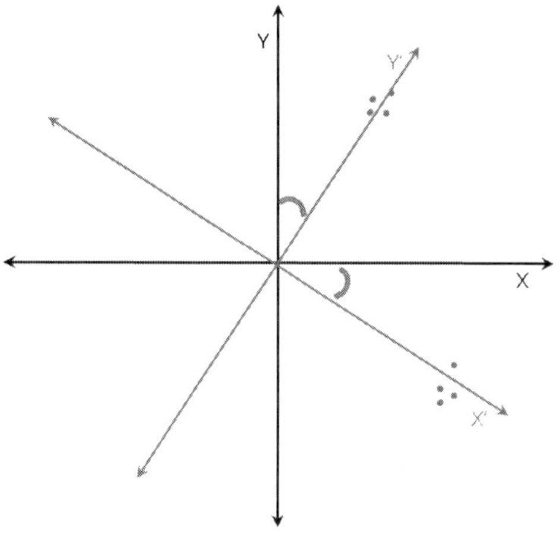

〈그림 12-4〉 직교회전

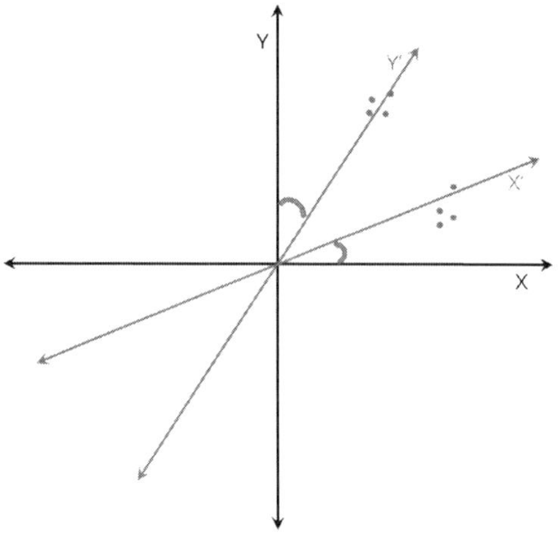

〈그림 12-5〉 사각회전

〈그림 12-4〉는 〈표 12-3〉의 결과를 그림으로 표시한 것이다. x축은 요인1이고 y축은 요인2를 나타낸다. x축과 y축은 직교하는데, 위에서 수차 설명한대로 요인1과 요인2는 서로 상관이 전혀 없도록 추출한 주성분이기 때문이다. 이러한 축을 그림처럼 α각만큼 오른편으로 회전시켜보자. 이 새로운 축을 x′, y′ 축이라 부르자. 이 새로운 축에 의하면 4개의 변수는 x′축에는 큰 점수(요인 적재값)를 y′축에는 작은 점수(요인 적재값)를 보여주며, 다른 4개의 변수는 반대로 x′축에는 작은 적재값으로, y′축에는 큰 적재값으로 변한다. 이렇게 축을 회전하는 것을 요인의 회전이라 부른다. 요인의 회전에는 여러 방식이 있으나 크게 두 가지가 있다. 첫째는 x축과 y축을 90도로 유지하면서 회전하는 것이며, 둘째는 〈그림 12-5〉처럼 90도 아닌 각도로 회전하는 방법이다. 90도를 유지하면서 회전하는 방법을 직교회전이라 부르고, 90도 이외의 각도로 회전하는 방법을 사각회전이라 부른다. 직교회전에도 여러 방법이 있으나 흔히 varimax라는 방법이 가장 많이 활용되는데, 간단히 설명하면 변수, 즉 **vari**able이 어떤 요인과 연관되었는지 최대로(**max**imum) 보여줄 수 있게 회전하기 때문이다.

이렇게 varimax 방법으로 회전한 결과가 〈표 12-4〉이다. 이 표의 요인 적재값을 보면 첫 번째 문항부터 네 번째 문항까지의 두 번째 요인 적재값은 0.7이상으로 크고 첫 번째 요인의 요인 적재값은 모두 0.3이하로 작다. 반면 다섯 번째 문항부터 여덟 번째 문항까지의 요인 적재값은 이와 반대로 첫 번째 요인 적재값은 크고 두 번째 요인의 적재값은 0.3이하로 작다. 이 결과를 보면 위에서부터 네 번째까지 문항은 요인2, 즉 두 번째 요인으로 축소될 수 있고, 다섯 번째 문항부터 마지막 여덟 번째 문항까지는 요인1로 축소할 수 있다는 점을 알 수 있다.

〈표 12-4〉 회전된 성분행렬(Varimax 회전)

	Component	
	1	2
부모님과 나는 많은 시간을 함께 보내려고 노력하는 편이다	.257	.767
부모님은 나에게 늘 사랑과 애정을 보이신다	.204	.840
부모님과 나는 서로를 잘 이해하는 편이다	.220	.864
부모님과 나는 무엇이든 허물없이 이야기하는 편이다	.278	.756
내가 외출했을 때 부모님은 내가 어디에 있는지 대부분 알고 계신다	.836	.275
내가 외출했을 때 부모님은 내가 누구와 함께 있는지 대부분 알고 계신다	.864	.224
내가 외출했을 때 부모님은 내가 무엇을 하고 있는지 대부분 알고 계신다	.865	.234
내가 외출했을 때 부모님은 내가 언제 돌아올지를 대부분 알고 계신다	.761	.250

그런데 이렇게 회전한 요인들과 〈표 12-3〉에서 원래 추출된 요인은 동일한 요인인가? 요인 적재값을 보면 같은 요인이라 보기 어렵다. varimax 방법으로 회전한 요인은 두 하위 차원을 최대로 분리하여 축소한 요인이며, 원래 요인은 8개 문항 전체를 최대로 축소한다는 전제로 추출하였기 때문이다. 그런데 재미있는 것은 원래 요인과 회전시킨 요인들의 고유값을 보면 각 요인의 고유값은 다르나 고유값을 더하면 같다. 원래 요인의 고유값을 더하면 (4.516 + 1.344 = 5.860)이며 회전시킨 요인의 고유값을 더하면 ((3.006 + 2.853 = 5.859)이다. 즉 회전하기 전의 요인과 회전한 후의 요인은 다르나 요인을 더한 고유값이 같아 두 요인이 설명하는 정도는 같다는 말이다. 왜 그럴까? 다음의 그림을 보면 알 수 있다.

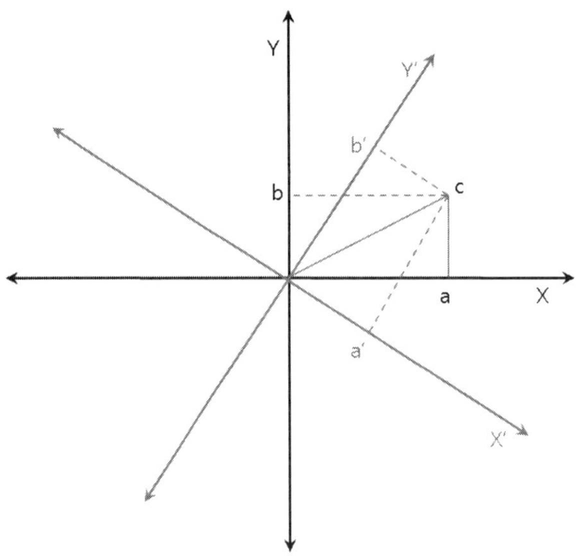

〈그림 12-6〉 직교회전한 요인의 고유값 변화

위의 그림의 c는 요인이 2개 있을 때 두 요인의 고유값의 더한 것의 제곱근이라 볼 수 있다. 한편 a와 b는 서로 직교하는 (즉 상관이 없는) 개별 요인의 고유값이라고 하면, $c^2 = a^2 + b^2$이다. 이 때 c의 길이가 일정하면 a와 b가 달라져도 위의 식은 성립하기 때문이다. 각 a와 b가 달라지는 것을 회전축이 변하는 것, 즉 요인의 회전이라 볼 수 있다.

마지막으로 사각회전(oblique rotation)을 살펴보자. 직교회전(orthogonal

rotation)은 문자 그대로 회전할 때 원래 요인들 간에 상관성이 없도록, 즉 x축과 y축을 90도로 유지하면서 회전하는 것이다. 사각회전은 90도를 유지하면서 회전하면 어떠한 문항(변수)이 어떤 요인과 관계가 큰지 알기 어려울 때 〈그림 12-5〉처럼 90도보다 크거나 작은 각도로 회전하여 요인과 변수간의 관계를 더욱 분명히 하는데 사용한다. 사각회전으로 요인분석을 한 출력물은 직교회전과 유사하지만, 거기에는 중요한 차이가 있다. 직교회전에서는 회전하기 전의 두 요인의 고유값을 더한 값과 회전한 후 두 요인의 고유값을 더한 값은 동일하다. 그러나 사각회전은 그렇지 않다. 일반적으로 회전 전 요인의 고유값을 더한 값보다 크다. 왜냐하면 직교회전은 두 요인이 상관성이 없다는 전제를 유지하면서 회전하였으나, 사각회전은 두 요인이 상관성이 있을 수 있다는 전제로 회전하여 두 요인의 상관성이 크면 클수록 고유값을 더한 값이 커지기 때문이다.

〈표 12-5〉 설명된 총분산(사각회전)

Component	Initial Eigenvalues			Rotation Sums of Squared Loadings
	Total	% of Variance	Cumulative %	
1	4.516	56.451	56.461	3.848
2	1.344	16.794	73.245	3.719
3	.490	6.128	79.373	
4	.466	5.823	85.197	
5	.410	5.121	90.317	
6	.275	3.436	93.753	
7	.254	3.179	96.932	
8	.245	3.068	100.000	

이러한 이유 때문에 사각회전 출력물은 성분행렬에 더하여 패턴행렬(pattern matrix)과 구조행렬(structure matrix)이 출력물로 제공된다. 성분행렬은 직교회전의 회전 전 결과와 동일하다. 한편 패턴행렬의 계수는 사각회전시킨 후 각 변수들의 요인 적재값이며, 구조행렬의 계수값은 요인 적재값이 아니라 변수(문항)와 요인 사이의 상관계수이다. 두 값의 차이는 일반적으로 크지 않으나 요인 적재값은 변수와 요인 사이의 직접 효과를, 상관계수는 직접 효과에 요인 사이의 상관성을 너한 즉 긴접효과를 포함한 것이라 볼 수 있다.

〈표 12-6〉 사각회전의 패턴행렬과 구조행렬

	Pattern Matrix		Structure Matrix	
	Component		Component	
	1	2	1	2
부모님과 나는 많은 시간을 함께 보내려고 노력하는 편이다	.037	.788	.462	.808
부모님은 나에게 늘 사랑과 애정을 보이신다	-.047	.888	.432	.863
부모님과 나는 서로를 잘 이해하는 편이다	-.037	.910	.454	.891
부모님과 나는 무엇이든 허물없이 이야기하는 편이다	.064	.769	.479	.804
내가 외출했을 때 부모님은 내가 어디에 있는지 대부분 알고 계신다	.861	.035	.879	.498
내가 외출했을 때 부모님은 내가 누구와 함께 있는지 대부분 알고 계신다	.909	-.033	.892	.457
내가 외출했을 때 부모님은 내가 무엇을 하고 있는지 대부분 알고 계신다	.908	-.022	.896	.467
내가 외출했을 때 부모님은 내가 언제 돌아올지를 대부분 알고 계신다	.784	.031	.800	.453

제2부

비행관련 조사데이터의 통계분석과정 : SPSS와 R을 사용한 분석

제13장

청소년 비행에 대한 분석

: 복합척도 구성 및 회귀분석

CHAPTER 13

청소년 비행에 대한 분석 : 복합척도 구성 및 회귀분석

1. 개요

본장의 청소년 비행에 관한 분석을 위해서 한국청소년정책연구원에서 수집한 청소년 패널조사 데이터를 사용한다.[48] 한국청소년정책연구원에서는 청소년 패널조사를 통해 전국의 중학교 2학년 청소년들(2003년 조사시작 - 2008년까지 추적조사)과 전국의 초등학교 4학년 청소년들(2004년 조사시작 - 2008년까지 추적조사) 중 연구대상으로 선정된 동일한 청소년들을 대상으로 그들의 잠재적 직업선택, 향후 진로설정 및 준비, 일탈행위, 여가참여 등의 생활실태에 대해 전망적 패널조사의 방법으로 추적조사하여 종단적 패널 데이터를 구축하였다.

이 중에서 중2패널은 1차년도에는 층화다단계집락표집 방법으로 선정된 학교를 대상으로 학교방문을 통한 집단면접조사의 방법으로 3,449명을 조사하였으며, 2차년도부터는 1차년도 조사한 학생들을 대상으로 개인별 추적을 통한 개별면접조사 방식으로 조사하였다.

본장의 분석에서는 통계분석의 과정에 필요한 기본적인 복합척도의 구성과정과 회귀분석 등을 소개하는데 목적이 있기 때문에 패널데이터를 모두 사용하지 않고 중2패널의 1차년도 데이터를 사용하여 분석한다. 주로 청소년 비행을 분석하기 위해서 비행변수를 어떻게 사용하는가, 등간척도의 변수들 간의 가설을 검증하기 위한 회귀분석에 초점을 맞춘다.

청소년 패널조사 데이터는 기본적으로 SPSS나 SAS 데이터의 형태로 제공되고 있다. 따라서 본장의 분석에서 SPSS를 사용한 분석에는 기본적으로 제공되는 SPSS 데이터를 사용하며, R의 분석을 위해서는 SPSS 형태로 제공된 데이터를 R에서 사용할 수 있도록 변환하여 사용한다.

48) 이 데이터를 원하는 사람들은 한국 아동・청소년데이터 아카이브 홈페이지에서 회원가입을 하면 필요한 데이터를 다운받을 수 있다.

2. 통계패키지의 이용

2.1 SPSS를 사용한 분석

사회과학 연구자들이 수집된 데이터를 분석하기 위해서 많이 사용하는 통계패키지 중의 하나가 SPSS이다. 본서가 SPSS의 사용법을 자세하게 소개하는 것이 목적이 아니기 때문에 기본적인 SPSS의 사용법을 이미 알고 있는 것을 전제로 논의를 진행하도록 한다. SPSS의 사용방법에 대한 서적은 이미 많이 출판되었으니 필요한 독자들은 SPSS를 소개하는 다른 서적을 참고하기 바란다. 여기에서는 비행데이터를 분석하는 과정에서 필요한 내용들을 중심으로 소개한다.

최근 SPSS는 과거 명령어 방식만 사용했던 것과 달리 메뉴방식을 주로 사용함으로써 초보자들도 쉽게 접근해서 사용할 수 있도록 하고 있다. 메뉴방식을 이용해서 통계분석 하는 경우 직관적인 사용법으로 인해서 초보자들이 쉽게 배우고 사용할 수 있다는 장점이 있다. 그렇지만 통계분석이란 최선의 결과를 찾아가는 탐색과정이기 때문에 여러 가지 다양한 분석을 시도해보고 수정하는 과정을 거치게 된다. 오랜 기간 반복해서 수정과 재분석을 시도할 때 메뉴에만 의존해서 분석하는 경우 자신이 분석한 과정을 기억하기가 쉽지 않으며, 따라서 분석의 맥락을 이어가기 쉽지 않다는 단점이 있다. 따라서 지난 분석과정을 파악하고 이어서 연속적으로 분석하기 위해서는 메뉴를 사용한 데이터의 수정이나 통계분석보다는 명령문(syntax)을 이용해서 분석하는 것이 더 유용하다.

명령문을 이용해서 SPSS의 프로그램을 사용하는 것이 익숙해지면 메뉴를 사용해서 분석하는 것보다 훨씬 간편하게 분석을 시행할 수 있다. 명령문을 이용하는 방법은 두 가지이다.

첫째는 SPSS의 기본적인 명령어를 익혀서 명령문창에서 직접 입력하는 방법이다. 이 경우 SPSS에는 아래 그림에서 볼 수 있는 것처럼 명령문의 입력을 도와주는 여러 가지 장치가 마련되어 있다. 〈그림 13-1〉에서 볼 수 있는 바와 같이 입력이 잘못된 경우에 붉은 색으로 오류가 발생한 부분을 표시해준다.[49] 예를 들어 두 번째 명령어의 RECODE는 잘못 입력된 것으로 '(0=0' 부분에서 닫는 괄호 ')'가 빠진 것을 알 수 있다. 또한 명령어에 익숙하지 않아서 무엇을 입력해야할지 모를 경우에는 오른쪽

49) 실제 SPSS 분석창에는 붉은 색으로 표시되지만 흑백으로 인쇄되는 경우 뚜렷하게 구분하기 어렵다.

윗부분의 명령문 도움말을 클릭하면 해당 명령어에 대한 도움말창이 나타나서 입력에 도움을 준다. 예를 들어 COMPUTE에 대한 명령어를 입력하다가 명령문 도움말을 클릭할 때 〈그림 13-2〉와 같은 도움말 창이 나타난다.[50)]

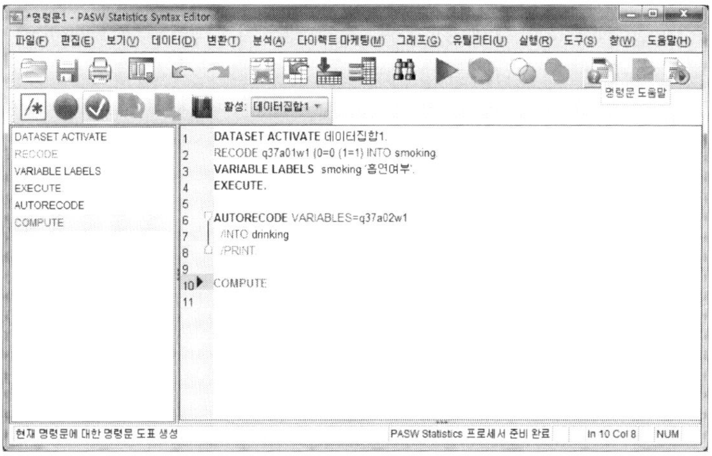

〈그림 13-1〉 SPSS의 명령문 창 보기

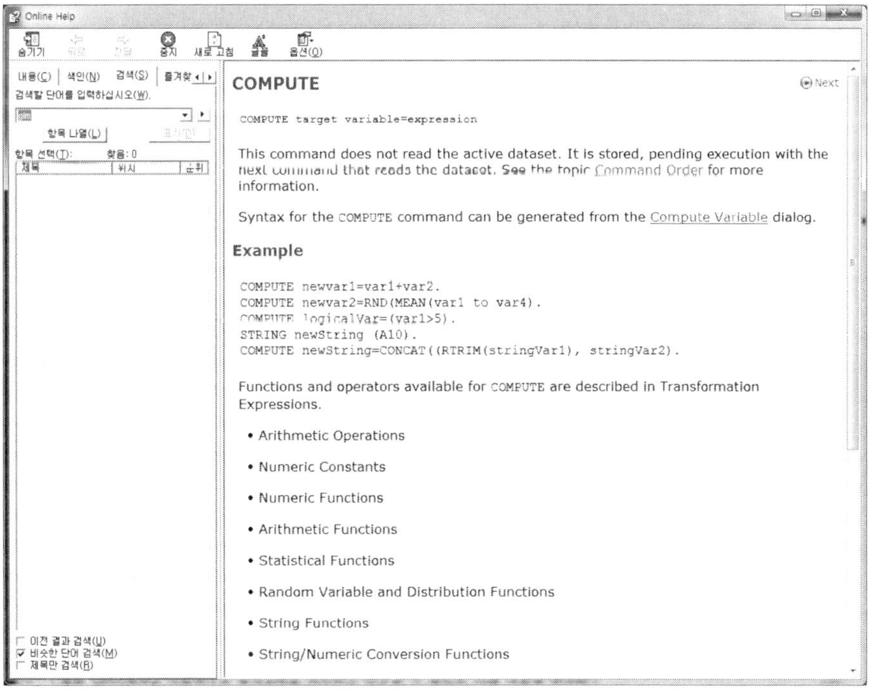

〈그림 13-2〉 compute 명령에 대한 도움말 창

50) 메뉴를 사용해서 동일한 작업을 수행하기 위해서는 [변환] 메뉴의 [변수계산]을 선택하면 해당 창이 뜬다.

두 번째 방법은 메뉴를 이용해서 필요한 분석을 구성한 후에 [확인]을 눌러서 실행시키는 것이 아니라 [붙여넣기]를 클릭하면 명령어창으로 해당 명령어가 붙여넣기 된다. 예를 들어 〈그림 13-3〉과 같이 빈도분석에서 해당 변수와 옵션을 선택한 후에 [붙여넣기]를 클릭하면 〈그림 13-4〉와 같이 명령문 창에 빈도분석의 명령어가 자동으로 입력된다. 이렇게 명령어를 입력해두면 다른 유사한 분석을 할 때 또는 간단한 수정을 통해서 재분석하고자 할 때 이 명령어를 복사해서 해당 변수나 옵션을 변화시킴으로써 쉽게 다른 분석을 시도할 수 있다.

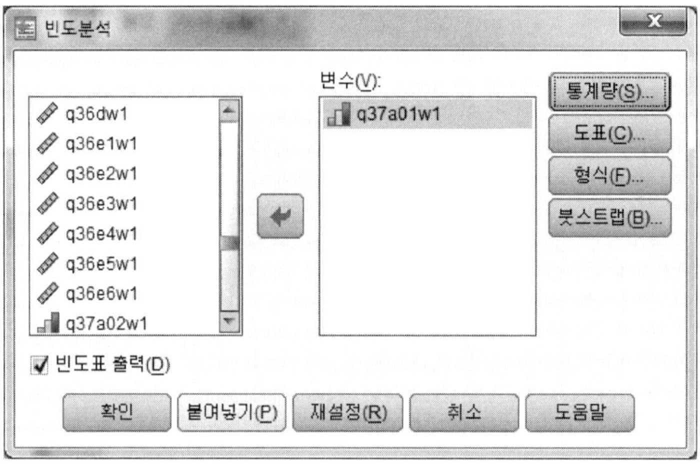

〈그림 13-3〉 빈도분석 메뉴에서 명령어창으로 명령문 붙여넣기

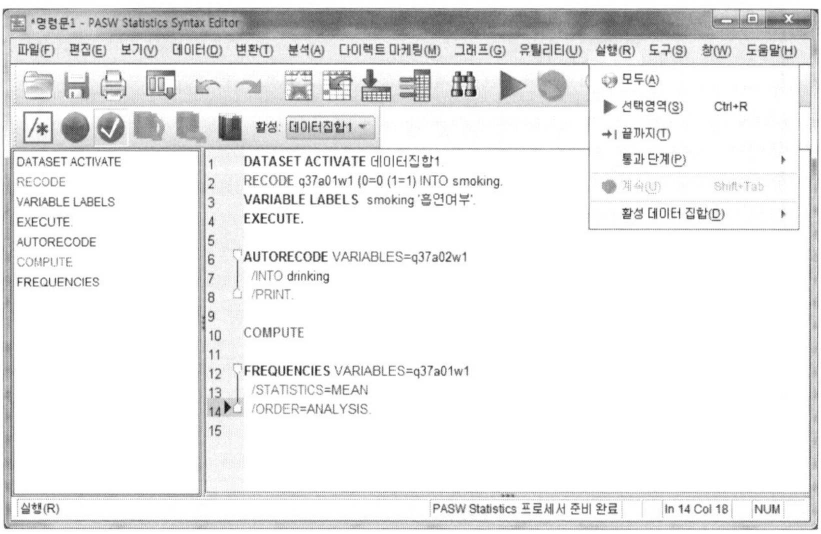

〈그림 13-4〉 빈도분석 메뉴에서 붙여넣기 결과

명령어 창에서 분석을 실행할 때는 위의 '실행' 메뉴를 사용한다. 명령어 창의 모든 명령어를 실행할 때에는 '모두'를 선택하면 되고, 일정 부분만 실행하고자 할 때는 원하는 부분을 블록을 형성한 다음에 '선택영역'을 클릭하면 된다.

참고 물론 SPSS에서는 자동적으로 분석과정을 저장하고 있으며 그 파일은 아래 경로에 저장된다.
C:₩Users₩사용자이름₩문서(D)₩SPSSInc₩PASWStatistics18₩statistics.jnl
statistics.jnl은 텍스트 파일이며, 메모장으로 읽을 수 있다.
이 파일에는 자신의 분석했던 명령문들이 모두 기록되어 있다.

2.2 R을 사용한 분석

앞서 소개한 SPSS는 사회과학도들에게 많이 사용되고 상대적으로 친숙한 통계패키지이다. 그렇지만 지금 소개할 R은 상대적으로 낯선 것이기 때문에 간단한 소개가 필요하다.

2.2.1 R이란?

R은 통계분석과 그래픽을 위한 언어와 환경으로서, Bell 연구소에서 개발한 S언어의 환경과 유사한 GNU 프로젝트이다. R은 다양한 통계분석(선형 및 비선형모형, 기본적인 통계검증, 시계열분석, 분류, 집단화 등) 및 그래픽 도구를 제공해준다. R은 오픈소스로 운영되며 수많은 참여자들의 기여에 의해서 발전되어 왔다. 따라서 R은 무료로 사용할 수 있으며, 이것이 SPSS, SAS, STATA 등 다른 유료 통계패키지에 비해서 매우 큰 장점으로 작용한다. 무료로 사용할 수 있음에도 불구하고 R에서 제공하는 통계방법이나 분석도구가 다른 유료 통계패키지에 비해 부족함이 없기 때문에 앞으로 더 많이 확산될 가능성이 높다고 볼 수 있다.

R은 다음과 같은 유용한 특성을 가지고 있다. 첫째, 앞에서도 언급한 바와 같이 무료로 이용할 수 있다. 둘째, 윈도우즈나 맥, 유닉스나 리눅스 등 다양한 OS 환경에서 모두 사용할 수 있다. 셋째, 다양한 통계방법과 데이터 분석기술을 제공한다. 넷째,

다양하고 뛰어난 그래픽 기능을 보여준다, 다섯째, 기존의 통계패키지처럼 이미 만들어져있는 통계방법만을 정해진 방식에 맞추어 사용하는 것이 아니라 필요한 경우 자신의 원하는 함수를 만들어서 이용할 수 있는 환경을 제공한다. 여섯째, 수많은 사람들이 통계방법의 개발에 자발적으로 참여하기 때문에 아직 다른 통계패키지에는 없는 최신의 발전된 기법들이 소개된다.

R을 사용할 수 있는 방법이 여러 가지로 제공되지만, 아직까지 명령어를 직접 입력하면서 사용하는 것이 일반적이다. 이를 상호작용적이라고 표현하는데, 명령어를 입력하면 바로 결과가 제시되는 방식으로 운영된다. 따라서 다른 통계패키지의 메뉴 방식의 분석에 익숙해진 사람들이나 통계를 처음 배우는 사람들에게 있어서 약간의 어려움이 있을 수 있지만 이 부분만 극복한다면 유용한 통계분석 도구로 사용될 수 있을 것으로 생각한다.

R에 대한 설명이나 도움말은 한국 R 사용자모임(Korean R Users Group, KRUG)에서 운영하고 있는 r-project.kr₩wiki에 접속하면 이용할 수 있다.

한 가지 더 부연하여 설명하고 싶은 것은 본장에서 소개하는 R의 사용법이 유일한 방법은 아니라는 점이다. R은 Base를 비롯한 다양한 기여자들이 제공하는 패키지가 존재한다. 따라서 같은 분석을 수행한다고 하더라도 여러 가지 다른 패키지를 사용해서 분석할 수 있다. 이는 SPSS와 대비되는 것으로서, SPSS의 경우 특정 분석을 행하기 위해서는 프로그램에서 제공하는 형태의 메뉴나 명령어를 사용해야하지만 R은 그렇지 않다. 본서에서 R의 사용법을 소개하는 것은 기본적으로 SPSS의 분석과정 및 결과와 비교하여 R의 분석방법과 결과를 보여주는 것이기 때문에 가급적이면 SPSS의 결과물과 유사한 결과를 보여주는 함수들을 사용하였다. 따라서 R을 사용해서 통계분석할 경우 본서에서 제시하는 사용법을 참고하되, 자신의 분석목적에 가장 적합한 패키지와 함수를 찾아서 사용하는 것이 바람직하다.

2.2.2 R의 설치와 구동

R의 설치프로그램은 r-project.org 웹사이트에 접속하여 무료로 다운 받을 수 있다.[51]

51) 자세한 설치과정과 기본적인 사용방법은 앞서 소개한 KRUG의 홈페이지에 자세하게 소개되어 있다.

1) 이 사이트에 접속해서 좌측에 보이는 CRAN을 클릭한다.
2) 여러 가지 언어 중에서 Korea를 찾아서 http://cran.nexr.com/ 을 클릭한다.
3) Linux, MacOS X, Windows용 R을 다운받을 수 있는데, 자신의 운영체제에 맞추어 클릭한다.

(Windows 용을 클릭하면)

4) 화면에 보이는 "base"를 클릭한다.
5) 다음에 나타나는 "Download R 3.0.2"를 클릭한다. R 이후의 숫자는 버전을 의미하는 것으로서 최신의 버전을 다운받으면 된다.
6) 다운로드가 끝난 후에 다운받은 설치프로그램을 실행하여 R을 설치한다.

기본적인 실행방법이나 R의 특성 및 조작방법에 대한 설명은 여기에서 자세하게 다루지 않도록 하겠다. 앞서 소개한 KRUG 홈페이지나 R에 관련된 다른 서적 또는 인터넷 검색을 통해 R에 대한 도움말들을 참고하기 바란다.

3. 비행변수들의 구성

3.1 비행변수의 측정

3.1.1 변수의 측정과 SPSS의 데이터창

청소년 패널조사에서 중2에 대한 1차 조사에서는 모두 14개의 비행항목에 대해서 조사하였다. 각 비행항목은 조사시점으로부터 지난 1년 동안 해당 항목을 해본 적이 있는지의 발생여부와 해본 적이 있다면 그 횟수가 몇 번인지를 질문하였다.

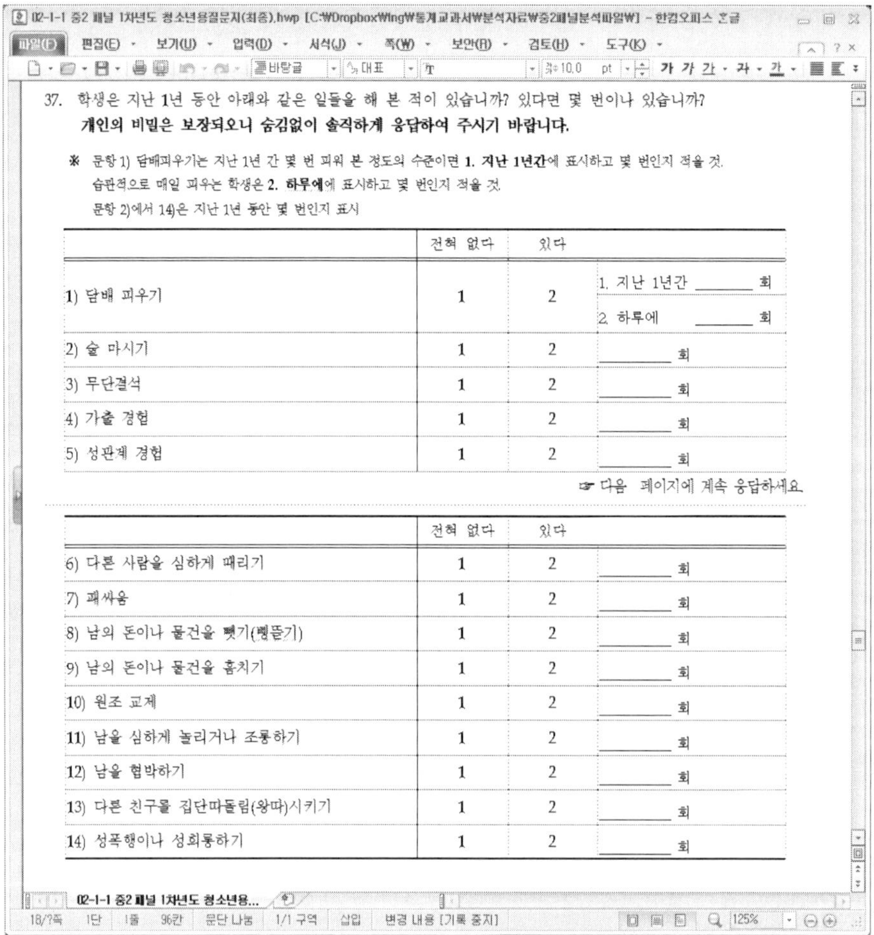

37. 학생은 지난 1년 동안 아래와 같은 일들을 해 본 적이 있습니까? 있다면 몇 번이나 있습니까?
개인의 비밀은 보장되오니 숨김없이 솔직하게 응답하여 주시기 바랍니다.

※ 문항 1) 담배피우기는 지난 1년 간 몇 번 피워 본 정도의 수준이면 **1. 지난 1년간**에 표시하고 몇 번인지 적을 것.
습관적으로 매일 피우는 학생은 **2. 하루에**에 표시하고 몇 번인지 적을 것.
문항 2)에서 14)은 지난 1년 동안 몇 번인지 표시

	전혀 없다	있다	
1) 담배 피우기	1	2	1. 지난 1년간 ______ 회 2. 하루에 ______ 회
2) 술 마시기	1	2	______ 회
3) 무단결석	1	2	______ 회
4) 가출 경험	1	2	______ 회
5) 성관계 경험	1	2	______ 회

☞ 다음 페이지에 계속 응답하세요.

	전혀 없다	있다	
6) 다른 사람을 심하게 때리기	1	2	______ 회
7) 패싸움	1	2	______ 회
8) 남의 돈이나 물건을 뺏기(삥뜯기)	1	2	______ 회
9) 남의 돈이나 물건을 훔치기	1	2	______ 회
10) 원조 교제	1	2	______ 회
11) 남을 심하게 놀리거나 조롱하기	1	2	______ 회
12) 남을 협박하기	1	2	______ 회
13) 다른 친구를 집단따돌림(왕따)시키기	1	2	______ 회
14) 성폭행이나 성희롱하기	1	2	______ 회

〈그림 13-5〉 비행항목 관련 설문문항 예시

비행항목은 담배피우기, 술마시기, 무단결석, 가출경험, 성관계 경험, 다른 사람을 심하게 때리기, 패싸움, 남의 돈이나 물건 뺏기(삥뜯기), 남의 돈이나 물건을 훔치기, 원조교제[52], 남을 심하게 놀리거나 조롱하기, 남을 협박하기, 다른 친구를 집단따돌림(왕따)시키기, 성폭행이나 성희롱하기이다.[53] 비행항목의 설문문항 구성은 위의 〈그림 13-5〉와 같다.

52) 원조교제의 경우는 여학생에게만 해당할 뿐만 아니라 조사결과 해본 적이 있는 경우가 5건에 불과해서 분석에서 제외시킨다.

53) 패널데이터에는 변수명을 부여할 때 기본적으로 문항의 번호를 중심으로 부여하였다. 비행여부의 변수는 q37a01w1부터 q37a14w1까지 부여되어 있으며, 비행의 빈도변수는 q37b01w1부터 q37b14w1까지 부여되었다. 다만 담배피우기의 경우 지난 1년간으로 할 경우 빈도가 너무 많아지는 경우가 있기에, 하루에 ( )회라는 항목이 추가되어 있다.

〈그림 13-6〉은 청소년 패널조사 1차년도 데이터로서 SPSS 데이터창에 나타난 비행변수의 이름과 그에 대한 설명이다.

〈그림 13-6〉 SPSS 데이터창에 나타난 비행변수명과 설명

3.1.2 R로 분석할 수 있는 데이터 만들기

기본적으로 제공된 데이터셋이 SPSS용이기 때문에 R을 사용해서 분석하기 위해서는 SPSS 데이터를 R에서 사용할 수 있는 데이터로 변환시켜야 한다. 이 때 두 가지의 방법을 사용할 수 있다. 첫째는 SPSS를 사용할 수 있는 경우로, 데이터셋을 SPSS에서 불러와서 csv 형태로 변환시킨 후에 R에서 사용할 수 있도록 불러오는 방법이다. 두 번째는 SPSS를 사용할 수 없는 경우에 SPSS 데이터를 직접 R에서 불러오는 방법이다.

3.1.2.1 csv 파일을 불러오기

1) 먼저 SPSS를 이용해서 R로 불러올 수 있는 csv 파일을 만든다. 여기에서는 panel.csv라는 이름으로 만들었다.[54]

2) 아래와 같이 read.table() 함수[55]를 사용하여 panel.csv 파일을 불러와서 R 데이터로 변환시킨 후에 panel이라는 객체[56]로 할당[57]한다. 아래의 명령어는 비행분석을 위한 별도의 폴더를 작업공간으로 지정한 후에 그곳에 panel.csv 파일을 넣어두고 작업한 것이다. header=TRUE 인자는 첫 번째 열을 변수명으로 인식하라는 것이며, sep=","는 csv 파일이 ","를 중심으로 구분되어 있기 때문에 구분자를 지정해준 것이며, row.names="id"는 "id"라는 변수에 row.names를 부여하라는 의미이다.

```
> panel <- read.table("panel.csv", header=TRUE, sep=",", row.names="id")
```

3) 이렇게 해서 R에서 작업할 수 있는 panel이라는 데이터프레임이 생성되었다. 다음에 해야할 작업은 이 데이터프레임에서 결측값을 확인하고 처리하는 것이다. R도 빈칸은 결측값으로 인식하며, 'NA'로 표시된다. 그렇지만 SPSS 데이터셋에서 특정한 숫자(주로 9, 99, 999 등)를 결측값으로 지정해준 경우에는 R에서 다시 그 숫자들을 결측값으로 처리하는 과정이 필요하다. 이를 위해서는 SPSS의 데이터셋에서 결측값이 지정된 변수와 결측값으로 지정된 숫자가 무엇인지 확인한 후 R에서 만든 데이터, 즉 여기서는 panel의 변수분포와 비교한다. 앞에 제시된 〈그림 13-6〉의 결측값을 보면 비행변수들의 결측값이 무엇인지 알 수 있다.

아래 describe(panel)은 변수의 기술통계를 계산해서 보여주는 함수인데, 인자에 panel이라는 데이터프레임의 이름을 쓰게 되면 그 데이터프레임의 모든 변수들의 기

54) R을 실행시키면 기본 작업공간에서 실행된다. 지속적인 작업을 위해서는 작업공간을 자신이 별도로 설정해둔 폴더로 설정해주는 것이 좋다. 각각의 프로젝트를 별도의 작업폴더에 저장하고, R을 실행시킨 후에 setwd("mydirectory")로 이동하고, load()명령어를 입력하면 지난 번에 작업했던 것을 복구해서 계속 작업할 수 있다.

55) R은 기본적으로 함수(function)를 사용하여 작업을 수행한다. 함수는 함수명()의 형태로 되어 있으며, ()안에는 필요한 인자들을 입력할 수 있다. 함수의 기능과 필요한 인자를 찾기 위해서 R의 도움말을 참고할 수 있다. 함수의 도움말은 R의 콘솔창에서 help(함수명)을 입력하면 된다.

56) 객체(object)는 변수에 할당될 수 있는 것을 말하는데, 상수, 데이터구조, 함수, 그래프 등이 객체가 될 수 있다. 데이터구조란 R에서 제공하는 기본 데이터형을 의미한다. 분석하고자 하는 대상을 저장하고 조작하는 방법 및 연산방식이 데이터형마다 다르다. 기본적으로 벡터(vector), 행렬(matrix), 배열(array), 데이터프레임(dataframe), 리스트(list)가 있으며 사회과학적 통계분석을 하는 사람들은 데이터프레임과 리스트의 데이터형이 적합하다. 데이터프레임이란 일반적인 SPSS 데이터셋처럼 변수와 사례수로 구성된 데이터를 말한다.

57) R에서는 연산된 결과를 특정 객체에 할당할 수 있다. 할당된 객체는 추후에 다시 활용될 수 있다. 할당을 의미하는 기호는 "<-"를 주로 사용한다.

술통계와 빈도분포를 구해준다.[58)]

```
> library(Hmisc)
> describe(panel)
```

4) 결측값을 처리해야 하는 변수들을 확인한 후에는 아래와 같이 해당 변수들의 결측값을 처리해 주어야 한다. 이 작업을 먼저 하지 않을 경우에는 이후의 전반적인 분석결과가 잘못될 수 있기 때문에 주의해야 한다. 이처럼 통계분석은 매 단계마다 올바로 진행되고 있는지 체크하는 것이 중요하다.

SPSS는 하나의 데이터셋만을 사용해서 작업을 하지만 R에서는 여러 데이터프레임이 작업공간에서 동시에 사용할 수 있다. 따라서 특정 데이터프레임 안에 포함된 변수를 사용하기 위해서는 항상 '데이터프레임이름$변수명'의 형태로 적어주어야 R이 이를 인식할 수 있다. 그런데 모든 변수명에 이렇게 데이터프레임의 이름을 같이 적어주려면 불필요하게 길어지고 입력할 양이 많아지기 때문에 아래에서 보는 바와 같이 attach(panel)이라는 함수를 사용해서 panel이라는 데이터프레임을 불러오면 데이터프레임의 이름을 변수명 앞에 적어주지 않아도 된다. 이렇게 사용했을 때에는 해당 작업이 끝난 후에 detach(panel)을 사용해서 불러온 데이터프레임을 원위치시켜 주는 것이 좋다.[59)]

아래 사용된 명령어들, 예를 들어 'panel$q17a1w1[q17a1w1 == 99] 〈 NA'[60)]

58) 여기에서 library(Hmisc)에 대해서 설명해야 한다. ()안에 있는 'Hmisc'는 패키지의 이름이다. R에는 기본적으로 제공하는 Base에서 제공하는 함수들 외에 특정한 통계분석이 가능하도록 사람들에 의해서 만들어져서 제공되는 여러 함수들의 묶음인 수많은 패키지들이 존재한다. 자신의 목적에 따라서 각 패키지에 포함된 함수를 사용하기 위해서는 먼저 해당 패키지를 설치해야 하고, 두 번째로 설치한 패키지를 library()로 불러들인 후에 사용할 수 있다. 여기에서는 기술통계를 보여주기 위해서 describe 함수를 사용하고자 'Hmisc' 패키지를 설치하고 library(Hmisc) 함수를 사용해서 불러온 것이다. 이 과정을 거치지 않고 describe(panel)를 실행시킨 경우에는 "에러:함수 "describe"를 찾을 수 없습니다."라는 메시지가 나타난다.

59) 이렇게 하는 것은 여러 이유가 있다. 새로 변수를 만들거나 변수값을 재부호화하는 등의 작업을 수행했을 때 해당 데이터프레임을 detach 시켰다가 다시 attach 시켜야 그 작업 내용이 반영된다. 또한 여러 작업공간 내에 여러 데이터프레임과 객체들이 존재하기 때문에 사용이 끝난 후에는 detach 시키고 필요할 때 다시 불러오는 것이 혼돈을 피할 수 있다. R을 사용하는 경우에는 데이터창을 보면서 작업할 수 있는 SPSS와는 달리 작업공간의 내용을 보면서 작업할 수 없기 때문에 이러한 절차를 따르는 것이 좋다.

60) R에서는 특정 변수의 값이 숫자와 같음을 지정하는 기호로 '=='을 사용한다. 그 밖에서 '〈', '〉', '〈=',

란 명령어는 q17a1w1이 99일 때 panel의 q17a1w1을 NA, 즉 결측값으로 처리하라는 의미이다.[61)]

```
> attach(panel)
> panel$q17a1w1[q17a1w1 == 99] <- NA
> panel$q17a2w1[q17a2w1 == 99] <- NA
> panel$q33a02w1[q33a02w1 == 9] <- NA
> panel$q33a04w1[q33a04w1 == 9] <- NA
> panel$q33a05w1[q33a05w1 == 9] <- NA
> panel$q33a06w1[q33a06w1 == 9] <- NA
> panel$q33a07w1[q33a07w1 == 9] <- NA
> panel$q37b02w1[q37b02w1 == 999] <- NA
> panel$q37b03w1[q37b03w1 == 999] <- NA
> panel$q37b04w1[q37b04w1 == 999] <- NA
> panel$q37b06w1[q37b06w1 == 999] <- NA
> panel$q37b08w1[q37b08w1 == 999] <- NA
> panel$q37b09w1[q37b09w1 == 999] <- NA
> panel$q37b11w1[q37b11w1 == 999] <- NA
> panel$q37b12w1[q37b12w1 == 999] <- NA
> panel$q37b13w1[q37b13w1 == 999] <- NA
> detach(panel)
> describe(panel)
```

3.1.2.2 SPSS 데이터셋을 직접 불러오기

SPSS 데이터셋을 직접 불러올 경우에는 'Hmisc' 패키지의 spss.get()이라는 함수가 필요하다. 아래의 명령어는 작업공간 폴더에 있는 'panel.sav'라는 SPSS 데이터셋을 불러와서 변환시키는데 그러한 작업결과를 ipanel이라는 데이터프레임에 할당하

'>=', '&'(and), '|'(or)등의 기호를 사용한다.

61) 여기에서 결측값을 설명하는 명령어 중에서 <- 왼쪽 부분의 변수명을 정해줄 때에는 항상 데이터프레임의 이름과 $를 붙여주고 있지만 [ ]안의 변수명에는 데이터프레임의 이름을 사용하지 않았다. 설명하는 것이 좀 복잡하기는 하지만 attach() 함수를 사용해서 데이터프레임을 불러와도 해당 데이터프레임의 우선순위가 첫 번째가 되지 않고, 두 번째가 되기 때문이다. 첫 번째는 현재의 작업공간이 되기 때문에 특정값이 할당되는 변수명을 지정할 때에는 데이터프레임의 이름을 앞에 붙여주어야 한다. 그렇지 않으면 새로 할당된 변수는 데이터프레임이 아니라 현재 작업공간에 새로운 객체로 생성된다.

라는 것이다. 여기에서 'lowernames=TRUE'란 인자는 대문자로 되어 있는 변수명을 소문자로 변환시키라는 것이며,[62] 'use.value.labels=FALSE'란 SPSS 데이터셋에 입력되어 있던 value label을 사용하지 말라는 뜻이다.[63] 그 이유는 R에서 범주형 자료(categorical data)를 지칭하는 요인(factor)이라는 것이 있는데, 요인인 경우에만 value label을 사용하며, 숫자로 된 변수에는 value label을 사용하지 않기 때문이다. 우리가 사용하는 패널자료의 SPSS 데이터셋에는 모든 변수명과 변수값에 label을 입력해서 제공하기 때문에 'use.value.labels=TRUE'로 사용하는 경우에는 모든 변수를 요인(factor)으로 간주해서 변환시킨다.

```
> library(Hmisc)
> ipanel <- spss.get("panel.sav", lowernames=TRUE,
+                    use.value.labels=FALSE)
> str(ipanel)
```

이렇게 직접 변환시킨 데이터프레임의 구조를 살펴보기 위해서 str(ipanel) 함수를 실행시켰을 때 ipanel이라는 데이터프레임에 상당히 복잡한 여러 가지의 것들이 포함되어 있었다. 그래서 이후의 분석에서는 csv 파일을 이용해서 읽어온 panel이라는 데이터프레임을 사용하기로 한다.[64]

3.2 비행항목의 구성

3.2.1 청소년 비행변수의 특징

사회현상으로서의 청소년 비행은 다른 사회현상과는 다른 특성을 지니고 있다. 비

62) R에서는 대문자와 소문자를 구분해서 입력해야 하며, 그렇지 않을 경우에 오류가 발생한다.
63) 이렇게 명령어를 입력해서 실행시켰을 때 경고메세지가 뜬다. 그 내용은 "panel.sav: Unrecognized record type 7, subtype 18 encountered in system file"로서 SPSS 데이터셋에 포함된 특정 기호를 인식하지 못한다는 뜻이지만 정확한 내용은 파악하지 못하였다. 그렇지만 경고메시지에도 불구하고 데이터프레임은 생성되며 이를 사용해서 분석하는 것은 큰 문제가 없는 것으로 판단된다.
64) R은 SPSS처럼 여러 변수들의 재부호화 또는 결측값 처리를 동시에 하는 기능이 상대적으로 부족한 것으로 보인다. 따라서 방대한 SPSS의 데이터셋을 모두 변환하지 않고 필요한 변수들만으로 소규모의 데이터셋을 구성하여 변환시키는 것이 작업을 효율적으로 하는데 도움이 되는 것으로 생각한다. 또한 앞서 언급한 바와 같이 작업공간 내에 여러 개의 데이터프레임을 동시에 사용할 수 있다는 장점이 있기 때문에 굳이 모든 변수들을 포함한 데이터셋을 사용할 필요도 크지 않아 보인다.

행을 분석하기 위해서는 비행이 가지는 이러한 특성에 대해서 살펴보는 것이 필요하다. 일반적으로 비행이나 범죄는 사람들이 많이 저지르는 행동이 아니다. 범죄연구방법론이 가지는 특성 중의 하나가 자료의 희소성이라는 점도 이를 반영한 것이다. 따라서 범죄나 비행을 측정한 데이터를 이용해서 분석할 때 직면하는 첫 번째의 문제는 비행변수의 분포에 관한 것이다. 즉 많은 비행항목에서 비행을 해보지 않았다는 응답이 비행을 해본 적이 있다는 응답보다 훨씬 많으며, 그 비율의 차이도 상당히 크다. 이러한 과도한 왜도(skewness)는 통계분석에서 여러 가지 한계로 작용한다. 앞에서도 살펴본 바와 같이 많은 통계방법에서 변수의 정규분포를 가정하고 있는 경우가 많기 때문이다. 따라서 비행변수의 다양한 변환을 통해서 가능한 한 이러한 한계를 줄여보고자 노력하지만 문제를 근본적으로 극복하는 것은 바로 비행현상 자체가 가지는 한계로 인해서 불가능하다는 것을 인정할 수밖에 없다.

범죄현상의 연구방법은 여러 가지가 있지만 가설 검증이라는 목적을 위해서는 자기보고조사방법이 가장 많이 사용된다. 양적인 통계분석을 통해서 원하는 가설을 검증할 수 있는 가장 좋은 수단을 제공하기 때문이다. 일반적으로 범죄의 연구에서의 가설검증은 범죄의 원인에 초점이 맞추어진다. 결국 비행이나 범죄를 저지르게 하는 원인이 무엇인가를 밝히는 것이 목표가 된다.

이를 위해서는 자기보고조사에서 종속변수인 비행이나 범죄를 측정하여야 하고, 원인이 되는 다양한 변수에 대한 측정이 이루어져야 한다. 그런데 비행을 측정함에 있어서 다른 사회과학 분야와는 다른 범죄현상의 독특성이 나타난다. 범죄나 비행은 희소하게 발생하는 현상이며 사람들이 감추고자 하는 현상이라는 점이다. 자기보고조사를 통해서 비행의 경험이 있는 응답이 나타나는 비율은 그렇지 않은 경우에 비해서 현저하게 낮다. 이는 기본적으로 통계분석을 적용함에 있어서 한계로 작용한다. 기본적인 가정을 충족시킴에 있어서 부족하기 때문이다.

청소년 비행의 연구에 있어서 비행행동은 설명되는 변수, 즉 종속변수이면서 가장 중요한 변수이다. 따라서 실제로 분석을 시행함에 있어서 비행변수를 어떤 형태로 사용할 것인지를 선택하는 것이 필요하며, 이는 전체적인 분석에 중요한 영향을 미칠 수 있다. 이 때 비행연구에서 어떤 형태의 독립변수를 선택하여 사용할 것인가는 연구자가 분석하고자 하는 관심이 어디에 있는가에 따라서 결정된다. 일반적으로 비행변수를 사용함에 있어서 측정한 비행항목을 그대로 사용할 수도 있고, 몇 개의 비행변수를 사용해서 복합척도를 만들어서 사용할 수도 있다.

3.2.2 단일 비행항목 사용하기

3.2.2.1 SPSS를 사용한 분석

조사에서 측정한 단일 비행항목을 그대로 분석에서 사용할 수 있다. 본장에서 사용하는 청소년 패널자료의 경우에 14개의 비행항목을 측정하였고 이 항목을 개별적으로 분석에서 사용하는 것이다. 이 경우에 구체적인 비행항목에 대한 분석이 이루어짐으로써 비행행동에 대한 상세한 분석이 가능하다는 장점이 있지만, 다른 한편으로 종속변수의 수가 너무 많아짐으로 인해서 분석과정이 복잡하고, 또 분석결과의 해석에 있어서도 복잡함으로 인한 어려움이 초래될 가능성이 높다. 일반적으로 통계분석을 통해서 현상을 검증할 때 적용되는 원칙 중의 하나는 간결성의 원칙이 있다. 가능하면 단순하게 설명하는 것을 선호하는 것이다. 이러한 이유로 단일 비행항목을 그대로 분석에 사용하는 경우는 그리 많지 않다. 그렇지만 다음에서 살펴볼 비행복합척도를 구성해서 사용하는 경우에도 개별 비행변수를 어떤 방식으로 사용하는가가 영향을 미칠 수 있기 때문에 그 방법에 대해서 살펴보는 것은 의미가 있다.

단일 비행변수를 종속변수로 사용할 때 세 가지의 방법을 사용할 수 있다.

1) 비행여부를 분석의 대상으로 사용하는 것이다. 이 경우 비행변수는 비행의 경험이 '없다'와 '있다'라는 두 범주로 구분된다. 제1장에서 살펴본 척도의 수준에 따라서 한 곳에 분류하기가 애매한 측면이 있다. '없다'는 것과 '있다'는 것은 질적 구분도 되지만, 서열과 더불어 등간으로도 볼 수 있기 때문이다. 이처럼 종속변수가 두 개의 범주만 가질 경우에는 다양한 통계방법을 사용함에 있어서 제약을 받을 수 있다. 고급통계를 사용하지 않을 경우에는 관계분석을 위해서 교차분석을 사용하거나, 평균차이 검증을 사용할 수 있을 뿐 일반적으로 많이 사용하는 회귀분석은 사용이 곤란하다. 교차분석이나 평균차이 검증의 경우에는 다른 변수의 영향력에 대한 통제가 어렵기 때문에 분석에 많은 제약이 있다. 그렇지만 비행변수에서 '없다'와 '있다'를 0과 1로 코딩함으로서 로짓회귀분석 등과 같은 고급통계를 사용할 수 있기 때문에 고급의 통계분석이 불가능하다고 볼 수는 없다.

아래 〈그림 13-7〉은 패널자료에서 '다른 사람을 심하게 때리기(폭행)'의 빈도분포를 예로 제시한 것이다. 변수 q37a06w1은 폭행여부(1과 2)의 빈도분포를 보여준다. 먼저 지난 1년 동안 다른 사람을 심하게 때려 본 적이 있는지를 질문한다. 이 때 310

명(9%)이 그런 경험이 있다고 응답하였다.

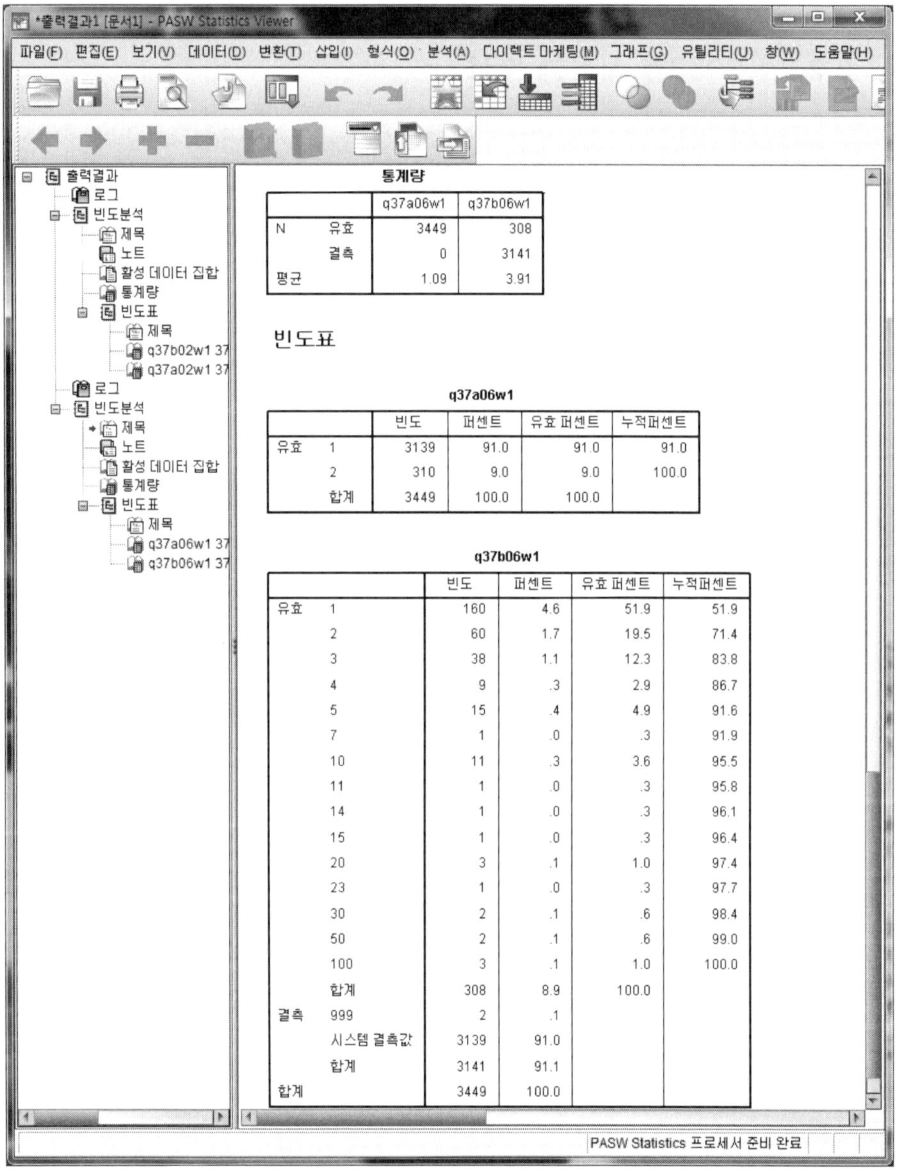

통계량

		q37a06w1	q37b06w1
N	유효	3449	308
	결측	0	3141
평균		1.09	3.91

빈도표

q37a06w1

		빈도	퍼센트	유효 퍼센트	누적퍼센트
유효	1	3139	91.0	91.0	91.0
	2	310	9.0	9.0	100.0
	합계	3449	100.0	100.0	

q37b06w1

		빈도	퍼센트	유효 퍼센트	누적퍼센트
유효	1	160	4.6	51.9	51.9
	2	60	1.7	19.5	71.4
	3	38	1.1	12.3	83.8
	4	9	.3	2.9	86.7
	5	15	.4	4.9	91.6
	7	1	.0	.3	91.9
	10	11	.3	3.6	95.5
	11	1	.0	.3	95.8
	14	1	.0	.3	96.1
	15	1	.0	.3	96.4
	20	3	.1	1.0	97.4
	23	1	.0	.3	97.7
	30	2	.1	.6	98.4
	50	2	.1	.6	99.0
	100	3	.1	1.0	100.0
	합계	308	8.9	100.0	
결측	999	2	.1		
	시스템 결측값	3139	91.0		
	합계	3141	91.1		
합계		3449	100.0		

〈그림 13-7〉 비행변수의 빈도분포의 사례

2) 두 번째는 응답자들이 응답한 비행빈도를 그대로 사용하는 것이다. 즉 응답자들이 지난 1년 동안 해본 적이 있다고 응답한 비행의 횟수를 그대로 종속변수로 사용한다. 위의 〈그림 13-7〉에서 q37b06w1은 폭행의 빈도분포를 보여준다.

비행의 빈도를 사용하게 될 경우에는 등간척도로 사용할 수 있기 때문에 다양한 통계분석의 적용이 가능한 이점이 있다.[65] 그렇지만 응답자들이 기록한 빈도를 그대로 사용할 경우에 조심해야할 점은 지나치게 높은 횟수(극단값)를 그대로 사용함으로써 평균에 부정적인 영향을 미칠 수 있다는 것이다. 실제로 〈그림 13-7〉에서도 폭행의 빈도분포는 없거나 1회인 경우가 거의 대부분이지만 30회가 2명, 50회가 2명, 100회가 3명으로서 이들은 폭행의 평균을 과대평가하게 할 수 있다. 따라서 이러한 오류를 피하기 위해서 응답자들의 비행빈도를 그대로 사용할 때는 미리 빈도분포를 살펴보고 적절하게 상한선을 정해서 변수를 재부호화시켜 주는 것이 필요하다.

또한 비행빈도를 그대로 사용할 때는 비행빈도에 대한 응답의 정확성을 염두에 둘 필요가 있다. 지난 1년 동안 경험한 것이 심각한 사건이라면 정확하게 빈도를 기억할 수 있겠지만, 상대적으로 경미한 비행의 경우에 지난 1년 동안 저지른 빈도를 정확하게 기억할 수 있다는 것을 기대하기는 어렵기 때문이다. 이러한 이유로 다음에 제시하는 세 번째의 방법을 사용하기도 한다.

〈분석 예〉 패널자료에서 비행빈도변수 만들기

비행빈도를 응답한 그대로 사용하기 위해서는 비행변수에 비행이 없는 경우와 비행의 빈도가 모두 포함되어 있어야 한다. 그렇지만 패널자료에서는 비행여부와 비행의 빈도가 별도의 변수로 제공되고 있기 때문에, 하나의 변수로 만들어주는 과정이 필요하다. 변환시키는 과정은 아래와 같다.

첫째로 비행여부를 나타내는 이분변수도 나중에 사용해야 하기 때문에 새로운 변수로 만들어주고, 원변수는 없다가 1, 있다가 2로 입력되어 있기 때문에 이를 0과 1로 바꾸어 준다. 이렇게 변환시키는 명령어는 아래 〈그림 13-8〉과 같다.

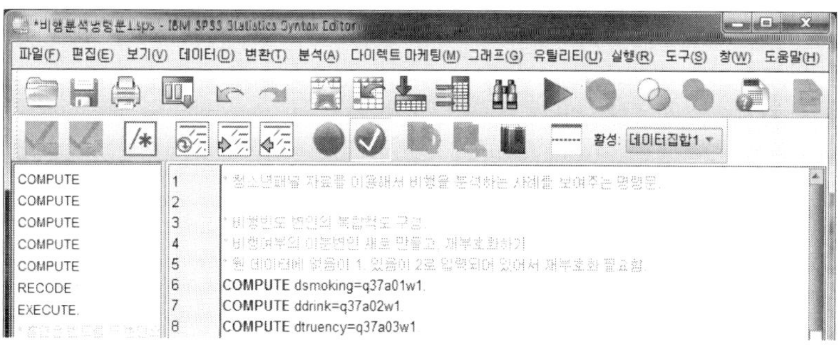

65) 비행빈도를 등간척도로 사용할 수 있는가는 또 다른 차원에서 생각해볼 문제이다. 일반적으로 엄격한 의미에서의 등간척도는 사회현상에서 찾아보기 쉽지 않다. 비행행동의 빈도도 count 변수로서 엄격한 의미의 등간척도라고 할 수 없다는 견해도 있을 수 있지만 일반적으로 등간척도로 간주하여 사용한다.

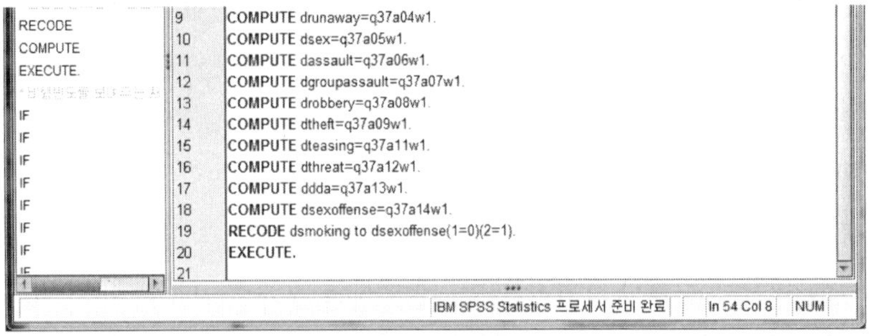

〈그림 13-8〉 이분적 비행변수들의 재부호화

둘째로 이 변수들을 사용해서 비행빈도 변수를 구성한다. 이 때 첫 번째 변수인 담배피우기의 경우는 다른 항목과 달리 하나의 과정을 더 거쳐야 하는데, 흡연의 경우에 몇 번 피워본 경우와 매일 일정량을 피우는 경우가 확연하게 구분되기 때문에 〈그림 13-5〉와 같이 따로 빈도를 측정했기 때문에 이를 하나로 만들어주는 작업을 해야 한다.

비행빈도 변수를 만드는 명령어의 예는 아래 〈그림 13-9〉와 같다.

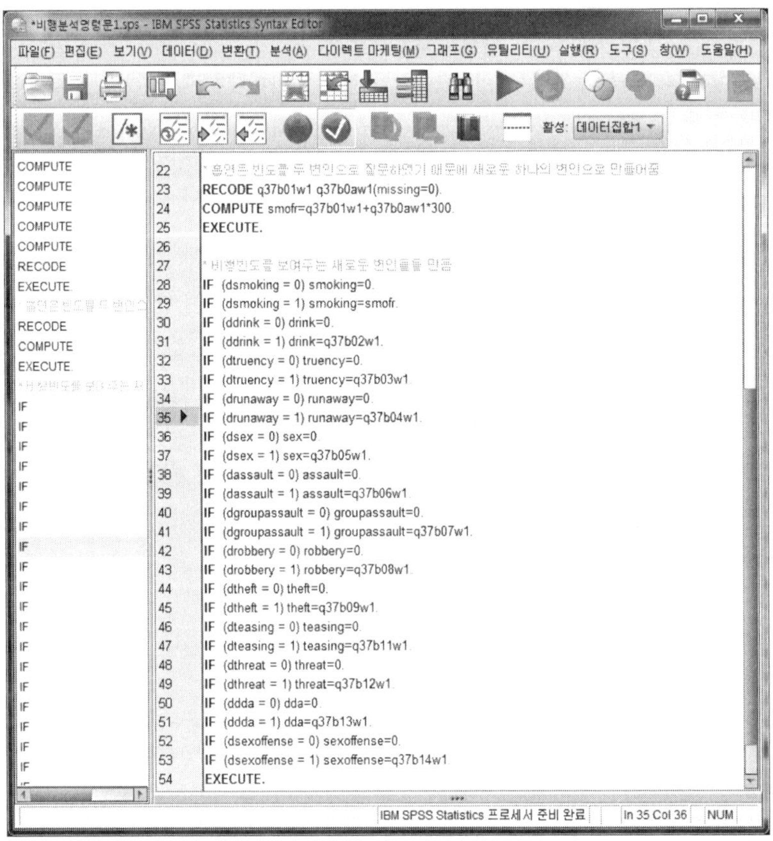

〈그림 13-9〉 비행빈도 변수를 만드는 명령어

3) 비행변수를 적절하게 재범주화해서 사용한다. 제 1장에서 살펴본 척도의 수준에 대한 설명에서 등간척도는 점수 간의 간격이 동일한 척도라고 하였으며 앞에서 비행빈도를 등간척도로 사용할 수 있다고 하였다. 그렇지만 사회현상의 본질인 질적인 의미를 고려하였을 때 과연 비행빈도를 등간으로 보는 것이 적합한가 생각해볼 수 있다. 비행을 하지 않은 경우와 한번 해본 경우의 1의 차이는 10번 해본 경우와 11번해 본 경우의 1의 차이와 숫자에서는 동일하지만 질적인 의미에서 매우 큰 차이를 가진다고 볼 수 있다. 따라서 비행의 빈도를 그냥 사용하는 것이 아니라 점수 간의 동질성을 확보할 수 있도록 적절하게 묶어서 재범주화한 후에 사용하는 것이 등간척도의 개념에 더 적절하다고 볼 수도 있다. 문제는 이 경우 어느 기준에 따라서 재범주화하는 것이 가장 적절한가에 대한 합의된 기준에 없기 때문에 다소 임의적일 수 있다는 점에서 한계가 있다고 볼 수 있다.

여기에서 통계분석은 탐색적인 과정이라는 의미가 적절하게 적용될 수 있을 것이다. 즉 충분한 시간을 가지고 다양한 방법으로 수정하고 재분석하는 과정을 통해서 현실적으로 가장 적합한 기준을 찾아볼 수 있을 것이다.

3.2.2.2 R을 사용한 분석 사례

앞에서 제시한 〈그림 13-8〉에서 SPSS는 새 변수를 만든 다음에 recode 명령어로 여러 변수를 동시에 값을 변경할 수 있지만 R에서는 이렇게 하는 것이 쉽지 않다. 그래서 이전 변수의 값에 대해서 새 변수의 값을 지정해주는 방식으로 진행한다. 아래 명령어는 〈그림 13-8〉과 동일하게 비행변수들을 0과 1의 값을 가진 새 변수로 만들어주는 R의 명령어이다.

```
> attach(panel)
> panel$dsmoking[q37a01w1 == 1] <- 0
> panel$dsmoking[q37a01w1 == 2] <- 1
> panel$ddrink[q37a02w1 == 1] <- 0
> panel$ddrink[q37a02w1 == 2] <- 1
> panel$dtruency[q37a03w1 == 1] <- 0
> panel$dtruency[q37a03w1 == 2] <- 1
> panel$drunaway[q37a04w1 == 1] <- 0
> panel$drunaway[q37a04w1 == 2] <- 1
> panel$dsex[q37a05w1 == 1] <- 0
> panel$dsex[q37a05w1 == 2] <- 1
```

```
> panel$dassault[q37a06w1 == 1] <- 0
> panel$dassault[q37a06w1 == 2] <- 1
> panel$dgroupassault[q37a07w1 == 1] <- 0
> panel$dgroupassault[q37a07w1 == 2] <- 1
> panel$drobbery[q37a08w1 == 1] <- 0
> panel$drobbery[q37a08w1 == 2] <- 1
> panel$dtheft[q37a09w1 == 1] <- 0
> panel$dtheft[q37a09w1 == 2] <- 1
> panel$dteasing[q37a11w1 == 1] <- 0
> panel$dteasing[q37a11w1 == 2] <- 1
> panel$dthreat[q37a12w1 == 1] <- 0
> panel$dthreat[q37a12w1 == 2] <- 1
> panel$ddda[q37a13w1 == 1] <- 0
> panel$ddda[q37a13w1 == 2] <- 1
> panel$dsexoffense[q37a14w1 == 1] <- 0
> panel$dsexoffense[q37a14w1 == 2] <- 1
> detach(panel)
```

아래 명령어는 〈표 13-9〉에서의 변수변환을 R을 사용해서 분석하는 명령어이다. R에서도 SPSS처럼 if를 사용한 명령어를 만드는 것이 가능하다. 그렇지만 〈표 13-9〉처럼 if를 사용하였을 때 오류가 발생하였고 대안적인 방법으로 찾은 것이 아래 명령어이다. 새로운 빈도변인을 예전 빈도변인과 동일하게 만들어주고, 예전 변인에서 비행경험이 없기 때문에 결측값으로 처리된 부분만 0으로 변환시켜 주었다.

```
> attach(panel)
> panel$q37b01w1[q37b01w1 == NA] <- 0
> panel$q37b0aw1[q37b0aw1 == NA] <- 0
> panel$smofr <- q37b01w1+q37b0aw1*300
> detach(panel)
> attach(panel)
> panel$smoking <- smofr
> panel$smoking[dsmoking == 0] <- 0
> panel$drink <- q37b02w1
> panel$drink[ddrink == 0] <- 0
> panel$truency <- q37b03w1
> panel$truency[dtruency == 0] <- 0
```

```
> panel$runaway <- q37b04w1
> panel$runaway[drunaway == 0] <- 0
> panel$sex <- q37b05w1
> panel$sex[dsex == 0] <- 0
> panel$assault <- q37b06w1
> panel$assault[dassault == 0] <- 0
> panel$groupassault <- q37b07w1
> panel$groupassault[dgroupassault == 0] <- 0
> panel$robbery <- q37b08w1
> panel$robbery[drobbery == 0] <- 0
> panel$theft <- q37b09w1
> panel$theft[dtheft == 0] <- 0
> panel$teasing <- q37b11w1
> panel$teasing[dteasing == 0] <- 0
> panel$threat <- q37b12w1
> panel$threat[dthreat == 0] <- 0
> panel$dda <- q37b13w1
> panel$dda[ddda == 0] <- 0
> panel$sexoffense <- q37b14w1
> panel$sexoffense[dsexoffense == 0] <- 0
> detach(panel)

> attach(panel)
> describe(~smoking+drink+truency+runaway+sex+assault+
+          groupassault+robbery+theft+teasing+threat+dda+sexoffense)
> detach(panel)
```

3.2.3 비행 복합척도 구성하기

비행변수들을 사용해서 복합척도를 구성해서 사용할 수 있다. 개별 비행변수를 그대로 사용하는 것은 비행을 자세하게 분석해볼 수 있다는 장점이 있지만 비행항목이 너무 많기 때문에 분석결과의 복잡성으로 인해서 이해에 어려움을 초래한다. 따라서 분석결과의 상세함과 분석의 복잡성간에 균형을 취할 필요가 있다. 이를 위해서 일반적으로 몇 개의 비행변수를 사용해서 비행척도를 구성해서 분석에 사용하는 방법을 사용한다. 복합 비행척도를 구성하는 방법도 연구자에 따라서 다양하겠지만 일반적으로 두 가지 방식을 주로 사용한다.

3.2.3.1 SPSS를 사용한 분석방법

비행항목을 모두 묶어서 하나의 척도를 구성하는 방법

첫 번째 방법은 측정한 비행항목을 모두 더해서 하나의 전체비행 변수를 만들어서 분석에 사용하는 것이다. 많은 연구자들이 이런 척도를 사용해서 비행을 연구한다. 그런데 이렇게 사용하는 경우에 장단점이 있다. 가장 큰 장점은 단순성이라고 할 수 있다. 하나의 비행변수가 구성되기 때문에 분석과 그 결과에 대한 설명이 용이하다. 두 번째의 장점은 앞서 언급한 비행이나 범죄조사자료의 특성과 관련된다. 범죄자료는 발생이 희소하기 때문에 조사대상자들은 비행을 한 적이 없는 경우가 대부분이다. 개별 비행항목을 사용해서 분석할 경우 이러한 현상이 매우 심하게 나타난다. 그렇지만 여러 비행항목을 더해서 하나의 척도를 구성하는 경우에는 어떤 항목이든 비행을 해본 적 있는 경우가 모두 더해지기 때문에 이러한 분포의 편향성이 줄어드는 점이 있다.[66]

그렇지만 단점 역시 찾아볼 수 있는데, 첫째는 모든 비행변수들을 더해서 하나의 변수로 만들 경우에 개별 비행항목들이 가진 특성들을 고려할 수 없다는 점이다. 청소년 비행으로 측정하는 다양한 행위들은 비행이라는 범주에 포함된다는 점에서만 공통점이 있을 뿐 사실상 그 내용에 있어서 매우 다양한 특성들을 지니고 있다. 따라서 이러한 항목들을 묶어서 하나의 변수로 만드는 것은 각 비행항목의 특성을 반영하지 못하게 한다는 단점이 있다.

이는 또 다른 단점과 연결될 수 있다. 비행항목은 청소년들이 해본 적이 있다고 응답하는 비율이 전반적으로 상당히 낮은데, 그 정도는 비행행동의 심각성과 반비례한다. 즉 행위의 심각성이 높을수록 해본 적이 있다는 응답의 비율이 낮아진다. 비행항목 중에서 청소년들이 상대적으로 많이 경험하는 것은 음주 또는 흡연 등과 같은 지위비행 항목이다. 패널자료의 분석에서도 중학교 2학년 중에서 흡연은 13.3%, 음주는 30.6%가 한 적이 있다고 응답하였으며, 놀림이나 조롱도 14.8%의 학생이 해본 적이 있다는 결과를 보였다. 13개의 항목을 모두 더해서 하나의 전체비행 변수를 만들게 되면 아래 〈그림 13-11〉에서 보는 바와 같이 어떤 비행도 해본 적이 없는 청소년의 비율은 49.2%로 줄어들고 나머지 50.8%는 한 가지 이상의 비행을 해본

66) 그럼에도 불구하고 비행자료가 가지고 있는 편향성을 근본적으로 해결하기는 어렵다. 따라서 회귀분석 등의 방법을 적용함에 있어서 최소자승법칙에 의존하는 일반적인 회귀분석방법을 사용하는 것은 문제가 있다고 보고 비행의 분포를 반영할 수 있는 포아송 회귀분석이나 음이항 회귀분석의 방법들을 사용하기도 하지만, 그러한 내용은 본서의 범위를 넘어서는 것이기 때문에 생략한다.

적이 있는 것으로 나타나는데, 이 경우 전체비행 변수의 분포는 앞에서 언급한 흡연과 음주의 분포의 영향을 많이 받게 될 가능성이 높다. 이는 다른 비행변수의 분포가 전체 척도에 별로 영향을 미치지 못함을 의미하며, 실제 비행현상을 왜곡할 가능성이 있음을 보여준다. 즉 명목상으로는 전체비행 변수라고 하지만 실제 내용적인 측면에서 보면 상대적으로 많은 학생들이 저지르는 경미한 지위비행의 분포일 가능성이 높아지는 것이다.

아래의 〈그림 13-10〉과 〈그림 13-11〉은 전체비행 변수를 만드는 명령어와 전체비행 변수의 빈도분포이다.

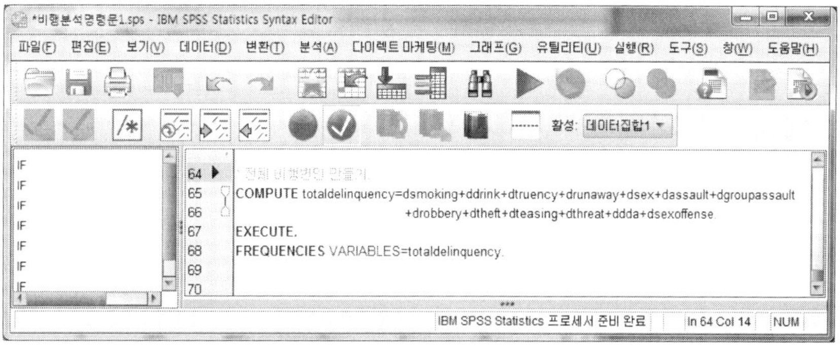

〈그림 13-10〉 전체비행 변수를 생성하고 빈도분포를 구하는 명령어

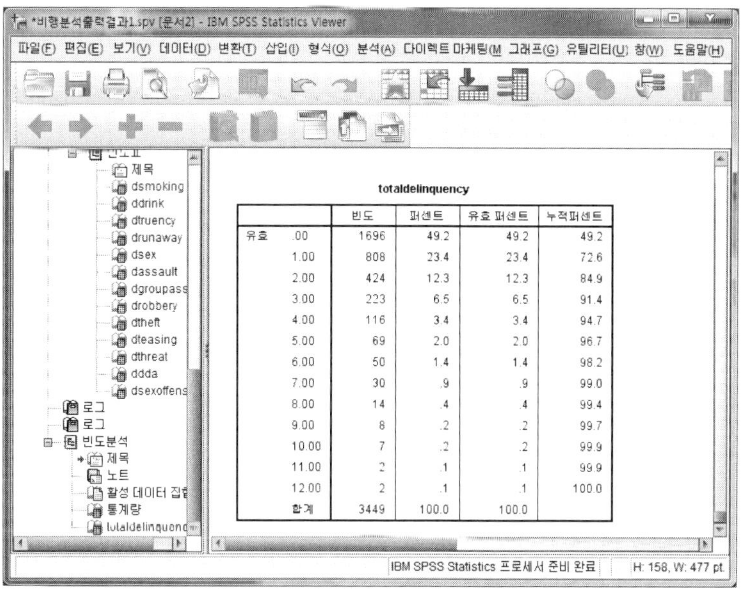

〈그림 13-11〉 전체비행 변수를 만드는 프로그램과 빈도분석 결과

이렇게 전체비행 변수를 만드는데 있어서 한 가지 더 고려해야할 점은 〈그림 13-11〉에서 보여주는 전체비행 변수의 빈도분포가 무엇을 의미하는가를 살피는 것이다. 일반적으로 비행여부를 나타내는 이분화된 비행변수들을 더해서 전체비행 변수를 만든다. 이 때 빈도분포에 제시된 숫자는 무엇을 의미하는가? 즉 숫자가 높아질수록 비행의 심각도가 높아진다고 볼 수 있는가를 살펴야 한다.

이 분포에서의 숫자는 단지 13개의 비행항목 중에서 응답자가 해본 적이 있다고 응답한 비행항목의 수이다. 즉 12에 2명의 빈도가 있다는 것은 13개의 비행항목 중에서 12가지를 해본 적이 있는 청소년이 2명이란 의미이다. 이 분포를 통해서는 청소년이 얼마나 많은 종류의 비행행동을 저질렀는지는 알 수 있지만, 실제 얼마나 많은 비행행동을 해보았는지는 알 수 없다. 특정 비행항목을 한 번을 했건 수없이 많이 했건 결국 1로 부호화되기 때문이다. 정확하게 표현하면 〈그림 13-11〉의 빈포분포는 비행행동의 심각성을 보여준다기보다는 비행행동의 다양성을 의미한다고 보는 것이 가장 적절할 것이다.

이러한 문제점을 고려해서 이분화된 비행여부 변수가 아니라 비행빈도 변수를 더해서 전체비행 변수를 만들기도 한다. 그런데 이런 방식으로 전체비행 변수를 만드는 경우에 앞에서 언급한 문제, 즉 일부 경미한 비행항목의 영향이 너무 커진다는 문제가 더 심각해진다. 실제 분석해보면 비행항목 중에서 흡연 변수와 비행빈도를 더해서 만든 전체비행 변수의 상관관계는 .998로서 거의 같은 변수임을 보여준다.

유사한 내용을 가진 몇 개의 비행척도 구성하기

두 번째 방법은 비행행동의 내용적 측면을 고려하여 유사한 항목들을 묶어서 다양한 비행척도를 구성하는 방법이다. 앞에서 설명한 전체비행 변수를 만드는 방법의 단점들을 보완하기 위해서 비행항목의 특성에 따라서 적절하게 몇 개의 범주로 구분하고 해당 비행항목들을 묶어서 몇 개의 비행변수를 구성하기도 한다. 일반적으로 비행을 연구하는 사람들은 이 범주의 수와 내용을 연구목적에 따라서 적절하게 구분한다.

일반적으로 청소년 비행의 척도를 구성함에 있어서 지위비행과 범죄행동의 두 범주로 구분하기도 하고,[67] 범죄행동을 다시 재산범죄와 폭력범죄, 필요한 경우 성범죄 등으로 세분화해서 구분하여 사용하기도 한다.

이러한 기준에 의해서 패널설문지의 비행항목은 아래와 같이 구분할 수 있다.

---

67) 지위비행이란 청소년이라는 지위 때문에 비행으로 간주되는 행동을 의미하는 것으로써 성인들이라면 별 문제가 되지 않는 행동이다. 반면 범죄행동은 성인이 저지르더라도 처벌받을 수 있는 행동을 의미한다.

1) 지위비행 : 담배피우기, 술마시기, 무단결석, 가출경험, 성관계 경험, 남을 심하게 놀리거나 조롱하기, 다른 친구를 집단따돌림(왕따)시키기
2) 재산범죄 : 남의 돈이나 물건을 훔치기, 남의 돈이나 물건 뺏기(삥뜯기)
3) 폭력범죄 : 다른 사람을 심하게 때리기, 패싸움, 남을 협박하기, 성폭행이나 성희롱하기

그런데 재산범죄에는 항목이 2개밖에 없기 때문에 재산범죄와 폭력범죄를 묶어서 범죄행동으로 구분하여 사용한다. 따라서 분석에서 사용되는 비행행동 변수는 지위비행 변수와 범죄행동 변수이다.

〈그림 13-12〉 지위비행 변수와 범죄행동 변수를 만드는 명령어

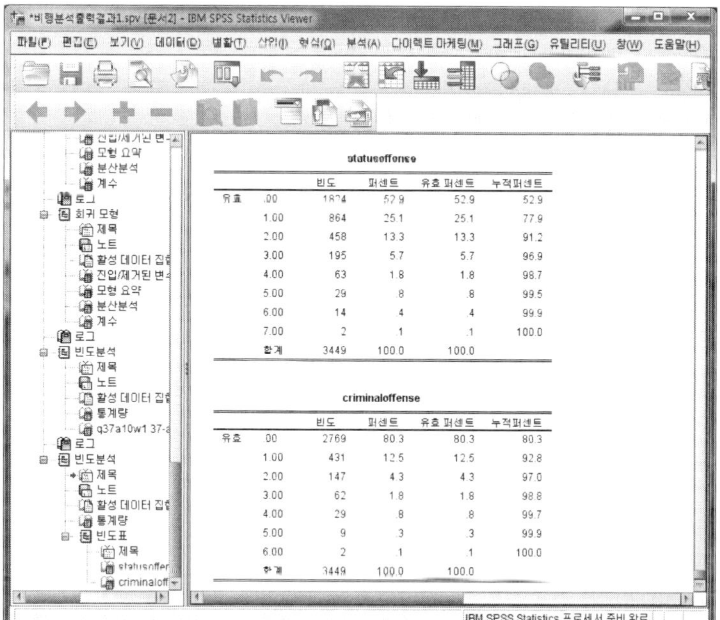

〈그림 13-13〉 지위비행과 범죄행동의 빈도분포

3.2.3.2 R을 사용한 분석방법

전체비행 변수를 만드는 〈그림 13-10〉의 명령어를 R의 명령어로 바꾼 것이 아래에 제시되어 있다. 13개의 비행변수를 더해서 panel 데이터프레임의 totaldelinquency에 할당하였다.

```
> attach(panel)
> panel$totaldelinquency <- dsmoking+ddrink+dtruency+drunaway+dsex+
+   dassault+dgroupassault+drobbery+dtheft+dteasing+dthreat+ddda+
+   dsexoffense
> detach(panel)
> library(Hmisc)
> describe(panel$totaldelinquency)
```

위의 명령어를 실행해서 전체비행 변수를 만든 후에 이 변수에 대한 기술통계값을 구한 것이 아래와 같다.68)

```
1  Variables        3449  Observations
---------------------------------------------------------------------------
totaldelinquency
n  missing  unique   Mean    .05    .10    .25    .50    .75    .90    .95
3449    0     13    1.144     0      0      0      1      2      3      5

               0    1   2   3   4   5  6  7  8  9 10 11 12
Frequency   1696  808 424 223 116 69 50 30 14  8  7  2  2
%             49   23  12   6   3  2  1  1  0  0  0  0  0
---------------------------------------------------------------------------
```

다음으로 지위비행 변수와 범죄행동 변수를 만드는 명령어는 다음과 같다.

```
> attach(panel)
> panel$statusoffense <- dsmoking+ddrink+dtruency+drunaway+dsex+
```

68) base에 포함된 함수를 사용하여 빈도분포를 구할 때는 summary()와 table() 함수를 사용할 수 있다. 그런데 summary() 함수의 경우 기술통계는 보여주지만 빈도분포가 없고, table() 함수의 경우는 범주별 사례수만 보여주고 비율이나 기타 기술통계치를 보여주지 않는다.

```
+                dteasing+ddda
> panel$criminaloffense <- dassault+dgroupassault+drobbery+dtheft+
+                 dthreat+dsexoffense
> detach(panel)
> with(panel, describe(~statusoffense+criminaloffense))
```

위의 명령어에 따라서 분석된 지위비행 변수와 범죄행동 변수의 빈도분포는 아래와 같다.

```
statusoffense + criminaloffense
 2  Variables        3449  Observations
-----------------------------------------------------------------
statusoffense
      n missing  unique      Mean
   3449       0       8    0.8292

             0    1    2   3   4  5  6  7
Frequency 1824  864  458 195  63 29 14  2
%           53   25   13   6   2  1  0  0
-----------------------------------------------------------------
criminaloffense
      n missing  unique      Mean
   3449       0       7    0.3143

             0    1    2  3  4 5 6
Frequency 2769  431  147 62 29 9 2
%           80   12    4  2  1 0 0
-----------------------------------------------------------------
```

4. 가설의 구성과 독립변인의 측정

4.1 사회유대이론에 의한 가설구성

4.1.1 가설구성

Hirschi(1969)는 성악설적인 인간관을 기반으로 모든 사람들은 규범을 어기고 싶은 충동을 가지고 있기 때문에 규범을 위반할 가능성이 있다고 보았다. 그는 이처럼 모두가 규범위반의 가능성을 가지고 있음에도 불구하고 대부분의 사람들은 법을 준수하고 소수의 사람들만 범죄를 저지르는 이유를 설명하는데 관심을 가졌다.

이를 설명하기 위해서 사회유대의 개념을 사용한다. 사회유대 이론에서는 대부분의 사람들이 범죄를 저지르지 않는 것은 관습적인 사회에 대한 유대가 형성되어 있기 때문이다. 따라서 개인의 사회에 대한 유대가 약해졌거나 끊어졌을 때 비행행위가 발생한다. 사회유대가 적절하게 사회통제의 역할을 수행함으로써 비행을 저지르지 못하게 하는 효과를 가지는데, 어떠한 이유에서건 이러한 유대가 약해지거나 끊어지면, 즉 사회통제가 개인에게 영향력을 행사하지 못하게 되면 그 사람은 자동적으로 규범을 어기게 된다.

이러한 사회유대에는 4가지 차원이 존재하는데, 이는 애착, 관여, 참여, 신념이다. 애착(attachment)이란 주요한 타인에 대한 감정적 애착을 말하는 것으로 그 대상은 부모, 학교, 친구이다. 이 중에서 Hirschi는 부모에 대한 애착을 중요하게 간주하였다. 부모에 대한 애착을 부모와 자녀간의 정서적 친밀도, 부모와 자녀간의 의사소통, 부모의 자녀에 대한 감독 등 세 개의 차원으로 측정하였다. 관여(commitment)는 비행행동을 함으로 인해서 기존에 전통적으로 행위에 투자한 것을 잃게 된다는 개념이다. 즉 관여가 높다는 것은 전통적인 투자가 많아서 비행으로 인해서 잃을 것이 많다는 것으로, 이것이 비행을 통제하는 요인으로 작용한다는 의미이다. 참여(involvement)란 기존의 관습적인 활동에 참여하는 시간을 말하는 것으로, 관습적인 활동에 참여하는 시간이 많을수록 비행을 덜하게 된다는 의미이다. 신념(belief)이란 양심에 해당하는 것으로 어려서부터 법을 준수하도록 사회화되고 내면화된 정도를 의미한다.

본장에서는 가설을 구성하고 이를 통계분석을 통해서 검증하는 과정을 보여주는데 목적이 있기 때문에 다양한 분석과정을 보여줄 수 있도록 애착과 관여 변수가 비행과

가지는 관계에 대해서 분석하도록 하겠다. 이들 두 독립변수와 종속변수인 비행의 관계에 대해서 다음과 같이 가설을 구성할 수 있다.

[가설]
1. 부모에 대한 애착이 약할수록 비행을 많이 저지를 것이다.
   1-1. 부모와 정서적 친밀도가 약할수록 비행을 많이 저지를 것이다.
   1-2. 부모와의 의사소통이 적을수록 비행을 많이 저지를 것이다.
   1-3. 부모의 감독이 낮을수록 비행을 많이 저지를 것이다.
2. 관여가 낮을수록 비행을 많이 저지를 것이다.

4.1.2 독립변수의 측정

부모에 대한 애착의 측정문항은 아래와 같다.

- 정서적 친밀도
  1) 부모님과 나는 많은 시간을 함께 보내려고 노력하는 편이다(q33a01w1)
  2) 부모님은 나에게 늘 사랑과 애정을 보이신다(q33a02w1)
  3) 부모님과 나는 서로를 잘 이해하는 편이다(q33a03w1)
- 의사소통
  1) 부모님과 나는 무엇이든 허물없이 이야기하는 편이다(q33a04w1)
  2) 나는 내 생각이나 밖에서 있었던 일들을 부모님께 자주 이야기하는 편이다(q33a05w1)
  3) 부모님과 나는 대화를 자주 나누는 편이다(q33a06w1)
- 감독
  1) 내가 외출했을 때 부모님은 내가 어디에 있는지 대부분 알고 계신다(q33a07w1)
  2) 내가 외출했을 때 부모님은 내가 누구와 함께 있는지 대부분 알고 계신다(q33a08w1)
  3) 내가 외출했을 때 부모님은 내가 무엇을 하고 있는지 대부분 알고 계신다(q33a09w1)
  4) 내가 외출했을 때 부모님은 내가 언제 돌아올지를 대부분 알고 계신다(q33a10w1)

관여를 측정하기 위해서 여러 가지의 척도가 사용될 수 있지만 우리나라 청소년들의 경우에는 공부에 관련된 관여, 모범생이라는 이미지 등이 중요한 관여라고 볼 수 있다. 따라서 패널데이터 중에서 학교성적(학급석차)과 각 과목을 열심히 공부한 정도를 관여의 지표로 사용하기로 한다. 여기에서 열심히 공부한 정도의 해당과목은 국어(q19a1w1), 영어(q19a2w1), 수학(q19a3w1), 사회영역(q19a4w1), 과학영역(q19a5w1)이다.

4.2 독립변수의 구성과정

4.2.1 SPSS를 사용한 독립변수의 구성

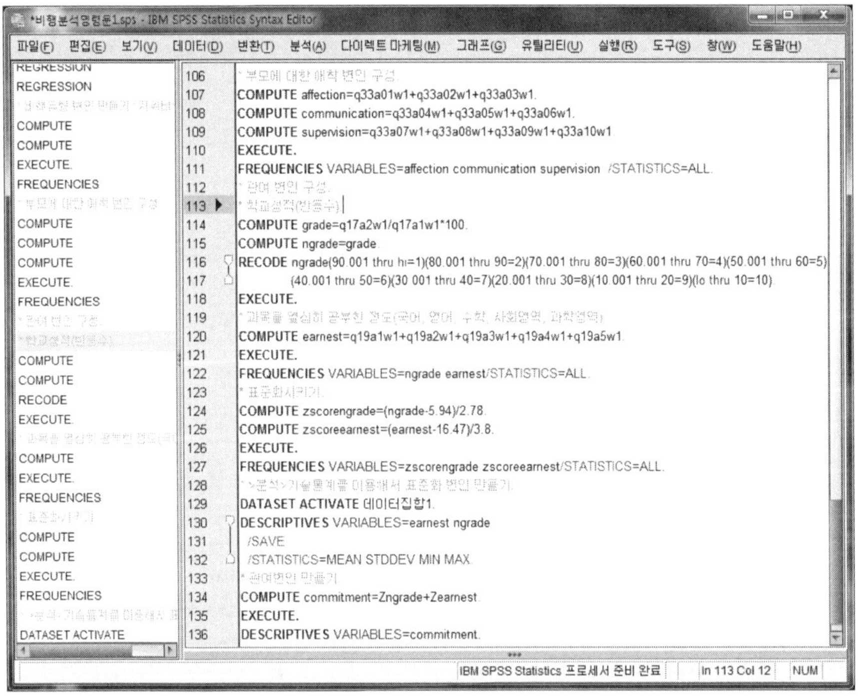

〈그림 13-14〉 독립변수를 만드는 과정을 보여주는 SPSS의 명령어

〈그림 13-14〉는 독립변수들을 만드는 과정을 보여주는 명령문이다. 이를 중심으로 독립변수를 구성하는 과정에 대해서 살펴보기로 하자.

먼저 부모에 대한 애착은 정서적 친밀도, 부모와 자녀간의 의사소통, 부모의 감독의 하위차원을 가지며, 앞에서 본 바와 같이 각각 3-4 문항으로 측정되었기 때문에, 본 분석에서는 세 가지 하위차원을 그대로 구분하여 사용한다. 각 하위차원의 해당변수들을 더해서 3개의 부모에 대한 애착 변수를 구성하였다. 정서적 친밀도는 affection, 의사소통은 communication, 부모의 감독은 supervision이라고 변수명을 부여하였다. 부모에 대한 애착 변수와 같이 설문지에서 동일하게 5점 척도 형식으로 조사한 문항들은 이론적인 구분에 따라서 그냥 더해서 복합척도를 구성하여 사용하는 것이 일반적이다.

그렇지만 관여 변수의 구성은 다른 방식으로 접근해야 한다. 앞서 관여 변수는 애착변수들처럼 리커트 척도의 형식으로 측정한 것이 아니기 때문에, 이론적 설명에 가장 적합한 변수들을 사용해야 하며, 여기에서는 앞서 논의한 바대로 '학교성적'과 '과목별로 열심히 공부한 정도'를 선택하였다.

학교성적의 측정에는 학급석차를 사용한다. 학급에서의 석차를 학급의 학생 수로 나눈 후에 100을 곱하여 백분율 변수(grade)로 만들었다. 그런데 백분율 변수는 범주가 지나치게 작게 쪼개지는 문제가 있기 때문에 이 분포를 10개의 범주로 구분해서 새로운 성적 변수(ngrade)를 만들었다.[69] 다음으로 과목별 열심히 공부한 정도 변수는 앞서 언급한 5개 과목별로 열심히 한 정도를 더해서 새 변수(earnest)를 만들었다.

관여 변수를 만들기 위해서는 학급성적과 열심변수를 더해야 하는데, 문제는 학급성적과 열심변수가 같은 척도를 사용한 것이 아니라는 점이다. 그래서 이 점수를 그냥 더해서 새로운 관여 변수를 생성하는 경우에는 여러 가지 문제가 생길 수 있다. 이러한 문제를 피하기 위해서 사용할 수 있는 방법이 각 변수를 표준화해서 더하는 방법이다. 제 6장에서 설명한 바와 같이 변수를 표준화시키는 경우에 단위에서 벗어나기 때문에 그 변수들을 더해서 사용할 수 있게 된다.

변수를 표준화시키는 방법은 해당 변수에서 그 변수의 평균을 뺀 후에 표준편차로 나누어주는 것이다. 위 그림의 아랫부분은 두 가지 방식의 표준화 과정을 예로 보여준다.

첫 번째는 빈도분석을 통해서 해당변수(ngrade, earnest)의 평균과 표준편차를 구한 후에 직접적으로 변수의 변환을 통해서 표준화 변수를 만드는 방법이다. 이렇게 해서 구성된 표준화 변수가 zscoregrade와 zscoreearnest이다.

두 번째는 [기술통계](Descriptive)라는 통계분석을 사용해서 표준화 변수를 만드

69) 성적이 높을수록 범주의 숫자가 높도록 재부호화하였다. 그래야 비행과의 관계의 방향을 올바로 추정할 수 있기 때문이다.

는 방법이다. SPSS의 메뉴에서 [분석] 〉 [기술통계량] 〉 [기술통계]를 클릭하면 아래 그림과 같이 해당변수를 선택할 수 있는 항목이 나타나고 그 아래 [표준화 값을 변수로 저장] 박스에 체크하면 각 변수의 표준화된 변수가 원래 변수명 앞에 Z가 첨부되어 자동으로 생성된다.

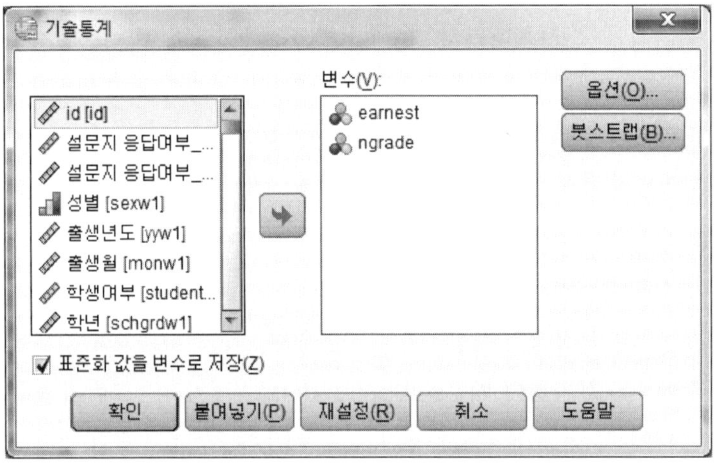

〈그림 13-15〉 기술통계메뉴를 사용해서 표준화된 변인만들기

〈그림 13-14〉의 아래쪽에 제시된 DESCRIPTIVES에 해당하는 부분이 〈그림 13-15〉에 제시된 박스에서 선택한 내용을 붙여넣기를 통해서 명령어창에 기록한 것이다.

마지막으로 관여 변수는 이렇게 해서 구성된 두 개의 표준화된 변수를 더해서 만든다. 즉 Zngrade와 Zearnest를 더해서 commitment를 구성하였다.

4.2.2 R을 사용한 독립변인의 구성

아래 명령어는 부모에 대한 애착 변수들을 구성하는 명령어이며, 그 아래는 부모에 대한 애착의 세 하위차원 변수인 affection, communication, supervision의 기술통계를 보여준다.

```
> attach(panel)
> panel$affection <- q33a01w1+q33a02w1+q33a03w1
> panel$communication <- q33a04w1+q33a05w1+q33a06w1
> panel$supervision <- q33a07w1+q33a08w1+q33a09w1+q33a10w1
```

```
> detach(panel)
> with(panel, describe(~affection+communication+supervision))
affection + communication + supervision

3  Variables      3449  Observations
---------------------------------------------------------------------------
affection
n missing unique   Mean   .05  .10  .25  .50  .75  .90  .95
3448 1     13      10.29   6    7    9   10   12   13   14

           3  4  5   6   7   8   9   10  11  12  13  14  15
Frequency 31 21 47 119 179 313 541  519 565 572 258 138 145
%          1  1  1   3   5   9  16   15  16  17   7   4   4
---------------------------------------------------------------------------
communication
n missing unique  Mean   .05  .10  .25  .50  .75  .90  .95
3446   3    13    9.75    5    6    8   10   12   13   15

           3  4  5   6   7   8   9   10  11  12  13  14  15
Frequency 62 47 92 246 304 378 447  436 439 500 181 133 181
%          2  1  3   7   9  11  13   13  13  15   5   4   5
---------------------------------------------------------------------------
supervision
n missing unique  Mean  .05  .10  .25  .50  .75  .90  .95
3448   1    17   12.89   8    8   11   13   15   17   19

           4  5  6  7   8   9   10  11  12  13  14  15  16  17 18 19  20
Frequency 60 31 32 40 255 188  229 264 467 353 343 369 418 103 85 83 128
%          2  1  1  1   7   5    7   8  14  10  10  11  12   3  2  2   4
---------------------------------------------------------------------------
```

아래는 관여 변수를 만드는 과정을 보여준다. 먼저 학급석차를 학급의 학생 수로 나눈 후에 100을 곱해서 grade 변수를 만든다. 다음으로 grade 변수를 사용해서 성적을 10개의 등급으로 구분해서 ngrade 변수를 만든다. 이 때 within() 함수를 사용하는데 이는 인자로 사용하는 데이터프레임 내에서 변수에 새로운 값을 부여할 때 사용하는 함수이다. 이렇게 구한 ngrade 변수의 분포가 아래 제시되어 있다.

```
> attach(panel)
> panel$grade <- q17a2w1/q17a1w1*100
> panel <- within(panel, {
+   ngrade <- NA
+   ngrade[grade >= 90.001 & grade <= 100] <- 1
+   ngrade[grade >= 80.001 & grade <= 90] <- 2
+   ngrade[grade >= 70.001 & grade <= 80] <- 3
+   ngrade[grade >= 60.001 & grade <= 70] <- 4
+   ngrade[grade >= 50.001 & grade <= 60] <- 5
+   ngrade[grade >= 40.001 & grade <= 50] <- 6
+   ngrade[grade >= 30.001 & grade <= 40] <- 7
+   ngrade[grade >= 20.001 & grade <= 30] <- 8
+   ngrade[grade >= 10.001 & grade <= 20] <- 9
+   ngrade[grade >= 0 & grade <= 10] <- 10 } )
> detach(panel)
> describe(panel$ngrade)
panel$ngrade
n missing  unique  Mean  .05  .10  .25  .50  .75  .90  .95
3269 180     10   5.942    1    2    4    6    8   10   10

             1   2   3   4   5   6   7   8   9  10
Frequency  222 256 296 280 359 376 353 360 390 377
%            7   8   9   9  11  12  11  11  12  12
```

다음은 열심히 공부한 정도 변수를 만든다. 5개 과목의 열심히 공부한 정도 변수를 더한다. 여기에서 빈도분포를 살펴보면 범주의 수(unique)가 21개이기 때문에 빈도분포를 보여주지 않고 백분위 위치별 범주값을 보여준 후에 최소값 5개와 최대값 5개를 보여준다. 즉 earnest 변수는 5부터 25까지의 범주를 가진다.

```
> attach(panel)
> panel$earnest <- q19a1w1+q19a2w1+q19a3w1+q19a4w1+q19a5w1
> detach(panel)
> describe(panel$earnest)
panel$earnest
n missing  unique  Mean  .05  .10  .25  .50  .75  .90  .95
3449  0      21   16.47   10   12   14   17   19   21   23
```

```
lowest :  5  6  7  8  9, highest: 21 22 23 24 25
```

다음은 commitment 변수를 만들기 위해서 ngrade 변수와 earnest 변수를 표준화시키는 과정을 보여준다. R이 가진 장점 중의 하나는 mean() 함수나 sd() 함수를 사용해서 해당 변수의 평균이나 표준편차 값을 바로 구할 수 있다는 것이다. 아래에서 mean(ngrade)는 ngrade 변수의 평균을, sd(ngrade)는 표준편차를 구해준다. 그런데 이 두 함수는 사례에 결측값이 있을 경우에 계산 결과로 NA를 반환한다. 즉 결측값이 있는 경우에 평균이나 표준편차를 결측값으로 계산하는 것이다. 이를 피하기 위해서 인자에 'na.rm=TRUE'을 넣어서 결측값을 제외하고 계산하게 한다. 참고로 아래 ngrade의 평균과 표준편차를 보면 〈표 13-14〉에서 표준화시키기 위해서 사용한 ngrade의 평균과 표준편차와 동일함을 알 수 있다.

```
> attach(panel)
> mean(ngrade, na.rm=TRUE)
[1] 5.941878
> sd(ngrade, na.rm=TRUE)
[1] 2.772094
```

그 결과 제시된 두 변수의 분포는 아래와 같다.

```
> attach(panel)
> panel$zngrade <- ((ngrade-mean(ngrade, na.rm=TRUE))/sd(ngrade,
+ na.rm=TRUE))
> panel$zearnest <-((earnest-mean(earnest))/sd(earnest))
> detach(panel)
> library(Hmisc)
> with(panel, describe(~zngrade+zearnest, dig=2))
zngrade + zearnest
2  Variables     3449  Observations
----------------------------------------------------------------------------------------
zngrade
n    missing unique  Mean      .05     .10     .25     .50    .75    .90    .95
3269  180    10     -1.2e-16  -1.783  -1.422  -0.701  0.021  0.742  1.464  1.464

-1.78272411947523 (222, 7%), -1.42198594884295 (256, 8%),
```

```
-1.06124777821066 (296, 9%), -0.700509607578381 (280, 9%),
-0.339771436946099 (359, 11%), 0.0209667336861833 (376, 12%)
0.381704904318465 (353, 11%), 0.742443074950747 (360, 11%),
1.10318124558303 (390, 12%), 1.46391941621531 (377, 12%)
---------------------------------------------------------------------------------------------------------
zearnest
 n missing unique  Mean   .05   .10   .25    .50   .75   .90   .95
3449   0      21  -2.1e-16 -1.70 -1.18 -0.65  0.14  0.67  1.19  1.72

lowest : -3.0 -2.8 -2.5 -2.2 -2.0, highest:  1.2  1.5  1.7  2.0  2.2
```

아래는 표준화된 두 변수를 더해서 commitment 변수를 만드는 과정과 분포가 제시되어 있다.

```
> panel$commitment <- panel$zngrade+panel$zearnest
> describe(panel$commitment)
panel$commitment
 n missing  unique Mean   .05     .10     .25     .50   .75   .90   .95
3269  180   181   0.014 -2.947 -2.335  -1.185  0.063 1.311 2.295 2.821

lowest : -4.8 -4.5 -4.4 -4.3 -4.2, highest:  3.1  3.2  3.3  3.4  3.7
```

5. 단순회귀분석을 통한 가설의 검증

5.1 분석방법

이상에서 측정된 개별 변수를 사용해서 독립변수와 종속변수의 복합척도를 구성하는 과정을 살펴보았다. 독립변수인 애착과 관여, 그리고 종속변수인 지위비행과 범죄행동은 등간척도로 사용할 수 있기 때문에 회귀분석 방법을 사용해서 가설을 검증할 수 있다. 먼저 개별 가설의 검증을 위해서 하나의 독립변수와 종속변수의 관계를 단순회귀분석을 통해서 살펴보고, 다른 요인을 통제한 후의 결과를 보기 위해서 다중회귀분석의 방법을 사용한다.

5.2 [가설 1]의 검증

4.1.1에서 사회유대이론을 경험적으로 검증하기 위해서 만든 가설 중에서 "부모에 대한 애착이 약할수록 비행을 많이 저지를 것이다."라는 [가설 1]은 검증하고자 하는 종속변수, 즉 청소년 비행이 지위비행과 범죄행동으로 2개이고, 부모에 대한 애착의 하위차원이 3개이기 때문에 다음과 같은 6개의 하위가설로 구분할 수 있을 것이다.

1-1. 부모와 정서적 친밀도가 약할수록 지위비행을 많이 저지를 것이다.
1-2. 부모와 정서적 친밀도가 약할수록 범죄행동을 많이 저지를 것이다.
1-3. 부모와의 의사소통이 적을수록 지위비행을 많이 저지를 것이다.
1-4. 부모와의 의사소통이 적을수록 범죄행동을 많이 저지를 것이다.
1-5. 부모의 감독이 낮을수록 지위비행을 많이 저지를 것이다.
1-6. 부모의 감독이 낮을수록 범죄행동을 많이 저지를 것이다.

[가설 1]의 6개의 하위가설을 검증하기 위해서 회귀분석을 시행한다. 독립변수는 정서적 친밀도, 의사소통, 감독 등 세 개이며, 종속변수는 지위비행과 범죄행동 등 두 개다.[70]

5.2.1 SPSS를 사용한 [가설 1]의 검증

SPSS에서 메뉴를 사용해서 회귀분석을 하기 위해서 메뉴에서 [분석] 〉 [회귀분석] 〉 [선형]을 선택하면 〈그림 13-16〉과 같이 선형 회귀분석이라는 새로운 창이 뜬다. 이 창에서 [종속변수]로 statusoffense를, 독립변수로 affection을 선택한다.

70) 사실 이 가설은 독립변수와 종속변수 간에 통계적으로 유의미한 차이가 있다는 내용과 함께 방향성까지 고려하고 있다. 관계가 있음을 밝히는 것과 더불어 관계의 방향도 포함하고 있다. 즉 독립변수와 종속변수는 부적인 관계라는 점도 검증의 대상이다.

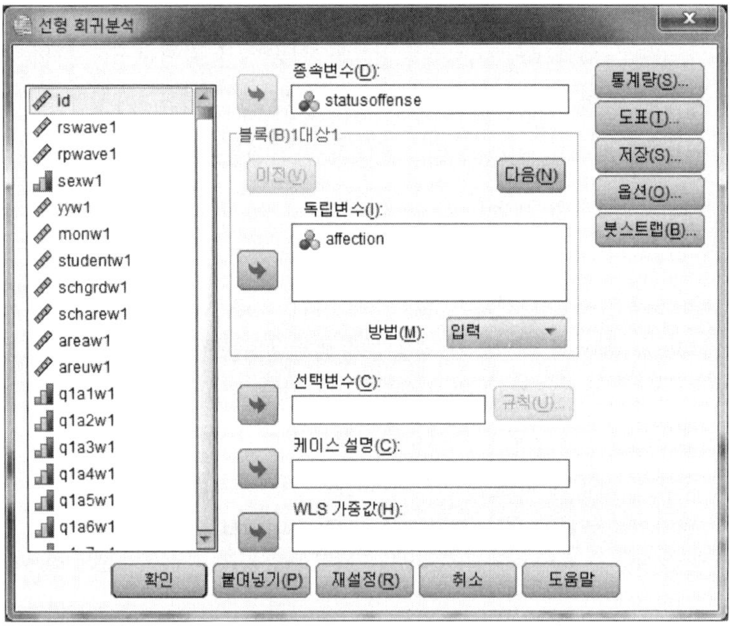

〈그림 13-16〉 선형 회귀분석 입력창

이 창의 아래쪽의 [붙여넣기] 박스를 실행하면 명령문 창에 아래 〈그림 13-17〉과 같은 명령문이 입력된다. 이 명령문은 단순회귀분석을 사용해서 [가설 1-1]을 검증하기 위한 것이며, 나머지 [가설 1-2]부터 [가설 1-6]까지를 검증하기 위해서는 종속변수와 독립변수를 바꾸어서 실행하면 된다. 즉 필요에 따라서 statusoffense 대신에 다른 종속변수인 criminaloffense를, 그리고 affection 대신에 다른 독립변수인 communication 또는 supervision을 입력해서 실행한다.

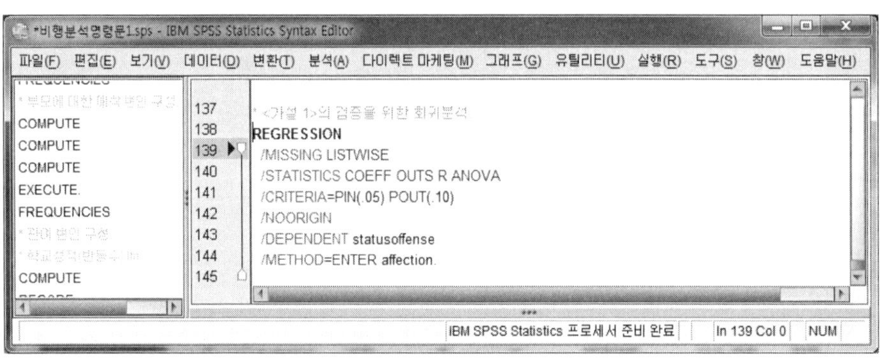

〈그림 13-17〉 정서적 친밀도와 지위비행의 단순회귀분석 명령어

〈그림 13-18〉을 통해서 [가설 1-1]의 검증결과를 살펴보자.

첫째, '모형요약' 표를 통해서 두 변수간의 상관관계는 .165이며, 표본의 결정계수(설명력)은 .027이며, 모집단에 대한 추정된 결정계수(수정된 R 제곱)도 .027이다. 두 결정계수가 비슷할수록 표본의 결과가 모집단을 잘 추정하는 것이기 때문이 바람직한 것이라고 할 수 있다.

둘째, '분석분석' 표에서 독립변수와 종속변수 간에 선형관계가 없다는 영가설을 검증하기 위해서 F값이 사용된다. F값은 회귀모형의 평균제곱을 잔차의 평균제곱으로 나눈 값이다. F값의 유의확률이 0.05보다 작은 0.000이기 때문에 영가설은 거부된다.[71]

셋째, '계수' 표에서 비표준화 계수인 b값은 독립변수에서 한 단위의 변화가 종속변수에서의 변화를 가져오는 정도를 보여준다. 독립변수가 예측에 유의미한 영향을 미친다면 이 b값은 0이 아닌 다른 수가 된다. 그리고 이 b값이 0과 다른 정도를 검증하기 위해서 t-검증을 사용한다. 이 표에서 상수값은 1.636이며, 정서적 친밀도의 기울기는 -.078이다. 이를 표준오차 .008로 나눈 t값은 -9.803으로 유의확률이 0.000으로 통계적으로 유의미하다. 이 t값은 정서적 친밀도와 지위비행 두 변수 간에 선형관계가 없다는 영가설을 검증한다. 이 표에서 t값이 통계적으로 유의미하기 때문에 영가설은 거부되고, 정서적 친밀도와 지위비행은 선형관계가 있다는 연구가설이 지지된다. 여기에서 b값의 기울기가 (-)값을 가진다는 것은 두 변수가 부적인 선형 관계가 있음을 의미하는 것이다. 따라서 정서적 친밀도가 낮을수록 지위비행은 높아진다는 [가설 1-1]은 지지된다.

71) 실질적으로 정서적 친밀도의 지위비행에 대한 설명력이 2.7%에 불과하지만 이러한 설명력은 통계적으로 유의미한 것으로 나타났다. 이는 청소년 패널데이터의 사례수가 많음에서 기인하는 결과이기도 하다.

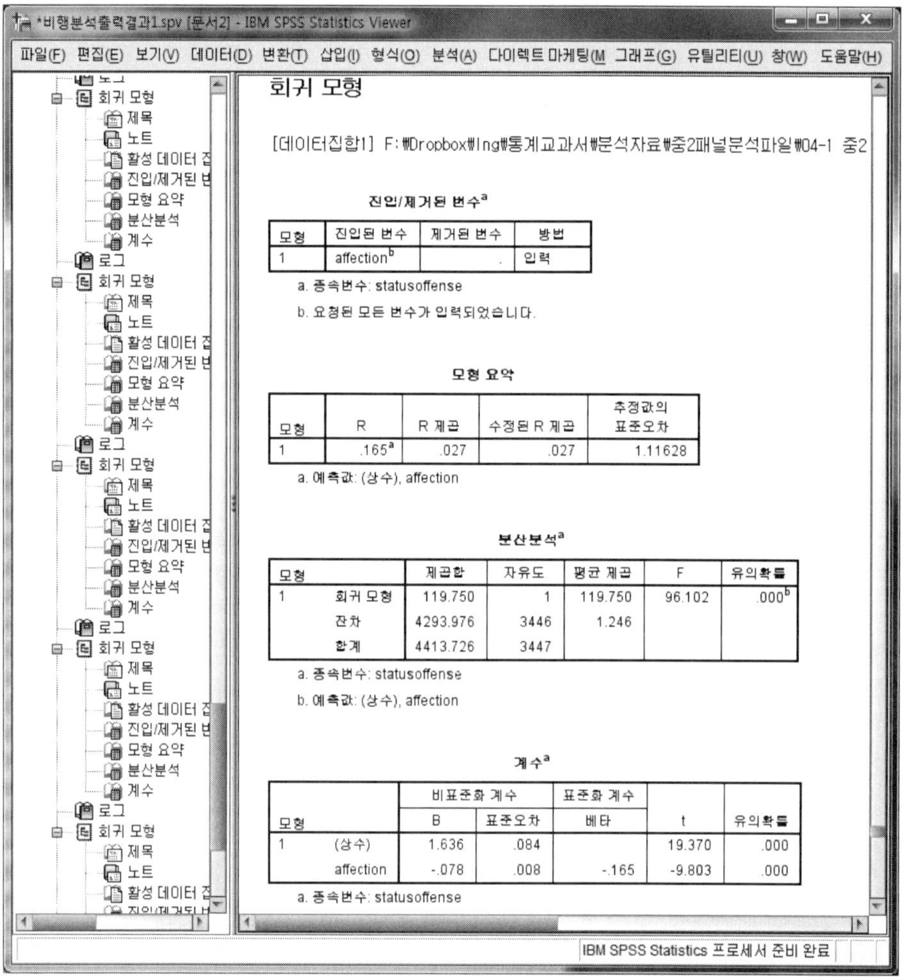

〈그림 13-18〉 정서적 친밀도와 지위비행의 단순회귀분석 결과

〈표 13-1〉 [가설 1-2]부터 [가설 1-6] 검증을 위한 회귀분석 결과

독립변수	종속변수	R 제곱	F	유의확률	B	t	유의확률
정서적 친밀도	지위비행	0.027	96.1	.000	−0.078	−9.8	.000
	범죄행동	0.014	49.89	.000	−0.038	−7.06	.000
의사소통	지위비행	0.016	57.56	.000	−0.053	−7.59	.000
	범죄행동	0.016	55.97	.000	−0.035	−7.48	.000
감독	지위비행	0.023	81.17	.000	−0.05	−9.01	.000
	범죄행동	0.019	67.13	.000	−0.03	−8.19	.000

[가설 1-2]부터 [가설 1-6]을 같은 방식으로 분석한 결과를 〈표 13-1〉에 요약하였다. 수치에서 약간의 차이를 보이지만 대체로 정서적 친밀도와 지위비행의 관계에 대한 [가설 1-1]과 유사한 결과를 보이고 있다. 따라서 [가설 1-2]부터 [가설 1-6]까지 모두 지지되는 것으로 볼 수 있다.

최종적으로 부모에 대한 애착이 낮을수록 비행을 많이 저지를 것이라는 [가설 1]은 지지되었다고 결론지을 수 있다.

5.2.2. R을 사용한 [가설 1]의 검증

가설을 검증하는 논리와 과정에 대해서는 앞에서 이미 설명이 되었기 때문에 여기에서는 R을 사용해서 회귀분석을 시행하는 방법을 중심으로 소개한다. SPSS와 R은 통계분석을 시행함에 있어서 몇 가지 커다란 구조적 차이가 존재하며, SPSS를 사용하던 사람이 R을 배워서 익숙해지기 위해서는 이 부분에 대한 이해가 필요하다.

그 중의 하나가 특정 분석의 결과를 객체에 할당한 후에 나중에 추가적인 다른 분석에서 입력자료로 사용할 수 있다는 점이다. 이해를 돕기 위해서 [가설 1-1]의 검증과정을 예로 설명하도록 한다.

R에서 회귀분석을 실행하는 함수는 lm()이다. 단순회귀분석인 경우에는 'lm(종속변수 ~ 독립변수, data = 데이터프레임 이름)'이라고 하면 된다. 아래의 경우는 종속변수를 statusoffense로 하고 affection을 독립변수로 하며, 데이터프레임은 panel를 사용하여 회귀분석을 시행하는 명령어이다.

```
> lm(statusoffense ~ affection, data=panel)

Call:
lm(formula = statusoffense ~ affection, data = panel)

Coefficients:
(Intercept)      affection
  1.63641        -0.07842
```

그런데 제시된 분석결과를 보면 상수(Intercept)와 affection의 b 값만 제시되고 그 밖에 아무런 다른 정보도 나타나지 않는 것을 볼 수 있다. 다른 정보를 얻기 위해서는 회귀분석을 시행한 결과에 대하여 다른 함수를 사용해서 추가적인 분석을 해야 한다.

아래 제시한 명령어의 첫 번째 줄이 그 예이다. 수행한 회귀분석 결과에 추가로 summary() 함수를 이용해서 추가적인 내용을 보게 하는 명령이다. 회귀분석의 결과를 사용해서 그래프를 그리거나 anova() 함수를 이용해서 추정한 회귀모형에 대한 분산분석을 추가적으로 시행할 수 있다.

이 때 회귀분석 결과를 사용해서 여러 가지 추가 분석을 시행하는 경우에는 아래의 두 번째 줄에 제시된 것처럼 회귀분석의 결과를 다른 객체(regstaaff)에 할당한 후에 이후의 분석에서는 이 객체를 이용하는 것이 편리하다. 사실상 아래 명령어의 첫줄의 분석결과와 두세 번째 줄의 분석결과는 동일하다.

이러한 R의 분석과정은 한 번의 명령어 실행으로 다양한 분석결과를 제시해주는 SPSS에 익숙한 사용자들에게는 어색하게 느껴질 수 있는 부분이다. 그렇지만 익숙해진다면 회귀분석의 결과를 더 다양하게 활용할 수 있다는 점에서 장점을 지니고 있다고 생각한다.

```
> summary(lm(statusoffense ~ affection, data=panel))
> regstaaff <- lm(statusoffense ~ affection, data=panel)
> summary(regstaaff)
```

위의 명령어에 의해서 분석한 결과가 아래에 제시되어 있다. summary() 함수에 의해서 회귀분석의 기본적인 결과들을 알 수 있다. 첫 번째 부분은 회귀선에서 벗어난 잔차(residuals)의 분포에 대한 정보를 보여준다. 두 번째는 회귀계수(coefficients)에 대한 정보를 보여준다. 세 번째에는 회귀모델의 R 제곱과 그 유의도에 대한 정보가 제시되어 있다. 분석된 결과는 SPSS의 분석결과와 동일하기 때문에 별도의 설명은 생략한다.

```
Call:
lm(formula = statusoffense ~ affection, data = panel)

Residuals:
    Min      1Q  Median      3Q     Max
-1.4012 -0.7738 -0.5386  0.3830  6.5398

Coefficients:
```

```
            Estimate   Std. Error  t value   Pr(>|t|)
(Intercept)  1.636408   0.084481   19.370    <2e-16 ***
affection   -0.078415   0.007999   -9.803    <2e-16 ***
---
Signif. codes:  0 '***' 0.001 '**' 0.01 '*' 0.05 '.' 0.1 ' ' 1

Residual standard error: 1.116 on 3446 degrees of freedom
  (1 observation deleted due to missingness)
Multiple R-squared: 0.02713,    Adjusted R-squared: 0.02685
F-statistic:  96.1 on 1 and 3446 DF,  p-value: < 2.2e-16
```

동일한 방식으로 [가설 1-2]부터 [가설 1-6]을 검증하기 위한 회귀분석의 명령어는 아래와 같다. 이 역시 분석결과는 〈표 13-1〉에서 제시한 것과 동일하기 때문에 생략한다.

```
> regcriaff <- lm(criminaloffense ~ affection, data=panel)
> summary(regcriaff)
> regstacmn <- lm(statusoffense ~ communication, data=panel)
> summary(regstacmn)
> regcricmn <- lm(criminaloffense ~ communication, data=panel)
> summary(regcricmn)
> regstaspr <- lm(statusoffense ~ supervision, data=panel)
> summary(regstaspr)
> regcrispr <- lm(criminaloffense ~ supervision, data=panel)
> summary(regcrispr)
```

5.3 [가설 2]의 검증

[가설 1]과 동일한 방식으로 "관여가 낮을수록 비행을 더 많이 할 것이다."라는 [가설 2] 역시 종수변수가 지위비행과 범죄행동으로 구분되기 때문에 두 개의 하위가설로 구성된다.

2-1. 관여가 낮을수록 지위비행을 더 많이 할 것이다.
2-2. 관여가 낮을수록 범죄행동을 더 많이 할 것이다.

5.3.1 SPSS를 사용한 [가설 2]의 검증

[가설 2]의 검증을 위해서 관여와 비행행동(지위비행, 범죄행동)에 대해 SPSS에서 단순회귀분석을 시행한다. 회귀분석을 시행하는 방법은 앞서 [가설 1]과 동일하기 때문에 반복해서 소개하지 않고, 가설의 검증을 위해서 분석결과만 살펴본다.

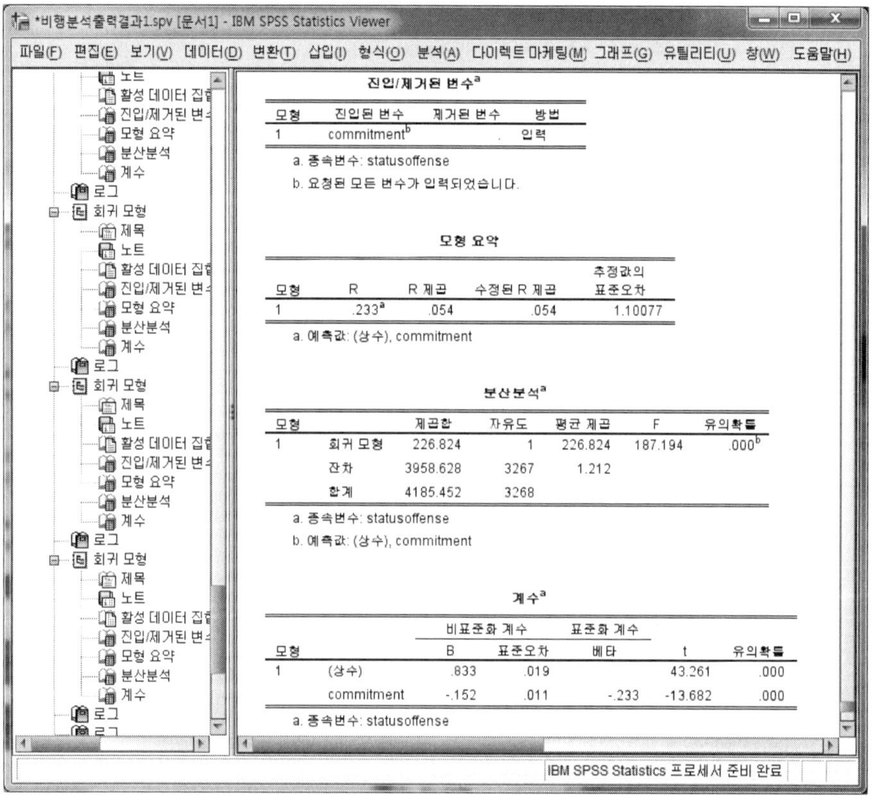

〈그림 13-19〉 지위비행에 대한 관여의 회귀분석 결과

먼저 〈그림 13-19〉에서 [가설 2-1]의 검증을 위한 분석을 살펴보자. 위의 그림에서 '모형요약'을 통해서 두 변수간의 상관관계는 .233이며, 표본의 결정계수(설명력)은 .054임을 알 수 있다. 즉 독립변수가 종속변수의 분산의 5.4%를 설명한다. 이러한 모델의 설명력이 가진 유의도를 검증하기 위해서 두 번째 표인 '분산분석'에서 F 값을 검증한다. 앞에서 언급한 바와 같이 F 값은 회귀모형의 평균제곱을 잔차의 평균제곱으로 나눈 값이다. F 값의 유의확률이 0.05보다 작은 0.000이기 때문에 관여와 지위비행 간에 관계가 없다는 영가설은 거부된다.

'계수' 표를 보면 상수값은 .833이며, 관여 변수의 기울기는 −.152이다. 이를 표준오차 .011로 나눈 t 값은 −13.68으로 p = 0.000 수준으로 통계적으로 유의미하다. 이 t 값은 관여와 지위비행 두 변수 간에 선형관계가 없다는 영가설을 검증한다. 이 표에서 t 값이 통계적으로 유의미하기 때문에 영가설은 거부되고, 정서적 친밀도와 지위비행은 선형관계가 있다는 가설이 지지된다. 또한 b 값의 기울기가 (−) 값을 가짐으로써 두 변수가 부적인 선형 관계가 있음을 보여준다. 따라서 관여가 낮을수록 지위비행을 많이 한다는 [가설 2−1]은 지지된다.

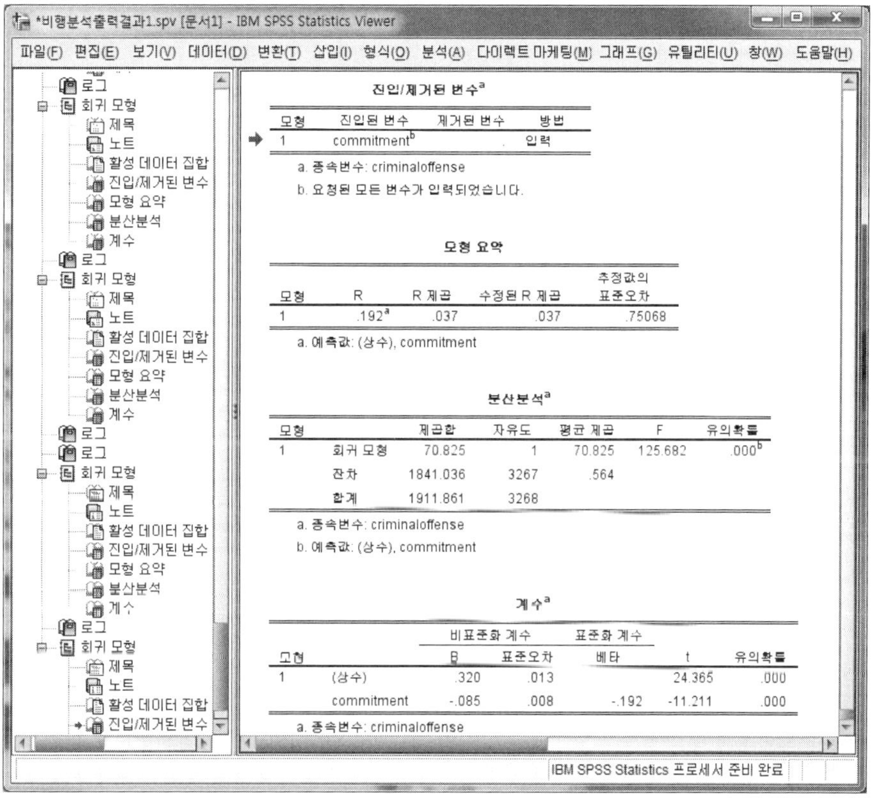

진입/제거된 변수a

모형	진입된 변수	제거된 변수	방법
1	commitment[b]	.	입력

a. 종속변수: criminaloffense
b. 요청된 모든 변수가 입력되었습니다.

모형 요약

모형	R	R 제곱	수정된 R 제곱	추정값의 표준오차
1	.192[a]	.037	.037	.75068

a. 예측값: (상수), commitment

분산분석a

모형		제곱합	자유도	평균 제곱	F	유의확률
1	회귀 모형	70.825	1	70.825	125.682	.000[b]
	잔차	1841.036	3267	.564		
	합계	1911.861	3268			

a. 종속변수: criminaloffense
b. 예측값: (상수), commitment

계수a

모형		비표준화 계수 B	표준오차	표준화 계수 베타	t	유의확률
1	(상수)	.320	.013		24.365	.000
	commitment	−.085	.008	−.192	−11.211	.000

a. 종속변수: criminaloffense

〈그림 13−20〉 범죄행동에 대한 관여의 회귀분석 결과

〈그림 13−20〉은 관여와 범죄행동의 관계에 대한 [가설 2−2]를 검증한 회귀분석 결과이다. 전체적인 유형은 [가설 2−1]과 유사하다. 독립변수의 설명력(R 제곱)은 3.7%로서 p = .000 에서 유의미하며, 관여의 b 값은 −.085로서 p = .000에서 유의미하다. 즉 관여가 낮을수록 범죄행동을 더 많이 한다는 [가설 2−2]은 지지된다.

5.3.2 R을 사용한 [가설 2]의 검증

여기에서는 비교의 목적을 위해서 [가설 2-1]을 검증하기 위한 회귀분석의 명령문과 분석결과만을 제시하기로 한다.

```
> regstacmt <- lm(statusoffense ~ commitment, data=panel)
> summary(regstacmt)

Call:
lm(formula = statusoffense ~ commitment, data = panel)

Residuals:
    Min      1Q   Median      3Q     Max
-1.5614 -0.8041 -0.3900  0.4754  5.8275

Coefficients:
             Estimate  Std. Error t value Pr(>|t|)
(Intercept)   0.83292  0.01925   43.26   <2e-16 ***
commitment   -0.15174  0.01109  -13.68   <2e-16 ***
---
Signif. codes:  0 '***' 0.001 '**' 0.01 '*' 0.05 '.' 0.1 ' ' 1

Residual standard error: 1.101 on 3267 degrees of freedom
(180 observations deleted due to missingness)
Multiple R-squared: 0.05419,    Adjusted R-squared: 0.0539
F-statistic: 187.2 on 1 and 3267 DF,  p-value: < 2.2e-16
```

6. 다중회귀분석을 사용한 분석

이제는 여러 개의 독립변수(사회유대들)와 비행행동의 관계를 다중회귀분석을 통해서 살펴보기로 한다. 다중회귀분석은 여러 개의 독립변수와 하나의 종속변수간의 관계를 분석할 때 사용한다. 단순회귀분석에 비해서 다중회귀분석이 가지는 장점은 다른 독립변수의 영향력을 통제한 후에 특정 독립변수가 종속변수에 미치는 영향력을 볼 수 있다는 점과 독립변수들의 상대적 영향력의 크기를 비교해볼 수 있다는 것이다.

다중회귀분석의 영가설은 여러 개의 독립변수들과 종속변수 간에 유의미한 선형 관계가 없다는 것이다. 물론 하나의 독립변수와 종속변수 간의 선형 관계에 대한 개별적인 영가설의 검증도 가능하다.

사회유대 이론을 검증함에 있어서 다중회귀분석을 시행한다는 것은 "사회유대요인들이 청소년 비행을 선형적으로 유의미하게 설명하는가?", "사회유대 변수 중에서 비행을 가장 잘 설명하는 요인은 무엇인가?", "다른 독립변수들의 영향력을 통제한 후에도 각 사회유대 변수는 비행에 유의미한 영향을 미치는가?" 등에 대한 답을 구하는 것이라고 볼 수 있다.

다중회귀분석을 사용함에 있어서 앞서 사용했던 부모에 대한 애착의 하위척도인 정서적 친밀도, 의사소통, 감독 변수를 사용하고, 여기에 관여 변수를 포함시켜서 다중회귀분석을 시행한다.

6.1 다중공선성 확인을 위한 상관분석

6.1.1 SPSS를 사용한 상관분석

다중회귀분석을 시행하기에 앞서 다중공선성의 문제를 먼저 살펴보는 것이 필요하다. 물론 다중공선성을 좀 더 정확하게 검증하기 위해서 SPSS의 옵션에서 몇 가지 방법을 사용할 수 있지만 여기에서는 일차적인 단계로 4개의 독립변수들 간에 상관분석을 시행한다.

앞에서 부모에 대한 애착의 하위척도로서 정서적 친밀도, 의사소통, 감독을 구부하여 척도를 구성하였는데 이들 간의 유사성으로 인해서 다중공선성의 문제가 있을 가능성이 있다. 따라서 이 변수들이 실제로 별도의 대상을 측정한 척도인지를 확인하기 위해서 독립변수들에 대한 상관관계분석을 통해서 다중공선성의 여지가 있는지 살펴본다.

메뉴에서 [분석] 〉 [상관분석] 〉 [이변량 상관계수]를 클릭하면 아래 〈그림 13-21〉처럼 이변량 상관계수 메뉴창이 나타난다. 여기에서 상관분석을 시행하고자 하는 4개의 변수(affection, communication, supervision, commitment)을 선택하여 [변수(V)]창으로 이동시킨다. 여기에서 그냥 [확인]을 눌러서 시행해도 되고, [붙여넣기]를 해서 명령어창에 상관분석에 대한 명령어를 입력해도 된다. 〈그림 13-22〉는 상관분석의 명령어를 보여준다. SPSS에서는 기본값으로 Pearson 상관계수를 구해주고, 결측값의 처리는 기본이 대응별 결측값처리(pairwise)이다.

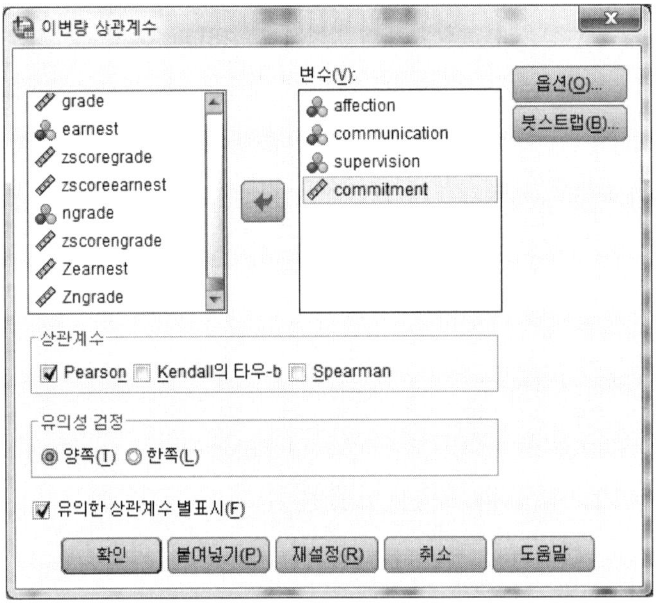

〈그림 13-21〉 이변량 상관계수 메뉴창

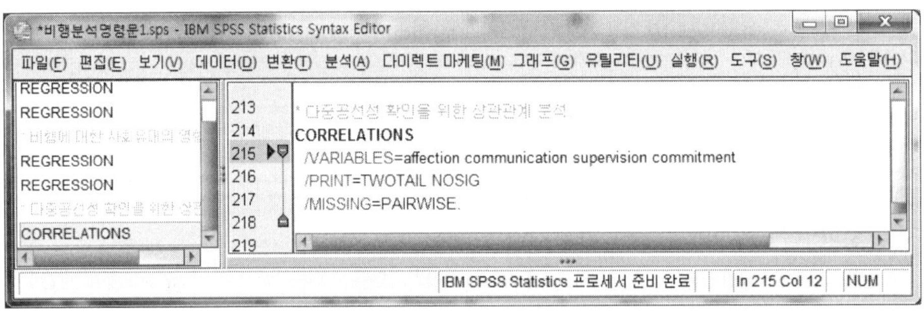

〈그림 13-22〉 상관분석의 명령문

분석결과로 나타난 상관계수는 〈표 13-2〉에 제시되어 있다. 〈표 13-2〉에서 분석결과에 따르면 affection과 communication 간의 상관관계가 .657로서 상당히 높게 나타났지만 .7에 미치지 못하기 때문에 일단 다중공선성의 문제는 심각하지 않다고 판단하고 다중회귀분석을 실시하며, 나중에 좀 더 세밀하게 검증한다.

〈표 13-2〉 사회유대변수들간의 상관계수

		affection	communication	supervision	commitment
affection	Pearson 상관계수	1	.657**	.447**	.281**
	유의확률 (양쪽)		.000	.000	.000
	N	3448	3445	3447	3268
communication	Pearson 상관계수	.657**	1	.482**	.261**
	유의확률 (양쪽)	0.000		.000	.000
	N	3445	3446	3445	3267
supervision	Pearson 상관계수	.447**	.482**	1	.265**
	유의확률 (양쪽)	.000	.000		.000
	N	3447	3445	3448	3268
commitment	Pearson 상관계수	.281**	.261**	.265**	1
	유의확률 (양쪽)	.000	.000	.000	
	N	3268	3267	3268	3269

**. 상관계수는 0.01 수준(양쪽)에서 유의합니다.

6.1.2 R을 사용한 상관분석

상관분석을 시행하기 위해서는 base에 있는 cor() 함수를 이용할 수 있다. ()안의 인자에는 해당변수의 이름을 적어주면 된다. cor() 함수에서는 Pearson 상관계수를 기본값으로 한다. R에서는 결측값의 처리에 있어서 아무런 옵션을 선택하지 않으면 하나라도 결측값이 있는 경우에 NA라고 표시한다. 따라서 SPSS의 분석처럼 pairwise로 하기 위해서는 'use="pairwise.complete.obs"'라고 입력해야 한다.

그 결과를 보면 4개의 사회유대변수들간의 상관계수를 보여준다. 그런데 cor() 함수에서는 유의도를 별도로 보여주지 않고 상관계수만 보여준다.

```
> cor(panel[c("affection", "communication", "supervision",
+       "commitment")], use="pairwise.complete.obs")
              affection communication supervision commitment
affection     1.0000000     0.6565481   0.4466935  0.2811969
communication 0.6565481     1.0000000   0.4819842  0.2605773
supervision   0.4466935     0.4819842   1.0000000  0.2648936
commitment    0.2811969     0.2605773   0.2648936  1.0000000
```

그래서 SPSS와 가장 유사한 형태의 분석결과를 사용하기 위해서는 'psych' 패키지의 corr.test() 함수를 사용하면 된다. 인자를 기록하는 방식은 cor()과 동일하다. 명령어와 분석결과는 아래와 같다. 분석결과는 SPSS와 달리 계수값, 사례수, 유의확률을 별도의 행렬표로 보여준다.

```
> library(psych)
> corr.test(panel[c("affection", "communication", "supervision",
+  "commitment")], use="pairwise.complete.obs")
Call:corr.test(x = panel[c("affection", "communication", "supervision",
    "commitment")], use = "pairwise")
Correlation matrix
              affection communication supervision commitment
affection          1.00          0.66        0.45       0.28
communication      0.66          1.00        0.48       0.26
supervision        0.45          0.48        1.00       0.26
commitment         0.28          0.26        0.26       1.00
Sample Size
              affection communication supervision commitment
affection          3448          3445        3447       3268
communication      3445          3446        3445       3267
supervision        3447          3445        3448       3268
commitment         3268          3267        3268       3269
Probability values (Entries above the diagonal are adjusted for multiple tests.)
              affection communication supervision commitment
affection             0             0           0          0
communication         0             0           0          0
supervision           0             0           0          0
commitment            0             0           0          0
```

6.2 일반적 다중회귀분석

6.2.1 SPSS를 사용한 일반적 다중회귀분석

메뉴를 사용해서 회귀분석을 할 때, [분석] 〉 [회귀분석] 〉 [선형]을 선택하면 아래 〈그림 13-23〉과 같은 선형 회귀분석 메뉴창이 뜬다. 여기에서 [종속변수]에

statusoffense를, [독립변수]에서 affection, communication, supervision, commitment을 선택하고, [방법]에는 입력을 선택한다. 다음으로 [통계량] 단추를 선택하면 〈그림 13-24〉와 같은 창이 나타난다. 여기에서 공선성 진단을 체크한다. 이는 앞서 상관분석을 통해서 affection과 communication의 상관관계가 상당히 높아서 공선성의 문제가 심각한지를 확인하기 위한 것이다.

〈그림 13-23〉 다중회귀분석 메뉴창

〈그림 13-24〉 회귀분석 통계량 옵션 창

〈표 13-23〉에서 [확인] 박스를 클릭하면 명령이 실행되며, 명령어 창에 명령문으로 쓰기 위해서 [붙여넣기]를 클릭하면 아래와 같이 명령어창에 명령어가 나타난다. 아래 〈그림 13-25〉의 명령어 창은 지위비행과 범죄행동에 대한 다중회귀분석의 명령어이다.

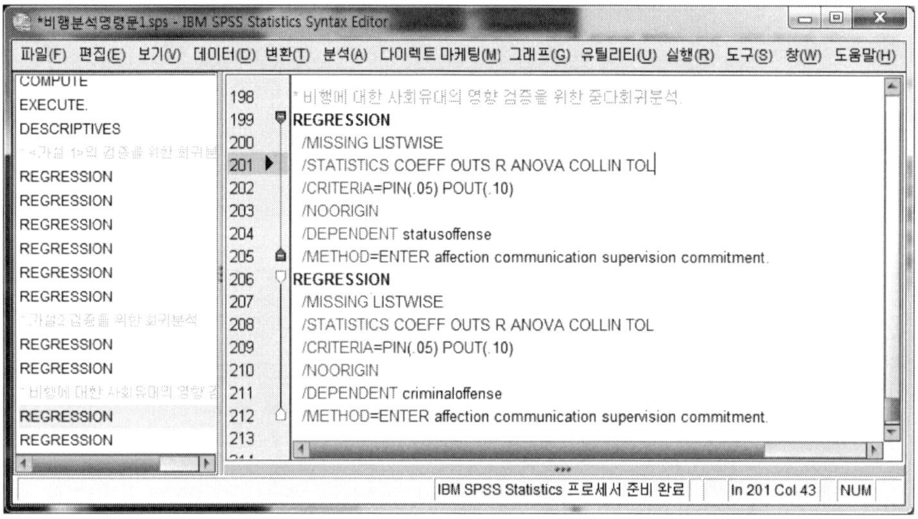

〈그림 13-25〉 다중회귀분석 명령어 창

분석을 시행하면 아래와 같은 5개의 표가 결과창에 제시된다.

〈표 13-3〉 진입/제거된변수a

모형	진입된 변수	제거된 변수	방법
1	commitment, communication, supervision, affection[b]		입력

a. 종속변수: statusoffense

b. 요청된 모든 변수가 입력되었습니다.

첫 번째 〈표 13-3〉은 진입/제거된 변수이다. 회귀분석 방법으로 '입력'을 선택했기 때문에 모형은 하나만 제시되고, 진입된 변수는 전체 독립변수 4개이다.

〈표 13-4〉 모형 요약

모형	R	R 제곱	수정된 R 제곱	추정값의 표준오차
1	.264[a]	.070	.069	1.09257

a. 예측값: (상수), commitment, communication, supervision, affection

두 번째 〈표 13-4〉는 모형요약이다. 방법으로 '입력'을 선택했기 때문에 모형은 하나만 제시된다. R은 독립변수들과 종속변수간의 다중회귀계수로서, 독립변수들의 결합과 종속변수 간의 관계의 강도를 반영한다. 이 표에서 R값은 .264이다.

R 제곱은 결정계수로서, 다중회귀분석에서 종속변수의 분산 중에서 가중된 독립변수들의 결합과 공유되는 양을 표현한다. 다시 말해서 종속변수의 분산 중에서 독립변수에 의해서 설명되어지는 양을 의미하고, 백분율로 나타내서 설명력이라고 하기도 한다. 이 표에서 R 제곱의 값은 .07로서 독립변수들은 종속변수 분산의 7%를 설명한다.

수정된 R 제곱은 이 회귀모형을 얼마나 일반화시킬수 있는가를 알 수 있게 해주는 수치로서 이상적으로는 R 제곱과 수정된 R 제곱이 같거나 매우 근접한 것이 좋다. 이 표에서 R 제곱과 수정된 R 제곱의 차이는 .001(0.1%)로서 아주 작다. 이러한 차이는 이 모형이 표본이 아니라 모집단에서 시행된다면 그 결과에 있어서 대략 0.1% 정도 적은 분산으로 설명할 수 있다는 것을 뜻한다.

추정값의 표준오차는 회귀모델에 의해서 예측된 값과 관찰치 간의 차이를 의미한다. 이러한 차이는 모델의 에러를 반영한다. 높은 적합도를 가지는 모델은 낮은 표준오차를 보인다.

〈표 13-5〉 분산분석a

모형		제곱합	자유도	평균 제곱	F	유의확률
1	회귀 모형	291.869	4	72.967	61.127	.000[b]
	잔차	3891.482	3260	1.194		
	합계	4183.351	3264			

a. 종속변수: statusoffense

b. 예측값: (상수), commitment, communication, supervision, affection

세 번째 〈표 13-5〉는 분산분석의 결과이다. 이 표는 이 회귀모형을 사용했을 때, 평균만을 추정치로 사용해서 결과를 예측한 것보다 어느 정도 유의미하게 좋아졌는가를 검사한다. 구체적으로 F 값은 모형의 적합에 의해서 향상된 부분과 모형에 여전히 남아 있는 부정확성의 비율을 의미한다. 분산분석 표에는 회귀모형의 제곱합과 잔차의 제곱합을 각각의 자유도로 나누어준 평균 제곱이 제시되고, 회귀모형의 평균제곱을 잔차의 평균제곱으로 나눈 값이 F이다. 이 표에서 F 값은 61.27이고 이는 우연적으로($p < .001$) 발생할 가능성이 매우 낮다. 따라서 이 회귀모형은 종속변수에 대한 예측능력을 유의미하게 향상시켰다는 의미로 해석할 수 있다.

〈표 13-6〉 계수a

모형		비표준화 계수		표준화 계수	t	유의확률	공선성 통계량	
		B	표준오차	베타			공차	VIF
1	(상수)	1.525	.098		15.512	.000		
	affection	-.045	.011	-.095	-4.125	.000	.535	1.869
	communication	.006	.010	.015	.645	.519	.517	1.934
	supervision	-.022	.006	-.068	-3.417	.001	.722	1.385
	commitment	-.126	.012	-.193	-10.796	.000	.893	1.119

a. 종속변수: statusoffense

네 번째 〈표 13-6〉은 계수를 보여준다. 이 표에 제시되는 계수의 종류는 옵션의 선택에 따라서 달라진다.

표에서 (상수)는 Y의 절편으로써 독립변수들이 모두 0일 때 종속변수의 값을 의미한다. 상수의 b 값이 1.525인데 이는 독립변수로 모형에 포함된 사회유대변수의 값이 모두 0일 때 이 정도의 지위비행이 발생한다는 의미이다.

다중회귀분석에서 비표준화 계수인 B는 편회귀계수(partial regression coefficient)이다. 회귀계수는 회귀선의 방향과 크기를 정의해 준다. '편'이라는 의미는 다른 독립변수의 영향을 통계적으로 통제한 후에 예측된 영향이란 의미이다.

위의 표를 다중회귀분석 공식으로 변환하면 다음과 같다.

$$statusoffense = b_0 + b_1*affection + b_2*communication + b_3*supervision +$$

b_4*commitment
= 1.525 + (−.045*affection) + (.006*communication) + (−.022*supervision) + (−.126*commitment)

b 값이 양수라는 것은 독립변수와 종속변수 간에 정적인 관계에 있다는 것을 의미하고, 음수인 경우에는 그 관계가 부적인 관계임을 의미한다. 위의 표에서 affection, supervision, commitment의 b 값이 음수이다. 따라서 정서적 친밀도가 높을수록, 감독이 높을수록, 관여가 높을수록 지위비행이 낮다는 것을 뜻한다.

또한 b 값은 종속변수의 변화의 크기도 보여준다. affection의 b 값이 −.045이기 때문에, 부모의 정서적 친밀도가 1 단위 올라갈 때 지위비행은 .045 단위 감소한다는 것을 의미한다. 이 b 값은 앞서 살펴본 대로 편회귀계수이기 때문에 이러한 해석은 다른 독립변수들(communication, supervision, commitment)의 값이 동일한 수준을 유지할 때만 적용된다. 다른 독립변수들의 b 값에 대한 설명도 이와 동일하게 적용된다.

이 b 값의 유의도, 즉 b 값이 0으로부터 유의미하게 다른 정도를 검증하기 위해서 t−검증을 사용하는데, t 값은 b 값을 해당 표준오차로 나눈 값이다. 단순회귀분석에서 t 값은 회귀선이 수평에서 벗어난 정도를 보여주지만 다중회귀분석에서는 좀 더 복잡하다. 결국 다중회귀분석에서 t 값은 독립변수가 모형에 유의미한 기여를 하는 척도로 개념화할 수 있다. 즉 b에 관련된 t 값이 유의미하면 해당 독립변수가 모형에 유의미하게 기여하고 있다고 볼 수 있고 유의도가 작을수록(즉 t 값이 클수록) 기여도가 더 커진다고 할 수 있다. 위의 표에서 의사소통을 제외하고 정서적 친밀도, 감독, 관여는 지위비행에 유의미하게 기여하고 있으며, 의사소통만 통계적 유의도가 나타나지 않았다.

표준화 계수인 베타 값은 제 10장에서도 논의한 바와 같이 b 값을 표준화시킨 것이기 때문에 독립변수들 간에 종속변수에 대한 영향력의 비교가 가능한 계수이다. 이 계수는 변수의 척도에 의존적이지 않기 때문에 해석을 용이하게 하는데, 종속변수의 예측된 변화의 정도에 미치는 독립변수들의 변화의 정도에 대한 상대적인 비교가 가능하게 한다. 따라서 가장 큰 베타 값을 가진 독립변수가 종속변수에 상대적으로 가장 큰 영향을 미치는 것이라고 할 수 있고, 따라서 가장 중요하다고 할 수 있다. 베타 값은 독립변수가 1 표준편차 변화했을 때 이에 따라서 변하는 종속변수의 표준편차의 단위를 보여준다.

위 표에서 네 독립변수의 베타 값을 비교하였을 때 가장 큰 값을 가진 것은 commitment로서 -.193이다. 즉 세 개의 애착 변수보다 관여 변수가 더 큰 영향을 미친다고 볼 수 있는 것이다.

앞에서 독립변수들간의 다중공선성이 의심되는 부분이 있기 때문에 이를 분명하게 하기 위해서 다중회귀분석의 통계치에서 공선성 검증을 선택하였다. 그 결과가 위 〈표 13-6〉의 마지막 두 칸에 제시되어 있다. 제시된 통계치는 두 개로서 공차 통계치(tolerance statistics)와 VIF이다.

분산팽창요인(variance inflation factor: VIF)은 어떤 독립변수가 다른 독립변수와 강한 선형관계가 있는지 여부를 알려준다. 어느 정도의 VIF 수치가 문제를 야기하는가에 대한 확실한 기준은 없지만 Myers(1990)은 이 값이 10정도 되면 염려할만하다고 한다. Bowerman & O'Connell(1990)은 평균적인 VIF가 1보다 상당히 크면 다중공선성이 회귀모델을 왜곡시킬 수 있다고 본다. VIF와 관련된 것이 공차 통계치이다. 이 값이 .1보다 낮을 때 심각한 문제가 있음을 보여주며, Menard(1995)는 .2보다 낮은 값은 관심을 가질 필요가 있다고 하였다.

위 표에서 모든 VIF 값은 10보다 현저하게 낮고, 공차 통계치가 .2보다 높다. 또한 VIF의 평균은 1.577로서 1보다 상당히 크다고 보기 힘들다. 따라서 다중공선성의 문제로부터는 안전하다고 할 수 있다.

〈표 13-7〉 공선성 진단a

모형		고유값	상태지수	분산비율				
				(상수)	affection	communication	supervision	commitment
1	1	3.910	1.000	.00	.00	.00	.00	.00
	2	.999	1.979	.00	.00	.00	.00	.89
	3	.040	9.903	.05	.07	.35	.60	.01
	4	.033	10.880	.61	.03	.20	.38	.08
	5	.018	14.562	.35	.90	.44	.02	.03

a. 종속변수: statusoffense

마지막으로 〈표 13-7〉는 공선성 진단이다. 이 표는 세 파트로 구성되어 있다. 첫 번째는 고유값(eigenvalue)을 이용해서 공선성을 판단한다. 이 표의 고유값 중의 하나가 다른 것들에 비해서 훨씬 크다면 문제가 있다고 할 수 있으며 이는 회귀계수들의 해법이 독립변수나 종속변수의 작은 변화에도 크게 영향을 받을 수 있음을 의미한다. 즉 이 값들은 회귀모형이 얼마나 정밀한가를 보여준다. 고유값들이 상당히 비슷하면 그 모형은 측정된 변수들의 작은 변화에도 크게 영향을 받지 않을 가능성이 높다.

두 번째는 상태지수이다. 이 계수는 고유값들을 표현하는 다른 방식으로써 해당 고유값과 가장 큰 고유값의 비(ratio)에 루트를 씌운 값이다. 따라서 가장 큰 고유값의 상태지수는 항상 1이다. 공선성이 있을 때 상태지수 값이 얼마나 되어야 하는가에 대한 확실하고 빨리 알아볼 수 있는 기준은 존재하지 않지만, 위의 표에서 나타나는 정도는 다중공선성의 문제가 크지 않다고 볼 수 있다.

마지막 단계는 분산비율을 살펴보는 것이다. 각 회귀계수의 분산은 고유값에 따라서 쪼개질 수 있으며, 분산비율은 개별적인 고유값에 기여하는 각 독립변수들의 회귀계수의 분산의 비율을 보여준다. 이러한 비율은 이해하기 쉽게 하기 위해서 백분율로 바꾸어서 제시한다. 공선성을 확인하기 위해서 작은 값을 가진 동일한 고유값에 높은 비율을 보이는 독립변수들을 찾는다. 이 표에서는 앞에서 보인 증거들처럼 심각한 공선성의 문제를 보이지는 않는다.

이상의 지위비행에 대한 다중회귀분석 결과를 요약하면 지위비행을 설명하는 사회유대 변수들의 회귀모형은 유의미하게 지위비행을 설명하고 있다. 독립변수들은 지위비행 분산의 7%를 설명한다. 4개의 변수 중에서 정서적 친밀도, 감독, 관여가 지위비행에 유의미한 영향을 미치며, 의사소통은 통계적 유의도가 없었다. 친밀도, 감독, 관여와 지위비행은 부적인 관계를 보이는데, 이는 독립변수들이 높아질수록 지위비행은 낮아짐을 의미한다. 세 개의 애착 변수와 관여 변수 중에서 지위비행에 가장 큰 영향을 미치는 것은 관여이다. 또한 독립변수들 간에 우려할만한 다중공선성은 발견되지 않았다.

다음으로 범죄행동에 대한 다중회귀분석 결과는 아래 〈그림 13-26〉과 같다. 지위비행에서 표를 해석하는 방법에 대하여 자세하게 설명하였기 때문에 범죄행동에 대한 분석결과는 요약만을 제시한다.

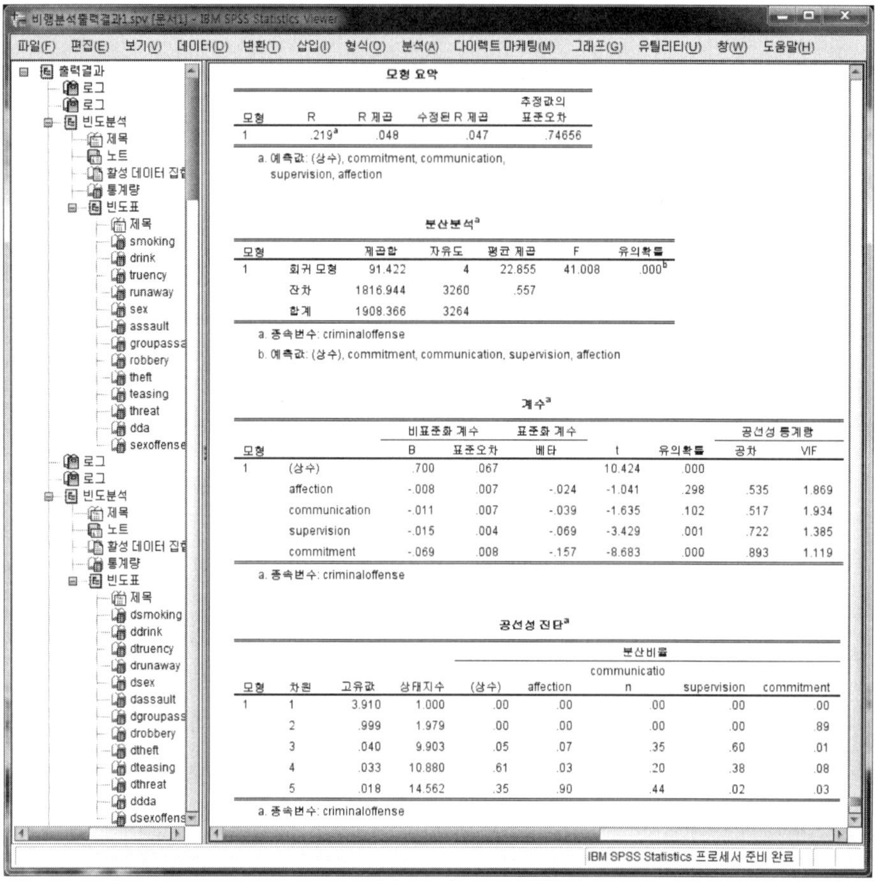

모형 요약

모형	R	R 제곱	수정된 R 제곱	추정값의 표준오차
1	.219[a]	.048	.047	.74656

a. 예측값: (상수), commitment, communication, supervision, affection

분산분석[a]

모형		제곱합	자유도	평균 제곱	F	유의확률
1	회귀 모형	91.422	4	22.855	41.008	.000[b]
	잔차	1816.944	3260	.557		
	합계	1908.366	3264			

a. 종속변수: criminaloffense

b. 예측값: (상수), commitment, communication, supervision, affection

계수[a]

		비표준화 계수		표준화 계수			공선성 통계량	
모형		B	표준오차	베타	t	유의확률	공차	VIF
1	(상수)	.700	.067		10.424	.000		
	affection	-.008	.007	-.024	-1.041	.298	.535	1.869
	communication	-.011	.007	-.039	-1.635	.102	.517	1.934
	supervision	-.015	.004	-.069	-3.429	.001	.722	1.385
	commitment	-.069	.008	-.157	-8.683	.000	.893	1.119

a. 종속변수: criminaloffense

공선성 진단[a]

				분산비율				
모형	차원	고유값	상태지수	(상수)	affection	communication	supervision	commitment
1	1	3.910	1.000	.00	.00	.00	.00	.00
	2	.999	1.979	.00	.00	.00	.00	.89
	3	.040	9.903	.05	.07	.35	.60	.01
	4	.033	10.880	.61	.03	.20	.38	.08
	5	.018	14.562	.35	.90	.44	.02	.03

a. 종속변수: criminaloffense

〈그림 13-26〉 범죄행동에 대한 다중회귀분석 결과

범죄행동을 설명하는 사회유대모형은 통계적으로 유의미하다. 범죄행동 변수 분산의 4.8%를 회귀모형이 설명한다. 4개의 변수 중에서 통계적으로 유의미하게 범죄행동의 설명에 기여하는 것은 감독과 관여이다. 정서적 친밀도와 의사소통은 범죄행동과 통계적으로 유의미한 선형관계를 보이지 않는다. 감독과 관여가 낮을수록 범죄행동을 더 많이 저지르며, 관여가 범죄행동에 가장 큰 영향을 미치고 있다. 결국 부모에 대한 애착보다는 관여가 지위비행이나 범죄행동에 더 큰 영향을 미치는 것으로 해석할 수 있다.

6.2.2 R을 사용한 일반적 다중회귀분석

앞서 살펴본 SPSS를 사용한 회귀분석은 기본적으로 여러 종류의 분석결과를 보여준다. 그렇지만 R을 사용해서 회귀분석할 때 한 번에 모든 분석결과를 보여주지는 않으며 필요에 따라서 추가적인 분석을 해야 한다. 아래 명령어는 4개의 독립변수의 지위비행에 대한 회귀분석을 시행한 것이다. lm() 함수를 이용해서 다중회귀분석을 할 때 독립변인들은 '+' 기호를 사용해서 입력한다.[72] lm() 함수를 이용해서 회귀분석한 결과를 regsta4ind라는 객체에 할당했다. summary() 함수를 사용해서 회귀분석의 결과를 살펴본 내용이 아래에 제시되어 있다. 제시되는 방식은 다르지만 SPSS의 분석 결과와 동일한 내용들이 제시되어 있다.

```
> regsta4ind <- lm(statusoffense ~ affection+communication+supervision+
+                  commitment, data=panel)
> summary(regsta4ind)

Call:
lm(formula = statusoffense ~ affection + communication + supervision +
commitment, data = panel)

Residuals:
   Min      1Q  Median      3Q     Max
-1.8777 -0.7943 -0.3493  0.4837  6.1686

Coefficients:
               Estimate  Std. Error t value Pr(>|t|)
(Intercept)    1.524774  0.098296  15.512  < 2e-16 ***
affection     -0.045272  0.010976  -4.125 3.81e-05 ***
communication  0.006207  0.009621   0.645 0.518869
supervision   -0.022138  0.006480  -3.417 0.000642 ***
commitment    -0.125812  0.011654 -10.796  < 2e-16 ***
---
Signif. codes:  0 '***' 0.001 '**' 0.01 '*' 0.05 '.' 0.1 ' ' 1

Residual standard error: 1.093 on 3260 degrees of freedom
(184 observations deleted due to missingness)
Multiple R-squared: 0.06977,    Adjusted R-squared: 0.06863
```

72) lm() 함수에서 다수의 독립변수들은 '+' 기호를 사용해서 연결한다. 그렇지만 다른 기호들도 사용되는데, 두 변수간의 상호작용변수를 포함시킬 때는 ':' 기호를 사용한다. 예를 들어 x1과 x2의 상호작용변수를 모형에 포함시킬 때는 'x1:x2'이라고 표시한다. 또한 '*' 기호는 두 개별변수와 두 변수의 상호작용 변수를 포함시킬 때 사용한다. 즉 'x1*x2'는 'x1+x2+x1:x2'를 의미한다.

```
F-statistic: 61.13 on 4 and 3260 DF,  p-value: < 2.2e-16
```

회귀분석 결과를 summary() 함수를 사용해서 볼 때 회귀계수(b) 값은 알 수 있지만 변수들간의 영향력 비교를 가능하게 하는 베타 값은 나타나지 않는다. 베타 값을 구하기 위해서는 별도의 함수가 필요하다. 'QuantPsyc' 패키지에 포함되어 있는 lm.beta() 함수가 다중회귀분석 결과에서 베타 값을 구해준다. 회귀분석의 결과를 저장한 객체(regsta4ind)를 인자로 해서 lm.beta() 함수를 실행시키면 각 독립변수들의 베타 값을 보여준다.

```
> library(QuantPsyc)
> lm.beta(regsta4ind)
  affection   communication  supervision   commitment
 -0.09525152   0.01515721   -0.06792492   -0.19293894
```

또 한 가지 위의 분석결과에서 빠져있는 부분이 다중공선성의 진단에 대한 부분이다. SPSS 분석결과에서도 사용된 분산팽창요인(VIF)을 사용해서 다중공선성을 검증하기 위해서는 별도의 함수를 사용하는 것이 필요하다. 이를 위해서 'car' 패키지에 있는 vif() 함수를 사용하면 된다. 아래 제시된 명령어처럼 앞에서 회귀분석의 결과를 저장한 객체(regsta4ind)를 인자로 해서 vif() 함수를 실행하면 각 독립변수들의 vif 값을 보여준다.

이 vif 값이 제곱근을 구한 값이 2보다 클 때 다중공선성의 문제가 심각하다고 볼 수 있다는 기준도 있기 때문에 이를 검증하게 위해서 세 번째 명령어처럼 공식을 만들어 실행시키면 각 독립변수에 대해서 TRUE 또는 FALSE의 값이 나타난다. 여기에서 TRUE가 나타나면 다중공선성의 문제가 심각한 것으로 볼 수 있다는 의미이다.

```
> library(car)
> vif(regsta4ind)
  affection  communication   supervision   commitment
  1.869011      1.934334       1.385182      1.119295
> sqrt(vif(regsta4ind)) > 2
  affection   communication   supervision   commitment
    FALSE         FALSE          FALSE         FALSE
```

아래는 범죄행동에 대한 4개의 독립변수들의 다중회귀분석 명령어와 분석결과를 제시하였다.

```
> regcri4ind <- lm(criminaloffense ~ affection+communication+
+                   supervision+commitment, data=panel)
> summary(regcri4ind)

Call:
lm(formula = criminaloffense  ~  affection + communication + supervision + commitment,
data = panel)

Residuals:
    Min       1Q   Median       3Q      Max
  -0.9001 -0.3854 -0.2509  -0.0560  5.2007

Coefficients:
               Estimate   Std. Error t value Pr(>|t|)
(Intercept)    0.700138   0.067166   10.424  < 2e-16 ***
affection     -0.007804   0.007500   -1.041 0.298179
communication -0.010746   0.006574   -1.635 0.102241
supervision   -0.015183   0.004428   -3.429 0.000613 ***
commitment    -0.069143   0.007963   -8.683  < 2e-16 ***
---
Signif. codes:  0 '***' 0.001 '**' 0.01 '*' 0.05 '.' 0.1 ' ' 1

Residual standard error: 0.7466 on 3260 degrees of freedom
(184 observations deleted due to missingness)
Multiple R-squared: 0.04791,     Adjusted R-squared: 0.04674
F-statistic: 41.01 on 4 and 3260 DF,  p-value: < 2.2e-16

> lm.beta(regcri4ind)
    affection communication   supervision    commitment
  -0.02430999   -0.03885023   -0.06896938   -0.15699247
```

6.3 위계적 회귀분석

6.3.1 SPSS를 사용한 위계적 회귀분석

앞의 다중회귀분석에서는 사회유대이론에서 제시하는 하위차원 중에서 부모에 대한 애착은 3개의 변수, 관여는 하나의 변수를 사용하였다. 따라서 변수의 수가 다르기 때문에 앞의 다중회귀분석만으로 애착과 관여의 효과를 직접적으로 비교하는데 충분하지 않다고 볼 수 있다. 이 때 애착과 관여 차원의 영향력을 비교하기 위해서 위계적 회귀분석 모형을 사용할 수 있다.

〈그림 13-27〉 위계적 회귀분석 메뉴창 1

메뉴를 사용해서 회귀분석을 할 때는 일반 다중회귀분석과 마찬가지로 [분석] 〉 [회귀분석] 〉 [선형]을 선택한다. 아래 〈그림 13-27〉과 같은 선형 회귀분석 메뉴창에서 statusoffense를 선택해서 [종속변수] 창으로 이동하고, 애착 변수인 affection, communication, supervision을 선택하여 [독립변수] 창으로 이동한다. [방법]에는 입력을 선택한다. 그리고 독립변수 창의 오른쪽 위에 있는 [다음]을 클릭하면 〈그림 13-28〉이 나타난다. 여기에서 관여 변수인 commitment를 선택해서 [독립변수] 창으로 이동시킨다. 위계적 회귀모형의 R 제곱 변화를 알아보기 위해서 [통계량]을 눌러서 나타난 창에 아래 〈그림 13-29〉처럼 R 제곱 변화량에 체크하고 [계속]을 누른 후에 [붙여넣기]를 하면 〈그림 13-30〉과 같은 명령어 창이 나타난다.

〈그림 13-28〉 위계적 회귀분석 메뉴창 2

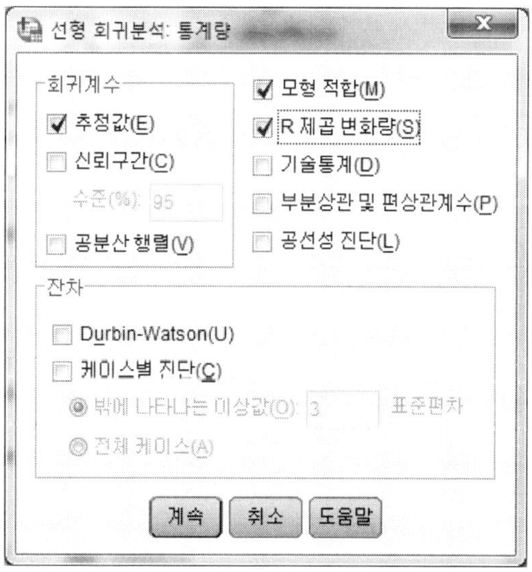

〈그림 13-29〉 선형회귀분석 통계량 메뉴창

〈그림 13-30〉을 보면 /Method 명령줄이 두 번 나타난 것을 볼 수 있다. 첫 번째 줄에 애착의 세 변수, 두 번째 줄에 관여 변수가 기록되어 있다. 유사하게 입력하는 변인들을 수정해서 위계적 회귀분석을 하는 경우 명령어 창에서 /Method 명령줄을 사용해서 입력된 변수들의 순서를 지정해주면 된다. 또한 R 제곱의 변화를 보기 위해서 /Statistics에 CHANGE가 기록되어 있다는 점이 일반 다중회귀분석과 다르다.

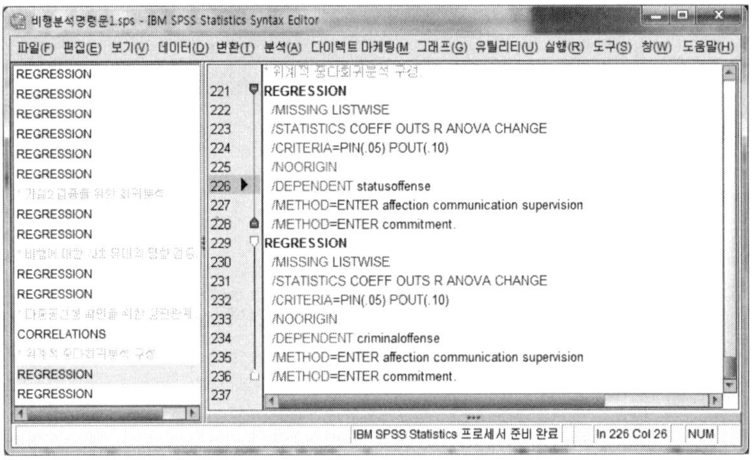

〈그림 13-30〉 위계적 회귀분석 모형의 명령어창

위와 같은 명령어를 실행시킨 결과는 아래와 같다.

〈표 13-8〉 진입/제거된변수a

모형	진입된 변수	제거된 변수	방법
1	supervision, affection, communication[b]		입력
2	commitment[b]		입력

a. 종속변수: statusoffense
b. 요청된 모든 변수가 입력되었습니다.

첫 번째 〈표 13-8〉은 단계별로 입력된 변수를 보여준다. 모형1에서는 affection, communication, supervision이 입력되었고, 모형2에서 commitment가 입력되었다.

〈표 13-9〉 모형 요약

모형	R	R 제곱	수정된 R 제곱	추정값의 표준오차	통계량 변화량				
					R 제곱 변화량	F 변화량	df1	df2	유의확률 F 변화량
1	.191[a]	.037	.036	1.11176	.037	41.192	3	3261	.000
2	.264[b]	.070	.069	1.09257	.033	116.553	1	3260	.000

a. 예측값: (상수), supervision, affection, communication
b. 예측값: (상수), supervision, affection, communication, commitment

두 번째 〈표 13-9〉는 모형 요약을 보여준다. 표의 앞부분은 이미 설명하였기 때문에 생략하고 통계량 변화량 부분에 대해서 설명한다. 일반적으로 회귀분석모형에 새로운 변수가 추가되면 R 제곱이 커진다. 물론 R 제곱이 커진다고 회귀방정식의 적합도가 증가된다는 것을 의미하지는 않는다. 표준오차도 실제로 증가할 수 있기 때문이다. 새로운 변수의 추가에 대한 결과를 평가하는 방법 중의 하나가 새로운 변수의 추가로 발생하는 R 제곱의 변화를 고려하는 것이다. R 제곱변화는 새로운 변수가 추가되기 이전과 이후의 R 제곱 값의 차이를 말한다.

위의 표에서 모형1에서 R 제곱변화량이란 평균만으로 종속변수를 설명한 것보다 모형1의 세 변수를 포함시켜서 설명했을 때 R 제곱이 3.7%의 설명력이 증가하였음을 의미한다. 그리고 이러한 R 제곱 변화의 통계적 유의도는 F 변화량으로 검증하는데 이 값은 모형1에서 41.192로서 p〈.001에서 유의미하다. 모형2는 모형1에 관여 변수(commitment)을 투입한 것이다. 이 때 R 제곱의 변화량은 3.3%로서 F 변화량이 116.553으로 p〈.001에서 유의미하다.

〈표 13-10〉 분산분석[a]

모형		제곱합	자유도	평균 제곱	F	유의확률
1	회귀 모형	152.739	3	50.913	41.192	.000[b]
	잔차	4030.611	3261	1.236		
	합계	4183.351	3264			
2	회귀 모형	291.869	4	72.967	61.127	.000[c]
	잔차	3891.482	3260	1.194		
	합계	4183.351	3264			

a. 종속변수: statusoffense
b. 예측값: (상수), supervision, affection, communication
c. 예측값: (상수), supervision, affection, communication, commitment

〈표 13-10〉의 분산분석에서도 두 개의 모형에 대한 분산분석 결과가 제시되는데 이는 앞서 언급한 바와 같이 회귀모형을 사용했을 경우에 평균만 추정치로서 사용해서 결과를 설명한 것보다 얼마나 유의미하게 좋아졌는가를 검사한다. 모형1은 애착변수들만 포함시킨 모형에 대해서, 모형2는 애착과 관여 변수를 포함시킨 모형의 유의도 검증이다. 위의 표에 따르면 두 모형 모두 p〈.001에서 유의미하다. 이는 모형에 투입된 변수들이 종속변수인 지위비행에 대해서 통계적으로 더 나은 설명을 제공함을 의미한다.

〈표 13-11〉 계수[a]

모형		비표준화 계수		표준화 계수	t	유의확률
		B	표준오차	베타		
1	(상수)	1.860	.095		19.605	.000
	affection	-.060	.011	-.126	-5.399	.000
	communication	.000	.010	.000	-.011	.991
	supervision	-.032	.007	-.098	-4.886	.000
2	(상수)	1.525	.098		15.512	.000
	affection	-.045	.011	-.095	-4.125	.000
	communication	.006	.010	.015	.645	.519
	supervision	-.022	.006	-.068	-3.417	.001
	commitment	-.126	.012	-.193	-10.796	.000

a. 종속변수: statusoffense

〈표 13-11〉 계수에서는 모형1과 모형2에서 개별 변수들의 종속변수에 대한 기여를 보여준다. 애착의 세 변수가 모형1에서 보여주는 값과 모형2에서 보여주는 값에 차이가 있는데, 이는 모형2에 commitment가 투입됨으로써 이 변수가 새롭게 통제되었기 때문이다. 모형2에서 나타난 계수의 값은 앞서 제시하였던 일반다중회귀분석에서 4 변인을 사용해서 분석한 '계수' 표의 값과 동일하다.

〈표 13-12〉 제외된 변수[a]

모형		베타 입력	t	유의확률	편상관계수	공선성 통계량
						공차
1	commitment	-.193[b]	-10.796	.000	-.186	.893

a. 종속변수: statusoffense

b. 모형내의 예측값: (상수), supervision, affection, communication

〈표 13-12〉 제외된 변수에는 모형1에 포함되지 않은 변수인 commitment가 제시되어 있다. 위계적 회귀분석에서는 다음 단계에 입력된 변수가 제시된다. 요약으로 제시되는 계수들은 이 상태에서 모형에 포함되었을 때 예상되는 베타 값의 예상치와 t 값 등을 보여준다. 단계적 회귀분석에서는 이 표에 있는 변수들 중에서 t 값이 가장 큰 변수가 다음 단계에 입력된다. 편상관계수란 제외된 변수가 모형에 입력된다면 어느 정도 기여할 것인가를 보여준다.

범죄행동에 대한 위계적 회귀분석의 결과를 아래 〈그림 13-31〉에 제시한다. 이상의 설명을 참고해서 각자 해석해보기 바란다.

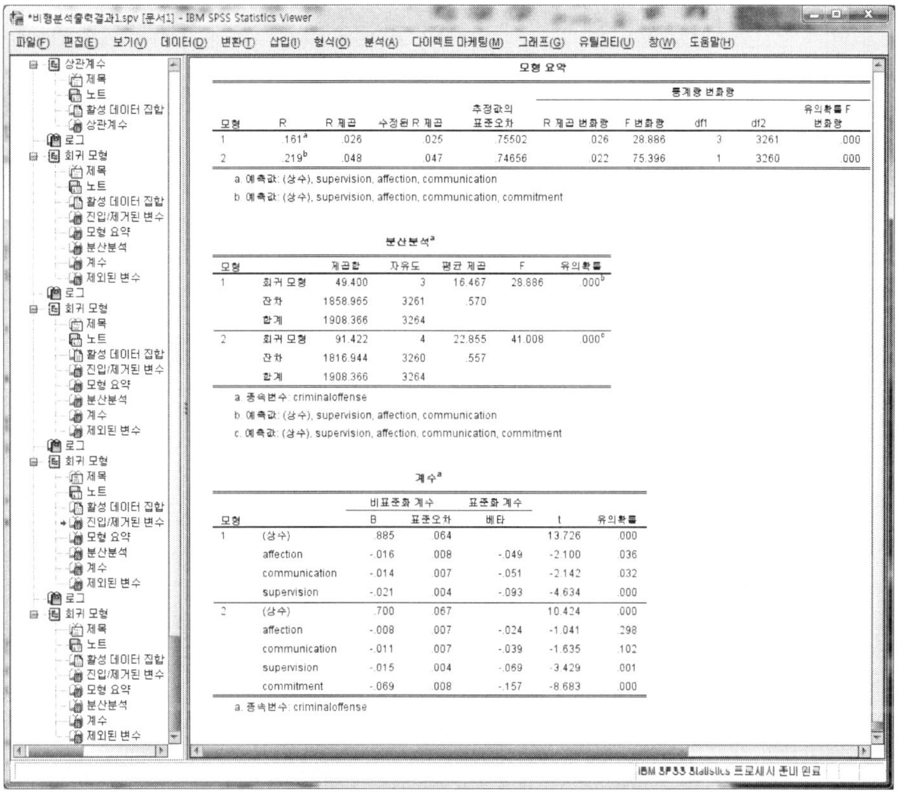

모형 요약

모형	R	R 제곱	수정된 R 제곱	추정값의 표준오차	통계량 변화량				
					R 제곱 변화량	F 변화량	df1	df2	유의확률 F 변화량
1	.161[a]	.026	.025	.75502	.026	28.886	3	3261	.000
2	.219[b]	.048	.047	.74656	.022	75.396	1	3260	.000

a. 예측값: (상수), supervision, affection, communication
b. 예측값: (상수), supervision, affection, communication, commitment

분산분석[a]

모형		제곱합	자유도	평균 제곱	F	유의확률
1	회귀 모형	49.400	3	16.467	28.886	.000[b]
	잔차	1858.965	3261	.570		
	합계	1908.366	3264			
2	회귀 모형	91.422	4	22.855	41.008	.000[c]
	잔차	1816.944	3260	.557		
	합계	1908.366	3264			

a. 종속변수: criminaloffense
b. 예측값: (상수), supervision, affection, communication
c. 예측값: (상수), supervision, affection, communication, commitment

계수[a]

모형		비표준화 계수		표준화 계수	t	유의확률
		B	표준오차	베타		
1	(상수)	.885	.064		13.726	.000
	affection	-.016	.008	-.049	-2.100	.036
	communication	-.014	.007	-.051	-2.142	.032
	supervision	-.021	.004	-.093	-4.634	.000
2	(상수)	.700	.067		10.424	.000
	affection	-.008	.007	-.024	-1.041	.298
	communication	-.011	.007	-.039	-1.635	.102
	supervision	-.015	.004	-.069	-3.429	.001
	commitment	-.069	.008	-.157	-8.683	.000

a. 종속변수: criminaloffense

〈그림 13-31〉 범죄행동에 대한 위계적 회귀분석 결과

6.3.2 R을 사용한 위계적 회귀분석

SPSS를 이용해서 분석할 때는 한 번의 실행으로 위계적 회귀분석을 할 수 있지만 R에서는 위계적 회귀분석을 하기 위해서 좀 더 복잡한 과정을 거쳐야 한다. 위계적 회귀분석의 각 단계마다 연구자가 별도의 회귀분석을 행하고 단계별 개선정도를 파악하기 위하여 회귀모형들을 비교하는 것도 anova() 함수를 이용해서 직접 수행해야 한다.

먼저 지위비행에 대한 위계적 회귀분석에 대해서 살펴보기로 하겠다. 아래는 애착의 세 변수 affection, communication, supervision를 포함시킨 회귀분석을 수행하는 명령어와 분석결과이다. 여기에서 사용한 데이터프레임의 이름은 regpanelmiss

으로 이전의 회귀분석에서 사용한 이름인 panel과 달라졌는데, 이는 모형별 비교를 위해서 anova() 함수를 수행하기 위해서는 두 모형의 결측값의 수가 동일해야 하는데 R에서는 별도의 회귀분석을 수행하다보니 각 모형의 결측값이 달라지는 문제가 발생하여 두 모형의 결측값을 맞추기 위해서 별도의 데이터프레임을 만들어서 분석을 진행했다.[73)]

```
> regsta3ind <- lm(statusoffense ~ affection+communication+supervision,
+                  data=regpanelmiss)
> summary(regsta3ind)
Call:
lm(formula = statusoffense ~ affection + communication + supervision,
data = regpanelmiss)

Residuals:
    Min      1Q  Median     3Q    Max
-1.5529 -0.8107 -0.4511 0.4014 6.5808

Coefficients:
                Estimate Std. Error t value Pr(>|t|)
(Intercept)    1.8603071  0.0948907  19.605  < 2e-16 ***
affection     -0.0598413  0.0110841  -5.399 7.19e-08 ***
communication -0.0001087  0.0097720  -0.011    0.991
supervision   -0.0319006  0.0065290  -4.886 1.08e-06 ***
---
Signif. codes:  0 '***' 0.001 '**' 0.01 '*' 0.05 '.' 0.1 ' ' 1

Residual standard error: 1.112 on 3261 degrees of freedom
Multiple R-squared: 0.03651,	Adjusted R-squared: 0.03562
```

73) SPSS의 회귀분석에서는 앞서 소개한 바와 같이 하나의 명령어에서 위계적 회귀분석을 시행한다. 따라서 모형에 포함된 변수에서 결측값이 있는 사례들은 자동적으로 분석에서 제외된다. 우리의 분석 사례에서 commitment는 180개의 결측값을 가진다. 이는 학교성적에서 응답하지 않은 청소년이 많았기 때문이다. SPSS에서는 두 단계의 위계적 회귀분석을 시행할 때 처음부터 모형에 commitment가 포함되어 있어 이 결측값들이 제외된다. 그렇지만 R의 경우 첫 번째 단계에서 애착의 세 변수만으로 회귀분석을 할 때에는 commitment의 결측값들이 제외되지 않기 때문에 commitment가 포함되지 않은 모형과 포함된 모형 사이에 결측값의 차이가 발생한다. 이를 보정하기 위해서 첫 번째 단계의 회귀분석에서도 commitment의 결측값이 있는 사례를 제외시키기 위해서 새로운 데이터프레임을 만들어서 작업한 것이다.

```
F-statistic: 41.19 on 3 and 3261 DF,  p-value: < 2.2e-16
```

위의 분석결과는 SPSS의 위계적 회귀분석 〈표 13-11〉의 모형1에 제시된 결과와 동일하다. 다음은 애착 변수만 있는 1단계 모형과 관여 변수도 포함된 2단계 모형의 분산분석을 실시한 결과이다. anova() 함수를 사용하며 인자에는 두 개의 회귀모형 분석결과를 저장한 객체를 적는다. 이 때 두 모형은 내포모형(nested model)이어야 한다. 즉 하나의 모형은 다른 모형을 포괄하여야 한다. 그래야 위계적 분석의 의미가 있기 때문이다. 이 때 일반적으로 변수의 수가 적은 모형을 앞에 적어주는 것이 해석이 용이하다.

아래의 분산분석 결과는 SPSS의 위계적 회귀분석에서 〈표 13-10〉의 분산분석와 비교하면 동일함을 알 수 있다.

```
> anova(regsta3ind, regsta4ind)
Analysis of Variance Table

Model 1: statusoffense ~ affection + communication + supervision
Model 2: statusoffense ~ affection + communication + supervision + commitment
  Res.Df    RSS Df Sum of Sq      F    Pr(>F)
1   3261 4030.6
2   3260 3891.5  1    139.13 116.55 < 2.2e-16 ***
---
Signif. codes:  0 '***' 0.001 '**' 0.01 '*' 0.05 '.' 0.1 ' ' 1
```

동일한 방식으로 범죄행동에 대한 위계적 회귀분석을 수행한 결과가 아래에 제시되어 있다.

```
> regcri3ind <- lm(criminaloffense ~ affection+communication+
+                  supervision, data=regpanelmiss)
> summary(regcri3ind)

Call:
lm(formula = criminaloffense ~ affection + communication + supervision,
data = regpanelmiss)
```

```
Residuals:
    Min      1Q  Median      3Q     Max
-0.7123 -0.3661 -0.2713 -0.1259  5.4600

Coefficients:
               Estimate Std. Error t value Pr(>|t|)
(Intercept)    0.884539   0.064443  13.726  < 2e-16 ***
affection     -0.015811   0.007527  -2.100   0.0358 *
communication -0.014217   0.006636  -2.142   0.0322 *
supervision   -0.020548   0.004434  -4.634 3.73e-06 ***
---
Signif. codes:  0 '***' 0.001 '**' 0.01 '*' 0.05 '.' 0.1 ' ' 1

Residual standard error: 0.755 on 3261 degrees of freedom
Multiple R-squared: 0.02589,	Adjusted R-squared: 0.02499
F-statistic: 28.89 on 3 and 3261 DF,  p-value: < 2.2e-16
```

```
> anova(regcri3ind, regcri4ind)
Analysis of Variance Table

Model 1: criminaloffense ~ affection + communication + supervision
Model 2: criminaloffense ~ affection + communication + supervision + commitment
  Res.Df    RSS Df Sum of Sq      F    Pr(>F)
1   3261 1859.0
2   3260 1816.9  1    42.022 75.396 < 2.2e-16 ***
---
Signif. codes:  0 '***' 0.001 '**' 0.01 '*' 0.05 '.' 0.1 ' ' 1
```

제14장

청소년의 범죄 두려움에 대한 분석 : 요인분석과 분산분석

CHAPTER 14

청소년의 범죄 두려움에 대한 분석 : 요인분석과 분산분석

1. 개요

1.1 사용하는 조사데이터의 설명

본장의 범죄의 두려움에 대한 분석에서 사용한 데이터는 2008년 한국형사정책연구원에서 홍영오 박사가 수행한 "2008년 청소년 대상 범죄피해 조사연구"의 자료이다. 제주도를 포함한 전국의 만 13세에서 18세의 청소년 중 2,500명을 표본 추출하여 개별면접의 방법으로 설문조사를 실시하였다. 중고등학생 뿐만 아니라 학교에 다니지 않는 청소년들도 포함되었다. 이 조사에서는 주로 범죄피해경험, 범죄피해의 내용, 범죄피해의 영향, 피해 상황 및 피해자의 특성, 신고여부 및 미신고율, 범죄피해의 취약성 요인, 범죄에 대한 두려움, 범죄의 두려움으로 인한 행동반응 등의 내용을 조사하였다.

범죄의 두려움을 분석하는데 사용한 통계분석 방법은 요인분석과 평균차이 검증, 분산분석, 상호작용항의 분석이다. 여러 문항으로 측정한 두려움에 대한 복합척도를 만들기 위해서 요인분석 방법을 사용하였으며, 이렇게 구성한 범죄의 두려움 변수들을 대상으로 범죄 두려움의 성별 차이를 보기 위해서 t-검증을 수행하였다. 다음으로 분산분석의 사례를 보여주기 위해서 성별, 지역의 취약성, 잠재적 범죄자에 대한 노출이라는 세 변수를 독립변수로 하여 분산분석을 시도하였고, 분산분석 과정에 상호작용 효과에 대한 분석을 별도로 소개하였다.

1.2 범죄의 두려움의 측정문항

1.2.1 일반적 범죄피해의 두려움

〈그림 14-1〉에서 볼 수 있는 바와 같이 범죄피해의 두려움은 두 문항으로 측정하였다. "다음과 같은 상황에서 범죄피해를 당할 수도 있다는데 대해 얼마나 두려우십니까?"라는 질문에 대해서 두 개의 상황을 제시하는데, 첫째는 집 근처 거리를 밤에 혼자 걸을 때(변수명 : r1_1)이고, 두 번째는 밤에 혼자 집에 있을 때(변수명 : r1_2)이다. 응답지는 '전혀 두렵지 않다', '두렵지 않은 편이다', '그러 그렇다', '두려운 편이다', '매우 두렵다' 등 5점 척도로 측정하였다.

1. 다음과 같은 상황에서 범죄피해를 당할 수도 있다는데 대해 얼마나 두려우십니까?

문 항	전혀 두렵지 않다	두렵지 않은 편이다	그저 그렇다	두려운 편이다	매우 두렵다
1) 집 근처 거리를 밤에 혼자 걸을 때	①	②	③	④	⑤
2) 밤에 혼자 집에 있을 때	①	②	③	④	⑤

〈그림 14-1〉 일반적인 범죄피해 두려움 측정 문항

1.2.2 피해상황별 범죄피해의 두려움

피해상황별 두려움은 원래 19개의 문항으로 질문하였다. 그런데 16번부터 19번의 문항들은 성적인 범죄의 피해에 대한 두려움이기 때문에 여학생들만을 대상으로 하였다. 그래서 이 4문항은 제외하고 15개의 문항을 사용하였다.[74)]

〈그림 14-2〉처럼 피해상황별 두려움을 묻기 위해서 "다음과 같은 여러 가지 피해상황에 대해 얼마나 두려우십니까?"라고 질문하고 피해상황을 제시하였다.

1) 누군가에게 위협이나 폭행을 당하여 돈이나 물건을 빼앗길까봐 두렵다.**(변수명 : r2_1)**
2) 누군가에게 돈이나 물건을 빼앗기지는 않지만 폭행을 당할까봐 두렵다.**(변수명 : r2_2)**
3) 누군가에게 위협이나 협박을 당할까봐 두렵다.**(변수명 : r2_3)**

---

74) 4개의 문항을 제외시킨 이유는 뒤의 〈표 14-1〉에서 부연하여 설명한다. 제외시킨 문항은 다음과 같다. 16) 누군가로부터 말이나 몸짓으로 성희롱을 당할까봐 두렵다.(변수명 : r2_16), 17) 누군가에게 가벼운 성추행을 당할까봐 두렵다.(변수명 : r2_17), 18) 누군가로부터 심한 추행을 당할까봐 두렵다.(변수명 : r2_18), 19) 강간을 당할까봐 두렵다.(변수명 : r2_19)

4) 누군가에게 내 돈이나 물건을 도둑맞을까봐 두렵다.**(변수명 : r2_4)**
5) 누군가에게 속아서 내 돈이나 물건을 사기당할까봐 두렵다.**(변수명 : r2_5)**
6) 누군가에게 돈이나 물건을 소매치기 당할까봐 두렵다.**(변수명 : r2_6)**
7) 부모에게 폭행당할까봐 두렵다.**(변수명 : r2_7)**
8) 같이 살고 있는 부모에게 심한 욕설이나 모욕적인 말을 들을까봐 두렵다.**(변수명 : r2_8)**
9) 같이 살고 있는 부모가 전혀 신경 쓰지 않을까봐 두렵다.**(변수명 : r2_9)**
10) 형제 또는 자매에게 심하게 맞을까봐 두렵다.**(변수명 : r2_10)**
11) 일진회와 같은 학교폭력 써클에 속한 누군가에게 맞거나 폭행당할까봐 두렵다.**(변수명 : r2_11)**
12) 또래에게 괴롭힘을 당할까봐 두렵다.**(변수명 : r2_12)**
13) 또래에게 놀림이나 창피를 당하거나 따돌림을 당할까봐 두렵다.**(변수명 : r2_13)**
14) 또래에게 심한 욕설이나 모욕적인 말을 들을까봐 두렵다.**(변수명 : r2_14)**
15) 이성친구와 데이트하는 도중에 뺨을 맞거나 폭행을 당할까봐 두렵다.**(변수명 : r2_15)**

응답지는 '전혀 그렇지 않다', '그렇지 않은 편이다', '그저 그렇다', '그런 편이다', '매우 그렇다' 등 5점 척도이다.

2. 다음과 같은 여러 가지 피해상황에 대해 얼마나 두려우십니까?

범죄유형	전혀 그렇지 않다	그렇지 않은 편이다	그저 그렇다	그런 편이다	매우 그렇다
1) 누군가에게 위협이나 폭행을 당하여 돈이나 물건을 빼앗길까봐 두렵다	①	②	③	④	⑤
2) 누군가에게 돈이나 물건을 빼앗기지는 않지만 폭행을 당할까봐 두렵다	①	②	③	④	⑤
3) 누군가에게 위협이나 협박을 당할까봐 두렵다	①	②	③	④	⑤
4) 누군가에게 내 돈이나 물건을 도둑맞을까봐 두렵다	①	②	③	④	⑤
5) 누군가에게 속아서 내 돈이나 물건을 사기당할까봐 두렵다	①	②	③	④	⑤
6) 누군가에게 돈이나 물건을 소매치기 당할까봐 두렵다	①	②	③	④	⑤
7) 부모(또는 조부모, 친척 등)에게 폭행을 당할까봐 두렵다(성폭행 제외)	①	②	③	④	⑤
8) 여러분과 같이 살고 있는 부모(또는 조부모, 친척 등)에게 심한 욕설이나 모욕적인 말을 들을까봐(예를 들어, 보잘 것 없고 하찮다거나 필요없는 존재라는 등) 두렵다	①	②	③	④	⑤
9) 여러분과 같이 살고 있는 부모(또는 조부모, 친척 등)가 일부러 밥을 해주지 않거나 아파도 약을 주지도 병원에 데려가지도 않거나 또는 편안하게 집에 있지 못하도록 하는 등 여러분에 대해 전혀 신경쓰지 않을까봐 두렵다	①	②	③	④	⑤
10) 형제 또는 자매(형, 언니, 누나, 오빠나 동생 등)에게 심하게 맞을까봐 두렵다	①	②	③	④	⑤
11) 일진회와 같은 학교폭력 써클에 속한 누군가에게 맞거나 폭행을 당할까봐 두렵다	①	②	③	④	⑤
12) 또래에게 못살도록 쫓겨다니거나 머리카락이나 옷을 잡혀서 끌려다니거나 하기 싫은 것을 억지로 하는 등 괴롭힘을 당할까봐 두렵다	①	②	③	④	⑤
13) 또래에게 이름이나 별명을 불리며 놀림이나 창피를 당하거나 같이 있고 싶지 않다고 따돌림을 당할까봐 두렵다	①	②	③	④	⑤
14) 또래에게 심한 욕설이나 모욕적인 말을 들을까봐 두렵다	①	②	③	④	⑤
15) 이성친구(여자친구 또는 남자친구)와 데이트를 하는 도중에 그 친구로부터 뺨을 맞거나 폭행을 당할까봐 두렵다	①	②	③	④	⑤

〈그림 14-2〉 피해상황별 두려움 측정 문항

1.3 R 데이터프레임의 구성

R 분석에 사용할 데이터프레임을 만들기 위해서 제13장에서 수행했던 것과 동일하게 일차적으로 SPSS의 데이터셋을 csv 파일로 변환시켰다(jvictim.csv). R에서 read.table() 함수를 사용하여 jvictim이라는 이름의 데이터프레임으로 전환시켰다. 첫 행은 변수명으로 인식하도록 하였고, 변수간의 구분점은 ","로 인식하도록 그리고 열변수명을 id를 사용하도록 인자값을 지정하였다.

다음으로 생성된 데이터프레임 jvictim의 각 변수에서 9를 결측값으로 처리해야 하는 문항들에서 결측값 처리를 수행하였다.

```
> jvictim <- read.table("jvictim.csv", header=TRUE, sep=",",
+                 row.names="id")
> attach(jvictim)
> jvictim$r1_1[r1_1 == 9] <- NA
> jvictim$r1_2[r1_2 == 9] <- NA
> jvictim$r2_2[r2_2 == 9] <- NA
> jvictim$r2_3[r2_3 == 9] <- NA
> jvictim$r2_4[r2_4 == 9] <- NA
> jvictim$r2_5[r2_5 == 9] <- NA
> jvictim$r2_6[r2_6 == 9] <- NA
> jvictim$r2_7[r2_7 == 9] <- NA
> jvictim$r2_9[r2_9 == 9] <- NA
> jvictim$r2_10[r2_10 == 9] <- NA
> jvictim$r2_13[r2_13 == 9] <- NA
> jvictim$r2_14[r2_14 == 9] <- NA
> jvictim$r2_15[r2_15 == 9] <- NA
> jvictim$g1_1[g1_1 == 9] <- NA
> jvictim$g1_2[g1_2 == 9] <- NA
> jvictim$g1_3[g1_3 == 9] <- NA
> jvictim$g1_4[g1_4 == 9] <- NA
> jvictim$g1_5[g1_5 == 9] <- NA
> jvictim$g1_6[g1_6 == 9] <- NA
> jvictim$g1_7[g1_7 == 9] <- NA
> jvictim$g1_8[g1_8 == 9] <- NA
> jvictim$g2_1[g2_1 == 9] <- NA
> jvictim$g2_2[g2_2 == 9] <- NA
```

```
> jvictim$g2_3[g2_3 == 9] <- NA
> jvictim$g2_4[g2_4 == 9] <- NA
> detach(jvictim)
```

2. 요인분석을 활용한 범죄의 두려움 척도의 구성

2.1 일반적 범죄피해의 두려움 척도 구성

2.1.1 SPSS를 사용한 두려움 척도 구성

일반적 두려움의 측정에서는 두 개의 상황을 제시하고 그 때 느끼는 두려움을 같은 5점 척도로 측정하였기 때문에 두 문항을 더해서 generalfear라는 변수를 만들었다. 이에 해당하는 명령어(〈그림 14-3〉)와 기술통계 분석결과(〈그림 14-4〉)는 아래와 같다. generalfear 변수는 5.32의 평균과 1.98의 표준편차를 가진다.

〈그림 14-3〉 일반적 두려움 척도구성을 위한 명령어

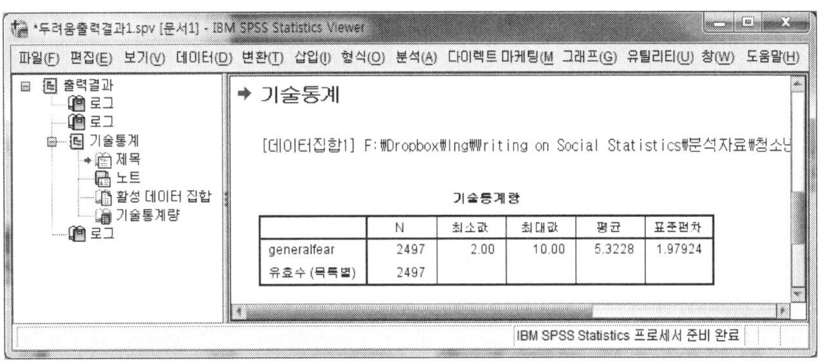

〈그림 14-4〉 일반적 두려움 변수의 기술통계 분석결과

2.1.2 R을 사용한 두려움 척도 구성

위의 일반적 두려움 변수의 구성을 위한 R의 명령어와 기술통계 분석결과는 아래와 같다.

```
> jvictim$generalfear <- jvictim$r1_1+jvictim$r1_2
> describe(jvictim$generalfear)
jvictim$generalfear
   n missing  unique  Mean
 2497    3       9      5.323

               2   3   4   5   6   7   8   9   10
Frequency    261 200 504 311 476 340 308 72   25
%             10   8  20  12  19  14  12  3    1
```

2.2 요인분석 방법을 사용한 피해상황별 두려움의 척도구성

2.2.1 SPSS를 사용한 척도 구성

피해상황별 범죄피해의 두려움에 대한 복합척도 구성을 위해서 요인분석 방법을 사용한다. 앞서 범죄피해에 대한 구체적인 상황을 제시하고 이러한 상황들에서 느끼는 범죄피해의 두려움을 측정하였다. 그런데 문항의 구체적인 상황들이 사실상 모두 동일한 하나의 차원이라고 보기 어렵다. 따라서 측정한 변수들을 모두 더해서 하나의 복합척도로 만드는 것은 문제가 있는 것으로 보인다. 이에 적절한 차원을 알아보기 위해서 탐색적 요인분석을 실시하였다.

요인분석을 실시하기에 앞서 설문조사에서 측정한 19개의 피해상황별 두려움 문항들에 대한 기술통계량을 확인하였다. 그런데 사례수(N)를 보면 16번째 변수부터 19번째 변수까지는 사례수가 다른 변수들의 절반에 불과하다. 변수목록에서 확인한 결과 이 변수들은 모두 성폭력 피해에 대한 두려움과 관련된 변수로서, 여성들만을 대상으로 질문한 문항이다. 따라서 앞으로 집단 간의 평균을 비교함에 있어서 성별 차이 분석 등을 살펴볼 계획이기 때문에 이 네 변수를 요인분석에서 제외시키고, 15개의

변수만으로 요인분석을 실시한다.[75]

〈표 14-1〉 피해상황별 범죄두려움 변수들의 기술통계량

	N	최소값	최대값	평균	표준편차
r2_1	2500	1	5	2.43	.990
r2_2	2499	1	5	2.39	1.038
r2_3	2499	1	5	2.33	1.012
r2_4	2498	1	5	2.39	1.020
r2_5	2498	1	5	2.34	1.007
r2_6	2498	1	5	2.25	.986
r2_7	2497	1	5	2.05	.990
r2_8	2500	1	5	2.04	.980
r2_9	2499	1	5	1.92	.949
r2_10	2499	1	5	1.89	.955
r2_11	2500	1	5	2.08	1.000
r2_12	2500	1	5	2.03	.967
r2_13	2499	1	5	2.06	.958
r2_14	2497	1	5	2.09	.965
r2_15	2491	1	5	1.97	.937
r2_16	1168	1	5	2.32	1.014
r2_17	1169	1	5	2.39	1.064
r2_18	1169	1	5	2.23	1.052
r2_19	1168	1	5	2.29	1.075
유효수 (목록별)	1161				

먼저 메뉴를 이용해서 요인분석을 하는 과정은 아래와 같다.

[분석] 〉 [차원감소] 〉 [요인분석]을 클릭하면 아래 〈그림 14-5〉와 같은 창이 나타난다. 구체적 두려움에 해당하는 변수 15개(r2_1 부터 r2_15)를 선택한 후에 [변수]로 이동시킨다.

75) 그런데 이처럼 변수들의 기술평균값을 살펴보지 않고 다음 단계의 분석을 진행하는 경우에는 이러한 변수들의 차이를 발견하지 못해서 잘못된 분석결과를 얻게 될 가능성이 있다. 통계분석에서 일반적으로 SPSS는 결측값의 처리를 목록별 결측값 제외(listwise)를 기본값으로 하고 있는 경우가 많은데, 이 경우 어느 한 변수에 결측값이 있는 경우에 그 사례를 아예 분석에서 제외시키게 된다. 고급통계로 갈수록 분석에 포함된 사례수를 파악하기가 어려운 경우가 많기 때문에, 항상 기술통계값들을 구해서 확인하는 습관을 들이는 것이 바람직하다.

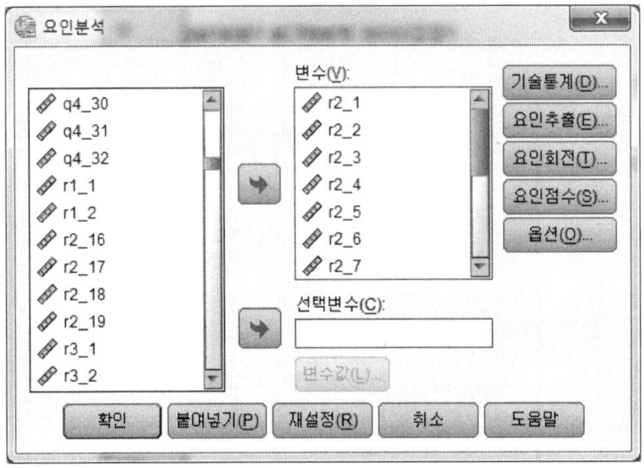

〈그림 14-5〉 요인분석 주메뉴창

오른쪽의 [기술통계]를 선택하면, 〈그림 14-6〉과 같은 창이 나타난다.

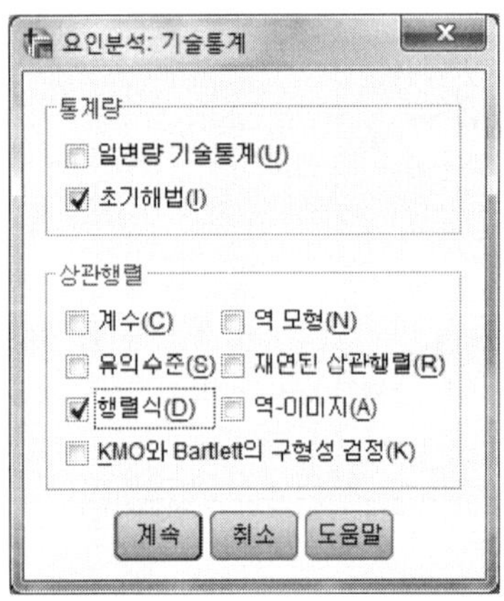

〈그림 14-6〉 요인분석 : 기술통계창

[상관행렬] 중에서 '행렬식'은 다중공선성이나 비정칙성(singularity)을 검증하기 위해서 필요한 선택지이다. R 행렬의 행렬식은 .00001보다 반드시 커야 한다. 만약 이 값보다 작다면 변수들의 상관행렬을 보고 상관관계가 매우 높은(R〉.8) 변수를 찾아서 둘 중의 한 변수를 제거하는 것을 고려해야 한다. 어떤 변수를 삭제할 것인지는 임의적으로 선택한다.

다음 단계는 요인추출이다. 〈그림 14-5〉의 주메뉴창의 오른쪽에서 [요인추출]을 클릭하면 아래 〈그림 14-7〉과 같은 창이 나타난다.

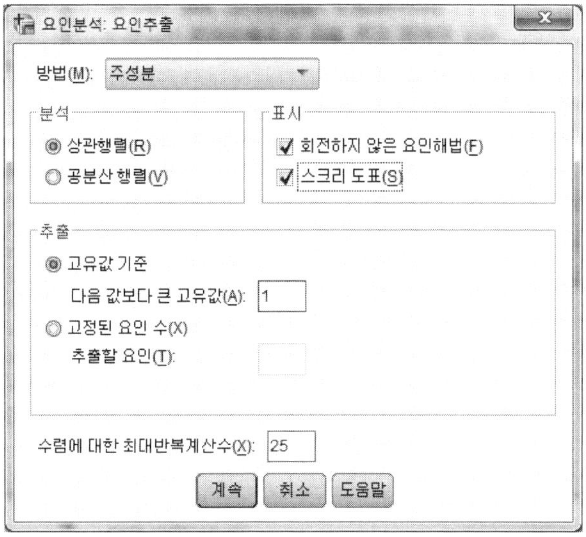

〈그림 14-7〉 요인분석: 요인추출 창

[분석]에서 '상관행렬'이나 '공분산행렬' 중에서 선택할 수 있다. '상관행렬'은 '공분산행렬'의 표준화된 버전이다. 일반적으로 변수들이 측정된 척도가 다를 수 있기 때문에 상관행렬을 사용하는 것이 좋다.

[표시]에 있는 '회전하지 않은 요인해법'은 회전으로 인해서 해석이 얼마나 더 잘 이루어지는가의 정도를 평가하는데 유용하다. 회전한 해법이 회전하지 않은 요인해법보다 나아진 것이 별로 없다면 사용된 회전방법이 적절하지 않거나 최적이 아닐 가능성을 보여준다. '스크리 도표'는 몇 개의 요인을 분석에 남겨두어야 하는가를 결정하는데 유용하게 참고할 수 있는 도표이다.

[추출]에서는 남겨둘 요인을 정하는 기준에 관련된 선택지들이 있다. '고유값 기준'은 기본으로 1로 설정되어 있지만, .7 등으로 바꿀 수도 있다. 앞서 소개한 스크리 도표의 결과와 고유값을 1로 해서 분석한 결과 요인의 수가 일치하면 그대로 하면 되지만 두 값이 다를 경우에는 공통성(communality) 등을 고려해서 더 믿을만한 것을 선택하면 된다. 만일 스크리 도표가 더 믿을만하다고 결정한 경우에는 그 요인의 수를 '고정된 요인 수'의 칸에 체크하고 '추출할 요인' 칸에 숫자를 입력해주면 된다.

다음 단계는 요인회전이다. 〈그림 14-5〉의 주메뉴창의 오른쪽에서 [요인회전]을 클릭하면 아래 〈그림 14-8〉과 같은 창이 나타난다.

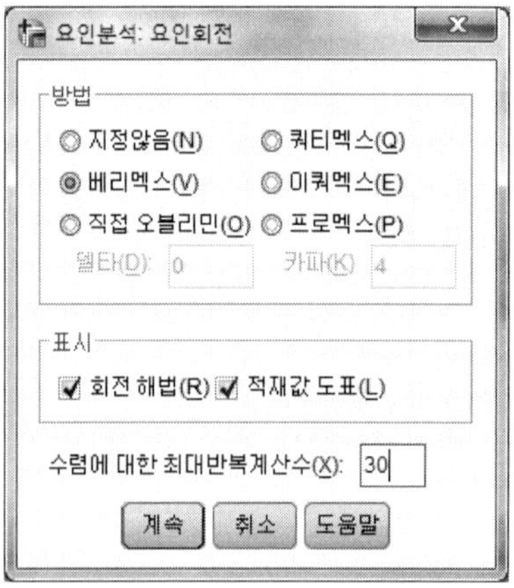

〈그림 14-8〉 요인분석: 요인회전창

요인의 회전을 통해서 요인들의 설명가능성을 높일 수 있다. 회전은 각 변수들이 추출된 요인들 중의 하나에 대한 적재값이 최대화되게 하고, 다른 요인들에 대한 적재값은 최소화시킨다. 이러한 과정을 통해서 어떤 변수가 어떤 요인과 관계되는지를 선명하게 할 수 있다. 회전은 변수들의 값의 차이는 그대로 유지하면서 절대값을 변화시킴으로써 이러한 작업을 한다.

어떤 회전방법을 선택할 것인가는 연구자가 요인 간에 상관관계가 있다고 생각하는가의 여부에 따라서 달라진다. 요인들이 독립적, 즉 관계가 없다는 이론적 근거가 있다면 직교회전(orthogonal rotation)을 선택해야 한다. 이 때 주로 베리멕스를 권장한다. 만약 이론이 요인 간에 관계가 있다는 것을 제시하면 오블리크 회전(직접 오블리민 또는 프로멕스)를 선택해야 한다.

여기에서는 분석과정을 소개하고 보여주는데 목적이 있기 때문에 두 가지 회전방법을 모두 사용하여 분석한다. 먼저 〈그림 14-8〉의 요인회전창의 [방법]에서 '베리멕스'를 선택했다.

[표시]에서 '회전해법'은 기본으로 선택되어 있는데, 최종적으로 회전된 요인을 해석하는데 꼭 필요하다. '적재값 도표'는 추출된 요인들에 대해서 각 변수들의 위치를 그래픽으로 보여주는데 최대한 3개의 요인까지 보여준다.

'수렴에 대한 최대반복계산수'는 컴퓨터가 최적의 해법을 찾는 횟수를 의미한다. 기본값은 25로 정해져 있는데 대부분의 경우에는 이 정도로 충분하다. 그렇지만 사례수가 많은 경우에는 해법을 찾기 쉽지 않고, 특히 오블리크 회전의 경우 더 어렵다. 본 데이터는 상당히 사례수가 많기 때문에 30으로 한다.

다음은 요인점수이다. 〈그림 14-5〉의 주메뉴창의 오른쪽에서 [요인점수]를 클릭하면 아래 〈그림 14-9〉와 같은 창이 나타난다.

〈그림 14-9〉 요인분석: 요인점수창

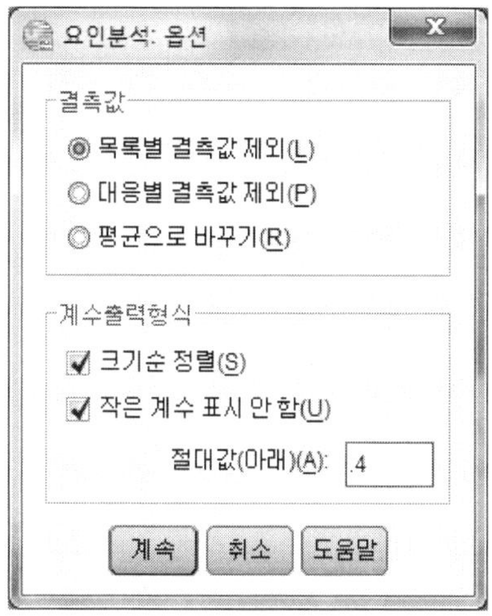

〈그림 14-10〉 요인분석: 옵션창

'변수로 저장'에 체크하면 각 개인에 대한 요인점수를 변수로 저장해준다. 따라서 요인점수 변수가 데이터창에 새롭게 생성되며, 추후의 분석에 사용할 수 있다. [방법]은 세 가지 중의 하나를 선택할 수 있는데, 요인점수 간에 상관관계가 없는 경우에는 'Anderson-Rubin 방법'을 선택하고, 요인점수 간에 상관관계가 인정되는 경우에는 '회귀분석'을 선택하면 된다. 본 연구에서는 Anderson-Rubin 방법을 선택하였다.[76)]

다음은 옵션이다. 〈그림 14-5〉의 주메뉴창의 오른쪽에서 [옵션]을 클릭하면 〈그림 14-10〉과 같은 창이 나타난다. [결측값]은 '목록별 결측값 제외'가 기본값으로 설정되어 있다. [계수출력형식]에서 크기순 정렬은 요인 적재값이 높은 것부터 순서대로 변수를 배열함으로써 분석결과를 보기에 편하게 정렬하며, '작은 계수 표시 안함'은 그 밑의 '절대값(아래)'의 오른쪽 상자에 기록된 점수보다 낮은 요인 적재값

76) 요인분석에서 두 가지 회전방법을 비교해서 보여주기 위해서 직교회전과 사각회전 방법 모두 사용해서 분석한 결과를 각각 보여준다. 사각회전을 선택한 경우에는 요인점수 방법은 회귀분석을 선택하였다.

을 빈칸으로 표시함으로써 역시 분석결과물의 해석을 용이하게 할 수 있도록 돕는 시각적인 옵션이다.

이상과 같이 선택한 후에 〈그림 14-5〉의 주메뉴창에서 [붙여넣기] 하였을 때 아래 〈그림 14-11〉과 같은 명령어가 입력된다.

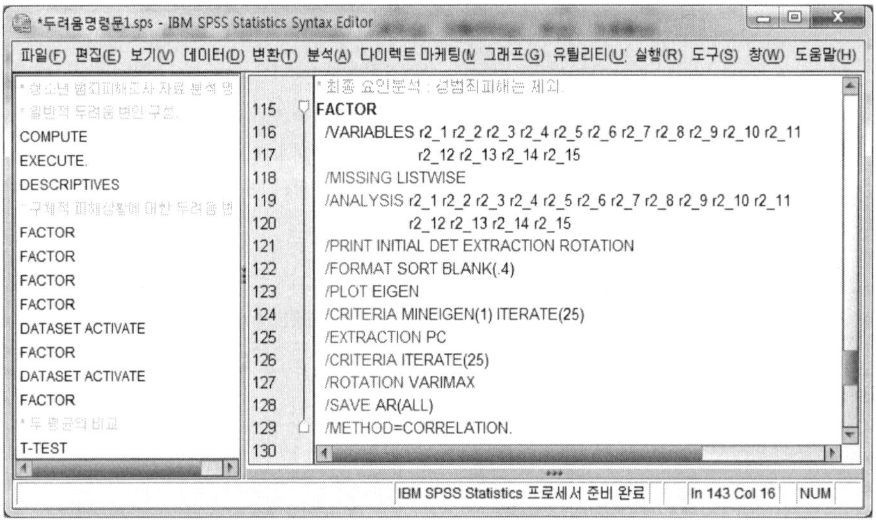

〈그림 14-11〉 피해상황별 범죄 두려움 요인분석 명령어

〈그림 14-11〉의 명령어를 실행한 분석결과는 다음과 같다.

〈표 14-2〉 공통성

	초기	추출		초기	추출
r2_1	1.000	.756	r2_9	1.000	.702
r2_2	1.000	.744	r2_10	1.000	.675
r2_3	1.000	.739	r2_11	1.000	.610
r2_4	1.000	.715	r2_12	1.000	.681
r2_5	1.000	.680	r2_13	1.000	.666
r2_6	1.000	.680	r2_14	1.000	.686
r2_7	1.000	.657	r2_15	1.000	.718
r2_8	1.000	.652			

추출 방법 : 주성분 분석.

위 〈표 14-2〉는 추출하기 이전과 이후의 공통성(communality)을 보여준다. 변수의 분산은 다른 변수들과 공유되는 공통분산과 단지 그 척도에만 의존하는 unique 분산으로 구성되어 있다. 요인분석에서는 공통분산에만 관심을 가지며 공통성이란 한 변수의 공통분산의 비율을 의미한다. 즉 위 표에서 공통성이란 개별 변수의 분산 중에서 요인들에 의해서 설명되는 정도를 의미한다. 주성분 분석[77](principal component analysis)은 모든 분산은 공통이라는 가정에서 출발한다. 따라서 추출하기 이전에 각 변수들의 공통성은 모두 1이다. 요인이 추출된 이후에 어느 정도의 분산이 실제로 공통적인지 알 수 있다. 예를 들어 첫 번째 두려움인 r2_1의 분산의 75.6%가 공통분산이다. 또 다른 각도에서 공통성이란 기저의 요인들에 의해서 설명된 분산의 비율로 볼 수 있다. 추출하기 이전에는 변수의 수만큼 요인이 있기 때문에 요인에 의해서 모든 분산이 설명되고 따라서 공통성은 모두 1이다. 그렇지만 추출 이후에 일부 요인들이 제거되기 때문에 정보의 일부가 손실된다. 각각의 변수에서 남아 있는 요인(추출된 요인)에 의해서 설명될 수 있는 분산의 양이 추출 후의 공통성으로 표시된다.

〈표 14-3〉 설명된 총분산

성분	초기 고유값			추출 제곱합 적재값			회전 제곱합 적재값		
	합계	% 분산	% 누적	합계	% 분산	% 누적	합계	% 분산	% 누적
1	8.972	59.814	59.814	8.972	59.814	59.814	5.622	37.479	37.479
2	1.389	9.262	69.076	1.389	9.262	69.076	4.740	31.597	69.076
3	.667	4.448	73.523						
4	.572	3.814	77.337						
5	.440	2.931	80.268						
6	.427	2.849	83.117						
7	.392	2.612	85.729						
8	.334	2.229	87.958						
9	.314	2.095	90.053						
10	.290	1.932	91.985						
11	.283	1.890	93.875						
12	.256	1.708	95.582						
13	.235	1.564	97.147						
14	.221	1.471	98.618						
15	.207	1.382	100.00						

추출 방법 : 주성분 분석.

77) 주성분 분석에서 성분(component)이란 요인(factor)과 같은 의미로 사용된다.

위의 〈표 14-3〉에는 추출 이전, 추출 이후, 회전 이후의 선형 성분(요인)이 제시되어 있다. 추출 이전에 SPSS는 데이터셋에서 변수의 수와 같은 수의 성분을 계산한다. 각 요인에 제시된 고유값은 그 선형성분에 의해서 설명된 분산을 의미하며, SPSS는 설명된 분산의 비율도 제시한다. 첫 번째 성분은 총분산의 59.814%를 설명한다. 처음 몇 개의 성분이 대부분의 분산을 설명하며, 특히 첫 번째 성분의 설명량이 가장 크다. 다음으로 SPSS는 고유값이 1이상인 성분들만 추출하는데 〈표 14-3〉에서는 2개의 성분이 추출되었다. 가운데 제시된 값(추출 제곱합 적재값)은 추출된 성분의 고유값과 설명된 분산의 비율을 보여준다. 마지막 부분(회전 제곱합 적재값)은 회전 후 성분들의 고유값을 보여준다. 회전은 성분구조를 최적화시키는 효과가 있기 때문에 2개 요인의 상대적 중요성이 균등해지는 결과를 가져온다. 회전하기 전에 첫 번째 성분이 59.814%를 설명했지만 회전한 이후에 첫 번째 성분은 37.479%의 분산을 설명한다.

이 단계가 추출된 요인의 수를 결정할 시점이다. 요인분석은 탐색적인 도구이며, 연구자가 다양한 결정을 할 수 있도록 도와주는 역할을 한다. 따라서 추출된 요인의 수를 컴퓨터에게만 맡겨놓아서는 안된다. 본 분석에서 SPSS는 2개의 요인을 추출하였다. 추출된 요인의 수와 변수의 구성이 이론적으로 예상했던 것과 일치한다면 좋지만 그렇지 않다면 다양한 기준을 사용해서 다른 가능성을 탐색할 필요가 있다. 여기에서는 고유값의 기준을 1로 해서 추출하였는데 이는 Kaiser의 기준으로써 변수의 수가 30개 이하이고, 추출 후의 공통성이 .7보다 클 때, 또는 사례수가 250개 이상이고 평균 공통성이 .6보다 클 때 정확성이 높다. 두려움 자료의 분석은 이 기준을 충족시킨다고 볼 수 있지만 그렇지 않은 경우에는 다른 기준을 살펴볼 필요가 있다. 이 경우에는 Jollifee의 기준, 즉 고유값의 기준을 .7로 하는 것도 고려해볼 수 있다.

다음으로 사용할 수 있는 기준은 스크리 도표이다. 아래 〈그림 14-12〉에서 스크리 도표를 보고 요인의 수를 정하는 것이 처음에는 그리 쉽지만은 않다. 그렇지만 요인1에서 요인2까지 급격한 하락이 있고 그 이후 거의 변화가 없다. 따라서 추출된 요인의 수는 2개가 적절하다고 볼 수 있다. 그렇지만 3개를 원한다면 요인의 수를 3개로 지정해서 다시 분석하는 것도 가능하다.

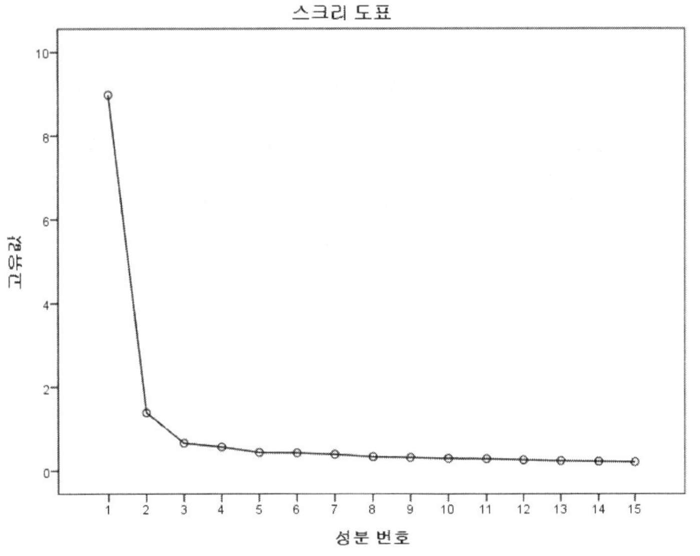

〈그림 14-12〉 스크리 도표

〈표 14-4〉 성분행렬[a]

	성분	
	1	2
r2_14	.809	
r2_12	.808	
r2_15	.801	
r2_13	.797	
r2_3	.784	
r2_6	.781	
r2_7	.778	
r2_11	.772	
r2_2	.768	
r2_1	.762	.419
r2_9	.758	
r2_8	.756	
r2_5	.744	
r2_4	.744	.402
r2_10	.733	

요인추출 방법 : 주성분 분석.

a. 추출된 2 성분

〈표 14-4〉는 회전 이전의 성분행렬을 보여준다. 이 행렬에는 각 요인에 대한 개별 변수들의 적재값(loading)이 포함되어 있다. 기본적으로 SPSS는 모든 적재값을 보여주지만 우리는 옵션에서 .4 미만의 적재값을 표시하지 않도록 선택했기 때문에 빈칸으로 보여진다.[78] 이 행렬표는 사실상 요인분석결과를 해석하는데 그리 중요하지 않다.

다음은 요인의 회전의 결과가 제시된다. 여기에서는 직교회전과 사각회전 방법을 사용한 분석의 예를 모두 제시하고 결과의 설명에 있어서 차이점에 대해서 살펴봄으로써 회전방법의 선택에 참고할 수 있도록 했다. 회전된 결과에서는 특정 요인에 어떤 변수들의 적재값이 높은지 여부가 중요하기 때문에 변수명이 아니라 변수의 설명(label)을 제공하여 표를 제시함으로써 내용에 대한 이해를 쉽게 했다. 앞에서 언급한 바와 같이 옵션에서 적재값이 .4보다 작은 것들은 표시하지 않도록 했으며 적재값 계수의 크기순으로 정렬해서 결과를 제시하도록 하였다는 점을 감안하고 표를 살펴보자.

1) 직교회전(Orthogonal rotation)

〈표 14-5〉 회전된 성분행렬[a]

	성분	
	1	2
9: 같이 살고 있는 부모가 전혀 신경쓰지 않을까봐 두렵다	.803	
10: 형제 또는 자매에게 심하게 맞을까봐 두렵다	.794	
15: 이성친구와 데이트를 하는 도중에 뺨을 맞거나 폭행을 당할까봐 두렵다	.782	
8: 여러분과 같이 살고 있는 부모에게 심한 욕설이나 모욕적인 말을 들을까봐 두렵다	.752	
7: 부모에게 폭행을 당할까봐 두렵다	.732	
14: 또래에게 심한 욕설이나 모욕적인 말을 들을까봐 두렵다	.723	.404
12: 또래에게 괴롭힘을 당할까봐 두렵다	.716	.411
13: 또래에게 놀림이나 창피를 당하거나 따돌림을 당할까봐 두렵다	.713	
11: 일진회와 같은 학교폭력 써클에 속한 누군가에게 맞거나 폭행 당할까봐 두렵다	.656	.424

78) 적재값이 .4 미만인 것들을 표시하지 않도록 했지만 이것이 절대적인 기준은 아니다. 해석상의 목적으로 .4로 정했을 뿐이며, 일반적으로 .3을 기준으로 하기도 한다.

1: 누군가에게 위협이나 폭행을 당하여 돈이나 물건을 빼앗길까봐 두렵다		.819
2: 누군가에게 돈이나 물건을 빼앗기지는 않지만 폭행을 당할까봐 두렵다		.804
4: 누군가에게 내 돈이나 물건을 도둑맞을까봐 두렵다		.795
3: 누군가에게 위협이나 협박을 당할까봐 두렵다		.784
5: 누군가에게 속아서 내 돈이나 물건을 사기당할까봐 두렵다		.760
6: 누군가에게 돈이나 물건을 소매치기 당할까봐 두렵다	.408	.717

요인추출방법 : 주성분 분석.
회전 방법 : Kaiser 정규화가 있는 베리멕스.

a. 3 반복계산에서 요인회전이 수렴되었습니다.

〈표 14-4〉의 성분행렬에서는 첫 번째 성분에 대부분의 변수가 높은 적재값을 보여서 해석에 어려움이 있지만 〈표 14-5〉의 회전된 성분행렬의 경우 각 변수들이 분산되어 어떤 하나의 성분에 매우 높은 적재값을 가지기 때문에 해석이 용이해진다.[79] 이를 통해서 어떤 변수가 어떤 요인에 높은 적재값을 가지는지 확인할 수 있다.

다음 단계는 같은 요인에 적재된 문항들이 공통의 주제를 가지고 있는지 살펴보는 것이다. 만일 분석결과 도출된 수학적 요인이 공통의 주제를 가진 실제의 모습을 보인다면 실제 기저에 있는 잠재요인이 무엇인지 밝힐 수 있다. 〈표 14-5〉에서 두 개의 성분이 추출되었는데 첫 번째 성분에는 문항 7번부터 15번까지 높은 적재값을 보인다. 6번 문항의 경우 성분1에도 .4 이상의 적재값을 보이지만 성분2에 더 높은 적재값을 보인다. 성분1에 가장 높은 적재값을 보이는 변수들은 어떤 구체적인 대상으로부터 당할 수 있는 피해에 대한 두려움에 관한 문항이라고 볼 수 있다. 따라서 요인1은 '특정대상으로부터의 피해두려움'이라고 명명할 수 있다. 두 번째 성분은 문항1번부터 6번까지 6문항이 가장 높은 적재값을 보여준다. 이 문항들은 범죄유형별로 피해를 당할 것에 대한 두려움을 의미한다고 볼 수 있고, 따라서 요인2는 '범죄유형별 피해두려움'이라고 명명할 수 있다.

79) .4 미만의 적재값이 표시되지 않고, 적재값의 크기에 따라서 순서대로 배열함으로써 해석이 상당히 용이하다.

〈표 14-6〉 성분 변환행렬

성분	1	2
1	.747	.665
2	−.665	.747

요인추출방법 : 주성분 분석.
회전 방법 : Kaiser 정규화가 있는 베리멕스.

위의 〈표 14-6〉은 성분 변환행렬로서 해법을 찾기 위해서 요인들이 어느 정도 회전되었는가에 대한 정보를 제공한다. 이 직교회전에 완전히 적합하다면 이 행렬은 대칭행렬(symmetric matrix)의 형태를 보일 것이다. 심한 비대칭행렬을 보일 때 사각회전의 필요성을 보여주기는 하지만 이 행렬에 대한 해석은 쉽지 않다.

2) 사각회전(oblique rotation)

사각회전 방법이 선택되었을 때는 분석결과로 두 개의 행렬이 출력된다. 이는 패턴행렬과 구조행렬이다. 직교회전에서는 이 두 행렬이 동일하다. 패턴행렬은 요인 적재값을 포함하고 있고, 직교회전에서 요인행렬을 해석하는 것처럼 해석할 수 있다. 구조행렬은 요인 간의 관계까지 고려한다. 즉 패턴행렬과 요인 간의 상관계수를 모두 고려한 행렬의 산물이다. 대부분의 연구자들은 분석결과를 제시할 때, 패턴행렬을 해석하는데 그 이유는 해석이 간단하기 때문이다. 그렇지만 때로 요인간의 상관관계로 인해서 패턴행렬의 값이 표시되지 않는 경우도 있다. 따라서 구조행렬은 이중으로 점검하는데 유용하다. 사각회전을 사용하는 경우에는 두 개의 행렬을 모두 제시하는 것이 바람직하다.

〈표 14-7〉 패턴행렬[a]

	성분	
	1	2
10: 형제 또는 자매에게 심하게 맞을까봐 두렵다	.913	
9: 같이 살고 있는 부모가 전혀 신경쓰지 않을까봐 두렵다	.910	
15: 이성친구와 데이트를 하는 도중에 뺨을 맞거나 폭행을 당할까봐 두렵다	.839	
8: 여러분과 같이 살고 있는 부모에게 심한 욕설이나 모욕적인 말을 들을까봐 두렵다	.817	

7: 부모에게 폭행을 당할까봐 두렵다	.763	
14: 또래에게 심한 욕설이나 모욕적인 말을 들을까봐 두렵다	.724	
13: 또래에게 놀림이나 창피를 당하거나 따돌림을 당할까봐 두렵다	.714	
12: 또래에게 괴롭힘을 당할까봐 두렵다	.711	
11: 일진회와 같은 학교폭력 써클에 속한 누군가에게 맞거나 폭행 당할까봐 두렵다	.628	
1: 누군가에게 위협이나 폭행을 당하여 돈이나 물건을 빼앗길까봐 두렵다		.895
4: 누군가에게 내 돈이나 물건을 도둑맞을까봐 두렵다		.865
2: 누군가에게 돈이나 물건을 빼앗기지는 않지만 폭행을 당할까봐 두렵다		.864
3: 누군가에게 위협이나 협박을 당할까봐 두렵다		.819
5: 누군가에게 속아서 내 돈이나 물건을 사기당할까봐 두렵다		.805
6: 누군가에게 돈이나 물건을 소매치기 당할까봐 두렵다		.703

요인추출방법 : 주성분 분석.
회전 방법 : Kaiser 정규화가 있는 오블리민.

a. 5 반복계산에서 요인회전이 수렴되었습니다.

〈표 14-7〉을 보면 이 분석에서 패턴행렬은 요인별 변수의 구성에서 직교회전의 경우와 유사한 결과를 보여준다. 2개의 요인에 각각 높은 적재값을 보이는 변수의 구성도 동일하다.

아래의 〈표 14-8〉의 구조행렬에서는 요인 간의 공유분산이 무시되지 않았기 때문에 패턴행렬과 다른 모습을 보인다. 구조행렬에서는 빈칸을 찾아보기 어려울 정도로 높은 적재값을 보이는 것이 많아졌다. 대체로 패턴행렬에 비해서 구조행렬 적재값에 변화가 많다면 요인 간의 상관관계가 높다고 추정해볼 수 있다. 그렇지만 각 요인에 가장 높은 적재값을 보이는 변수의 구성은 동일하기 때문에 패턴행렬을 해석하는 것이 허용될 수 있음을 보여준다.

〈표 14-8〉 구조행렬

	성분	
	1	2
15: 이성친구와 데이트를 하는 도중에 뺨을 맞거나 폭행을 당할까봐 두렵다	.847	.588
9: 같이 살고 있는 부모가 전혀 신경쓰지 않을까봐 두렵다	.834	.514
14: 또래에게 심한 욕설이나 모욕적인 말을 들을까봐 두렵다	.822	.640
12: 또래에게 괴롭힘을 당할까봐 두렵다	.818	.644
10: 형제 또는 자매에게 심하게 맞을까봐 두렵다	.815	.484
13: 또래에게 놀림이나 창피를 당하거나 따돌림을 당할까봐 두렵다	.810	.630
7: 부모에게 폭행을 당할까봐 두렵다	.809	.591
8: 여러분과 같이 살고 있는 부모에게 심한 욕설이나 모욕적인 말을 들을까봐 두렵다	.807	.546
11: 일진회와 같은 학교폭력 써클에 속한 누군가에게 맞거나 폭행 당할까봐 두렵다	.767	.634
1: 누군가에게 위협이나 폭행을 당하여 돈이나 물건을 빼앗길까봐 두렵다	.577	.869
2: 누군가에게 돈이나 물건을 빼앗기지는 않지만 폭행을 당할까봐 두렵다	.592	.863
3: 누군가에게 위협이나 협박을 당할까봐 두렵다	.620	.858
4: 누군가에게 내 돈이나 물건을 도둑맞을까봐 두렵다	.565	.845
5: 누군가에게 속아서 내 돈이나 물건을 사기당할까봐 두렵다	.581	.824
6: 누군가에게 돈이나 물건을 소매치기 당할까봐 두렵다	.647	.816

요인추출방법 : 주성분 분석.
회전 방법 : Kaiser 정규화가 있는 오블리민.

〈표 14-9〉 성분 상관행렬

성분	1	2
1	1.000	.687
2	.687	1.000

요인추출방법 : 주성분 분석.
회전 방법 : Kaiser 정규화가 있는 오블리민.

〈표 14-9〉는 성분상관행렬 표는 요인 간의 상관계수를 보여준다. 범죄피해의 두려

움에 관한 두 요인은 상당히 높은 상관관계를 보이고 있다. 만일 요인 간의 관계가 독립적이라면 이 행렬에서 상관계수는 0이 되어야 한다. 따라서 이 표는 두려움에 관한 데이터를 요인분석할 때 사각회전이 직교회전보다 더 의미가 있다는 것을 보여준다.

피해상황별 두려움에 관한 이상의 요인분석은 쉽게 그리고 상당히 깔끔하게 설득력이 있는 결과가 나온 경우라고 할 수 있다. 다른 통계분석 방법도 마찬가지이지만 실제로 요인분석을 했을 때 한 번에 원하는 결과가 나오는 것은 쉽지 않다. 탐색적인 자세로 계속 분석하면서 최적의 결과를 찾아나가는 과정이 통계분석이라고 할 수 있다.

<그림 14-9>의 요인점수 옵션의 선택에 의해서 <그림 14-13>과 같은 요인점수 변수가 만들어졌다. 위의 두 변수(FAC1_1과 FAC2_1)는 직교회전 방법을 사용했을 때 생성된 요인점수 변수이며, 아래 두 개(FAC1_2와 FAC2_2)는 사각회전 방법으로 생성한 요인점수 변수들이다.

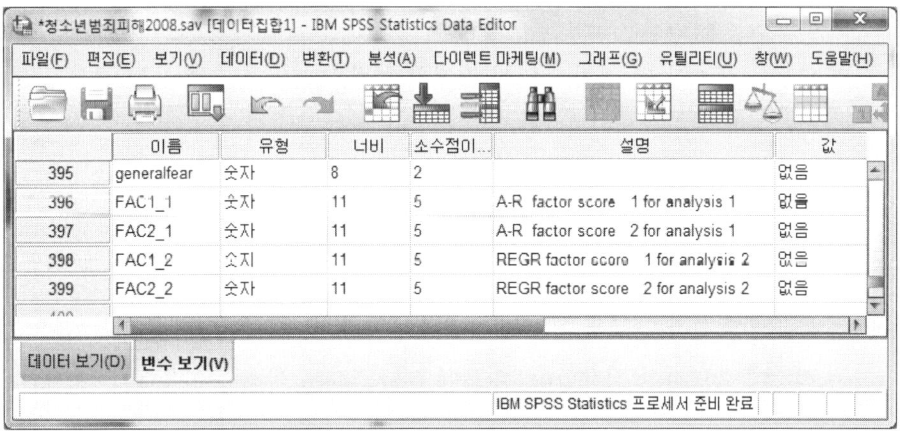

<그림 14-13> 요인점수의 옵션에 의해서 만들어진 새로운 요인점수 변수

2.2.2 R을 사용한 척도 구성

앞서 2.2.1에서 소개한 요인분석에 의한 두려움 척도구성 과정을 R을 사용해서 분석할 때, 각 통계패키지의 특성 때문에 분석하는 과정에 약간의 차이가 있다.

일반적으로 SPSS의 요인분석에 해당하는 함수가 R에 몇 가지 있지만 여기에서는 principal() 함수를 사용해서 주성분 분석을 한다. 이 분석은 원래 변수들의 정보를 최대한으로 많이 포함시키면서 상관되어 있는 많은 변수들을 상관되지 않는 소수의 변수들로 대체시키는 것이다. 이 함수는 'psych' 패키지에 포함되어 있다. principal() 함수를 사용하기 위해서는 'psych' 패키지를 불러와야 한다. principal() 함수의 기본 형태는 아래와 같다.

```
> principal(r=, nfactors=, rotate=, scores=)
```

여기에서 r이란 상관행렬 또는 원자료 행렬이며, nfactors는 추출할 주성분의 숫자를 지정하는 것으로써 기본값은 1이다. rotate는 회전방법을 지정해주는 것으로서 기본값은 베리맥스이다. scores는 주성분점수(요인점수)를 계산할 것인가를 지정하는 옵션으로 기본값은 FALSE이다.

그런데 앞에서 보는 바와 같이 principal() 함수를 사용할 때는 요인의 수를 지정해줘야 한다. SPSS에서는 고유값을 1을 기준으로 요인의 수를 정해서 결과물을 산출해주지만 R에서는 직접 지정해주어야 한다. 적절한 요인의 수를 파악하기 위해서 가장 쉬운 방법으로 스크리 도표를 이용할 수 있다. 즉 R에서 주성분 분석을 할 때는 스크리 도표를 통해서 몇 개의 요인이 적절한지 먼저 파악하고, 그 다음으로 principal() 함수를 사용하여 분석한다.

아래는 scree() 함수를 이용해서 지정할 요인의 수를 확인하는 명령어와 분석결과이다. scree() 함수를 사용하기 위해서도 'psych' 패키지를 불러오는 것이 필요하다.

먼저 r2_1부터 r2_15까지 15개의 변수이름을 사용해야 하는데, 이를 앞으로 여러 번 사용해야 하기 때문에 이 15개의 변수이름을 지정하는 벡터를 만들어서 fear15라는 객체에 할당하여 사용한다. 다음에 fear15라는 객체를 이용해서 scree() 함수를 시행한다.

```
> library(psych)
> fear15 <- c("r2_1", "r2_2", "r2_3", "r2_4", "r2_5", "r2_6", "r2_7",
+  "r2_8", "r2_9", "r2_10", "r2_11", "r2_12", "r2_13", "r2_14", "r2_15")
> scree(jvictim[fear15], factors=TRUE, pc=TRUE, main="Scree plot")
```

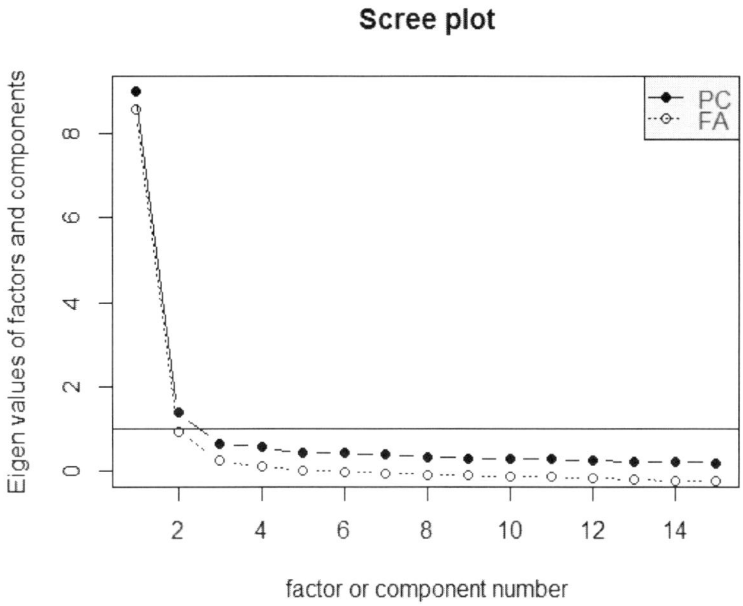

〈그림 14-14〉 scree() 함수를 사용한 스크리 도표

scree() 함수를 수행한 결과는 〈그림 14-14〉와 같이 도표로 제시된다. 도표에는 횡으로 1에 해당하는 부분에 직선이 표시되어 있다. 이 선은 고유값이 1이라는 것을 의미한다. 이 스크리 도표에 의하면 고유값이 1보다 큰 주성분이 2개이다. 즉 주성분 분석을 할 때 요인의 수는 2개로 지정하는 것이 적합하다는 것을 알 수 있다.

따라서 이 결과를 가지고 아래와 같이 principal() 함수를 사용해서 분석한다. 데이터프레임 jvictim에 있는 fear15 객체에 있는 변수명을 사용해서 분석하는데, 요인의 수를 2개로 하고, 회전하지 않도록 인자를 지정하였으며 분석결과를 facnone에 할당하였다.

```
> facnone <- principal(jvictim[fear15], nfactors=2, rotate="none")
> facnone
Principal Components Analysis
Call: principal(r = jvictim[fear15], nfactors = 2, rotate = "none")
Standardized loadings (pattern matrix) based upon correlation matrix
       PC1  PC2   h2   u2
r2_1  0.76  0.42  0.76 0.24
```

```
r2_2  0.77  0.39 0.74 0.26
r2_3  0.78  0.35 0.74 0.26
r2_4  0.74  0.40 0.72 0.28
r2_5  0.74  0.36 0.68 0.32
r2_6  0.78  0.26 0.68 0.32
r2_7  0.78 -0.22 0.66 0.34
r2_8  0.76 -0.28 0.65 0.35
r2_9  0.76 -0.36 0.70 0.30
r2_10 0.73 -0.37 0.68 0.32
r2_11 0.77 -0.12 0.61 0.39
r2_12 0.81 -0.17 0.68 0.32
r2_13 0.80 -0.18 0.67 0.33
r2_14 0.81 -0.18 0.69 0.31
r2_15 0.80 -0.28 0.72 0.28

                 PC1  PC2
SS loadings      8.97 1.39
Proportion Var   0.60 0.09
Cumulative Var   0.60 0.69

Test of the hypothesis that 2 components are sufficient.

The degrees of freedom for the null model are 105 and the objective function was  11.7
The degrees of freedom for the model are 76  and the objective function was  0.91
The number of observations was  2500  with Chi Square =  2277.72  with prob <  0

Fit based upon off diagonal values = 0.99
```

위의 결과물에서 PC1과 PC2는 각각 주성분1과 주성분2를 의미하는 것으로 요인1과 요인2라고 이해하면 된다. 그 밑에 제시된 숫자는 요인 적재값인데, 〈표 14-4〉의 성분행렬에 제시된 값과 같다.

그 옆의 h2란 공통성을 의미한다. SPSS 분석에서 〈표 14-2〉의 결과와 동일하다. u2란 해당 변수의 독특성을 의미하는 것으로 추출된 주성분에 의해서 설명되지 않는 분산을 말하는 것으로, (1-h2)이다.

그 아래 부분의 행렬은 SPSS 분석에서 〈표 14-3〉의 결과에 해당한다. SS loadings는 각 성분의 고유값이며, Proportion Var는 각 성분에 의해서 설명되는 분산의 비율을 의미한다. Cumulative Var는 성분에 의해서 설명되는 분산의 누적된 비율이다. 첫 번째 주성분은 8.97의 고유값을 가지며, 전체 분산의 60%를 설명하고, 두 번째 성분은 1.39의 고유값을 가지며 분산의 9%를 설명한다. 두 개의 성분은 전체 분산의 69%를 설명한다.

다음은 요인의 회전이다. 먼저 직교회전(베리맥스)한 요인분석 결과를 살펴본다. SPSS의 분석에서는 하나의 요인분석에서 회전되지 않는 결과와 회전한 결과를 모두 보여주었지만 R에서는 각각 별도로 분석한다. 인자에서 'rotate= "varimax"'라고 하면 된다.

```
> facvari <- principal(jvictim[fear15], nfactors=2, rotate="varimax")
> facvari

Principal Components Analysis
Call: principal(r = jvictim[fear15], nfactors = 2, rotate = "varimax")
Standardized loadings (pattern matrix) based upon correlation matrix
       PC1  PC2  h2   u2
r2_1   0.29 0.82 0.76 0.24
r2_2   0.31 0.81 0.74 0.26
r2_3   0.35 0.79 0.74 0.26
r2_4   0.29 0.80 0.72 0.28
r2_5   0.32 0.76 0.68 0.32
r2_6   0.41 0.72 0.68 0.32
r2_7   0.73 0.36 0.66 0.34
r2_8   0.75 0.29 0.65 0.35
r2_9   0.80 0.24 0.70 0.30
r2_10  0.79 0.21 0.68 0.32
r2_11  0.65 0.43 0.61 0.39
r2_12  0.71 0.41 0.68 0.32
r2_13  0.71 0.40 0.67 0.33
r2_14  0.72 0.41 0.69 0.31
r2_15  0.78 0.33 0.72 0.28

                PC1  PC2
SS loadings     5.58 4.78
```

```
Proportion Var  0.37 0.32
Cumulative Var 0.37 0.69

Test of the hypothesis that 2 components are sufficient.

The degrees of freedom for the null model are 105 and the objective function was  11.7
The degrees of freedom for the model are 76  and the objective function was  0.91
The number of observations was  2500  with Chi Square =  2277.72  with prob <  0

Fit based upon off diagonal values = 0.99
```

직교회전된 주성분 분석의 결과에서 적재값은 앞의 〈표 14-5〉에 제시된 것과 동일하다. 〈표 14-5〉는 SPSS에서 적재값의 크기에 따른 재배열과 .4 이하의 계수를 보여주지 않는 옵션을 사용했기 때문에 변수 배열의 순서가 달라져 있지만, 실제 수치는 동일하다.

두 번째 행렬에서는 직교회전된 두 주성분의 고유값과 성분이 설명하는 분산의 양을 보여준다. 이는 〈표 14-3〉의 결과를 참고하면 된다.[80]

다음으로 사각회전하였을 때의 명령어와 분석결과가 아래에 제시되어 있다. 사각회전은 principal() 함수의 인자에서 'rotate="oblimin"'이라고 입력하면 된다.

```
> facobli <- principal(jvictim[fear15], nfactors=2, rotate="oblimin")
> facobli
Principal Components Analysis
Call: principal(r = jvictim[fear15], nfactors = 2, rotate = "oblimin")
Standardized loadings (pattern matrix) based upon correlation matrix
       PC1   PC2  h2   u2
r2_1  -0.04  0.90 0.76 0.24
r2_2   0.00  0.86 0.74 0.26
r2_3   0.06  0.82 0.74 0.26
r2_4  -0.03  0.86 0.72 0.28
```

80) 그런데 SPSS에서 제시된 직교회전한 성분의 고유값과 R에서 구한 값에는 미세하지만 차이가 있다. 또한 SPSS에서는 사각회전의 경우 성분의 고유값을 보여주지 않는데, R에서는 성분별 고유값을 계산해주며 이 값은 직교회전한 성분의 고유값과 차이가 있다.

```
r2_5    0.03  0.81 0.68 0.32
r2_6    0.16  0.70 0.68 0.32
r2_7    0.76  0.08 0.66 0.34
r2_8    0.82 -0.01 0.65 0.35
r2_9    0.91 -0.11 0.70 0.30
r2_10   0.91 -0.14 0.68 0.32
r2_11   0.63  0.20 0.61 0.39
r2_12   0.71  0.16 0.68 0.32
r2_13   0.71  0.14 0.67 0.33
r2_14   0.72  0.15 0.69 0.31
r2_15   0.84  0.01 0.72 0.28

                PC1  PC2
SS loadings      5.83 4.54
Proportion Var  0.39 0.30
Cumulative Var 0.39 0.69

With component correlations of
     PC1  PC2
PC1 1.00 0.68
PC2 0.68 1.00

Test of the hypothesis that 2 components are sufficient.

The degrees of freedom for the null model are 105 and the objective function was 11.7
The degrees of freedom for the model are 76  and the objective function was  0.91
The number of observations was  2500  with Chi Square =  2277.72  with prob <  0

Fit based upon off diagonal values = 0.99
```

principal() 함수를 사용한 사각회전 분석에서는 패턴행렬의 결과(〈표 14-7〉 참고)만 보여주며 구조행렬 분석결과(〈표 14-8〉 참고)를 보여주지 않는다. 패턴행렬에서 요인의 적재값은 〈표 14-7〉과 같다.

세 번째 행렬은 성분 간의 상관계수행렬인데 〈표 14-9〉에서 제시된 값과 유사하다. 두 성분 간에는 .68의 상관이 존재한다.

요인점수를 사용하기 위해서는 principal() 함수의 인자에서 'score=TRUE'를 입력해주면 된다. 그런데 이렇게 인자를 추가해서 분석한 결과는 앞에서 제시한 것과 보이는 내용에서는 차이가 없다. 단지 분석결과로 객체에 저장되는 내용 중에 요인점수에 대한 부분이 새로 생성될 뿐이다. 요인점수 변수를 사용하기 위해서는 이 정보를 사용해야 하며, 여기에는 몇 가지의 절차가 필요하다. SPSS의 경우 데이터창에 자동적으로 새 변수가 생성되어 바로 사용할 수 있다는 점과 비교하면 좀 번거로운 절차가 될 수 있다.

일단 앞에서 SPSS의 분석과 비교하기 위해서 두가지 회전방법에 의한 요인점수 변수를 모두 구성하는 절차를 소개하기로 하겠다. 먼저 principal() 함수를 이용해서 직교회전하는 주성분 분석에서 요인점수를 계산하도록 한 결과를 객체 fscorevari에 할당하고, 사각회전한 결과를 객체 fscoreobli에 할당한다.

```
> fscorevari <- principal(jvictim[fear15], nfactors=2, score=TRUE,
+                 rotate="varimax")
> fscoreobli <- principal(jvictim[fear15], nfactors=2, score=TRUE,
+                 rotate="oblimin")
```

분석결과를 할당받은 객체(fscorevari와 fscoreobli)는 리스트의 형식을 가지고 있으며, 요인점수 변수는 리스트 객체의 구성요소중의 하나이다. 그렇기 때문에 그대로 변수의 형태로 분석에서 사용할 수 없다. 따라서 객체에서 요인점수에 해당하는 부분을 데이터프레임으로 변경시켜서 요인점수 변수를 포함하는 요인점수 객체를 생성한다. 요인점수는 '객체이름$score'에 있다. 이렇게 하면 새로운 객체인 fscoreva와 fscoreob는 각각 PC1과 PC2라는 두 개의 요인점수 변수를 가진 데이터프레임이 된다. str() 함수는 제대로 전환되었는지 객체의 구조를 확인하는 함수이다.

```
> fscoreva <- as.data.frame(fscorevari$score)
> str(fscoreva)
> fscoreob <- as.data.frame(fscoreobli$score)
> str(fscoreob)
```

이처럼 데이터프레임으로 전환시킨 요인점수를 원래의 데이터프레임인 jvictim에 통합해야 하는데 이 때 객체의 id가 같은 순서로 배열되어 있는지 확인할 필요가 있다.

여기에서는 데이터의 사례수가 2,500개가 되기 때문에 모두 확인할 수 없고 앞부분만 확인한 후에 통합하고, 완료된 후에 다른 방법을 사용해서 id의 순서가 동일함을 확인하도록 한다. 아래 명령어를 사용하면 데이터의 앞부분을 볼 수 있고 이를 통해서 기본적인 데이터 배열을 확인할 수 있다.

```
> head(fscoreva)
> head(fscoreob)
> head(jvictim)
```

요인분석을 시행함에 있어서 직교회전과 오블리민 두 가지를 시행하였는데, 직교회전한 요인점수 변수를 먼저 기존의 데이터프레임에 더해준다. cbind 함수를 사용해서 두 데이터프레임을 하나로 붙인다. jvictim과 fscoreva를 더해서 total이라는 객체에 할당한다.

```
> total <- cbind(jvictim, fscoreva)
> library(reshape)
> total <- rename(total, c("PC1" ="fac1_1", "PC2" ="fac2_1"))
> str(total)
>
> total <- cbind(total, fscoreob)
> str(total)
> total <- rename(total, c("PC1" ="fac1_2", "PC2" ="fac2_2"))
> str(total)
```

앞서 언급한 대로 직교회전한 요인점수 변수와 오블리민 요인점수 변수를 모두 하나의 데이터프레임으로 더해야하는데, fscoreva와 fscoreob의 요인점수 변수의 이름이 동일하기 때문에 다른 구분이 가능한 이름으로 바꾸어주어야 한다. 앞에서 SPSS 분석에서의 변수명과 통일시키기 위해서 fac1_1과 fac2_1로 변경한다. 이 때 'reshape' 패키지에 있는 rename() 함수를 사용하였다.

동일한 방식으로 오블리민 회전에 의한 요인점수 변수를 포함한 데이터프레임 fscoreob도 데이터프레임 total에 더해준 후에 변수이름을 fac1 2과 fac2_2로 바꾸어 준다.

```
> idf <- row.names(fscoreob)
> idt <- row.names(total)
> mean(as.numeric(idf)-as.numeric(idt))
[1] 0
> sd(as.numeric(idf)-as.numeric(idt))
[1] 0
```

앞서 언급한 대로 두 개의 데이터프레임의 변수를 그냥 횡으로 덧붙이기 한 것이기 때문에 두 데이터프레임의 사례들이 같은 순서로 배열되어 있는지 확인하는 것이 필요하다. 이를 위해서 위에서 제시한 명령어에서 한 것과 같이 문자의 특성을 가지고 있는 데이터프레임의 열이름을 각각의 객체로 할당하고(idf와 idt), 이를 숫자로 전환시킨 후에 두 객체의 차이의 평균과 표준편차를 구했을 때 두 값이 모두 0이면 두 데이터프레임이 동일한 순서로 배열되어 있음을 확인할 수 있다. 이 때 새로 데이터프레임에 추가한 요인점수 변수에 문제가 없으면 추가적인 분석에 사용할 수 있다.

3. 성별 범죄 두려움의 평균 비교

3.1 SPSS를 사용한 t-검증

이상의 과정을 통해 종속변수로 사용할 범죄의 두려움에 대한 3개의 변수가 생성되었다. 일반적 두려움 변수는 generalfear이며, 피해상황별 두려움 변수는 특정대상으로부터의 피해두려움(FAC1_2)과 범죄유형별 피해두려움(FAC2_2)이다.

일반적으로 범죄피해를 당할지 모른다는 두려움은 남성보다 여성이 더 많이 느끼는 것으로 알려져 있다. 청소년들에게도 그런 현상이 나타나는지 그리고 범죄 두려움의 종류에 따라서 차이가 있는지 살펴보고자 한다. 따라서 집단변수는 성별이 되며, 청소년 범죄피해 데이터에서 성별변수는 DQ1이며 남자가 1, 여자가 2로 코딩되어 있다.

두 집단의 평균을 비교하기 위한 t-검증을 위해서는 [분석] 〉 [평균비교] 〉 [독립표본 T검정]을 클릭한다. 그러면 아래 〈그림 14-15〉와 같은 창이 나타난다. 왼쪽의 변수 목록에서 종속변수를 선택하여 [검정변수] 칸으로 이동시킨다. 이 분석에서 종속변수는 generalfear, FAC1_2, FAC2_2이다. 다음으로 집단을 나타내는 변수를 선택한다. 성별 변수(DQ1)을 선택하여, [집단변수]로 이동시킨다. 다음으로 [집단정의]를 클릭하면 〈그림 14-16〉과 같은 창이 나타난다. '지정값 사용'을 선택하고, 두 집단에 해당하는 숫자를 지적한다. 남자가 1, 여자가 2이기 때문에 집단1에 1, 집단2에 2를 입력한다. 여러 개의 범주가 있을 때에는 재부호화할 필요 없이 '분리점'에 평균이나 중앙치에 해당하는 숫자를 입력하면 이 숫자를 중심으로 두 집단이 구분된다. 다음으로 계속을 누른 후에 [옵션]을 선택해서 '신뢰구간'과 '결측값'을 선택한다. 이렇게 선택한 메뉴를 명령어 창에 [붙여넣기] 하면 〈그림 14-18〉과 같은 명령어가 입력된다.

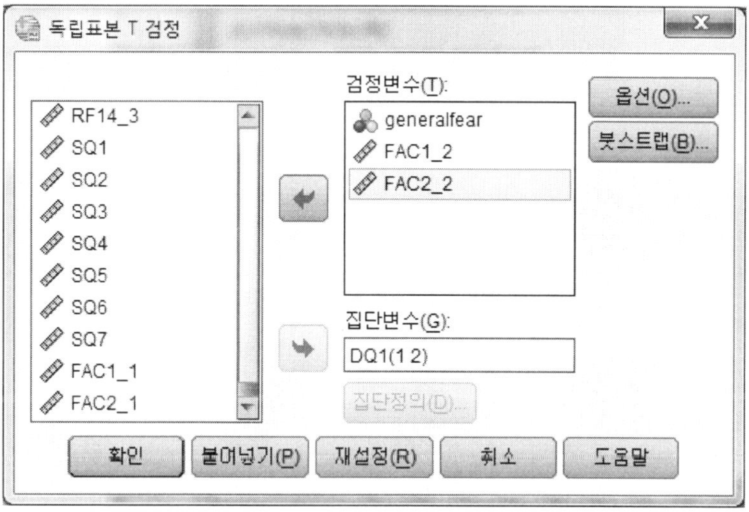

〈그림 14-15〉 독립표본 t-검증 주메뉴창

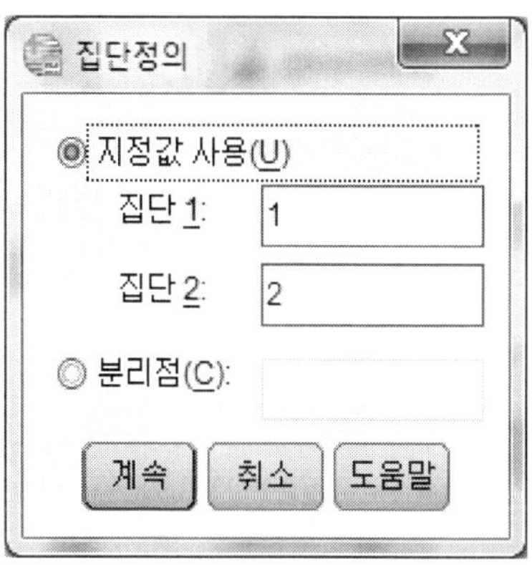

〈그림 14-16〉 집단정의

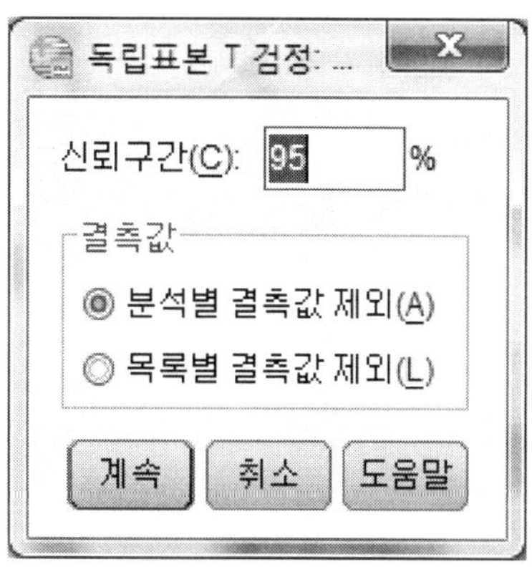

〈그림 14-17〉 t-검증: 옵션

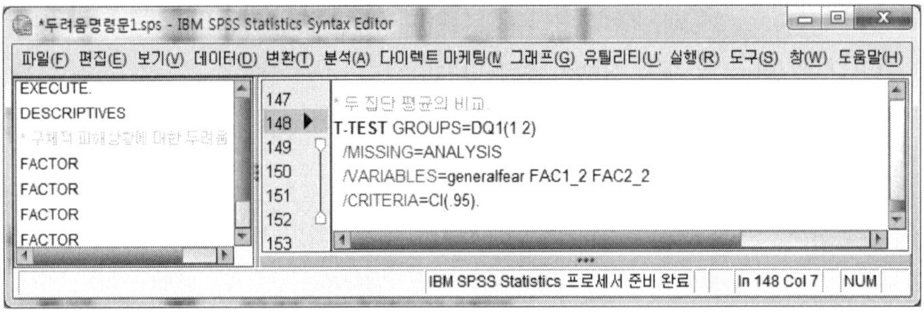

〈그림 14-18〉 성별 t-검증 명령어창

분석결과를 살펴보자. 출력결과에서 가장 먼저 제시되는 것은 〈표 14-10〉의 집단 통계량이다. 세 개의 두려움 변수에서 남·여 집단의 사례수가 조금씩 차이가 나는데 이는 각 변수들의 결측값의 차이에서 기인하는 것이다.

〈표 14-10〉 집단통계량

응답자 성별		N	평균	표준편차	평균의 표준오차
generalfear	남	1325	4.753	1.892	.0519
	여	1172	5.966	1.876	.0548
FAC1_2	남	1309	−.030	1.001	.0276
	여	1165	.034	.997	.0292
FAC2_2	남	1309	−.104	.992	.0274
	여	1165	.117	.995	.029

변수 generalfear(일반적 두려움)에서 남자의 두려움 평균은 4.75이며 표준편차는 1.89이고, 집단의 표준오차는 .05이다. 여자의 평균은 5.97, 표준편차는 1.88, 표준오차는 .55이다. 남자보다 여자의 두려움이 더 높은 평균점수를 보인다. 다른 피해상황별 두려움(FAC1_2와 FAC2_2)도 비슷하게 여자들의 두려움 평균이 남자들의 평균보다 높다.

〈표 14-11〉 독립표본 검정

		Levene의 등분산 검정		평균의 동일성에 대한 t-검증						
		F	유의확률	t	자유도	유의확률(양쪽)	평균차	차이의 표준오차	차이의 95% 신뢰구간 하한	차이의 95% 신뢰구간 상한
general fear	등분산이 가정됨	2.722	.099	-16.057	2495	.000	-1.213	.075	-1.361	-1.065
	등분산이 가정되지 않음			-16.066	2462.812	.000	-1.213	.075	-1.361	-1.065
FAC1_2	등분산이 가정됨	.043	.836	-1.613	2472	.107	-.064	.040	-.143	.0140
	등분산이 가정되지 않음			-1.613	2440.949	.107	-.064	.040	-.143	.0139
FAC2_2	등분산이 가정됨	.413	.521	-5.566	2472	.000	-.222	.040	-.301	-.144
	등분산이 가정되지 않음			-5.565	2436.698	.000	-.222	.040	-.301	-.144

위의 〈표 14-11〉이 주요 검정통계치이다. 표의 왼쪽을 보면 '등분산이 가정됨'과 '등분산이 가정되지 않음'의 두 가지로 검정통계치가 제시되고 있음을 볼 수 있다. 일반적으로 모수적 검정(parametric tests)에서는 집단 간의 분산이 어느 정도 동일하다는 것을 가정한다. 그렇지만 현실적으로 분산이 동일하지 않은 상황이 발생할 수 있다. 따라서 이러한 가정이 위반되었는지 여부를 파악하는 것이 필요하다. 가정의 위반 정도를 알아볼 수 있는 첫 번째 방법은 앞의 〈표 14-10〉에 제시된 집단의 표준편차를 이용해서 집단의 분산이 비슷한지 살펴보는 것이다.[81] 그렇지만 이러한 판단은 상당히 주관적이어서 동일성 여부를 판단하는 것이 쉽지 않다. 그래서 제시된 것이 Levene의 등분산 검정이다. 이 검정은 t-검증과 유사한데 두 집단의 분산이 동일하다는 영가설을 검증한다. 따라서 Levene의 검정이 $p < .05$에서 유의미하다면 영가설이 부적절하다고 결론지을 수 있고 분산은 유의미하게 차이를 보인다고 할 수 있다. 즉 등분산성의 가정은 위배되는 것이다. 반대로 Levene의 검정이 유의미하지 않다면 영가설을 받아들여야 한다.

〈표 14-11〉에서 Levene의 등분산 검정결과는 세 변수 모두 통계적으로 유의미하지 않기 때문에 '등분산이 가정됨' 행에 제시된 통계치를 보아야 한다. 만일 Levene의 검정이 유의미하였다면 '등분산이 가정되지 않음'에 해당하는 통계치를 보아야 한다.

81) 표준편차를 제곱하면 분산이다.

다음으로 변수 generalfear에서 t 값을 살펴보자. t 값(−16.057)은 평균차(−1.213)를 차이의 표준오차(.075)로 나누어준 값이고, 이 값은 특정 자유도(독립표본 검정에서 자유도는 두 집단의 사례수를 더한 숫자에서 집단의 수를 뺀 값이다.)에서 우연적으로 얻어질 수 있는 t 값과 대비해서 평가한다. SPSS는 t 값에 대한 정확한 유의도를 계산해주기 때문에 이 값이 .05보다 크거나 작은지를 판단하면 된다. 여기에서 t 값은 .000으로 p 〈 .001에서 통계적으로 유의미하다. 따라서 일반적 두려움에 있어서 여성들은 남성보다 통계적으로 유의미하게 더 많은 두려움을 가진다고 해석할 수 있다.

같은 방식을 피해상황별 두려움의 분석결과를 살펴보면 '특정대상으로부터의 피해의 두려움(FAC1_2)'은 남녀 간에 통계적으로 유의미한 차이를 보이지 않았지만, '범죄유형별 피해두려움(FAC2_2)'에서는 여자들이 남자들보다 유의미하게 더 높은 두려움을 보였다.

다음으로 고려할 것은 표의 '유의확률'에서 (양쪽)이라는 표현이다. 어느 집단의 평균이 더 높을지 이론적으로 예측할 수 없는 경우에는 양쪽 유의확률을 사용하지만, 이론적으로 특정 집단이 다른 집단보다 평균이 더 높을 것이라는 예측이 가능할 경우에는 한쪽 유의확률을 사용할 수 있다. SPSS는 기본적으로 양쪽 유의확률을 제공한다. 물론 옵션에서 한쪽 유의확률을 선택하여 결과를 얻을 수 있지만 좀 더 간편한 방법은 양쪽 유의확률을 절반으로 나누면 한쪽 유의확률이 된다. 위 표에서 FAC1_2는 양쪽 유의확률이 .107인데 이를 절반으로 나누어도 .054이기 때문에 통계적으로 유의미하지 않다.

3.2 R을 사용한 t-검증

R을 이용해서 t-검증을 하는 절차는 다음과 같다. 첫째로 독립변수는 명목척도이어야 하기 때문에 요인(factor)이어야 분석이 가능하다. SPSS에서는 독립변수의 유형을 연구자가 알아서 사용하면 되지만, 앞서 R의 소개에서도 언급한 바와 같이 R에서는 명목이나 서열척도를 지칭하는 변수유형인 요인(factor)이 있기 때문에 먼저 변수의 유형을 변환시켜야 한다.

두 번째로 독립변수의 두 집단에 따라서 종속변수의 분산이 같은지를 확인하는 과정이 필요하다. 이는 var.test() 함수를 통해서 가능하다. SPSS의 t-검증에서는 등분산에 대한 검정과 등분산에 관한 가정의 충족 여부에 따른 검증결과를 하나의 표에서 계산해주지만 R은 별도로 연구자가 분석을 수행하여야 한다.

셋째로 두 번째 과정에서 두 집단의 분산이 다르다면 Welch의 t-test를 이용하고, 분산이 같으면 일반 독립표본 t-test를 적용한다. 이 때 사용하는 함수는 t.test() 이다. Welch의 t-test를 할 것인가 아니면 일반 독립표본 t-test을 할 것인가는 인자에 'var.equal=TRUE'를 삽입하는가의 여부에 따라서 결정된다.

```
> total$dq1 <- factor(total$dq1)
> var.test(generalfear ~ dq1, data=total)

  F test to compare two variances
data:  generalfear by dq1
F = 1.0172, num df = 1324, denom df = 1171, p-value = 0.7649
alternative hypothesis: true ratio of variances is not equal to 1
95 percent confidence interval:
 0.9099174 1.1366508
sample estimates:
ratio of variances
           1.01718

> var.test(fac1_2 ~ dq1, data=total)
F = 1.0069, num df = 1308, denom df = 1164, p-value = 0.9042

> var.test(fac2_2 ~ dq1, data=total)
F = 0.9924, num df = 1308, denom df = 1164, p-value = 0.8932
```

위의 명령어는 성별변수(dq1)를 요인으로 변환하고, generalfear, fac1_2, fac2_2에 대해서 성별로 분산이 동일한지 검증하는 것이며, 그 분석결과가 아래 부분에 제시되어 있다. 분석결과 세 두려움 변수는 모두 성별에 따라서 분산이 동일하다는 영가설을 기각하지 못하였기 때문에 성별로 분산이 동일하다는 것을 받아들이고, 따라서 독립표본 t-검증을 사용해서 성별 두려움의 평균을 비교한다.

```
> t.test(generalfear ~ dq1, var.equal=TRUE, data=total)
  Two Sample t-test
data:  generalfear by dq1
t = -16.0575, df = 2495, p-value < 2.2e-16
alternative hypothesis: true difference in means is not equal to 0
```

```
95 percent confidence interval:
  -1.361709 -1.065323
sample estimates:
mean in group 1 mean in group 2
       4.753208        5.966724

> t.test(fac1_2 ~ dq1, var.equal=TRUE, data=total)
  Two Sample t-test
data:  fac1_2 by dq1
t = -1.5909, df = 2472, p-value = 0.1118
alternative hypothesis: true difference in means is not equal to 0
95 percent confidence interval:
 -0.14309290  0.01490678
sample estimates:
mean in group 1 mean in group 2
    -0.03085243      0.03324062

> t.test(fac2_2 ~ dq1, var.equal=TRUE, data=total)
  Two Sample t-test
data:  fac2_2 by dq1
t = -5.5699, df = 2472, p-value = 2.824e-08
alternative hypothesis: true difference in means is not equal to 0
95 percent confidence interval:
 -0.3014758 -0.1444754
sample estimates:
mean in group 1 mean in group 2
     -0.1074332       0.1155424
```

R에서 t-검증의 분석결과는 위에서 보는 바와 같이 집단별 평균차이에 대한 t-검증 결과와 평균차이에 대한 95% 신뢰구간, 두 집단의 평균값을 제공한다. 세 유형의 두려움 중에서 generalfear와 fac2_2는 성별에 따라서 유의미한 평균의 차이를 보였지만, fac1_2는 유의미한 차이가 나타나지 않았다. 이러한 결과는 앞서 살펴본 〈표 14-11〉과 동일한 결과이다.

4. 범죄의 두려움에 대한 분산분석

4.1 SPSS를 사용한 분산분석

4.1.1 독립변수의 구성

분산분석을 위해서 앞서 언급한 성별 외에 다른 독립변수 두 개를 추가한다. 첫 번째로 살고 있는 동네, 학교 등의 주변지역의 해체 정도를 측정하는 8개의 문항으로 복합척도를 구성한다. 이 문항들을 그 지역의 물리적·사회적 무질서 또는 취약성을 나타내는 문항들이다. 사회해체의 정도가 높을수록 두려움을 더 많이 느낄 것이라고 가정한다.

8개의 문항은 "우리 동네에는 불량배로 보이는 사람들이 많다."(G1_1), "우리 학교에는 비행청소년들이 많다."(G1_2), "우리 학교 주변에는 불량배로 보이는 사람들이 많다."(G1_3), "내가 자주 가는 곳에는 불량배로 보이는 사람들이 많다."(G1_4), "우리 동네에서는 금품갈취, 절도, 폭행 등의 범죄가 자주 발생한다."(G1_5), "우리 학교에서는 금품갈취, 절도, 폭행 등의 범죄가 자주 발생한다."(G1_6), "우리 학교주변에서는 금품갈취, 절도, 폭행 등의 범죄가 자주 발생한다."(G1 7), "내가 자주 가는 곳에서는 금품갈취, 절도, 폭행 등의 범죄가 자주 발생한다."(G1_8)이다. 응답지는 '전혀 그렇지 않다', '그렇지 않은 편이다', '그저 그렇다', '그런 편이다', '매우 그렇다' 등 5점 척도이다.

두 번째는 생활양식 변수로서 잠재적 범죄자들에게 얼마나 노출되었는가의 정도를 보여주는 4개의 변수로 복합척도를 구성한다. 네 변수는 "저녁시간에 자주 밖에서 논다."(G2_1), "밤에 자주 밖에서 논다."(G2_2), "오락실, 만화가게, pc방, 공원, 노래방, 당구장 등에 자주 간다."(G2_3), "버스나 지하철 등 대중교통 수단을 자주 이용한다."(G2_4)이며, 응답지는 '전혀 그렇지 않다', '그렇지 않은 편이다', '그저 그렇다', '그런 편이다', '매우 그렇다' 등 5점 척도이다.

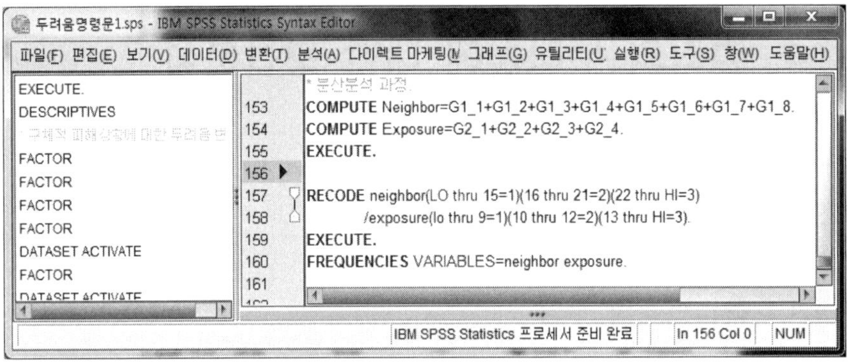

〈그림 14-19〉 지역의 취약성과 잠재적 범죄자에 대한 노출의 복합척도 구성 명령어

복합척도를 구성하는 명령어는 위의 〈그림 14-19〉와 같다. 지역의 취약성을 측정한 8개의 변수를 더해 복합척도를 구성하여 Neighbor라고 명명하였으며 그 빈도분포에 따라서 '상', '중', '하'의 3개 집단으로 나누었고, 잠재적 범죄자에 대한 노출도 4개의 변수를 더해서 Exposure라고 명명한 복합척도를 구성하였고, 빈도분포에 따라서 '상', '중', '하'의 3개 집단으로 나누었다. 세 집단으로 구성한 빈도분포 결과는 아래 〈표 14-12〉와 같다.

〈표 14-12〉 Neighbor의 빈도분포

		빈도	퍼센트	유효 퍼센트	누적퍼센트
유효	1.00	845	33.8	33.9	33.9
	2.00	937	37.5	37.6	71.5
	3.00	710	28.4	28.5	100.0
	합계	2492	99.7	100.0	
결측	시스템 결측값	8	.3		
합계		2500	100.0		

〈표 14-13〉 Exposure의 빈도분포

		빈도	퍼센트	유효 퍼센트	누적퍼센트
유효	1.00	956	38.2	38.3	38.3
	2.00	940	37.6	37.7	76.0
	3.00	598	23.9	24.0	100.0
	합계	2494	99.8	100.0	
결측	시스템 결측값	6	.2		
합계		2500	100.0		

4.1.2 일원분산분석

메뉴에서 [분석] 〉 [평균 비교] 〉 [일원배치 분산분석]을 선택하면 〈그림 14-20〉과 같은 주메뉴창이 뜬다. 왼쪽의 변수목록에서 하나 또는 그 이상의 변수를 선택해서 [종속변수]로 이동시킨다. 여기에서는 generalfear와 FAC1_2, FAC1_2를 선택하였다.

〈그림 14-20〉 범죄두려움 일원배치 분산분석 주메뉴창

다음으로 [요인]은 독립변수를 선택하면 되는데 여기에서는 지역의 취약성을 의미하는 Neighbor를 선택하였다.

[사후분석]이란 독립변수의 범주들 간에 나타나는 평균 차이의 유의도를 검증하는 것이다.[82] 모든 집단을 두 집단씩 비교하는 방식으로 진행한다. 즉 각각의 집단 쌍에 대해서 t-검증을 수행하는 것과 같다고 보면 된다. 사후분석을 함에 있어서 아래 〈그림 14-21〉에서 제시된 것과 같은 다양한 방법들을 선택할 수 있다. 각각의 방법은 나름대로의 장단점을 가지고 있다. 일반적으로 표본의 사이즈들이 동일하고 모집단분산이 비슷하다면 REGWQ 또는 Tukey를 사용하는 것이 좋다고 한다. 이 둘은 설명력이 좋고 Type I 에러에 대한 엄격한 통제력이라는 장점을 지니고 있다.

82) 주메뉴창의 오른쪽의 [대비]와 [사후분석]은 두 가지 중의 하나를 선택해서 실행하면 된다. 여기에서는 주로 많이 사용하는 사후분석을 소개한다.

〈그림 14-21〉 일원배치 분산분석 : 사후분석

〈그림 14-22〉 옵션

〈그림 14-22〉의 옵션의 [통계량]에서 '기술통계'를 선택하면 각 집단의 평균, 표준편차, 표준오차, 범위, 각 집단의 평균에 대한 신뢰구간이 제공된다. 이 옵션은 최종 결과를 해석하는데 도움이 된다.

선택해야하는 중요한 옵션 중의 하나는 '분산 동질성 검정'이다. t-검증의 경우와 마찬가지로 여기에서 집단의 분산이 동일해야 한다는 가정이 존재하며, 이 옵션이 이러한 가정을 검사해 준다. SPSS에서는 Levene의 검정을 사용해서 각 집단의 분산이 동일하다는 가설을 검사한다. 만일 동분산성의 가정이 위배되면 SPSS는 F-ratio에 대한 두 개의 대안을 제시한다. 이것이 'Brown-Forsythe F'와 'Welch F'이다.

〈그림 14-23〉 두려움 일원배치 분산분석 명령어창

이상에서 선택한 메뉴를 주메뉴창에서 [붙여넣기]하면 〈그림 14-23〉과 같은 명령어가 입력된다. 이를 실행하면 아래와 같은 분석결과물이 출력된다.

〈표 14-14〉 기술통계

		N	평균	표준편차	표준오차	평균에 대한 95% 신뢰구간		최소값	최대값
						하한값	상한값		
generalfear	1.00	845	4.667	1.907	0.066	4.539	4.796	2.000	10.000
	2.00	935	5.378	1.932	0.063	5.254	5.502	2.000	10.000
	3.00	709	6.020	1.869	0.070	5.882	6.158	2.000	10.000
	합계	2489	5.319	1.978	0.040	5.242	5.397	2.000	10.000
FAC1_2	1.00	840	-0.449	0.819	0.028	-0.504	-0.393	-1.431	2.984
	2.00	926	-0.034	0.898	0.030	-0.092	0.024	-1.449	3.121
	3.00	700	0.583	1.037	0.039	0.506	0.660	-1.437	3.090
	합계	2466	0.000	1.001	0.020	-0.040	0.039	-1.449	3.121
FAC2_2	1.00	840	-0.474	0.895	0.031	-0.535	-0.414	-1.688	3.056
	2.00	926	0.012	0.905	0.030	-0.046	0.070	-1.679	2.794
	3.00	700	0.550	0.956	0.036	0.479	0.621	-1.781	2.928
	합계	2466	-0.001	1.001	0.020	-0.040	0.039	-1.781	3.056

〈표 14-14〉에는 두려움 데이터에 대한 일원분산분석의 기술통계가 제시되어 있다. 이 표에서는 평균값과 표준편차, 그리고 표준오차에 주목할 필요가 있다. 이미 언급한 바와 같이 표준오차는 이 데이터의 표집분포의 표준편차이다.[83] 다음에 제시되는 것이 신뢰구간이다. 95% 신뢰구간이란 만일 모집단에서 1집단에 대해서 100개의 표본을 추출하고, 평균에 대한 신뢰구간을 정했을 때, 이 구간에 실제 평균값 중 95개가 포함될 것이라는 의미이다. 달리 말하면 1집단의 실제 평균값이 4.539에서 4.796 사이에 있을 가능성이 매우 높다는 의미이다.

〈표 14-15〉 분산의 동질성 검정

	Levene 통계량	df1	df2	유의확률
generalfear	5.825	2	2486	.003
FAC1_2	34.431	2	2463	.000
FAC2_2	2.142	2	2463	.118

〈표 14-15〉는 분산의 동질성 검증 결과를 보여준다. 앞에서 살펴본 바와 같이 Levene의 검정은 집단간의 분산이 동일하다는 영가설을 검증하는 것이다. 본 분석에 적용시킨다면 Neighbor의 3집단의 분산이 유의미하게 다른가를 검증하는 것이다. 검정이 유의미하다면 집단들의 분산이 유의미하게 다르다고 할 수 있다. 이 경우는 분산분석의 기본 가정 중의 하나가 위배된 것이라고 할 수 있다. 이러한 상황에서 이 문제를 해결하기 위해서 몇 가지 해결방안을 취할 수 있지만 가장 간단한 방법은 'Welch F' 값을 제시하는 것이다. 두려움 데이터에 대한 분산분석에서 generalfear와 FAC1_2는 Levene의 통계량이 통계적으로 유의미하기 때문에 집단들의 분산이 유의미하게 차이가 있는 것으로 볼 수 있다. 따라서 예외가 있기는 하지만 이 두 변수에 대해서는 'Welch F' 값을 제시하는 것이 바람직하다.[84] FAC2_2의 경우는 집단들의 분산이 동질적이라고 할 수 있다.

83) 예를 들어 일반적 두려움(generalfear)의 1집단의 경우 두려움을 측정한 모집단에서 표본을 무수히 반복해서 뽑는다면 이 표본들의 평균은 .066의 표준편차를 가질 것이다.

84) 분산분석은 집단의 사례수가 동일하거나 유사한 경우에는 이 가정의 위반에 대해서 robust하기 때문에 분산분석의 결과를 그냥 사용해도 무방하다.

〈표 14-16〉 일원배치 분산분석

		제곱합	df	평균 제곱	F	유의확률
generalfear	집단-간	710.066	2	355.033	97.753	.000
	집단-내	9029.007	2486	3.632		
	합계	9739.073	2488			
FAC1_2	집단-간	408.139	2	204.070	243.931	.000
	집단-내	2060.517	2463	.837		
	합계	2468.656	2465			
FAC2_2	집단-간	400.942	2	200.471	238.743	.000
	집단-내	2068.170	2463	.840		
	합계	2469.113	2465			

분산분석의 주요 결과가 위의 〈표 14-16〉에 제시되어 있다. 집단 간 분산의 제곱합(BSS)은 710.066이며 자유도는 2이기 때문에 제곱합을 자유도로 나눈 값인 평균 제곱은 355.033이다. 집단 내 분산의 제곱합(WSS)은 9029.007이며, 자유도가 2486이기 때문에 평균 제곱은 3.632이다. 따라서 F값은 97.753으로서 유의확률은 .000이다. 유의확률이란 F값이 우연적으로 발생할 확률을 의미하는 것으로써 미리 정해둔 통계적 유의수준인 .05보다 훨씬 낮은 수치이다. 따라서 집이나 학교주변의 무질서(취약성)의 정도에 따라 구분한 3집단 간에 범죄에 대한 일반적 두려움에 있어서 유의미한 차이가 나타나고 있다고 말할 수 있다. 동일한 방식으로 특정대상으로부터의 피해의 두려움(FAC1_2)과 범죄유형별 피해두려움(FAC2_2)을 분석하였을 때 이 두 형태의 두려움도 지역의 취약성에 따라 구분한 3집단에서 유의미한 차이가 나타나고 있음을 알 수 있다.

이 결과에서 집단 간의 차이가 유의미하다는 것을 알 수 있지만 아직 구체적으로 어느 집단 간의 차이가 유의미한지에 대해서는 알 수 없다.

〈표 14-17〉 평균의 동질성 검정

		통계량a	df1	df2	Sig.
generalfear	Welch	99.503	2	1616.621	.000
	Brown-Forsythe	98.198	2	2435.517	.000
FAC1_2	Welch	229.169	2	1549.993	.000
	Brown-Forsythe	237.806	2	2171.012	.000
FAC2_2	Welch	233.131	2	1579.736	.000
	Brown-Forsythe	236.679	2	2336.370	.000

a. 자동으로 F 분배합니다.

위의 〈표 14-17〉은 평균의 동질성 검정 결과이다. 위의 〈표 14-15〉의 분산의 동질성 검정결과에서 집단의 분산이 동일하다는 가정이 위배되었다면, 이 표에 제시된 F값을 제시하는 것이 옳다고 할 수 있다. 본 분석에서는 generalfear와 FAC1_2에서 집단들의 분산이 동일하지 않았기 때문에 이 표의 통계량과 유의도를 보면 된다. 〈표 14-17〉을 〈표 14-16〉와 비교하면 F 통계량과 자유도에 변화가 있음을 알 수 있다. 계산하는 방식에 대한 논의는 이 책의 범위를 넘어서는 것이기 때문에 관심이 있는 독자들은 다른 통계서적을 참고하기 바란다. 〈표 14-17〉에 의한 검정결과에 따른 유의도는 〈표 14-16〉에서 제시된 유의도와 차이가 없다. 앞서 언급한 바와 같이 분산분석은 집단의 사례수가 같거나 유사한 경우에는 분산의 동질성이라는 가정의 위반에 대해서 강건하기 때문에 분산분석의 결과를 그대로 사용할지, 평균의 동질성 검정에 나타난 결과를 사용할지는 연구자가 판단할 몫으로 생각한다. 그렇지만 이 분석과 같이 집단의 크기에 약간의 차이가 있는 경우에는 이 표의 결과를 사용하는 것을 권장한다.

〈표 14-18〉 다중 비교(Tukey HSD)

종속 변수			평균차(I-J)	표준오차	유의확률	95% 신뢰구간	
						하한값	상한값
generalfear	1.00	2.00	-.710*	.090	.000	-.922	-.498
		3.00	-1.352*	.097	.000	-1.580	-1.125
	2.00	1.00	.710*	.090	.000	.498	.922
		3.00	-.642*	.095	.000	-.865	-.420
	3.00	1.00	1.352*	.097	.000	1.125	1.580
		2.00	.642*	.095	.000	.420	.865
FAC1_2	1.00	2.00	-.414*	.044	.000	-.517	-.313
		3.00	-1.031*	.047	.000	-1.142	-.922
	2.00	1.00	.414*	.044	.000	.313	.517
		3.00	-.616*	.046	.000	-.724	-.509
	3.00	1.00	1.031*	.047	.000	.922	1.142
		2.00	.616*	.046	.000	.509	.724
FAC2_2	1.00	2.00	-.486*	.044	.000	-.589	-.384
		3.00	-1.024*	.047	.000	-1.134	-.914
	2.00	1.00	.486*	.044	.000	.384	.589
		3.00	-.538*	.046	.000	-.646	-.431
	3.00	1.00	1.024*	.047	.000	.914	1.134
		2.00	.538*	.046	.000	.431	.646

*. 평균차는 0.05 수준에서 유의합니다.

다음으로 살펴볼 내용은 사후검증으로서 〈표 14-18〉에는 Tukey 검정 결과가 제시되어 있다. 표를 보면 알 수 있듯이 한 집단과 나머지 집단의 평균차이를 계산하고 이것이 유의미한가를 검증하고 있다.

먼저 일반적 두려움을 살펴보면 1집단, 즉 취약성이 낮은 집단은 중간 집단(2집단)과 높은 집단(3집단)보다 두려움이 낮으며, 이 차이는 모두 통계적으로 유의미하다. 또한 2집단과 3집단의 차이도 통계적으로 유의미하다. 따라서 지역의 취약성 집단에 따른 일반적 두려움은 세 집단 모두가 서로 간에 통계적으로 유의미한 두려움의 차이를 보인다고 해석할 수 있다.

피해상황별 두려움에 대한 두 변수(FAC1_2, FAC2_2)도 유사한 결과를 보이는데 지역의 취약성에 따른 3집단 모두 서로 간에 피해상황별 두려움에 있어서 유의미한 차이를 보인다.

〈표 14-19〉 동일집단군 : generalfear

Neighbor		N	유의수준 = 0.05에 대한 부집단		
			1	2	3
TukeyHSD a,b	1.00	845	4.6675		
	2.00	935		5.3775	
	3.00	709			6.0197
	유의확률		1.000	1.000	1.000

동일 집단군에 있는 집단에 대한 평균이 표시됩니다.
a. 조화평균 표본 크기 818.914을(를) 사용합니다.
b. 집단 크기가 동일하지 않습니다. 집단 크기의 조화평균이 사용됩니다. I 유형 오차 수준은 보장되지 않습니다.

위의 〈표 14-19〉는 각 종속변수별로 동일집단군에 있는 집단의 평균값을 표시해준다. 세 개의 두려움 변수가 유사한 결과를 보이기 때문에 여기에서는 generalfear의 결과만 제시한다. 평균이 비슷한 집단이라고 간주되는, 즉 집단의 평균 간에 유의미한 차이를 보이지 않는 집단을 비슷한 집단으로 묶어서 각 집단의 평균을 보여주는 것이다. 이전에 사후검증에서 우리는 세 집단이 모두 유의미한 차이를 보이고 있다는 결과를 알았다. 따라서 위의 표와 같이 세 집단이 각각의 집단군을 이루고 있으며, 각 집단군별로 하나의 집단 평균만 기록될 것이라고 예상할 수 있다. 만약 집단 간의 평균의 차이가 유의미하지 않은 집단이 있다면 집단군의 수가 줄고 하나의 칸에 여러 개의 집단평균값이 제시될 것이다.

4.1.3 삼원분산분석

메뉴창에서 [분석] 〉 [일반선형모형] 〉 [일변량분석]을 선택하면 〈그림 14-24〉와 같은 일변량분석 주메뉴창이 나타난다. 먼저 종속변수를 선정한다. 여기에서는 하나의 종속변수만을 선택할 수 있기 때문에 generalfear를 선택해서 [종속변수] 박스로 이동시킨다.85) 다음으로 독립변수를 선택한다. 여기에서는 DQ1, Neighbor, Exposure 세 변수를 독립변수로 사용한다. 이 왼쪽 박스에서 세 변수를 선택해서 [모수요인] 박스로 이동시킨다. 메뉴의 아래 [변량요인], [공변량], [WLS 가중값]은 현재의 분석과 관계없는 항목이기 때문에 넘어간다.

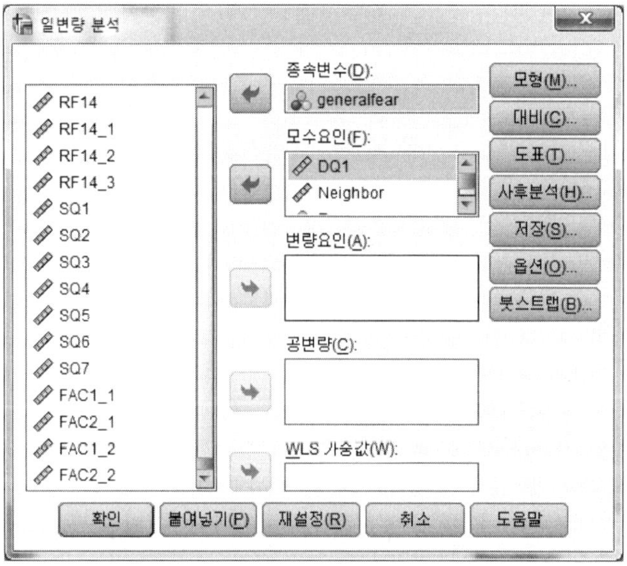

〈그림 14-24〉 일변량분석 주메뉴창

다음으로 오른쪽의 메뉴 중에서 [모형]을 선택하면 아래 〈그림 14-25〉와 같은 메뉴가 나타난다. SPSS는 기본값으로 '완전요인모형'을 사용한다. 즉 모든 독립변수를 활용하여 분석할 수 있는 모든 분석(모든 변수들의 주효과와 상호작용 효과의 분석)을 수행하도록 선택되어 있다. 이러한 모든 분석이 필요치 않아서 필요한 것만 선택해서 분석하고자 할 경우에는 '사용자 정의'를 선택하고 필요한 것들을 정해주면 된다.

---

85) 지금까지 세 개의 두려움 변수에 대해서 분석하였는데 지면관계상 여기에서는 일반적 두려움변수를 중심으로 분석하는 과정만 소개한다.

〈그림 14-25〉 일변량 : 모형

위 메뉴 아래쪽에는 [제곱합]의 유형을 선택할 수 있다. SPSS는 기본으로 제 III 유형을 사용한다. 제 III 유형의 제곱합은 셀빈도에 따라서 달라지지 않는다는 장점이 있기 때문에 많이 사용되고, SPSS도 이를 기본으로 사용한다. 제 IV 유형은 제 III 유형과 비슷하지만 결측값이 있는 경우에 사용될 수 있다는 점에서 차이가 있다. 우리가 사용한 변수에는 결측값이 있기 때문에 제 IV 유형을 선택해서 사용하기로 한다.

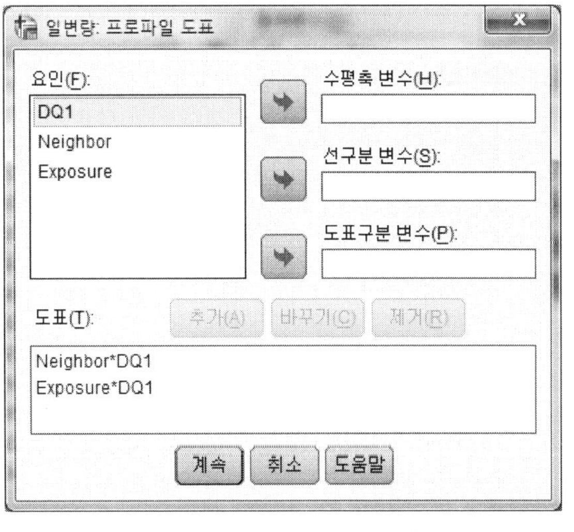

〈그림 14-26〉 일변량 : 프로파일 도표

다음은 〈그림 14-26〉의 도표 메뉴창이다. 도표는 독립변수들 간에 상호작용 효과가 있을 경우에 상호작용 효과를 해석하는데 큰 도움이 된다. 위에 메뉴에서 왼쪽 박스의 독립변수들 중에서 적절하게 선택해서 오른쪽의 박스로 옮겨주면 된다. 어느 변수를 어디로 옮겨야하는가에 대해서는 정해진 기준이 없고 해석하는데 가장 쉽게 정해주면 된다. 이는 여러 번의 분석을 통해서 경험적으로 익힐 수 있다. 독립변수가 3개일 경우에는 여러 개의 그래프가 그려지는데, 위 메뉴에서 [도표구분변수]로 선택한 변수의 집단의 수만큼 그래프가 작성된다. 필요한 곳으로 변수를 이동시키고 [추가]를 클릭하면 아래 도표에 해당 명령어가 나타난다. 여기에서는 이원 상호작용 효과만 도표화해서 보고자 하기 때문에 Neighbor*DQ1, Exposure*DQ1의 두 개 그래프를 입력하였다.

다음 메뉴는 〈그림 14-27〉에 제시된 사후분석이다. 성별은 두 집단이기 때문에 사후분석이 필요 없고 따라서 나머지 두 변수를 선택해서 [사후검정변수] 박스로 이동시킨다. 검증방법으로는 앞서의 경우와 마찬가지로 'Tukey 방법'을 선택한다.

〈그림 14-27〉 일변량 : 사후분석

〈그림 14-28〉 일변량 : 옵션

〈그림 14-28〉의 옵션의 [표시]에서 '기술통계량'을 선택하면 최종적으로 결과를 해석하는데 도움이 된다. 또한 선택해야하는 것은 '동질성 검정'이다. 집단 간의 분산이 동일한지 검증하는 것이다.

이상에서 선택한 것을 [붙여넣기] 하면 아래 〈그림 14-29〉과 같은 명령어가 입력된다. 이 명령어를 실행하면 아래의 여러 표에서 제시된 분석결과가 나타난다.

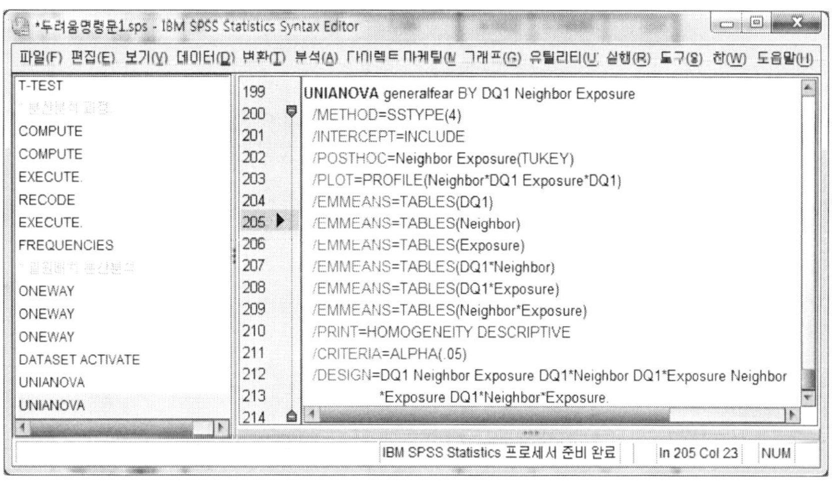

〈그림 14-29〉 일반적 두려움에 대한 삼원분산분석 명령어 창

〈표 14-20〉에는 독립변수들의 각 집단별로 세분화한 일반적 두려움의 평균값을 보여준다. 이 점수는 나중에 분산분석의 결과를 해석할 때 어느 집단의 평균이 높은지를 보여줄 때 도움이 된다. 처음 이 표를 보면 어떻게 봐야할지 혼란스럽겠지만, 표에서는 집단을 세분화시켜서 평균을 제시하고 있기 때문에 원하는 집단들의 평균을 비교해볼 수 있다.

〈표 14-20〉 기술통계량(종속변수: generalfear)

DQ1	Neighbor	Exposure	평균	표준편차	N
남	1.00	1.00	4.18	1.75	225
		2.00	4.06	1.38	147
		3.00	3.38	1.43	94
		합계	3.98	1.60	466
	2.00	1.00	5.05	1.82	159
		2.00	4.81	1.73	196
		3.00	4.17	1.66	122
		합계	4.73	1.78	477
	3.00	1.00	5.48	1.57	52
		2.00	6.07	1.74	169
		3.00	5.40	2.14	153
		합계	5.71	1.91	374
	합계	1.00	4.65	1.82	436
		2.00	5.01	1.82	512
		3.00	4.48	2.00	369
		합계	4.74	1.89	1317
여	1.00	1.00	5.51	1.93	237
		2.00	5.56	1.78	102
		3.00	5.39	2.19	38
		합계	5.51	1.91	377
	2.00	1.00	6.27	1.74	205
		2.00	5.85	1.82	177
		3.00	5.99	2.15	75
		합계	6.06	1.85	457
	3.00	1.00	6.53	1.95	72
		2.00	6.39	1.63	145
		3.00	6.21	1.81	116
		합계	6.36	1.76	333
	합계	1.00	5.96	1.90	514
		2.00	5.96	1.77	424
		3.00	6.00	2.00	229
		합계	5.97	1.87	1167

합계	1.00	1.00	4.87	1.96	462
		2.00	4.67	1.72	249
		3.00	3.96	1.91	132
		합계	4.67	1.91	843
	2.00	1.00	5.74	1.88	364
		2.00	5.30	1.85	373
		3.00	4.86	2.06	197
		합계	5.38	1.93	934
	3.00	1.00	6.09	1.87	124
		2.00	6.22	1.69	314
		3.00	5.75	2.04	269
		합계	6.02	1.87	707
	합계	1.00	5.36	1.98	950
		2.00	5.44	1.86	936
		3.00	5.06	2.13	598
		합계	5.32	1.98	2484

〈표 14-21〉 오차분산의 동일성에 대한 Levene의 검정[a]

종속 변수: generalfear

F	df1	df2	유의확률
5.663	17	2466	.000

여러 집단에서 종속변수의 오차 분산이 동일한 영가설을 검정합니다.

a. Design: 절편 + DQ1 + Neighbor + Exposure + DQ1*Neighbor + DQ1 *Exposure + Neighbor*Exposure + DQ1*Neighbor*Exposure

〈표 14-21〉은 Levene의 검정결과를 보여준다. 앞에서도 언급한 바와 같이 이 검정은 분산의 동질성에 대한 검정이다. 위 표에서 검정결과가 통계적으로 유의미해서 일반적 두려움은 독립변수의 집단들에서 동일한 분산을 가지지 못하는 것을 알 수 있다.[86)]

86) 이 경우 적절한 데이터 변형을 통해서 이 가정을 충족시키는 절차를 거쳐야 한다. 예를 들어서 종속변수의 값에 루트를 씌우는 것이 이 목적을 달성할 수 있는 하나의 방법이 될 수 있다. 그런데 그러한 과정은 초보적인 과정을 소개하는 이 책의 과정을 넘어서는 것이기 때문에 이런 검정이 있다는 정도로 소개하고 그대로 진행하도록 한다.

〈표 14-22〉 개체-간 효과 검정

종속 변수: generalfear

소스	제 IV 유형 제곱합	자유도	평균 제곱	F	유의확률
수정 모형	1844.637[a]	17	108.508	34.011	.000
절편	55625.873	1	55625.873	17435.308	.000
DQ1	737.876	1	737.876	231.279	.000
Neighbor	516.862	2	258.431	81.002	.000
Exposure	56.867	2	28.434	8.912	.000
DQ1*Neighbor	62.048	2	31.024	9.724	.000
DQ1*Exposure	27.972	2	13.986	4.384	.013
Neighbor*Exposure	19.871	4	4.968	1.557	.183
DQ1*Neighbor*Exposure	15.495	4	3.874	1.214	.303
오차	7867.564	2466	3.190		
합계	80006.000	2484			
수정 합계	9712.201	2483			

a. R 제곱 = .190 (수정된 R 제곱 = .184)

사실상 위의 〈표 14-22〉가 분산분석의 가장 핵심적인 부분으로서, 독립변수들이 종속변수에 미치는 영향을 보여주는 부분이다. 독립변수들의 유의확률을 통해서 독립변수들의 영향력을 알 수 있다. 첫째로 개별 독립변수의 영향이 유의미한지 살펴보는 것이 필요하다. 위 표에서 성별(DQ1)과 지역의 취약성(Neighbor), 잠재적 범죄자에 대한 노출(Exposure)은 모두 상당히 높은 F 값을 보이며 유의확률이 .000으로서, 이는 개별변수의 영향력이 유의미함을 보여준다. 여기에서 우리가 염두에 두어야할 것은 이 개별변수의 영향력은 다른 독립변수의 영향을 통제한 이후의 결과라는 점이다. 예를 들어 성별은 지역의 취약성이나 잠재적 노출의 정도를 통제한 후에도 일반적 두려움에 유의미한 영향을 미친다. 동일한 설명이 취약성이나 노출변수에도 그대로 적용될 수 있다. 이처럼 개별 독립변수들이 종속변수에 미치는 효과를 주효과라고 한다.

다음으로 상호작용 효과를 살펴보자. 소스 열에 'DQ*Neighbor', 'DQ1* Exposure', 'Neighbor*Exposure', 'DQ1*Neighbor*Exposure'에 해당하는 결과가 상호작용 효과이다. 위쪽의 세 칸은 이원 상호작용, 아래 한 칸은 삼원 상호작용이다.

먼저 성별과 지역의 취약성의 상호작용 효과는 유의도가 상당히 높다. 성별과 취약성의 상호작용 효과가 유의미하다는 것은 성별에 따라, 즉 남자인가 여자인가에 따라서 취약성과 두려움의 관계가 다르게 나타난다는 것을 의미한다. 상호작용 효과의 검증이 단지 상호작용 효과의 유의도 여부를 확인하는 것에서 그친다면 의미가 없다. 그러한 현상에 대한 이론적 설명이 이루어져야 한다. 즉 독립변수들 간에 상호작용 효과가 있을 때 상호작용의 내용을 살펴보고 상호작용 효과가 어떤 형태로 나타나고 왜 그런 형태가 나타나는지 적절하게 설명할 수 있을 때 종속변수에 대한 독립변수의 설명을 구체화할 수 있고, 이론적 발전도 가능하다.

SPSS에서는 상호작용 효과에 대한 설명을 쉽게 하기 위해서 도표를 보여준다. 앞서 도표 메뉴에서 두 가지 도표를 선택하였다. 아래의 〈그림 14-30〉의 그래프에서 위쪽의 진한 선이 여자, 아래쪽의 가는 선이 남자를 나타낸다. 이 그래프를 보면 지역의 취약성에 따른 두려움의 정도가 성별에 따라 차이를 보이는데, 전반적으로 여자가 남자보다 높은 두려움의 수준을 보이며, 남자는 이웃지역의 취약성이 높아질수록 두려움의 증가폭이 크지만 여자는 증가폭이 상대적으로 남자들보다 작다. 즉 취약성이 두려움에 미치는 효과가 여자보다 남자들에게 더 강하다. 이처럼 일반적으로 선이 평행하지 않을 때 상호작용 효과가 유의미하다고 볼 수 있다.

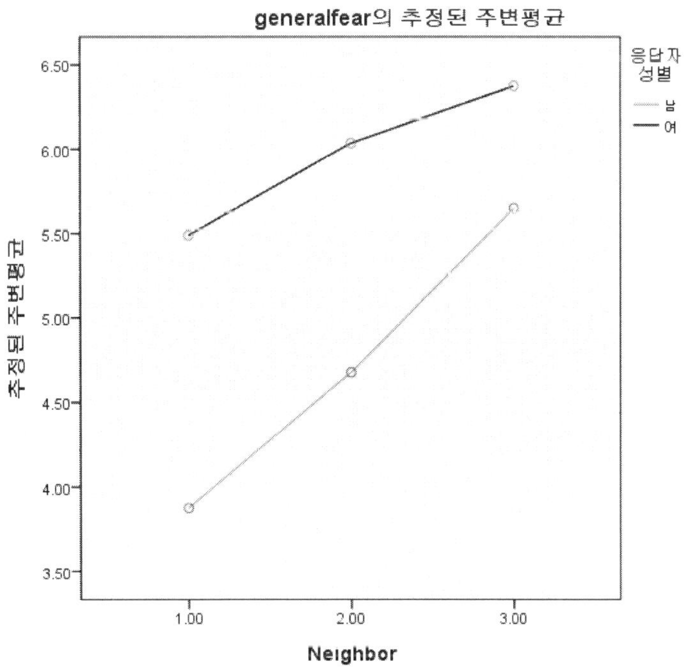

〈그림 14-30〉 성별과 지역의 취약성의 상호작용 효과

다음은 성별과 잠재적 범죄자에 대한 노출의 상호작용 효과이다. 성별과 취약성의 상호작용 효과보다는 약하지만 이 상호작용 효과도 통계적으로 유의미하다. 상호작용 효과가 어떤 식으로 나타나고 있는지 보기 위해서 아래의 〈그림 14-31〉의 그래프를 보면 성별에 따라서 노출과 두려움의 관계는 상당히 다른 모습을 보이고 있음을 알 수 있다.

여자의 경우에 노출이 높아질수록 두려움이 약간씩 낮아지고 있지만 노출의 정도에 따라 두려움에 별 차이가 없다. 그렇지만 남자의 경우에는 노출의 정도가 중간일 때 두려움이 가장 높고, 노출이 높아지면 두려움은 현저하게 줄어든다. 이를 보면 주효과에서 노출이 두려움에 미치는 영향의 유의도는 많은 부분 남자들의 분포에서 영향을 받았음을 알 수 있다. 주효과에서 노출의 집단에 따른 두려움의 차이는 통계적으로 유의미하였으며, 〈표 14-20〉에서 노출의 수준에 따른 일반적 두려움의 평균의 분포를 살펴보면 5.36, 5.44, 5.06으로 노출이 중간집단일 때 두려움이 가장 높았다.

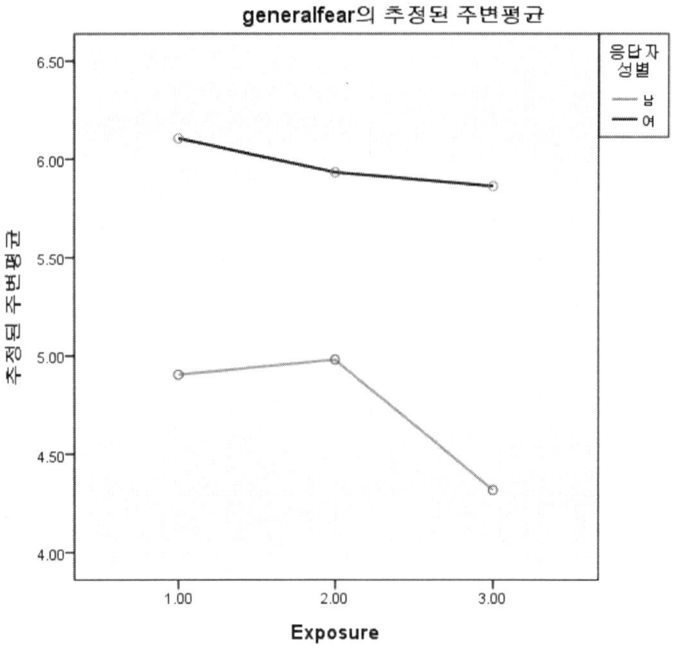

〈그림 14-31〉 성별과 노출의 상호작용 효과

성별과 노출의 상호작용 효과에 대해서 다음과 같은 해석이 가능하다. 일반적으로 잠재적 범죄자에게 노출이 많이 될수록 두려움이 높을 것이라는 가설 하에서 두 요인

의 관계를 살펴보는데, 분석결과 나타난 형태를 보면 가설과 반대의 인과적 설명이 가능함을 보여준다. 즉 두려움이 없는 사람들이 이웃지역의 취약성에도 불구하고 외부활동을 많이 하기 때문에 노출이 많아질 수 있다는 것이다. 이런 현상이 여자들에게는 약하게 나타나지만 남자들에게서 강하게 나타나며, 그 결과가 상호작용 효과로 나타난 것이라고 볼 수 있다.[87)]

그 밖에 나머지 이원 상호작용, 즉 취약성과 노출, 그리고 삼원 상호작용(성별과 취약성과 노출)은 통계적으로 유의미하지 않았다. 대부분 삼원 상호작용의 경우까지 분석하는 경우는 거의 없다. 상호작용 효과가 유의미하게 나타났다고 할지라도 사실상 세 변수간의 상호작용을 이론적으로 설명하는 것이 매우 어렵기 때문이다.

다음으로 살펴볼 표는 사후분석 결과이다. 이웃지역의 취약성에 대한 사후분석 결과는 앞서 검토한 일원배치 분산분석의 결과와 유사하기 때문에 이에 대한 설명은 생략한다.

〈표 14-23〉 다중 비교 : neighbor (종속변수 : generalfear)

Tukey HSD

(I) Neighbor	(J) Neighbor	평균차(I-J)	표준오차	유의확률	95% 신뢰구간	
					하한값	상한값
1.00	2.00	-.7122*	.08486	.000	-.9112	-.5132
	3.00	-1.3491*	.09109	.000	-1.5627	-1.1355
2.00	1.00	.7122*	.08486	.000	.5132	.9112
	3.00	-.6369*	.08904	.000	-.8457	-.4281
3.00	1.00	1.3491*	.09109	.000	1.1355	1.5627
	2.00	.6369*	.08904	.000	.4281	.8457

관측평균을 기준으로 합니다.
오류 조건은 평균 제곱(오류) = 3.190입니다.
*. 평균차는 .05 수준에서 유의합니다.

87) 일반적으로 분산분석에서 독립변수들의 상호작용 효과를 볼 수 있지만, 상호작용 효과가 발견될 경우에 회귀분석에서도 이 효과를 검증할 수 있다. 그 방법은 다음에 살펴보기로 한다.

〈표 14-24〉 동일집단군 : generalfear

Tukey HSD

Neighbor	N	집단군		
		1	2	3
1.00	843	4.6679		
2.00	934		5.3801	
3.00	707			6.0170
유의확률		1.000	1.000	1.000

동일집단군에 있는 집단에 대한 평균이 표시됩니다.
관측평균을 기준으로 합니다.
오류 조건은 평균 제곱(오류) = 3.190입니다.
a. 조화평균 표본 크기 817.142을(를) 사용합니다.
b. 집단 크기가 동일하지 않습니다. 집단 크기의 조화평균이 사용됩니다. I 유형 오차 수준은 보장되지 않습니다.
c. 유의수준 = .05

잠재적 범죄자에 대한 노출의 세 집단 중에서 두 집단 간의 차이를 분석한 결과가 〈표 14-25〉에 제시되어 있다. 여기에서 집단1과 2는 유의미한 차이를 보이지 않는다. 〈표 14-20〉의 평균분포에서 노출의 중간 집단이 낮은 집단보다 두려움이 약간 높았는데, 그 차이가 유의미하지 않은 것이다. 그렇지만 낮은 집단(집단1)과 높은 집단(집단3), 중간 집단(집단2)과 높은 집단(집단3) 간에는 유의미한 차이를 보인다. 즉 전체 주효과에서 노출이 두려운에 미치는 영향이 유의미하게 나타난 것은 노출이 높은 집단이 다른 두 집단과 유의미한 차이를 보이는데서 기인한 것임을 알 수 있다.

〈표 14-25〉 다중 비교 : exposure(종속변수 : generalfear)

Tukey HSD

(I) Exposure	(J) Exposure	평균차(I-J)	표준오차	유의확률	95% 신뢰구간	
					하한값	상한값
1.00	2.00	-.0834	.08226	.568	-.2763	.1095
	3.00	.2981*	.09324	.004	.0795	.5168
2.00	1.00	.0834	.08226	.568	-.1095	.2763
	3.00	.3815*	.09351	.000	.1622	.6008
3.00	1.00	-.2981*	.09324	.004	-.5168	-.0795
	2.00	-.3815*	.09351	.000	-.6008	-.1622

관측평균을 기준으로 합니다.
오류 조건은 평균 제곱(오류) = 3.190입니다.
*. 평균차는 .05 수준에서 유의합니다.

〈표 14-26〉에서 일반적 두려움의 정도에 있어서 평균이 동일한 동일집단군을 구해보면 집단군1에서 집단3(높은 집단)이 따로 제시되고, 집단군2에서 집단1(낮은 집단)과 집단2(중간 집단)가 제시되고 있는 것을 볼 수 있다. 즉 집단1과 집단2은 유사한 평균을 가지고 있는 집단으로 볼 수 있지만, 집단3은 차이가 있다는 의미이다.

〈표 14-26〉 동일집단군 : generalfear

Tukey HSD

Exposure	N	집단군	
		1	2
3.00	598	5.0619	
1.00	950		5.3600
2.00	936		5.4434
유의확률		1.000	.622

동일집단군에 있는 집단에 대한 평균이 표시됩니다.
관측평균을 기준으로 합니다.
오류 조건은 평균 제곱(오류) = 3.190입니다.
a. 조화평균 표본 크기 790.879을(를) 사용합니다.
b. 집단 크기가 동일하지 않습니다. 집단 크기의 조화평균이 사용됩니다. I 유형 오차 수준은 보장되지 않습니다.
c. 유의수준 = .05.

4.2 R을 사용한 분산분석

4.2.1 독립변수 구성

분산분석에서 독립변수로 사용할 복합척도를 구성함에 있어서, 앞서 〈그림 14-18〉에서 보여준 SPSS를 통한 취약성과 노출의 복합척도 구성을 R을 사용해서 수행하는 명령어가 아래에 제시되어 있다.

첫 번째 과정은 취약성과 노출을 측정한 개별 변수들을 더해서 각각의 복합척도(neighbor와 exposure)를 만드는 것이고, 두 번째는 각 복합척도를 분산분석에서 사용할 수 있도록 정도에 따라서 상, 중, 하의 집단으로 구분하는 단계이며, 세 번째는 3집단으로 구분한 독립변수를 분산분석에서 사용할 수 있도록 변수유형을 요인(factor)로 변환하는 단계이다.

```
> attach(total)
> total$neighbor <- g1_1+g1_2+g1_3+g1_4+g1_5+g1_6+g1_7+g1_8
> total$exposure <- g2_1+g2_2+g2_3+g2_4
> detach(total)

> attach(total)
> total$neighbor[neighbor >= 1 & neighbor <= 15] <- 1
> total$neighbor[neighbor >= 16 & neighbor <= 21] <- 2
> total$neighbor[neighbor >= 22 & neighbor <= 40] <- 3
> total$exposure[exposure >= 1 & exposure <= 9] <- 1
> total$exposure[exposure >= 10 & exposure <= 12] <- 2
> total$exposure[exposure >= 13 & exposure <= 20] <- 3
> detach(total)

> total$neighbor <- factor(total$neighbor)
> total$exposure <- factor(total$exposure)
```

이와 같이 구성된 neighbor와 exposure 변수의 빈도분포를 구해보면 아래와 같고, 이는 〈표 14-12〉와 〈표 14-13〉과 동일함을 알 수 있다.

```
> library(Hmisc)
> describe(~total$neighbor+total$exposure)
total$neighbor + total$exposure

 2  Variables      2500  Observations
---------------------------------------------------------------
total$neighbor
       n missing  unique
    2492       8       3

1 (845, 34%), 2 (937, 38%), 3 (710, 28%)
---------------------------------------------------------------
total$exposure
       n missing  unique
    2494       6       3

1 (956, 38%), 2 (940, 38%), 3 (598, 24%)
---------------------------------------------------------------
```

4.2.2 일원분산분석

R에서 일원분산분석을 수행하는 방법은 제13장에서 lm() 함수를 사용하여 회귀분석을 하는 것과 유사하다. 분산분석을 위해서는 aov() 함수를 사용한다.[88] aov() 함수를 사용해서 분석된 결과를 별도의 객체에 할당한 후에 그 객체를 사용해서 추가적으로 필요한 내용을 적절한 함수를 사용해서 분석한다.

여기에서는 기본적인 분산분석의 결과를 보여주는 anova() 함수와 사후분석결과를 보여주는 glht() 함수를 사용하는 방법을 소개하기로 한다.

아래 명령어는 total이라는 데이터프레임에 있는 genrealfear를 종속변수로 하고 neighbor를 독립변수로 하여 aov() 함수를 사용한 분산분석 결과를 aovout1에 할당한다. 그리고 객체 aovout1에 대해서 anova() 함수를 사용해서 분산분석을 수행한다. 명령어 뒤에는 분산분석 결과가 제시되어 있다.

```
> aovout1 <- aov(generalfear ~ neighbor, data=total)
> anova(aovout1)
Analysis of Variance Table
Response: generalfear
             Df Sum Sq Mean Sq F value    Pr(>F)
neighbor      2  710.1  355.03  97.753 < 2.2e-16 ***
Residuals  2486 9029.0    3.63
---
Signif. codes:  0 '***' 0.001 '**' 0.01 '*' 0.05 '.' 0.1 ' ' 1
```

위의 분석결과에서 일반적 두려움은 취약성의 집단에 따라서 유의미한 차이를 보이며, 분산분석결과는 p = .000 수준에서 유의미하다. 이러한 결과는 〈표 14-16〉에 제시한 SPSS의 분산분석 결과와 동일하다.[89]

아래에는 취약성의 집단별로 유의미한 차이를 보이는가를 검증하기 위한 사후검증 방법에 대한 명령어가 제시되어 있다. 본 분석에서는 사후검증을 위해서 glht() 함수를 사용하는데, 이 함수는 'multcomp' 패키지에 포함되어 있다. 이 함수에 사용되는

88) 분석결과에 있어서 lm() 함수를 사용하는 것과 aov() 함수를 사용하는 것은 동일하다고 한다.
89) SPSS의 oneway 분석은 하나의 독립변수에 대해서 여러 개의 종속변수를 입력하여 분석할 수 있기 때문에 〈표 14-16〉과 같이 하나의 표에 여러 종속변수의 분석결과가 제시되었지만, R에서는 종속변수별로 각각 분석한다.

인자는 아래와 같이 먼저 분산분석결과가 저장된 객체(aovout1)를 지정해 주고, 독립변인(neighbor)과 사후검증방법("Tukey")를 아래와 같이 지정해주면 된다. 그리고 그 결과를 별도의 객체에 할당한 후에 summary() 함수를 사용해서 그 결과를 볼 수 있다.

```
> library(multcomp)
패키지 mvtnorm를 로드중입니다
> tukey1 <- glht(aovout1, linfct=mcp(neighbor="Tukey"))
> summary(tukey1)
   Simultaneous Tests for General Linear Hypotheses
Multiple Comparisons of Means: Tukey Contrasts
Fit: aov(formula = generalfear ~ neighbor, data = total)
Linear Hypotheses:
            Estimate Std. Error t value  Pr(>|t|)
2 - 1 == 0  0.71008   0.09046    7.850   <1e-10 ***
3 - 1 == 0  1.35229   0.09706   13.932   <1e-10 ***
3 - 2 == 0  0.64221   0.09491    6.767   <1e-10 ***
---
Signif. codes:  0 '***' 0.001 '**' 0.01 '*' 0.05 '.' 0.1 ' ' 1
(Adjusted p values reported -- single-step method)
```

분석결과를 살펴보면 〈표 14-18〉에서 제시한 것과 같이 취약성의 세 집단 간에 각각 유의미한 차이가 존재함을 알 수 있다. 위의 결과를 보면 두 하위집단 간의 차이가 0이라고 하는 영가설은 t-검증을 통해서 기각된 것을 알 수 있다.

아래는 특정대상으로부터의 피해의 두려움(fac1_2)과 범죄유형별 피해 두려움(fac1_2)에 대한 일원분산분석과 사후분석의 결과가 제시되어 있는데 그 결과는 앞의 〈표 14-16〉과 〈표 14-18〉에 제시된 것과 동일하다.

```
> aovout2 <- aov(fac1_2 ~ neighbor, data=total)
> anova(aovout2)
Analysis of Variance Table

Response: fac1_2
           Df  Sum Sq Mean Sq F value   Pr(>F)
```

```
neighbor     2  407.55 203.775   243.2 < 2.2e-16 ***
Residuals 2463 2063.75   0.838
---
Signif. codes:  0 '***' 0.001 '**' 0.01 '*' 0.05 '.' 0.1 ' ' 1

> tukey2 <- glht(aovout2, linfct=mcp(neighbor="Tukey"))
> summary(tukey2)
    Simultaneous Tests for General Linear Hypotheses
Multiple Comparisons of Means: Tukey Contrasts
Fit: aov(formula = fac1_2 ~ neighbor, data = total)
Linear Hypotheses:
             Estimate Std. Error t value  Pr(>|t|)
2 - 1 == 0  0.41429    0.04362   9.498   <2e-16 ***
3 - 1 == 0  1.03098    0.04685  22.008   <2e-16 ***
3 - 2 == 0  0.61669    0.04585  13.451   <2e-16 ***
---
Signif. codes:  0 '***' 0.001 '**' 0.01 '*' 0.05 '.' 0.1 ' ' 1
(Adjusted p values reported -- single-step method)

> aovout3 <- aov(fac2_2 ~ neighbor, data=total)
> anova(aovout3)
Analysis of Variance Table
Response: fac2_2
              Df  Sum Sq Mean Sq F value   Pr(>F)
neighbor       2  400.72  200.36  238.63  < 2.2e-16 ***
Residuals 2463 2067.99    0.84
---
Signif. codes:  0 '***' 0.001 '**' 0.01 '*' 0.05 '.' 0.1 ' ' 1

> tukey3 <- glht(aovout3, linfct=mcp(neighbor="Tukey"))
> summary(tukey3)
    Simultaneous Tests for General Linear Hypotheses
Multiple Comparisons of Means: Tukey Contrasts
Fit: aov(formula = fac2_2 ~ neighbor, data = total)
Linear Hypotheses:
             Estimate Std. Error t value Pr(>|t|)
2 - 1 == 0  0.48602    0.04366   11.13   <2e-16 ***
```

```
3 - 1 == 0  1.02414    0.04689   21.84    <2e-16 ***
3 - 2 == 0  0.53812    0.04589   11.72    <2e-16 ***
---
Signif. codes:  0 '***' 0.001 '**' 0.01 '*' 0.05 '.' 0.1 ' ' 1
(Adjusted p values reported -- single-step method)
```

4.2.3 삼원분산분석

SPSS에서는 삼원분산분석을 할 때 옵션의 선택에 의해서 〈표 14-20〉의 기술통계량과 같은 독립변수의 범주별 평균과 표준편차를 제공한다. 이러한 기술통계에 대한 정보들은 분산분석의 결과를 해석하는데 도움을 준다. 그렇지만 R에서는 함수를 사용해서 별도로 구한다. 이 때 tapply() 함수를 사용할 수 있다. 아래와 같은 명령어는 취약성, 노출, 성별의 집단범주별로 일반적 두려움의 평균을 구하되, 결측값이 있는 사례는 제외하라고 하는 것이다.90)

```
> ind <- c("neighbor", "exposure", "dq1")
> tapply(total$generalfear, total[, ind], mean, na.rm=TRUE)
, , dq1 = 1
        exposure
neighbor        1        2        3
       1 4.182222 4.061224 3.382979
       2 5.050314 4.811224 4.172131
       3 5.480769 6.071006 5.398693
, , dq1 = 2
        exposure
neighbor        1        2        3
       1 5.514768 5.558824 5.394737
       2 6.273171 5.847458 5.986667
       3 6.527778 6.393103 6.206897
```

위의 분석결과 성별에 따라 취약성과 노출의 범주별 평균값이 제시되고 있다. 표준

90) 동일한 결과를 다음 명령어로도 얻을 수 있다.
with(total, tapply(total$generalfear, list(neighbor, exposure, dq1), mean, na.rm=TRUE))
이때는 변수명이 별도로 출력되지 않기 때문에 결과에서 행이 list의 첫 번째 변수, 열이 두 번째 변수, 별도의 행렬번호가 세 번째 변수가 된다.

편차를 원하는 경우에는 명령어에서 mean 대신 sd를 입력하면 된다.

아래 명령어는 성별과 취약성과 노출을 독립변수로 해서 일반적 두려움에 대해 삼원분산분석을 시행하는 명령어와 분석결과이다. 회귀분석과 마찬가지로 독립변수가 여러 개 일 때는 '+' 기호를 사용해서 연결하지만, 아래처럼 '*'를 사용할 때는 변수를 각각 입력하고 그 변수들의 상호작용 변수까지 입력하라는 뜻이다. 아래 명령어는 성별과 취약성, 노출변수와 함께 '성별과 취약성', '성별과 노출', '취약성과 노출' 등 이원상호작용 변수와, '성별과 취약성과 노출' 삼원상호작용 변수를 모델에 포함시킨다는 뜻이다. 분석결과는 아래와 같다.

```
> aovout4 <- aov(generalfear ~ dq1*neighbor*exposure, data=total)
> anova(aovout4)
Analysis of Variance Table
Response: generalfear
                        Df Sum Sq Mean Sq  F value    Pr(>F)
dq1                      1  928.5  928.54 291.0420 < 2.2e-16 ***
neighbor                 2  672.2  336.12 105.3526 < 2.2e-16 ***
exposure                 2  103.7   51.83  16.2453 9.791e-08 ***
dq1:neighbor             2   77.2   38.62  12.1058 5.864e-06 ***
dq1:exposure             2   30.1   15.03   4.7113  0.009074 **
neighbor:exposure        4   17.4    4.35   1.3630  0.244307
dq1:neighbor:exposure    4   15.5    3.87   1.2142  0.302607
Residuals             2466 7867.6    3.19
---
Signif. codes:  0 '***' 0.001 '**' 0.01 '*' 0.05 '.' 0.1 ' ' 1
```

세 개의 개별 독립변수는 모두 통계적으로 유의미하고, 성별과 취약성의 상호작용과 성별과 노출의 상호작용 효과가 유의미하게 나타났다. 전체적인 유의도는 〈표 14-22〉에 제시한 SPSS의 분산분석결과와 유사하지만 제곱합은 차이를 보인다. 이는 제곱합을 계산함에 있어서 SPSS와 R이 기본값으로 사용하는 Type이 다른데서 기인하는 것이다. R은 분산을 계산함에 있어서 Type I(sequential)을 사용하기 때문에 집단의 표본 숫자가 다를 경우에 두 독립변인의 순서를 바꾸어서 제시할 경우에 그 결과가 달라진다. 즉 y ~ A*B 와 y ~ B*A 는 다른 결과를 보여준다.[91] 그런데 SPSS와

91) Type I은 먼저 입력된 변수에 맞춰 효과가 조정된다. 즉 A는 조정되지 않고, B는 A를 위해서 조정되고,

SAS는 Type III를 기본값으로 사용한다. 본 분석에서는 SPSS 분산분석에 있어서 결측값이 있기 때문에 Type IV를 선택하였다. 이와 같이 제곱합 유형의 차이로 인해 제곱합의 값에 차이가 있고, 이후의 분석결과의 차이도 여기에서 기인하는 것으로 생각된다.

상호작용 효과를 도표로 나타내기 위해서는 interaction.plot() 함수를 사용해서 아래와 같이 입력하면 된다.

```
> with (total, interaction.plot(neighbor, dq1, generalfear,
+         col=c("red", "blue"), fun = function(x) mean(x, na.rm=TRUE)))
```

위의 명령어를 실행하면 아래 <그림 14-32>와 같은 도표가 출력된다.

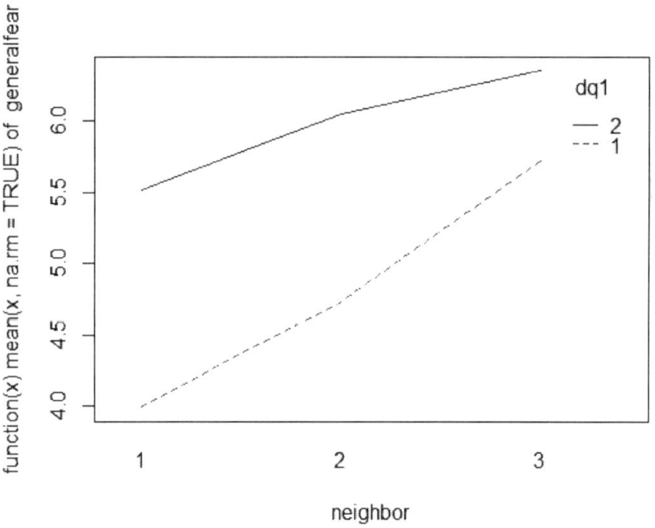

<그림 14-32> 상호작용 효과 도표

다음은 위 분산분석 결과를 사용해서 사후검증을 수행한 결과이다. 취약성에 대한 사후검증과 노출에 대한 사후검증을 별도로 수행한다. 분산분석에서 상호작용 효과가 발견되는 경우에는 아래와 같은 경고가 나타난다. 즉 상호작용 효과로 인해서 사후검

A:B는 A와 B를 위해 조정된다. Type II(marginal)는 각각의 효과가 다른 모든 효과에 대해서 조정된다. Type III(hierarchical)은 A와 B는 조정되지 않는다. 그렇지만 A:B 상호작용은 A와 B에 대해서 조정된다. Type IV는 Type III와 유사하지만 결측값이 있을 때 사용할 수 있다.

증 결과가 적절하지 않을 수 있다는 것이다.

```
> tukey4 <- glht(aovout4, linfct=mcp(neighbor="Tukey"))
경고 메시지가 손실되었습니다
In mcp2matrix(model, linfct = linfct) :
  covariate interactions found -- default contrast might be inappropriate
```

이러한 문제를 해결하기 위해서는 아래와 같이 "interaction_average = TRUE"를 인자에 삽입하면 경고가 사라진다. 사후검증 결과는 아래와 같다.

```
> tukey4 <- glht(aovout4, linfct=mcp(neighbor="Tukey",
+                   interaction_average = TRUE))
> summary(tukey4)
   Simultaneous Tests for General Linear Hypotheses
Multiple Comparisons of Means: Tukey Contrasts
Fit: aov(formula = generalfear ~ dq1 * neighbor * exposure, data = total)
Linear Hypotheses:
             Estimate Std. Error t value Pr(>|t|)
2 - 1 == 0   0.3337     0.2149   1.553   0.2477
3 - 1 == 0   1.2967     0.2590   5.006   <0.001 ***
3 - 2 == 0   0.9630     0.3541   2.719   0.0163 *
---
Signif. codes:  0 '***' 0.001 '**' 0.01 '*' 0.05 '.' 0.1 ' ' 1
(Adjusted p values reported -- single-step method)
```

1집단과 2집단 간에는 유의미한 차이가 나타나지 않았다. 아래에는 노출에 대한 사후검증 명령어와 분석결과가 제시되어 있다.

```
> tukey5 <- glht(aovout4, linfct=mcp(exposure="Tukey",
+                   interaction_average = TRUE))
> summary(tukey5)
   Simultaneous Tests for General Linear Hypotheses
Multiple Comparisons of Means: Tukey Contrasts
Fit: aov(formula = generalfear ~ dq1 * neighbor * exposure, data = total)
Linear Hypotheses:
```

```
          Estimate Std. Error t value Pr(>|t|)
2 - 1 == 0  -0.2546     0.1460  -1.744  0.18806
3 - 1 == 0  -0.5821     0.1708  -3.408  0.00182 **
3 - 2 == 0  -0.3274     0.1713  -1.912  0.13480
---
Signif. codes:  0 '***' 0.001 '**' 0.01 '*' 0.05 '.' 0.1 ' ' 1
(Adjusted p values reported -- single-step method)
```

5. 회귀분석에서의 상호작용 분석

5.1 SPSS를 사용한 분석

앞의 삼원분산분석에서 성별과 취약성, 성별과 노출 간에 상호작용이 유의미함이 발견되었다. 여기에서는 회귀분석 방법을 사용해서 상호작용 효과를 검증하는 분석과정에 대해서 살펴보기로 하겠다.

회귀분석에서 상호작용항은 상호작용 효과가 발견된 두 변수를 곱해서 새로 만들어 주면 된다. 회귀분석에서 상호작용항은 '성별*취약성'과 같이 나타내는데, 이렇게 표시하는 이유도 단순히 상호작용항은 두 변수를 곱해서 만들기 때문이다.

앞에서 삼원분산분석을 시행했던 변수를 그대로 사용해서 다중회귀분석을 하도록 한다. 먼저 해야 할 작업은 회귀분석에 적합하도록 필요한 변수를 재부호화하고, 상호작용 효과를 나타내는 새로운 변수를 만드는 것이다.[92]

앞서 성별 변수(DQ1)은 성별에 1과 2의 숫자가 부여되어 있었다. 분산분석에서는 독립변수가 명목척도로 분류되기 때문에 어떤 숫자가 부여되어도 괜찮았지만, 회귀분석에서 사용하기 위해서는 이를 바꿔줘야 한다. 회귀분석은 등간척도 변수를 독립변수로 사용하지만, 이분변수의 경우 0과 1로 부호화해서 더미변수로 분석할 수 있다. 따라서 성별을 0과 1로 재부호화하여야 한다. 여기에서 아래 〈그림 14-34〉에서 보듯이 DQ1을 바로 재부호화하지 않고, 다른 새 변수(sex)를 만들어서 재부호화하였다. 그 이유는 원래의 변수를 바로 재부호화해도 무방하지만, 일단 재부호화하면 추후

92) 새 변수를 만드는 과정은 뒤에 나오는 〈그림 14-36〉의 명령어에 제시되어 있다.

의 분석에서 재부호화하기 이전의 원래 값을 사용할 필요가 있을 때 어려움을 겪게 되기 때문에 어떤 변수의 재부호화가 필요한 경우에는 새로운 변수를 만들어서 재부호화해서 사용하는 습관을 들이는 것이 좋다. 상호작용 변수는 성별과 취약성을 곱한 변수를 interaction1, 성별과 노출을 곱한 변수를 interaction2라고 명명하였다.

회귀분석 과정은 제13장에서 소개한 것과 동일하다. 메뉴에서 [분석] 〉 [회귀분석] 〉 [선형]을 선택하면 아래 〈그림 14-33〉과 같은 메뉴가 나타난다. 삼원분산분석에서와 동일하게 generalfear를 [종속변수]로 사용하였다. 상호작용 효과를 좀 더 분명하게 살펴보기 위해서 위계적 회귀분석을 시행하였다. 위계적 회귀분석을 위해서 독립변수 중에서 성별(sex), 취약성(Neighbor), 노출(Exposure)을 첫 번째 단계에 투입하였고, 〈그림 14-34〉에서 볼 수 있는 것 같이 두 번째 단계에 두 개의 상호작용변수(interaction1, interaction2)를 투입하였다.

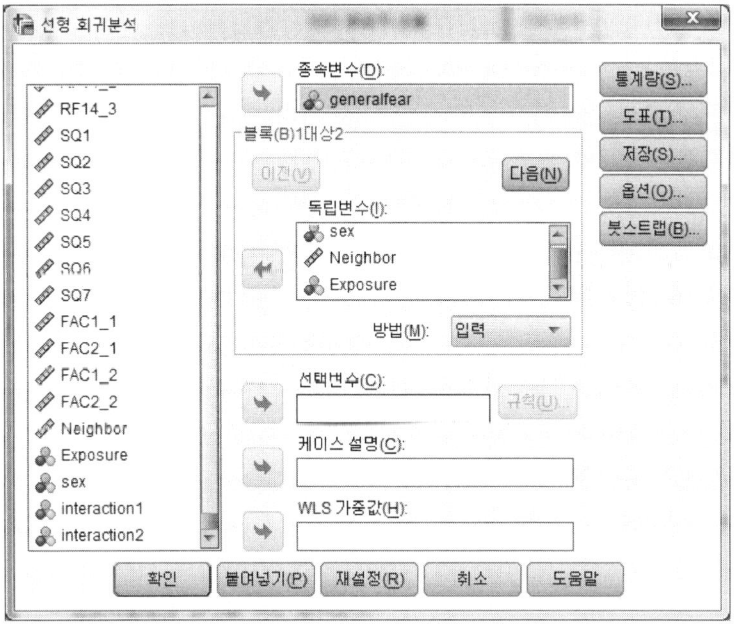

〈그림 14-33〉 상호작용 분석을 위한 위계적회귀분석 1

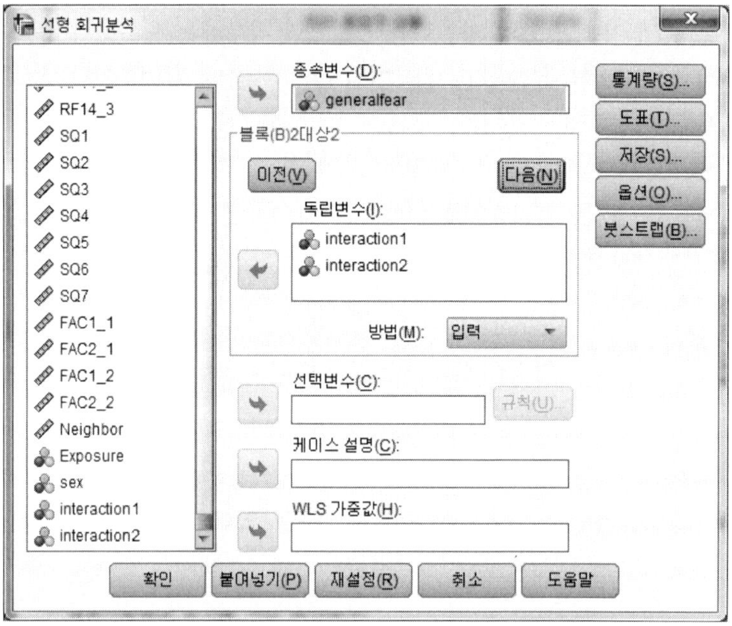

〈그림 14-34〉 상호작용 분석을 위한 위계적회귀분석 2

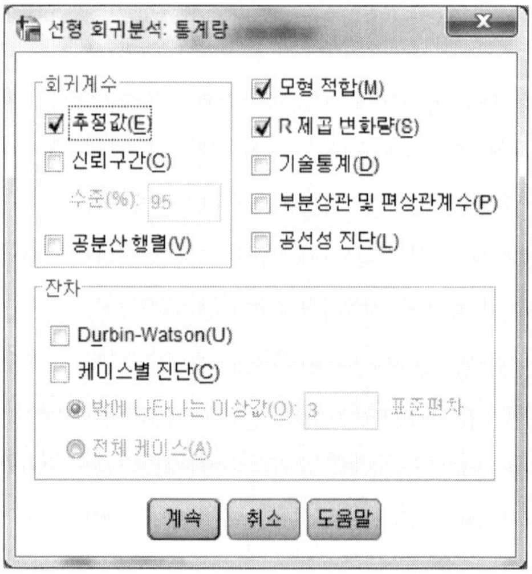

〈그림 14-35〉 선형회귀분석: 통계량

이상의 분석과정을 [붙여넣기]를 통해서 명령어창에 명령어로 표시하면 아래 〈그림 14-36〉과 같다.

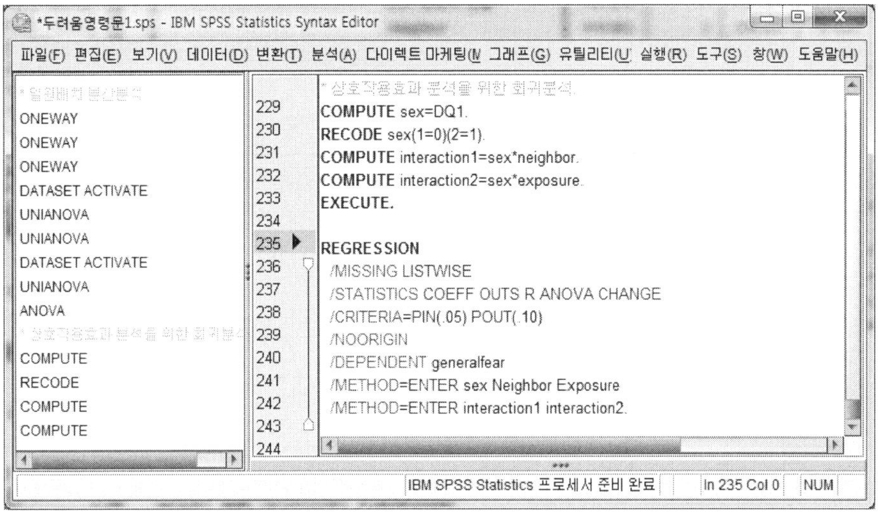

〈그림 14-36〉 상호작용 효과분석을 위한 위계적 회귀분석 명령어

분석결과는 다음과 같다.

〈표 14-27〉 모형 요약

모형	R	R 제곱	수정된 R 제곱	추정값의 표준오차	통계량 변화량				
					R 제곱 변화량	F 변화량	df1	df2	유의확률 F 변화량
1	.417a	.174	.173	1.798	.174	174.401	3	2480	.000
2	.427b	.183	.181	1.789	.008	12.678	2	2478	.000

a. 예측값: (상수), Exposure, sex, Neighbor
b. 예측값: (상수), Exposure, sex, Neighbor, interaction2, interaction1

위의 〈표 14-27〉은 모형1과 모형2의 설명력(R 제곱)과 통계량 변화량을 보여준다. 모형1에서 일반적 두려움에 대한 세 독립변수의 설명력은 R 제곱이 .174로서, 종속변수 변량의 17.4%를 세 변수가 설명한다. 수정된 R 제곱도 .173으로 거의 차이가 없어서 모집단 추정이 문제가 없음을 보여준다. 모형1에서의 이러한 설명력은 통계적으로 유의미하다.

상호작용변수가 추가된 모형2에서 설명력은 18.3%이다. 즉 R제곱의 변화량은 .008로서 상호작용변수 2개가 추가로 투입되어서 설명력은 0.8% 증가하는데 그치고 있다. 비록 이러한 변화가 통계적으로 유의미하기는 하지만 설명력에서 큰 발전이 있다고 보기는 어렵다.

〈표 14-28〉 분산분석[a]

모형		제곱합	자유도	평균 제곱	F	유의확률
1	회귀 모형	1692.013	3	564.004	174.401	.000[b]
	잔차	8020.188	2480	3.234		
	합계	9712.201	2483			
2	회귀 모형	1773.248	5	354.650	110.697	.000[c]
	잔차	7938.953	2478	3.204		
	합계	9712.201	2483			

a. 종속변수: generalfear
b. 예측값: (상수), Exposure, sex, Neighbor
c. 예측값: (상수), Exposure, sex, Neighbor, interaction2, interaction1

〈표 14-28〉은 분산분석 결과를 보여준다. 모형1은 F값이 174.401로서 .000의 유의확률로 유의미하며, 모형2는 F값이 110.697로서 역시 .000의 유의확률로 유의미하다. 두 모형 모두 회귀모형의 독립변수들은 유의미하게 종속변수의 분산을 설명한다.

〈표 14-29〉 계수[a]

모형		비표준화 계수		표준화 계수	t	유의확률
		B	표준오차	베타		
1	(상수)	3.828	.122		31.436	.000
	sex	1.151	.073	.290	15.766	.000
	Neighbor	.738	.048	.294	15.350	.000
	Exposure	-.261	.049	-.103	-5.311	.000
2	(상수)	3.571	.160		22.354	.000
	sex	1.726	.229	.436	7.546	.000
	Neighbor	.954	.065	.380	14.786	.000
	Exposure	-.343	.066	-.135	-5.214	.000
	interaction1	-.482	.096	-.272	-5.012	.000
	interaction2	.199	.098	.102	2.016	.044

a. 종속변수: generalfear

삼원분산분석에서 개별 독립변인의 유의도를 확인했기 때문에 여기에서 관심을 가지는 것은 상호작용 변수들의 유의도가 회귀분석에서는 어떻게 나타나는가이다. 삼원분산분석에서는 '성별*취약성', '성별*노출' 변수 모두 통계적으로 유의미하였다. 위의 〈표 14-29〉에서 모형2를 보면 두 개의 상호작용 변수는 모두 통계적으로 유의미한 것을 알 수 있다. 개별변인(성별, 취약성, 노출)은 상호작용 변수가 투입되어도 유의도에서 큰 변화를 보이지 않는다.

5.2 R을 사용한 분석

아래 명령어는 상호작용 효과를 분석하기 위해서 필요한 독립변수를 만드는 과정을 보여준다. 성별 변수를 더미변인으로 사용할 수 있도록 하기 위해서 sex라는 변수를 새로 만들어서 0, 1의 값을 부여하였다. 또한 neighbor와 exposure는 변수유형이 요인이며, 각각 3집단만 가지고 있다. 그런데 요인이라는 변수특성은 독립변인이 등간척도일 것을 요구하는 회귀분석에 적합하지 않다. 따라서 등간척도인 nneighbor, nexposure 변수를 새로 구성하였다.

```
> total <- within(total, {
+   sex <- NA
+   sex[dq1 ==1] <- 0
+   sex[dq1 ==2] <- 1} )
> attach(total)
> total$nneighbor <- g1_1+g1_2+g1_3+g1_4+g1_5+g1_6+g1_7+g1_8
> total$nexposure <  g2_1 | g2_2 | g2_3 | g2_4
> detach(total)
```

아래는 위계적 회귀분석을 수행하는 명령어를 보여준다. 먼저 세 개의 독립변수만을 포함시킨 첫 번째 단계의 회귀분석을 시행하고, 다음으로 두 개의 상호작용 변수를 포함시킨 회귀분석을 시행한다. 여기에서 SPSS와의 차이점은 SPSS의 분석에서는 상호작용 변수를 별도로 만드는 과정을 거쳐서 모델에 포함시켰지만 R에서는 그런 과정이 필요 없고 단지 'sex:nneighbor'와 'sex:nexposure'와 같이 ':'기호를 사용하면 상호작용 변수로서 작용한다. 각 단계별 회귀분석 결과가 아래에 제시되어 있다.

```
> regintr1 <-lm(generalfear ~ sex+nneighbor+nexposure, data=total)
> summary(regintr1)
Call:
lm(formula = generalfear ~ sex + nneighbor + nexposure, data = total)

Residuals:
    Min      1Q  Median     3Q     Max
-5.6691 -1.2841 -0.0254 1.3158 5.7742

Coefficients:
             Estimate Std. Error t value Pr(>|t|)
(Intercept)   3.56137    0.15645   22.76  < 2e-16 ***
sex           1.14020    0.07255   15.71  < 2e-16 ***
nneighbor     0.11356    0.00684   16.60  < 2e-16 ***
nexposure    -0.08142    0.01241   -6.56  6.53e-11 ***
---
Signif. codes:  0 '***' 0.001 '**' 0.01 '*' 0.05 '.' 0.1 ' ' 1

Residual standard error: 1.785 on 2480 degrees of freedom
  (16 observations deleted due to missingness)
Multiple R-squared: 0.1863,     Adjusted R-squared: 0.1853
F-statistic: 189.3 on 3 and 2480 DF,  p-value: < 2.2e-16
```

```
> regintr2 <-lm(generalfear ~ sex+nneighbor+nexposure+sex:nneighbor+
+               sex:nexposure, data=total)
> summary(regintr2)
Call:
lm(formula = generalfear ~ sex + nneighbor + nexposure +
sex:nneighbor + sex:nexposure, data = total)

Residuals:
    Min      1Q  Median     3Q     Max
-5.0255 -1.3096  0.0193 1.2949 5.1095

Coefficients:
              Estimate Std. Error t value Pr(>|t|)
(Intercept)   3.227241   0.207126  15.581  < 2e-16 ***
```

```
sex              1.871696   0.298926   6.261  4.48e-10 ***
nneighbor        0.147000   0.009196  15.985   < 2e-16 ***
nexposure       -0.106708   0.016476  -6.477  1.13e-10 ***
sex:nneighbor   -0.074147   0.013671  -5.424  6.40e-08 ***
sex:nexposure    0.060165   0.024880   2.418    0.0157 *
---
Signif. codes:  0 '***' 0.001 '**' 0.01 '*' 0.05 '.' 0.1 ' ' 1

Residual standard error: 1.775 on 2478 degrees of freedom
  (16 observations deleted due to missingness)
Multiple R-squared: 0.196,      Adjusted R-squared: 0.1943
F-statistic: 120.8 on 5 and 2478 DF,  p-value: < 2.2e-16
```

마지막으로 두 단계 회귀모형의 R 제곱 변화가 유의미한가를 검증하는 모형간의 분산분석의 시행한 결과가 아래에 제시되어 있다.

```
> anova(regintr1, regintr2)
Analysis of Variance Table

Model 1: generalfear ~ sex + nneighbor + nexposure
Model 2: generalfear ~ sex + nneighbor + nexposure + sex:nneighbor + sex:nexposure
  Res.Df    RSS Df Sum of Sq      F    Pr(>F)
1   2480 7902.6
2   2478 7808.9  2    93.702 14.867 3.817e-07 ***
---
Signif. codes:  0 '***' 0.001 '**' 0.01 '*' 0.05 '.' 0.1 ' ' 1
```

참고문헌

권경득, 유성호, 이모영, 허태회, (2011), 『사회과학통계분석 : SPSS의 활용과 적용(제2판)』, 법문사

김병태, 김윤태, 이기채, 연경화, (2010), 『사회과학 통계학의 이해』, 도서출판 대경

안재형, (2011), 『R을 이용한 누구나 하는 통계분석』, 한나래

유충현, (2010), 『예제로 배우는 R 프로그래밍』, 자유아카데미

임동훈, (2011), 『R을 이용한 통계학』, 자유아카데미

한국아동·청소년데이터아카이브, http://archive.nypi.re.kr/

홍영오, (2008), 『2008년 청소년 대상 범죄피해 조사연구』, 한국형사정책연구원 연구보고서

Bowerman, B. L. and O'Connell, R. T., (1990), *Linear Statistical Models : An Applied Approach*(2nd edition), Belmont, CA : Duxbury

Field, Andy, (2002), *Discovering Statistics Using SPSS* (2nd edition), SAGE Publications

Hirschi, T., (1969), *Causes of Delinquency*, CA : University of California Press

Kabacoff, R. I., (2011), *R in Action*, Shelter Island: Manning

Menard, S., (1995), *Applied Logistic Regression Analysis*, Sage University paper Series on Quantitative Applications in the Social Sciences

Muenchen, R. A., (2009), R for SAS and SPSS Users, Springer

Myers, R., (1990), *Classical and Modern Regression with Applications* (2nd edition), Boston, MA : Duxbury

INDEX

저자 약력

◉ 김준호 교수

- 고려대학교 사회학과 졸업
- 미국 아이오와 주립대학교 사회학 박사
- 덕성여자대학교 사회학과 교수
- 고려대학교 사회학과 교수
- 현재 고려대학교 사회학과 명예교수

◈ 주요연구

- 청소년 비행론(공저), 청목출판사, 2009
- 청소년 비행의 원인에 관한 연구
- 학교주변 폭력에 대한 일 연구
- "한국의 범죄피해에 영향을 미치는 요인에 관한 연구"

◉ 노성호 교수

- 고려대학교 사회학과 졸업
- 동 대학원 사회학 박사
- 한국형사정책연구원 청소년범죄연구실장
- 현재 전주대학교 경찰행정학과 교수

◈ 주요 연구

- 한국의 청소년비행화에 관한 연구(박사논문), 1993
- 청소년비행론(공저), 청목출판사, 2009
- 피해자학(공저), 도서출판 그린, 2012
- "다중범죄피해의 실태와 영향요인"
- "청소년 비행의 추세분석과 전망"
- "부모가 청소년의 범죄의 두려움에 미치는 영향"

도서출판
그린

사회과학을 위한 통계와 분석

SPSS와 R을 중심으로

1판 1쇄 발행일 ▶ 2012년 8월 31일
1판 2쇄 발행일 ▶ 2014년 1월 3일
1판 3쇄 발행일 ▶ 2017년 2월 25일
저 자 ▶ 김준호, 노성호
발행처 ▶ 도서출판 **그린**
발행인 ▶ 윤 덕 우
출판등록 ▶ 제8-161호(1995. 5. 3.)
주소 ▶ 서울시 서대문구 연희로 5길 50 (우)03716
전화 ▶ 02)333-2574, 2575
Fax ▶ 02)333-2561
E-mail ▶ greenpress@greenpress.co.kr
Homepage ▶ http://www.greenpress.co.kr

Green Pub.

정가 : 19,000원

ISBN : 978-89-5727 184-1 (93310)